Dr. Roger Mugford

HUNDE AUF DER COUCH

Dr. Roger Mugford

HUNDE AUF DER COUCH

Verhaltenstherapie bei Hunden

Zum besseren Verständnis der Hunde und ihrer Menschen.

KYNOS VERLAG MÜRLENBACH

Erstausgabe 1991 HUTCHINSON/STANLEY PAUL
Übersetzung: D. und H. Fleig

Am Remelsbach 30
D-5537 Mürlenbach/Eifel
Telefon: 0 65 94 / 6 53
Telefax: 0 65 94 / 4 52

Druck: Cantz, Ostfildern (Ruit)

ISBN-Nr. 3-924008-75-2

Inhaltsverzeichnis

Zum Geleit

Die Beziehung zum Hund ist heute alles andere als gegeben und problemlos, vielmehr nur zu oft durch Übertreibungen, Verdrängungen und Fehlleistungen auf seiten des Menschen gekennzeichnet. Dies führt zu vielfältigen Belastungen des Hundelebens, und die hundliche Anpassungsfähigkeit, so erstaunlich sie sein mag, ist nicht selten überfordert. Vielen Hundehaltern fehlen biologische Grundkenntnisse zum Hundeverhalten, wodurch »Mißverständnisse« zwischen ihnen und ihrem Hund so gut wie vorprogrammiert sind.

Vermenschlichende Einschätzung und Behandlung unserer wohl ältesten Haustiere bedeutet nicht selten, ihren biologischen Ansprüchen nicht gerecht zu werden und Belastungen ihrer Beziehung zum Menschen zu provozieren. Andererseits ist eine fortschreitende Versachlichung in der Beziehung zum Hund, die diesen zum Objekt degradiert (»Imponierobjekt«, »Sportobjekt« z. B.), nicht zu übersehen.

Dennoch, so einseitig gezeichnet ist unsere Beziehung zum Hund glücklicherweise nicht, auch wenn es heute geradezu modern geworden ist, sie pauschal zu verteufeln. Diese »Meinungsmache«, vornehmlich der »Regenbogenpresse«, hat fatale Folgen, denn der Hundehaß, die Abneigung in der Bevölkerung Hunden gegenüber nehmen zu. Als Reaktion darauf werden von behördlicher Seite fortschreitende Einschränkungen des Hundelebens gefordert und auch bereits praktiziert (Leinenzwang, Maulkorbzwang), die dem hochsozialen Lebewesen Hund keine ausreichende Möglichkeit mehr zur Sozialisation und Bindung an Artgenossen und den Sozialpartner Mensch ermöglichen. Dieser Entwicklung gilt es entgegenzuwirken, wollen wir nicht wirklich in absehbarer Zeit sozial deprivierte, also verhaltensgestörte Hunde systematisch »erzeugen«.

Hunde sind Haustiere und der Mensch hat sie – so oder so – in seine Obhut genommen und damit natürlich auch die uneingeschränkte Verantwortung für ihr Ergehen. Es ist allerhöchste Zeit, unserer fortschreitenden Naturentfremdung entgegenzuwirken – und dazu gehört, daß wir lernen, welche biologischen Bedürfnisse und Ansprüche Hunde haben.

Roger Mugford's Buch trägt viel zum besseren Hundeverständnis bei. In zahlreichen Fallstudien werden sogenannte und wirkliche Probleme mit Hunden beschrieben, die in der Regel durch »Mißverständnisse« zwischen ihnen und ihren Menschen gewachsen sind. Mugford legt das Schwergewicht seiner Darstellung auf die Entwicklung von Problemen und verdeutlicht die entscheidende Rolle des Menschenpartners dabei. Er schreibt humorvoll und spannend und vermittelt dennoch viele wichtige Fakten.

Für jeden Hundehalter, der dazulernen möchte, ist dieses Buch unverzichtbar. Lesenswert ist es darüber hinaus gerade für Tierärzte, die ja zunehmend mit verhaltensgestörten oder vermeintlich verhaltensgestörten Patienten konfrontiert werden.

Wichtig ist, daß der Autor mit verhaltensbiologischem Wissen vorgeht, und die Neugier sowie Begeisterungsfähigkeit zum Beobachten des eigenen Haustieres zu wecken vermag, und damit ein besseres Verständnis hundlicher Verhaltensweisen beim Leser erreicht. Mugford legt also kein »Kleines Hunde ABC« vor (so vereinfachte, pauschalierende Leitfäden im Umgang mit Hunden machen mich stets mißtrauisch), er erreicht über seine geschilderten Fallstudien Wissenszuwachs und ein profunderes Hundeverständnis. Und genau das brauchen wir nötiger denn je!

Dr. Dorit Feddersen-Petersen

Dr. Mugford's Vorwort zur deutschsprachigen Ausgabe

Sehr viele der modernen Hunderassen wurden in Deutschland geschaffen, nur die Engländer haben einige Rassen mehr gezüchtet. Umso überraschender ist es zu entdecken, daß wenn man dies mit anderen nordeuropäischen Ländern vergleicht, heute in Deutschland so verhältnismäßig wenige Hunde gehalten werden. Aber es wäre falsch, die vergleichsweise kleine Anzahl an Hunden in Deutschland – dreieinhalb bis vier Millionen – als Maßstab des Interesses der Deutschen an Hunden zu mißverstehen.

Nahezu jeder Hund, dem ich in Deutschland begegnet bin, ist ein erwünschter Hund, ein umsorgter und in der Regel auch ein gut erzogener Hund. Viele der bekanntesten deutschen Hunderassen haben stark entwickelten Schutztrieb, Weimaraner, Rottweiler und der deutsche Schäferhund (vielleicht die populärste Einzelrasse in der ganzen Welt). Ja selbst der Teckel wurde darauf gezüchtet, innerhalb des Hauses zu schützen.

Ein großer Teil deutscher Hundebesitzer ist Mitglied von Rassehundezuchtclubs, möglicherweise auch in Gebrauchshundesportvereinen, die von ihren Mitgliedern erwarten, daß ihre Hunde besonders sorgfältig erzogen werden.

Ein recht anschauliches Beispiel der Sorgfalt deutscher Hundezucht ist, daß in der Regel Rüde wie Hündin einem Wesenstest unterzogen werden, sehr häufig ist HD-Röntgenkontrolle Zuchtvoraussetzung. Im allgemeinen wird größter Nachdruck darauf gelegt zu sichern, daß eine Hunderasse körperlich wie wesensmäßig hohen Anforderungen für die Zukunft der Rasse entspricht. Dieser Grad von Perfektion bildet einen geradezu dramatischen Kontrast zu dem amateurhaften Gehabe, mit welchem man in England an diese Dinge herangeht. Es gibt überhaupt keinen Zweifel, daß im Normalfall Hunde in Deutschland recht sorgfältig behandelt und gepflegt werden. Der allgemeine Überfluß der deutschen Gesellschaft bringt auch ihren Hunden erstaunliche Vorteile.

Abweichungen von dem erwarteten oder rassetypischen Verhalten werden oft nicht toleriert, man tritt ihnen energisch entgegen. Besitzer solcher Hunde sind wirklich sehr darum bemüht, das Verhalten ihrer Hunde zu verstehen und zu korrigieren. Eine ganze Anzahl betroffener Hundefreunde haben mir geschrieben, mit mir telefoniert oder mich ohne ihren Hund in England besucht; viele kamen auch zu mir nach Paris und stellten mir ihre Hunde vor.

Mein Eindruck ist, daß das Interesse der deutschen an allen Hundefragen, insbesondere auch an hundespezifischer Psychologie oder Ethologie, wirklich außerordentlich groß ist. Einige der wichtigsten wissenschaftlichen Analysen über hundliches Verhalten stammen von deutschsprachigen Autoren: Zimen, Lorenz und Trumler, um nur drei hervorzuheben. Konrad Lorenz, ein Österreicher, fand naturgemäß seine erste Anhängerschaft in den deutschsprachigen Ländern. Eric Zimen ist ein allgemein anerkannter Verhaltensforscher, der wölfisches Verhalten studierte, häufig vergleichendes hundliches Verhalten mit einem anderen deutschen Ethologen, Eberhard Trumler, diskutierte. Lorenz und Trumler benutzen bei ihren Analysen weitgehend denselben Stil wie ich, obgleich mein Buch sich noch mehr auf den Haushund, den Familienhund konzentriert als die Bücher der beiden anderen Autoren.

Ich bin davon überzeugt, daß die verstandesmäßige Analyse des Hundeverhaltens und deren Anwendung auf die Alltagssituationen, denen sich Hundehalter laufend gegenübersehen, das breite Interesse bei der deutschsprachigen Leserschaft finden wird. Mit Sicherheit ist das Wissen oder das Interesse an den wichtigen Aspekten der Hundehaltung im deutschsprachigen Raum außerordentlich hoch, möglicherweise höher als irgendwo anders in der Welt. Dies zeigt schon, daß die meisten Besitzer von Rassehunden (und die meisten deutschen Hunde haben eine Ahnentafel) auch Mitglied des entsprechenden Zuchtvereins sind, oft außerdem noch den hundesportlichen Organisationen angehören. Man bildet Hunde schon ab früher Jugend aus. Die Ahnentafeln der Zuchttiere werden vor der Zuchterlaubnis sorgfältig analysiert. Deutsche Hunde sind in den hundesportlichen Vereinigungen besonders gut ausgebildet, oft dabei auch mit Spezialaufgaben wie »Mannarbeit« vertraut.

Ich bin wiederholt als Besucher in Deutschland gewesen, habe vor deutschen Hundevereinen Vorträge gehalten, hatte auch Gelegenheit, den Ablauf deutscher Leistungssiegerprüfungen auf höchster Ebene zu beobachten. Zwischen den englischen und deutschen Hundebesitzern gibt es wahrhaftig beachtliche Unterschiede in den Erwartungen, die man an das Leistungsvermögen der Tiere stellt. Diese Unterschiede zeigen sich mit Sicherheit beim Studium der deutschsprachigen Ausgabe meines Buches.

Ich bin sicher, daß dieses Buch bei deutschen Hundeausbildern beträchtliches Interesse und strittige Diskussionen auslösen wird. Ihr Einfluß auf den internationalen Hundesport ist außerordentlich stark, sie arbeiten mit körperlichem Zwang und sind dem so hochgelobten Würgehalsband in ihrem Denken engstens verbunden.

Zusammenfassend glaube ich, daß HUNDE AUF DER COUCH die deutschsprechenden Leser deshalb besonders interessiert, weil das Buch dazu auffordert, an die Menschen wie Tiere berührenden Alltagsprobleme mit wissenschaftlichem Verstand heranzugehen.

In der deutschen und österreichischen Psychiatrie ist die Tradition der Psychoanalyse schon immer stark vertreten. Mit Nachdruck erforscht man die kausalen Ursachen, die zu Verhaltensstörungen führen. Meine Methode arbeitet genau nach diesem System, obgleich ich zugeben muß, daß meine Hunde nicht ebenso gut sprechen können wie Sigmund Freud's menschliche Patienten.

Einleitung

Wie wir unsere Haustiere behandeln zeigt oft klarer und ehrlicher, was für Menschen wir sind, als das, was wir anderen Menschen gegenüber sagen und vorgeben. Ich bin Berufsvoyeur, ein Beobachter, der eigentlich aus Neugier über zwischenmenschliche Beziehungen zu seiner Arbeit mit einer Vielzahl an Haustieren kam. Ich lernte meinen Beruf dank der Hilfe von etwa zwanzigtausend Hunde- und Katzenpatienten; nur wenige von ihnen haben sich genügend in mein Gedächtnis eingeprägt, um in die Seiten dieses Buches aufgenommen zu werden.

Meine Leser können versichert sein, daß das Recht auf strikte Anonymität meiner Patienten wie ihrer Besitzer voll gewahrt wurde. Ich habe meist fiktive Namen anstelle der wirklichen gesetzt, allerdings mit Ausnahme der Fälle, die in Kapitel 10, 11 und 15 geschildert werden. Von allen Menschen, die in diesen Kapiteln hinter den Tieren stehen – einschließlich ihrer Majestät der Königin – habe ich ausdrückliche Erlaubnis zur Namensnennung erhalten.

Die Schwierigkeiten eines derartigen Buches liegen darin, richtig zu erkennen, wann man mit dem Erzählen aufhören muß, wann man es am besten veröffentlicht. Meiner natürlichen Veranlagung entspricht es, derartige Entscheidungen aufzuschieben, aber eine bemerkenswert überzeugende Faith Evans nahm mich so in die Disziplin, daß ich diese erste Ausgabe schreiben mußte. Ihr schulde ich Dank. Mein Dank geht auch an die vielen Hunderte von Tierärzten und anderen Kollegen, die mich über die letzten zwölf Jahre in England, Frankreich, in den USA und in vielen anderen Ländern in meinen Forschungen und meiner Arbeit unterstützt haben.

I Wie alles begann

Ein niedriger Zaun aus galvanisiertem Eisen trennte vier Kinder von einem ärgerlich umherwirbelnden Derwisch, der einmal der geliebte Haushund einer Familie gewesen war. Eines der Kinder auf einer Farm in South Devon war ich; Brandy war ein Cockerspaniel, den meine ältere Schwester herrenlos in unseren Feldern eingefangen und adoptiert hatte. Wir glaubten, wir wüßten alles über Hunde, hatten wir doch hintereinander mit Schäferhunden, Corgis und Mischlingen gelebt, die mit mehr oder weniger Harmonie in einer immer wechselnden Ansammlung anderer Haustiere wie Katzen, Frettchen, Kaninchen, zahmen Saatkrähen, Feldmäusen und den gewöhnlichen Tieren eines Bauernhofs hier lebten. Meine Schwester kündigte voll Selbstvertrauen an, wir würden Brandy schon zähmen. Wir müßten ihm einfach ein wenig Liebe und Erziehung geben – meinte sie –, dann würde er schon damit aufhören, sich wie ein Monster bei Sonnenuntergang zu benehmen.

Dieser verwahrloste, unerwünschte rote Cocker war meine allererste Einführung in pathologisch gestörtes Verhalten von Hunden. Brandy war ein Hund aus den 1950er Jahren. Aber auch in den 1990er Jahren gibt es noch immer viel zu viele Hunde ringsum, die genauso sind wie er. Es sind Hunde, die aus keinerlei ersichtlichem Grund von den normalen Schienen ihres Lebens zu geraten scheinen, Leid und Gefahren auf die bringen, welche versuchen, diese Hunde zu lieben und zu betreuen. Ähnlich manchen der heutigen roten Cocker hatte auch Brandy keine glänzende Zukunft. Er war gefährlich, er biß meine Schwester ohne jeglichen Grund. Eines Tages war er verschwunden, wir wußten nicht wohin. Natürlich weinten wir um unseren verlorenen Liebling, aber wir hätten sicherlich noch mehr geweint – aus Frust wie Zorn –, hätten wir den ganzen Hintergrund, die Ursachen von Brandys Problemen gewußt.

Oft erinnere ich mich unserer Enttäuschung mit Brandy, wenn ich Hunde anderer Leute behandele. Die Menschen haben der tierischen Verhaltenstherapie gegenüber eine lange Liste von Erwartungen, was sie aber vor allem brauchen, ist eigenes Wissen, Mitgefühl und Ergebnisse. Wir wissen heute soviel mehr als die Wissenschaftler in den 1950er Jahren, warum Tiere das tun, was sie tun. Treffe ich heute auf einen Hund wie Brandy, kann ich seinen Besitzern erklären, daß er ein erblich festgelegtes Verhaltensmuster ausdrückt, das genetisch bestimmt ist, Eigenschaften, die für rote Cocker ganz typisch sind. Ich kann ihnen sagen, daß die Brandy's auf dieser Welt immer am Abend am gefährlichsten sind, daß sie helles Licht scheuen, oft versuchen, sich unter Stühlen oder in Ecken zu verstecken. Ich kann den Besitzern erklären, daß die meisten roten Cocker bizarre Gegenstände wie ein Papiertaschentuch oder eine Socke horten und diese Dinge mit solchem Nachdruck verteidigen, als wäre es der kostbarste Knochen (natürlich verteidigen sie auch ihre Knochen). Es hilft den Besitzern auch, zu wissen, daß Ablenkung, ein Szenenwechsel, viel wahrscheinlicher Brandy aus seinem tiefen Zorn erlösen kann als wilde Konfrontation. Aber das Allerwichtigste von allem, wir fangen – Gott sei Dank – an, die neurochemische Basis solchen gestörten Verhaltens zu verstehen mit der Aussicht, dies durch medikamentöse Therapie verändern zu können.

Die meisten Menschen werden zugeben, daß sie Tiere lieben, in irgendeinem Lebensabschnitt möchten sie auch sehr gerne ein eigenes Tier als Haustier und Lebensgefährten halten. Durch meine gesamte akademische und berufliche Laufbahn hat mich die Rolle von Haustieren als Lebensgefährten menschlicher Wesen fasziniert, denn dies enthüllt die angenehmere, hellere Seite der Menschheit. Ich gehöre zu den wenigen Glücklichen, deren berufliche Arbeit anderen Freude bereitet, noch mehr Freude aber mir selbst. Die Praxis, welche ich betreibe, befaßt sich mit der Therapie verhaltensgestörter Tiere. Das ist die Anwendung wissenschaftlicher Prinzipien mit dem Ziel einer Verhaltensänderung, um die Beziehung zwischen Menschen und Tieren effektiver zu machen. Als ich vor etwa zwölf Jahren damit begann, löste alleine der Hinweis, als Psychologe für Tiere zu arbeiten, unter Freunden wie Journalisten ein gewisses »Oje!« aus. Aber heute wird diese Tätigkeit viel häufiger akzeptiert, zweifellos geht es auch in meiner Praxis entschieden lebhafter zu.

Was mich bei meiner Arbeit immer wieder besonders fasziniert, ist die Tatsache, daß sich die Besitzer in der Diskussion über die Tiere außerordentlich natürlich verhalten, manchmal aber auch höchst verwundbar sind – sie enthüllen ihr wahres Wesen. Wir hören und sehen die Wahrheit ihrer menschlichen Empfindungen, kein Täuschen oder Sich-besser-machen, dies alles auf eine Art, wie sie sich in der humanmedizinischen psychologischen Behandlung sehr selten ergibt. Wenn für einen psychologischen Beobachter wie mich schon die Praxis tierischer Behandlungstherapie so befriedigend ist, hilft sie dem Besitzer eines sich falsch verhaltenden Haustiers um so mehr, sie löst eine Riesenlast an persönlicher Angst – manchmal auch Schuldgefühlen. Darüber hinaus hat auch die menschliche Gesellschaft Vorteile, denn zahlreiche unserer Patienten – insbesondere Hunde – sind ganz offen gesagt gefährlich.

Eine gütige Fee in meinem Leben richtete es so ein, daß ich in eine Farmerfamilie hineingeboren wurde. Überall gab es Tiere, schon im frühesten Alter übertrug man mir Verantwortung für ihr Wohlergehen. Sehr gut erinnere ich mich eines Auftrages, eine Herde Sauen auf einem Stoppelfeld im Auge zu behalten. Ich war vier Jahre alt und spielte mit Zinntieren, gemischt mit Spielzeugsoldaten, in meinem kleinen Bauernhofmodell. Es war ein warmer Julinachmittag, und über meiner Aufgabe schlief ich ein. Unsere klugen Schweine entdeckten ihre Chance, das danebenliegende Feld zu plündern, zunächst aber haben sie mein kostbares Bauernhofmodell, seine Tiere und die ganze Armee verzehrt. Schweine sind in jeder Hinsicht bemerkenswerte Tiere, in ihrem Sozialverhalten wahrscheinlich ebenso interessant wie der Hund. Als Kind konnte ich eigentlich nie den Widerspruch verstehen, der in der völlig ungleichen Behandlung unserer Schweine und Hunde lag. Unser Farmcollie Gyp lebte versorgt und verwöhnt bis in sein hohes Alter mit uns, während unsere kleinen Schweinchen schnell auf dem Markt verschwanden, sich in Schinken verwandelten. Ebensolches Pech hatten die Rinder und Schafe auf unserer Farm. Meine handaufgezogenen Lämmer waren zum Beispiel plötzlich bei meiner Rückkehr von der Schule verschwunden, ich wagte gar nicht zu fragen - wohin.

Die Erklärung meiner Eltern war immer dieselbe, daß unsere Tiere während ihres Erdendaseins ein gutes Leben hatten, selbst wenn dieses Leben nicht ewig dauern konnte. Von diesem Grundgesetz mußte es aber immer Ausnahmen geben. Da waren einige auserwählte Tiere - unsere Hunde, Katzen und eine Dairy Short Horn Haus-Kuh namens Cherry, die bei uns entsprechend ihrer natürlichen Lebenserwartung 23 Jahre alt wurde.

Tiere, die sich nicht anpaßten, hatten auf unserer Farm trübe Aussichten. Ein schlagendes Pferd oder ein Schaf, das ständig auf die Nachbarfelder ausbrach – sie waren die ersten auf dem Weg zum Markt. Ich habe nie richtig verstanden, warum Cherry diesem Schicksal entkam. Über mehr als 20 Jahre spielte sie mit ihrem Melker das selbe Spiel. Ihr Ziel war, den Melker vom Schemel zu stoßen und – noch viel lieber – eine ihrer großen und schmutzigen Hufe in den Melkkübel zu stellen. Wachsamkeit und eine gewisse Autorität im Auftreten meines Vaters brachten es mit sich, daß er in den meisten Fällen Sieger blieb. Als ich jedoch als junger Bursche es übernahm, Cherry zu melken, ging ihre Erfolgsrate von diesem Tage an noch weiter zurück. Der Trick, den ich meinem Vater abgeschaut hatte, war, das Schlüsselverhalten des Tieres zu erkennen, mich darauf zu konzentrieren, was zuverläßlich dem großen Hufbad vorausging. Cherry's Schwanz drehte sich und schlug in irregulärem, manchmal wildem Takt über etwa eine halbe Minute, dann folgte die große Attacke. Es gab keinerlei anderes Verhaltensmerkmal, auf das sich der Melker sonst verlassen konnte, der Körper versteifte sich nicht, ihre Stellung veränderte sich nicht, weder muhte noch schnaubte sie.

Heute schätze ich es ganz besonders, daß unsere Haustiere auch andere, sehr wichtige, aber vielfach kaum bemerkbare Zeichen geben, ehe sie sich in ihrem Verhalten ganz massiv ändern. Die Lektion, die mir mein Vater und Cherry erteilten, war, stets wachsam zu sein, sorgfältig das Verhalten der Tiere zu beobachten, die Zusammenhänge zwischen vorausgegangenen Anzeichen und den Folgen zu erkennen. Diese Erfahrung ist besonders wichtig, wenn man sich mit einem aggressiven Rottweiler, einer ängstlichen Katze oder einer bösartigen Kuh befaßt. Bei Cherry bestand der Trick, ihren Tritt zu vermeiden, darin, eine Schulter und den linken Arm hart gegen ihre Oberschenkel zu pressen, ihr das Gefühl von Kontrolle und Beherrschtsein zu vermitteln, auf das sie reagierte. Gute körperliche Kontrolle ist unverändert einer der wichtigsten Punkte, den wir Hundebesitzern einhämmern, die eine wirksame Verhaltensänderung ihrer Haustiere erreichen möchten. Das Leben auf einer Farm, die Arbeit mit Tieren, viel größer und stärker als ich selbst, sie waren ein vorzügliches Training für all das, was in meinem weiteren Leben folgen sollte.

Wenn meine frühen Jahre gemeinsam mit Tieren mich in der Kunst des Verstehens, der Kontrolle und Freundlichkeit gegenüber Tieren schulten, wurden diese Fähigkeiten später durch meine formale Schulausbildung und das Universitätsstudium ernsthaft aufs Spiel gesetzt. Die Wissenschaft, insbesondere die Wissenschaft der Biologie, interessierte sich herzhaft wenig für Rechte und Ethik der Tiere. Knochenbau und Organe standen im Zentrum meiner Grundausbildung und über das gesamte weitere Studium. Bis heute sind Studenten gezwungen, durch das gleiche blutige Ritual des Tötens von Fröschen, Reptilien und Ratten zu gehen, um Anatomie und Physiologie zu lernen. Mein Zoologielehrer in der Schule sah in mir trotzdem einen fähigen Schüler, einen offensichtlichen Kandidaten für akademische Ehren in Zoologie. Statt dessen wählte ich aber den ungewöhnlichen Weg eines gemeinsamen Studiums von Psychologie und Zoologie, um dadurch mehr über die Verhaltensunterschiede zwischen Menschen und Tieren zu lernen.

In jener Zeit – den 1960er Jahren – gingen Zoologen und Psychologen in ihrem wissenschaftlichen Studium des tierischen Verhaltens völlig verschiedene Wege. Die Zoologen begannen, sich immer mehr für die sich schnell entwickelnde Wissenschaft der Ethologie (vergleichende Verhaltensforschung) und ihrer Methoden zu interessieren, während die Psychologen noch immer die Lehrtheorien von Pavlov, Skinner, Watson und anderen in sich aufnahmen, die das individuelle tierische Verhalten in wechselnder Umwelt studierten. So mußte z. B. eine Taube ein Fach aufpicken, um an ein Korn zu kommen, oder eine Ratte mußte einen Riegel niederdrücken, um einen elektrischen Schock zu vermeiden. Komplexe mathematische Modelle wurden entwickelt, um vorauszusagen, wie lange es dauere, bis ein Tier in derartig schwierigen Situationen die notwendige Geschicklichkeit entwickelte. Auf diese Art kam man zu einer imaginären »black box« – einem Verhaltensmittelwert. Unglücklicherweise lebten die »Objekte« dieser Experimente in außerordentlich beengten Verhältnissen, oft saßen sie alleine in Käfigen von der Größe eines Schuhkartons. Sie hatten wenig Gelegenheit zu Kontakten untereinander oder der Nutzung ihrer natürlichen Fähigkeiten, die veränderte Umgebung zu untersuchen und auszunutzen.

Der praktische Unterschied der Forschungen der Zoologen einerseits, Psychologen andererseits zeigt sich in den verschiedenen räumlichen Arbeitsgebieten. Der Zoologe zog seine alten Stiefel und Ölzeug an, um schlecht bezahlter Forschungsarbeit an der Küste oder auf einem Berg nachzugehen – irgendwo, wo es beschwerlich, manchmal auch exotisch war. Im Gegensatz hierzu verfügte der Tierpsychologe über ein reiches Budget, arbeitete an eigens für das Laboratorium gezüchteten Nagetieren in Käfigen, in Räumlichkeiten mit sorgfältig kontrollierten Klimaverhältnissen, blieb warm und behaglich im Hause. Die 1960er Jahre erlebten eine großartige Auseinandersetzung zwischen Psychologen und Zoologen über die beste Methode zum Studium tierischen Verhaltens. Besonderen Auftrieb erhielten die Zoologen, als der Nobelpreis gemeinsam Konrad Lorenz, Niko Tinbergen und Karl von Fritz zuerkannt wurde. Gerade diese Männer gemeinsam mit ihren Studenten haben gezeigt, daß es durchaus möglich und der Mühe wert ist, auf wissenschaftliche Methode durch Studium der Tiere in ihrer natürlichen Umgebung wichtige neue Entdeckungen zu machen.

Mein persönliches Interesse galt besonders tierischem Aggressionsverhalten, weil ich hoffte, dieses vermittle uns auch Aufschlüsse, wie die Menschheit ihre eigenen Tendenzen zu Gewalt und Krieg verringern könnte. Mein ausgewähltes Studienobjekt war die Zwergmaus, eine Spezies, die über die letzten paar Dekaden bei den Forschern des Aggressionsverhaltens bemerkenswert hohes Interesse fand. Bei Zwergmäusen kennen wir jede Einzelheit ihres genetischen und sozialen Aufbaus, wir wissen, daß kritische Erfahrungen in frühester Jugend eine Maus so prägen können, daß sie zum Pazifisten oder Psychopathen wird. In den drei Jahren meines Studiums nach meinem Diplom wurde ich auf dem schmalen Feld mäuslichen Verhaltens zur »Weltautorität«. Ich hatte nachgewiesen, wie Zwergmäuse chemische Signale in Urin und Talgdrüsen nutzen, um anderen ihren Verhaltensstatus einschließlich Aggression mitzuteilen. Ich demonstrierte, daß Pheromone (Wirkstoffe, die nach außen abgegeben werden) oder winzige Geruchsstoffe tatsächlich das Sozialleben der Mäuse beherrschen. Heute wissen wir, daß sie für Hunde, Katzen und möglicherweise sogar Menschen von gleicher Bedeutung sind. In jener Zeit erschienen die Aussichten, dieses Wissen über Kontrolle von Aggressionen auf andere Tierarten wie etwa Hunde oder Katzen übertragen zu können, sehr klein. Heute kann ich jedoch bezeugen, daß meine frühere Forschertätigkeit bestimmt keine vergeudete Zeit war. Rottweiler sind von Albinomäusen gar nicht so verschieden.

Fürsorge und Ethik der Tiere standen bei meiner alten Universität nicht auf dem Studienplan, sie wurden aber zum Hauptanliegen meines ersten bezahlten Jobs als Tierpsychologe bei einem großen Konzern für Haustiernahrung. Dieses international arbeitende Unternehmen war an allen Aspekten interessiert, weshalb Hunde und Katzen das tun, was sie tun, untereinander, mit ihren Besitzern und – insbesondere – hinsichtlich ihrer Ernährung. Ich war der erste, in Verhaltensforschung ausgebildete Mitarbeiter, der je von der aufblühenden Futtermittelindustrie angestellt wurde. Über neun Jahre arbeitete ich mitten zwischen hübschen Hunden und Katzen und anregenden Menschen. Ein kleines Team von Wissenschaftlern und Tierärzten studierte jede Einzelheit des Nahrungsbedarfs von Hunden und Katzen, alle möglichen praktischen Auswirkungen der Futtermittel, die wir unseren Haustieren verabreichen. Die am allerpräzisesten zusammengesetzte Ernährung nützt einem Tier überhaupt nichts, wenn es das Futter nicht mag. Meine Aufgabe war es, die Grundfaktoren zu erforschen, die entscheiden, wie schmackhaft ein Futtermittel ist. Es genügt nicht, daß Hunde und Katzen ihr Futter fressen. Aus Gründen wirksamer Werbung versuchen die Futtermittelgesellschaften sicherzustellen, daß das Tier auch offensichtlich seine Nahrung zu lieben scheint, was wiederum den Besitzer veranlaßt, die gleiche Marke weiter zu kaufen. Ich habe viel Zeit damit verbracht, mit den Besitzern über die Gewohnheiten ihrer Tiere zu sprechen, dabei in Erfahrung gebracht, wo sie schliefen, welche Spiele sie spielten und letztendlich, welche Art von Futter ihre Besitzer kauften, und was sie dazu veranlaßte.

Mich interessierte auch das psychologische Profil von Hunde- und Katzenbesitzern. Gab es in Verhalten oder Persönlichkeit Eigenschaften, welche sie von anderen Menschen unterschieden, die an Tieren keine Freude hatten, keine Tiere hielten? Es stellte sich heraus, daß insbesondere Hundebesitzer soziale Kontakte lieben, es wurde keine einzige persönliche Eigenschaft festgestellt, die man als anomal oder unerwünscht bezeichnen könnte. Kurz gefaßt waren diese nette Menschen ein Querschnitt durch alle Klassen und Altersgruppen. In späteren Kapiteln werde ich auf diese sozialen und psychologischen Merkmale der Haustierbesitzer zurückkommen, erst möchte ich aber erzählen, warum sich mein Interesse immer mehr auf Problemtiere konzentrierte.

Die Hundefuttermittelgesellschaft, für die ich arbeitete, wollte herausfinden, ob Hundebesitzer ihren Liebling nach dem Tod von Rover oder Bonzo durch einen neuen Welpen ersetzten oder nicht. Die Antwort eines überraschenden Drittels aller Hundebesitzer war – nein – die häufigste Begründung lautete – daß Bonzo soviel Probleme, Unbequemlichkeiten oder Gefahren ausgelöst hatte, daß er seine Besitzer für immer vom Wunsch nach einem eigenen Hund geheilt hatte. Diese Problemtiere wurden trotzdem sehr geliebt, ihre Besitzer hatten sich geradezu stoisch mit den Schwierigkeiten und Problemen abgefunden, welche ihre Hunde ihnen auferlegten. Ich gewann aus dieser Untersuchung den Eindruck, daß ungefähr 10 % aller Hundebesitzer mit dem Verhalten ihres Hundes ernsthafte Probleme haben. Man muß aber in erster Linie die 90 % Hundebesitzer sehen, die sich einer harmonischen Beziehung zu ihren Hunden erfreuen – eine weit höhere Erfolgsrate als bei der Ehe!

Das Hauptrisiko für die 10 % Problemhaustiere ist ein früher Tod. Es besteht durchaus real, schlechtes Verhalten ist der größte einzelne Killer junger Hunde, die verbreitetste Ursache, weshalb Hundebesitzer ihren Tierarzt bitten, ihren im übrigen völlig gesunden Hund einzuschläfern.

Sich schlecht benehmende Hunde verursachen auch in ihrer weiteren Umgebung Schwierigkeiten, lösen Antipathien gegen Tiere im allgemeinen und gegen Hunde im besonderen aus. Hundehaßkampagnen entstehen tatsächlich aus der Anwesenheit von Fäkalien in Parks, aus Hundegekläff in der Nacht, herumstromernden Hunden auf den Straßen, die Verkehrsunfälle auslösen, aus Beißen von Kindern und anderem. Wenn niemand nachhaltig versucht, diese negativen Aspekte der Hundehaltung zu bessern, wäre möglicherweise das Recht der Mehrheit, einen Hund zu halten, bedroht. Und damit würde die Menschheit so zahlreiche wichtige psychologische Vorteile verlieren, die aus der Gesellschaft mit Tieren entstehen.

Ende der 1970er Jahre wurden in den Vereinigten Staaten eine bemerkenswerte Organisation gegründet. Die Delta Group bildet ein Forum für Wissenschaftler, Veterinäre, Soziologen, Philosophen und andere. Sie erforschen gemeinsam die verschiedenartigen sozialen und psychologischen Ursachen, welche die Haltung und die Behandlung von Tieren bestimmen. Das erste Treffen gleichgesinnter Einzelpersönlichkeiten in Europa fand unter dem Vorsitz des ortsansässigen Tierarztes Douglas Brodie in Dundee im Jahre 1978 statt. Zwölf von uns, einschließlich zweier Psychiater aus den Vereinigten Staaten – Dr. Aaron Katcher und Michael McCullock - bildeten diese Pionierabteilung. Die beiden Amerikaner hatten schon wertvolle Forschungsarbeiten über die psychologischen Vorteile geleistet, die dem Menschen aus der engen Verbindung mit Tieren entstehen. Verschiedene Tierärzte, die zu diesem Treffen kamen, waren an der Arbeit interessiert, weil sie selbst erfahren hatten, wie wichtig es bei der Behandlung kranker Tiere ist, auch die psychologischen Wünsche und Bedürfnisse des Tierbesitzers zu befriedigen. Einer der Anwesenden – Dr. Bruce Fogle – wurde in der Folgezeit innerhalb des tierärztlichen Berufsstandes ein allgemein anerkannter und respektierter Sprecher dieser Gruppierung.

Bei dem Treffen in Dundee wurde ich seltsamerweise als Pionier quantitativer wissenschaftlicher Forschung auf diesem Gebiet gefeiert; Ursache war die Veröffentlichung meiner allerersten Experimente über die Auswirkung tierischer Gesellschaft auf die geistige Gesundheit und soziale Eingliederung älterer Menschen im Jahre 1974. Im Alter von dreißig Jahren war ich plötzlich der »Grand old Man« der Tierhalterpsychologie und Therapieprogramme! Dankenswerterweise haben zwischenzeitlich weit bessere und breit angelegte Forschungen die Ergebnisse meiner ersten kleinen Studie über ältere Menschen in Yorkshire bestätigt. Da hatten wir über eine Reihe von Jahren einer Reihe älterer Menschen je einen Wellensittich als Haustier geschenkt, diese dann mit einer anderen Gruppe verglichen, von denen jeder eine Zimmerpflanze erhielt. Die wissenschaftliche Auswertung sagte und bestätigt noch heute, daß Haustiere einen Segen für Menschen bedeuten, weil sie helfen, Einsamkeit und Zurückgezogensein zu bekämpfen.

Naturgemäß war es meine Aufgabe, bei dem Treffen in Dundee die Aufmerksamkeit auf jene 10 % der Hundebesitzer zu lenken, welche die allgemein anerkannten Vorzüge der Tierhaltung offensichtlich nicht erfahren haben. Teilnehmer dieses Treffens stellten mir eine Vielzahl von Fragen, welche klarer, guter Antwort bedurften. War es wirklich ein tierisches Verhaltensproblem? Welche Häufigkeit besteht bei den bestimmten Problemarten? Gibt es bestimmte Besitzertypen, welche häufiger ganz spezielle Probleme mit ihren Haustieren haben oder wesentlich stärker als andere Hundebesitzer? Gibt es charakteristische psychologische Mängel bei den Hundebesitzern, welche sie für Negativerlebnisse besonders anfällig machen? Gibt es bestimmte Hunderassen, die problemträchtiger sind als andere? Hat die Ernährung irgendwelchen Einfluß auf das Verhalten? Kann problematisches Verhalten durch bessere Früherziehungsmethoden vermieden werden, empfehlen sich andere Zuchtmethoden, bestimmte Erziehungsprogramme und so fort?

In einem gewissen Maße waren viele dieser Fragen von der »femme formidable« der 1970er Jahre, von Barbara Woodhouse beantwortet. In ihrem Buch »No Bad Dogs« hatte Mrs. Woodhouse offensichtlich keinerlei Zweifel, daß Problemhunde nur durch ihre Besitzer entstehen, daß gesunder Menschenverstand, eine feste Hand, ein harter Ruck am Würgehalsband die meisten Probleme löse. Diese Methode beleidigte meine psychologische Ausbildung, sie widersprach auch den Ergebnissen von Untersuchungen bei den Hundebesitzern, die diesen Problemen gegenüberstanden. Diese Hundefreunde waren nicht, wie Mrs. Woodhouse unterstellt, notwendigerweise unentschlossen, unerfahren oder übermäßig duldsam. Mich beunruhigte besonders der unbedenkliche, harte Einsatz von Würgehalsbändern im Alltag der Hundeausbildung, denn aus der wissenschaftlichen Literatur ist bekannt, daß der Schmerz einen zerstörerischen Unterbrechungseffekt auf das Lernen ausüben kann.

Die Gruppierung in Dundee – später bekannt als »The Society for Companion Animal Studies« – erlegte mir die Beantwortung aller dieser schwerwiegenden Fragen auf. Aber wie konnte ich dies während meiner Arbeit für eine große Futtermittelgesellschaft erforschen? Die einzige Antwort war, eine eigene Privatpraxis aufzubauen, mit problematischen Haustieren und ihren Besitzern zu arbeiten, das Bestmögliche zu tun in einem Bereich, in den sich niemand anders zuvor gewagt hatte. Dementsprechend befaßte ich mich eingehend mit vorliegender Literatur, fand auch ein paar interessante und ermutigende Ausschnitte aus den Vereinigten Staaten. Aber niemand befaßte sich zu dieser Zeit in dem Vereinigten Königreich mit einer Arbeit dieser Art, in ganz Europa gab es nur einen praktizierenden Tierpsychologen, Anders Hallgren in Schweden.

Im Juni 1979 begann ich in meiner Praxis als Tierverhaltenstherapeut, das war genau zu der Zeit als Margaret Thatcher all die Vorzüge aktiver Unternehmertätigkeiten propagierte. Wenn ökonomisches Wachstum und technische Erneuerung durch die Selbständigen und kleine Betriebe entstehen sollte, schien es mir genau die richtige Zeit, das große Geschäft bei Mars Inc. zu verlassen. Aber ich begab mich in unerforschte Gewässer, es gab keine beruflichen Richtlinien oder irgendeinen bewährten Weg.

Zu dieser Zeit hielt ich bereits regelmäßige Vorlesungen vor tierärztlichen Zuhörern. Ich hoffte, diese würden mir für mein neues Vorhaben Mut machen, möglicherweise die Gelegenheit einer formalen Ausbildung in Tierverhaltenstherapie begrüßen. So galt mein erster Besuch dem Royal College of Veterinary Surgeons und seinem damaligen Präsidenten Michael Young. Von ihm wußte ich, daß er den Zielen der Gruppierung, die wir in Dundee aufgebaut hatten, mit viel Sympathie gegenüberstand. Was war aber mit der englischen Veterinary Surgeons Act, die allen mit Ausnahme von Tierärzten jede Behandlung von Tieren verbot? Diese Gesetzgebung war mit viel Verstand entworfen, sie sollte verhindern, daß unqualifizierte oder ungenügend ausgebildete Leute das Wohlergehen von Tieren aufs Spiel setzten. Tatsächlich sind in dieser Hinsicht die Tiere besser geschützt als die Menschen, denn in England kann jederman aus der »Alternativen Medizin« kranke Menschen behandeln, die Behandlung von Tieren ist auf Tierärzte beschränkt.

Es war für mich von entscheidender Wichtigkeit, daß meine Forschungen über Verhaltensprobleme von Haustieren ausschließlich mit dem Segen des veterinärmedizinischen Berufsstandes durchgeführt wurden, daß man mich in keiner Weise als im Wettbewerb zu Tierärzten stehend ansah. Mein Ziel war, gemeinsam und parallel mit Tierärzten zu arbeiten, nicht gegen sie. In dieser Hinsicht erhielt ich von Alistair Porter, dem Registrator des Royal Veterinary College, vorzügliche Ratschläge. Er gab mir drei Grundregeln für den Aufbau einer guten Praxis zur Therapie tierischen Verhaltens. Punkt eins war, daß ich mich ausschließlich mit Fällen befaßte, die mir durch einen Tierarzt überwiesen wurden; das zweite Prinzip war, daß ich niemals eine tierärztliche Behandlung vornehme, keine tierärztlichen Ratschläge erteile, und zum dritten Prinzip wurde, niemals in Anzeigen für die Praxis zu werben. Die Klugheit dieser Ratschläge wurde durch die Erfahrung einer anderen Verhaltensforscherin bestätigt, die Therapie für Problempferde anbot. Sie hatte direkt in der Öffentlichkeit um ihre Klienten geworben, nicht auf Referenzen durch Tierärzte gewartet. Ihre Praxis kam nicht vorwärts.

So wurde ich im Juni 1979 Englands erster Verhaltenstherapeut für Haustiere. Natürlich fand diese neue Einrichtung »der Haustierfreak« in Presse, Radio und Fernsehen viel Beachtung. War ich ein Betrüger? Konnte ich möglicherweise seriös sein? War dies das verrückte, mit Nachsicht zu behandelnde Zerrbild übertriebener Haustierliebe? In diesem ersten Monat fand ich ziemlich viel öffentliches Interesse, hieraus ergaben sich zehn Fälle, jeder einzelne von ihnen kostbar und für mich am Anfang außergewöhnlich. Ich glaubte, dies sei ein recht versprechender Beginn, aber im August kamen nur noch vier weitere Fälle. Ich schien mehr mit Journalisten zu sprechen als mit Haustierbesitzern.

Glücklicherweise hatte meine Ehefrau Vivienne als Nahrungsmittelmikrobiologin eine feste Anstellung. Sie tröstete mich, erinnerte mich daran, daß die meisten neuen Unternehmungen bereits innerhalb des ersten Jahres wieder eingingen; aber sie war ganz sicher, daß meines nicht dazugehören würde! Zumindest hatte ich jetzt genügend Zeit, wissenschaftliche Abhandlungen und Artikel zu schreiben. Das Tröpfeln einzelner Fälle verstärkte sich, und bis zum Jahresende hatte ich achtzig Hunde und Katzen mit Verhaltensstörungen behandelt. Seit dieser Zeit haben sich die Zahlen buchstäblich Jahr um Jahr verdoppelt. Heute kann ich die Arbeit nicht mehr alleine bewältigen, sondern verfüge über ein Team von Wissenschaftlern und Tierärzten, die mir helfen. Wir sind heute die größte Gruppierung von Verhaltenstherapeuten in der ganzen Welt.

Zu der Zeit, als ich meine Praxis begann, ergab sich die Notwendigkeit, daß ein Mitglied der Familie Mugford sich ständig auf unserer Familienfarm in South Devon niederließ. Es war mein langersehnter Traum, auf die Farm zurückzukehren, da weiter zu machen, wo mein Vater aufgehört hatte. So kam es, daß wir wieder nach Devon zurückzogen. Damit erweiterte sich meine Interessengebiet auf Farm- wie Haustiere. Bald mußte ich aber feststellen, daß mir das Alltagsgeschehen auf heutigen Farmen wenig zusagt. Tiere sind zu Produktionseinheiten geworden, Kühe werden in immer wechselnden Herden von hundert oder mehr Tieren gehalten. Es gibt keine angemessene Sozialordnung mehr, empfindsame Schweine werden wie in einer Art mittelalterlicher Tortur isoliert. – Und Hühner – die armen Hühner! Die Tage ausgedehnter gemischter und menschlich geführter Farmen sind vorbei. Ich hatte weder das Herz noch das Durchhaltevermögen, in einem Rennen nach einem Maximum an Ausstoß – ohne Rücksicht und auf Kosten der Tiere – zu starten.

Es stellte sich nach und nach heraus, vier Fünftel aller meiner Fälle kamen aus dem Bereich London, dem Südosten von England oder aus Übersee. Um sie von meiner Wohnung auf der Farm zu besuchen, mußte ich über enorme Distanzen reisen. Unsere Töchter Ruth und Emily wollten zu gerne auch etwas von ihrem Vater haben, so zogen wir wieder um, siedelten uns 1982 in dem übervölkerten, aber eben näher gelegenen Südosten Englands in Chertsey, Surrey an. Über mehr als drei Jahre praktizierte ich in einem kleinen, am Wald gelegenen Haus mit idyllischer Umgebung; hier konnten meine toleranten Nachbarn jede Variante hundlicher Aggressivität oder Exzentrik über den Gartenzaun beobachten. Manchmal mußten sie ganz außergewöhnliche Klangeffekte hinnehmen, Knurren, Heulen und Wimmern der Tiere, Tränen, Flüche und das Gelächter ihrer Besitzer. Die Art meiner Arbeit mit Tieren bringt es mit sich, daß ich sicherlich kein besonders erwünschter Nachbar bin.

Unser ganz besonderes Glück bestand darin, daß wir den örtlichen Tierarzt Carl Boyde gut kannten, einen Mann, immer nachhaltig darum bemüht, jedem Lebewesen zu helfen, das Hilfe braucht. Er sah unsere weitere Entwicklung voraus, eine immer wachsende Anzahl von Patienten, die durch unser winziges Heim trampelten, während er ganz in der Nachbarschaft eine Farm besaß, deren Fläche bei weitem nicht genutzt wurde; auf ihr lebte eine wachsende Menagerie von Pferden, Lamas, ja sogar Elefanten. So pachteten wir einen Teil der Farm von Mr. Boyde, teilten unser Leben mit gewöhnlichen Farmtieren wie Schafe, Rinder, Schweine und Geflügel – sie alle lebten auf eine etwas altmodische, aber humane Art. Die Hardwick Court Farm war und ist keine gewöhnliche Farm, eher ein Edelstein der Architektur und Geschichte im Westen von London. Die viel verschrieene M 25 Umgehungsstraße wurde direkt durch diese Farm geplant, stahl ihr etwa zwanzig acres (etwa acht Hektar). Dieser Diebstahl an Farmgelände von Mr. Boyde hatte für uns wiederum den Vorteil, daß mich die Straße mit meinen Tierpatienten in ganz England viel schneller verband.

Die außergewöhnliche Art der Hardwick Court Farm wird durch eine ganz regelmäßige Prozession von Schulgruppen aus dem Inneren von London unterstrichen, durch Gruppen behinderter Kinder aus dem örtlichen Hospital, Fernsehteams, welche das Ambiente der alten Welt benutzten. Es gibt hier eine viel beschäftigte Tierarztpraxis, den praktischen Farmbetrieb und dann das Animal Behaviour Centre. Manchmal kann ich mein Glück gar nicht fassen, daß es mir möglich ist, Menschen dadurch zu helfen, daß ich ihren Tieren helfe, daß ich trotzdem in meinem Leben genügend Zeit finde, solch eine wunderschöne Umgebung zu genießen. Es ist ein wunderbares Gefühl, die neuesten High-Tech-Methoden der Phobie-Bekämpfung zu entwerfen oder einige neue Fortschritte der Neurologie studieren, dies alles auf einem Landsitz, der seit dem Jahr 1066 besteht, mit Original-Scheunen, die bis auf die Zeiten von Columbus zurückgehen, und Feldern, in denen seit Jahrhunderten Schweine suhlen.

Als ich das große Industriegeschäft verließ, um meinen eigenen Neigungen nachzugehen, diese alleine zu verfolgen, konnte ich beim besten Willen nicht voraussehen, wie in den Folgejahren das Animal Behaviour Centre wachsen, wieviele Menschen darin eingebunden sein würden. Heute sind wir ein Team von elf Mitarbeitern; Mitarbeiterzahl wie Spezialisierung auf die einzelnen Gebiete wachsen immer mehr. Der tierärztliche Beitrag ist besonders wichtig, über die letzten sieben Jahre war immer zumindest ein Tierarzt im Mitarbeiterstab. Zum Zeitpunkt, da dieses Buch geschrieben wird, ist diese Mitarbeiterin Penny Evans, graduiert an der Universität Liverpool; sie ist besonders an der menschlichen Seite einer Tierarztpraxis interessiert. (Sie hat sogar einen Tierarzt geheiratet, um über diese Frage mehr zu lernen!) Neben den Wissenschaftlern steht ein tüchtiges Team für Büro und Verwaltung, Hilfe in den Ausbildungsprogrammen, Organisation von Welpenspielgruppen, Entwicklung neuer Ausrüstung als Hilfe für die Tiere und so fort.

Man könnte sich vorstellen, daß wir hier ein ruhiges Leben führen - das Zusammenleben mit Tieren ist immer angenehm. Je nach Wettervorhersage und zu behandelnden Fällen sind wir munter oder widerborstig. Es gibt aber an jeden Therapeuten, der beratend arbeitet, sehr starke seelische Anforderungen, wir sind hier keine Ausnahme. Unsere Kompensation besteht darin, daß wir auf einer Farm voller fröhlicher Tiere leben, die uns daran erinnern, daß die Welt nicht nur exzentrisch und streßbeladen ist. In unserem Büro herrscht ein ständiges Tohuwabohu an Telefonanrufen, Computerausdrucken, Besuchern mit Hunden, Journalisten mit Fernsehkameras und Notizblöcken und Tieren jeder Art.

Die Hunde, die für uns arbeiten, sind ein lebenswichtiger Bestandteil unserer Praxis, sind für die uns besuchenden Patienten Kommunikationspartner. Der am weitesten bekannt gewordene Hund in unserem Arbeitsteam ist mein Irish Setter Sam, inzwischen neun Jahre alt. Sam ist Spezialist im Beruhigen und Umerziehen von Hunden, die anderen Hunde gegenüber aggressiv sind. Er bewegt sich in manchmal gefährlich werdenden Zusammentreffen mit freudig wedelnder Rute und entspannter Haltung. Er vertraut der Person, die den eigentlichen Patienten führt, absolut, daß sie ihn im entscheidenden Augenblick schützt. Sam hat das Glück, daß er noch im Besitz seiner Hoden ist — die meisten anderen Hunde in unserer Praxis haben ihre verloren. Für einen Rüden ist die Begegnung mit anderen Rüden im Vollbesitz ihrer Geschlechtsreife risikoreicher als wenn er kastriert wäre.

Dem Herrn von Sam gebührt wenig Anteil an seinem wundervollen Verhalten, es wurde durch einen guten Züchter und einen geduldigen Erstbesitzer, der ihn über zwei erste schwierige Jahre erzog, geschaffen. Er wurde von mir »aufgelesen«, als sein Erstbesitzer geschieden wurde, er danach gegenüber den anderen vier Settern im Hause immer aggressiver wurde. Heute trifft Sam Tag für Tag sechs oder mehr neue Problemhunde, natürlich wissen weder er noch ich, was dabei im einzelnen passiert. Glücklicherweise hat uns ein gutes Urteilsvermögen in hundlichen Problemfällen und sein superbes Verhalten selten getäuscht; wenn Sam einen Hund mag, ist dieser o.k. Seine Belohnung für all seine gute Arbeit besteht in ständigen Liebkosungen durch jeden Besucher unseres Büros; hinzu kommt manche Gelegenheit zur Kaninchenhatz, wann immer ihn hier die Leidenschaft packt. Sein Leben könnte schlimmer sein!

Sam's bester Freund ist Jasper, ein Hund mit unbekannter Vergangenheit, der das Glück hatte, von meiner Kollegin Liz Collier adoptiert zu werden. Jasper wurde kastriert; aus Gründen seiner Körper- und Gesichtssprache, möglicherweise auch seines Geruchs, weiß Jasper, daß alle Hunde ihn lieben, kein Hund ihn bedroht. Jasper's Spezialität ist das Spiel, mit dem er selbst trauernde alte Hunde, furchtsame Welpen oder rauflustige Patienten aufheitert. Mein Kollege Andrew hat eine hübsche Colliekreuzung namens Mutley, die er vom örtlichen Tierschutzverein (RSPA) erhielt. Auch Mutley führt seinen Beruf als Kontakthund sehr professionell aus, dabei vertraut er unangenehmen hundlichen oder menschlichen Charakteren weniger als Jasper.

Sam, Jasper und Mutley bilden das Schlüsseltrio für die Behandlung uns besuchender Patienten. Es gibt da noch fünf oder mehr weitere Hunde, die ganz einfach zum Vergnügen umherlaufen, aber nicht notwendigerweise für ihre »Essensmarken« arbeiten müssen. Squirrel Nuttkins, der kleine Corgi meiner Tochter, ist eine schreckliche Sexbombe, sie lädt alle Rüden ein, ihren Genitalbereich sorgfältig zu erforschen und dann – genau im Augenblick der größten Erregung – schnappt sie nach dem glücklosen Besucher, um ihren guten Ruf zu verteidigen. Wir haben noch eine andere Hündin, den Briard Muff. Muff haßt Männer! Vielleicht hat sie hierfür gute Gründe, ich bin aber sicher, diese liegen nicht in dem sie umsorgenden Witzbold Stephen. Stephen's Erklärung für ihre Bereitschaft zum Schnappen sind ihre empfindlichen Ohren, ich aber führe es auf ihre französische Abstammung zurück, und daß ihr Besitzer unserer empfohlenen Verhaltenstherapie nicht nachgekommen ist. Nach ihrem Abschied von unserem Animal Behaviour Centre, in neuer Umgebung mit weniger Bedrohung und Streß, wurde Muff eine völlig friedliebende Hündin.

Dann gibt es da noch die Farmhunde, eine bunte Mischung von Jack Russels, älteren Labrador und frei umherlaufenden, opportunistischen Mischlingen wie etwa Sprocket, der Steve gehört, dem Ingenieur auf der Farm. Sprocket ist der bei weitem welterfahrenste aller Hunde auf der Hardwick Court Farm, ein hochintelligenter Rüde, der jedermann den Eindruck von Selbstvertrauen und Unabhängigkeit vermittelt. Sprocket paradiert stolz vor den Hundepatienten, die unser Zentrum besuchen auf und ab, hat offensichtlich an ihrer Situation und ihren Verhaltensstörungen sein eigenes Vergnügen. Mit verächtlichem Beinheben an den Autos ihrer Besitzer, einem schnellen Diebstahl von Leckerbissen aus der offenen Handtasche ist er auf und davon, ehe man nur den Mund geöffnet hat! Während diese wunderschöne Farm, ihre Tiere und das Animal Behaviour Centre einen gewissen ländlichen Charme haben, verfolgen die Menschen, die hier arbeiten, sehr ernsthaft und professionell ihre Lebensaufgabe. Wir arbeiten hier, um Tiere zu retten, ihre Lebensverhältnisse zu verbessern, ihren Besitzern die Angst zu nehmen. Wir haben sehr viele Erfolge, daneben aber auch einige Fehlschläge, bei denen wir unser Ziel nicht zu erreichen vermögen. Nicht bei allen unseren Patienten tritt Besserung ein, einige Besitzer erwarten mehr als wir zu leisten vermögen. Dies zwingt uns, noch härter zu arbeiten, die Grenzen unseres Wissens zu erweitern, so daß auch sehr seltsame Verhaltensmuster letztendlich verstanden werden.

Wenn uns unsere Patienten heute besuchen, kommen sie mit Sicherheit in bessere Hände als etwa vor zehn Jahren, als wir ganz einfach weniger Wissensquellen, erprobte Methoden oder Ausrüstung hatten. Ehe ich nun für den Hauptteil dieses Buches in meinem Behandlungsbuch blättere, sollte ich zunächst etwas über Philosophie, Theorie und praktische Methodik berichten, die unserer Arbeit zugrunde liegen.

II Die Mugford-Lehre

Für die Behandlung menschlicher Verhaltensstörungen gibt es zahllose »Schulen« und Methoden, deshalb sollte es niemand überraschen, daß es bei der Behandlung und Erziehung von Tieren auch eine breite Meinungsvielfalt gibt. Für mich als Wissenschaftler ist besonders erstaunlich, wie wenig kritisch bisher alle diese verschiedenen Vorstellungen untersucht und bewertet wurden. Da gibt es z. B. die Methoden von Köhler und Most, basierend auf der Vorstellung des Zwangs, notwendigerweise einer Anwendung von Gewalt. Ein anderes Extrem bildet die Pearsall-Methode, die freudiges Spiel und Belohnung in den Vordergrund stellt. Bei den Ausbildungsschulen nach der Pearsall-Methode wird den Tieren wenig oder überhaupt keine Einschränkung auferlegt. Deshalb haben solche Ausbildungsstunden die unglückliche Tendenz, in ein Chaos auszuufern, wenn auch nur ein Hund außergewöhnlich angriffslustig oder unerzogen ist. Jedoch kann in einer Pearsall-Ausbildungsstunde wenigstens weder ein Hund noch ein Mensch verletzt werden.

Im United Kingdom beherrschte Barbara Woodhouse die Hundeerziehung. Mrs. Woodhouse leistete Pionierarbeit und erreichte zu ihrer Zeit und auf ihrem Weg viele gute Ergebnisse. Zumindest machte sie Hundeerziehung weniger kompliziert, erhob den Anspruch, daß in ihren Händen jeder Hund innerhalb von drei bis fünf Minuten erzogen werden könne. Sie unterstrich die Bedeutung sorgfältiger Beobachtung des Tieres, verbunden mit zeitlich wohl abgestimmter menschlicher Einflußnahme. Diese bestand in aller Regel in einem Ruck am Hundehals, wobei sie eine ganz besondere Art von Würgehalsband einsetzte. Eine Schlüsselrolle in der Woodhouseerziehung spielte der harte Einsatz der menschlichen Stimme, sie pflegte Hundebesitzer schroff zu tadeln, die nicht in der Lage waren, die notwendige Härte in ihre Hände und Stimme zu legen. Viele Teilnehmer an Woodhouse-Ausbildungsklassen verließen den Unterricht mit dem Eindruck, persönlich schwer versagt zu haben; weil sie nicht den Standard an Perfektion erreichten, den Barbara Woodhouse selbst erzielte, fanden sie sich als Hundehalter ungeeignet.

Ich glaube, daß die Grundabsichten von Mrs. Woodhouse sehr achtenswert und freundlich waren, aber die Methoden, die sie anwendete, erschienen manchmal recht grausam. Die Woodhouse-Erziehungsmethode beeinflußte eine ganze Generation von Hundebesitzern, rechtfertigte die Mißhandlung von Hunden mit Würgeketten. Durch diese Würger erlitten einige Hunde schwere und unheilbare Wirbelsäulenverletzungen, die selbst zur Paralyse und frühem Tod führten. Viele andere Hunde, die nach dieser Methode behandelt wurden, waren dicht vor dem Ersticken, ließen dann aber möglicherweise doch vom Ziehen ab, damit wieder Blut durch das Gehirn und Luft in ihre Lungen strömte. Die Anatomie des Hundehalses ist weitgehend die gleiche wie die des menschlichen Halses, wobei natürlich Hunde noch ein Fellpolster aufweisen. Hunde sind genauso Wirbelsäulenverletzungen, Bandscheibenverletzungen und eingeklemmten Nerven ausgesetzt wie Menschen. Der Unterschied liegt darin, daß Hunde weder protestieren, noch den Schmerz äußern, den sie dabei erleiden.

Nach Mrs. Woodhouse entstand vor etwa 10 Jahren die Volhard Schule in den Vereinigten Staaten. Ihr Grundkonzept besteht in Kontrolle und Einschränkung der Bewegungsfreiheit des Tieres, man verwendet einen gleitenden Seilmechanismus oder eine Nylonversion der traditionellen Würgekette. Dieses Seil wird besonders hoch am Hundehals getragen, drückt direkt auf den empfindlichen Gehörgang, die Verknöcherungen hinter dem Hundeohr. Durch den Druck des Seils auf die mit diesem Knochen verbundenen Nerven entsteht ein massiver Schmerz; gerade deshalb wurde bei verschiedenen Formen der chinesischen Folterung diese Kopfpartie bevorzugt. Es gibt überhaupt keinen Zweifel, daß ein Hund, um den chronischen Schmerz zu vermeiden, der durch dieses Foltermittel entsteht, sich seinem Ausbilder unterzuordnen versucht. Auf beiden Seiten des Atlantiks haben viele Hundeausbilder die Volhardmethode übernommen. Glücklicherweise sind bisher wenige der normalen Hundebesitzer auf diese Methode verfallen, weil ihr gesunder Menschenverstand ihnen sagt, daß sie ihrem vierbeinigen besten Freund keine solch bösen Mißhandlungen zumuten sollten.

Die Wahrheit ist, daß Hunde in der Regel leicht zu erziehen sind. Sie verfügen über Intelligenz, sind oft sogar begierig darauf, die Wünsche ihres Herrn zu erfüllen, deshalb sind in der Regel komplizierte und grobe Erziehungsmethoden völlig überflüssig. Bei unserer Ausbildung schöpfen wir eigentlich niemals den vollen Umfang der hundlichen Intelligenz aus. Da ständige Wiederholung jeder Übung dahin wirkt, das hundliche Verhalten zu verändern, ist es nicht überraschend, daß jede der zuvor geschilderten Ausbildungsmethoden – und noch viele andere – ihre eigenen Anhänger fanden. Aber ich selbst, wie viele andere Hundebesitzer, auf die wir treffen, möchte es eigentlich gar nicht, daß unsere Tiere sich immer nach strengen, allgemein gültigen Regeln verhalten. Wir wollen ihren eigenen Charakter, ihre Persönlichkeit wahren, ihr »joie de vivre«, ihr Vertrauen zu uns, das auf dem Gefühl von Sicherheit und Zuneigung basiert, weniger auf Furcht.

Das größte Mißverständnis von allen, das die Welt der Hunde belastet, ist der Begriff Dominanz und die hieraus entwickelten Vorstellungen, es gäbe ein Rangordnungssystem mit einem Leithund und dem sich unterordnenden »Underdog«. Man stellt sich gerne vor, Hunde ständen in einer harten Rudelordnung, in ständigem Wettbewerb, verlören Ansehen oder gewännen zusätzlich Status zu Lasten der anderen Hunde im Rudel. Man bildet sich ein, der Hundebesitzer und seine Familie gliederten sich in so eine Rudelstruktur ein, seien die regulierende Hand in allen Fragen des Hundelebens. Diese Vorstellung hat mich immer beunruhigt, denn sie wurde mißbraucht, um exzessive Bestrafung und Gewalt in der Ausbildung auf die Art, die ich schon beschrieben habe, zu rechtfertigen.

Der echte Durchbruch in meinen eigenen Vorstellungen erfolgte beim Lesen von Berichten der zwei amerikanischen Wildlife-Biologen Randy Lockwood und Mark Beckoff, die sich in ihren Forschungen gezielt der Wölfe und anderer Wildhunde angenommen hatten. Sie beobachteten, daß bei Wölfen in einem stabilen Rudel die Anwendung von Gewalt sehr selten erfolgte, daß die meisten Handlungen durch Austausch chemischer, optischer und stimmlicher Signale ausgelöst wurden. Was der Vielzahl der Beziehungen der Mitglieder eines Wolfsrudels zueinander zugrunde liegen schien, war der Wunsch nach Kontakt und Zuneigung – auf soziales Verhalten.

Wolfsrudel entstehen und halten nur mit einer einzigen Zielrichtung zusammen: der Jagd von Tieren, vielmals größer als die Wölfe selbst, welche Teamarbeit erfordert. Es gibt, innerhalb dieses Teams, eine Art Arbeitsteilung, dabei sollte die Mehrheit der Einzeltiere innerhalb des Rudels überhaupt nicht, zumindest nicht übertrieben ehrgeizig sein, selbst eine Führerrolle einzunehmen. Dominanz oder übertriebenes Durchsetzungsvermögen der Einzelmitglieder eines Wolfsrudels würden offensichtlich die für eine enge Zusammenarbeit notwendige Harmonie zerstören, zu Konflikten und körperlichen Verletzungen führen. Es ist zwar richtig, daß einige weibliche Tiere innerhalb des Wolfsrudels in der Welpenreproduktion erfolgreicher sind als andere, aber die Aufzucht der Welpen wird dann immer zu einer gemeinsamen Aufgabe des gesamten Rudels, liegt nie allein in der Verantwortung der Wölfin, welche die Welpen geboren hat.

Diese Berichte über wölfisches Verhalten legten mir den Gedanken nahe, daß Hunde ihre Beziehungen zu Menschen viel eher auf Eigeninteresse, Zuneigung und dem altruistischen Wunsch zu gefallen aufbauen als auf dem Drang, andere zu beherrschen. Ich dachte an meine frühe Kindheit zurück, erinnerte mich vieler Beispiele, bei denen unser Arbeitscollie Gyp zeigte, daß sein Verhalten meinem Vater gegenüber weit mehr von Loyalität und Zuneigung als von Unterwerfung bestimmt war. Bei einer Gelegenheit war mir die Rolle des zweiten Schäferhundes zugewiesen. Ich half Gyp, eine Herde Schafe und Lämmer beisammenzuhalten, die in eine kleine Hürde eingepfercht waren, damit ihre Zehen von meinem Vater kontrolliert werden konnten. Vater wurde kurzfristig abgerufen, und ich – ein Neunjähriger – versuchte Gyp anzuweisen, wie er nun weiter seinen Job tun sollte. Es dauerte nicht lange, da verweigerte sich Gyp meinem Versuch, ihm Anweisungen zu geben. Er lief hinter meinem Vater her, einem ruhigen Mann, den er einfach liebte. Ehe dieser Hund bereit war, mit mir zu arbeiten, mußte ich erst seine Zuneigung verdienen.

Natürlich war ich mir darüber im Klaren, daß, wenn ich aus meinen Erziehungsmethoden Strafe ausschloß, ich eine zufriedenstellende Alternative brauchte. Die Antwort auf diese Frage kam mir beim Lesen der Literatur über Verhaltensänderungen bei in der Erziehung zurückgebliebenen Kindern und Erwachsenen; ich entdeckte eine Technik, die unter Psychologen als »fehlerfreies Lernen« bekannt wurde. Die Autoren dieser Lehre sind Thompson und Grapowski, zwei Amerikaner, welche die Methode, gehandicapten Kindern und Erwachsenen praktische Fähigkeiten zu vermitteln, revolutioniert haben. Das Ziel ist, komplexe Verhaltenssequenzen in klar definierte einzelne Komponenten aufzulösen, so daß jedes Glied in der Verhaltenskette einzeln erworben wird, wobei stets dem Erfolg eine Belohnung folgt. Das Ziel ist, eine schwierige Handlung so aufzuteilen, daß die Einzelelemente so geradlinig ineinander übergehen, daß nie irgendwelche Strafen notwendig werden, weil die Gelegenheit, etwas falsch zu machen, gar nicht erst aufkommt.

Ich begann, diese Methode bei meinen Hundepatienten, die mit ihren Problemen zu mir kamen, zu testen. Jonathan war ein Deerhound, der seine ersten zwei Lebensjahre im Zwinger seines Züchters verbracht hatte. Dann wurde er an einen Antiquitätenhändler verkauft, der in Hampshire einen kleinen Besitz hatte. Das Problem mit Jonathan bestand darin, niemand hatte ihm die Grundbegriffe Sitz-Bleib-Komm beigebracht, sodaß er seinem Herrn regelmäßig weglief. War er einmal unterwegs, geriet auf die Spur von Hirsch oder anderem verführerischen Wild, kam er nicht wieder zurück. Als ich Jonathan und seinen Herrn besuchte, legte ich ihm ein langes Seil an, um sicherzustellen, daß sich Jonathan nie mehr als zehn Meter von uns entfernen konnte. Versuchte er uns zu entweichen, hielten wir einfach, ohne ein Wort zu sagen, das Seilende fest. Weder sagten wir »Fuß«, noch straften wir den Hund, weil er den magischen Zehnmeterkreis verlassen wollte. In Abständen von ungefähr einer Minute rief ich Jonathan beim Namen, reagierte er nicht, zog ich ihn sanft an seinem Seil zu mir heran. Dicht heran gekommen erhielt er einen Leckerbissen. Wir hatten schon zuvor dafür gesorgt, daß er vor dem Spaziergang nur etwa die Hälfte seiner normalen Futtermenge bekommen hatte, den Rest der Ration erhielt er in Form dieser kleinen Belohnungen.

Innerhalb einer halben Stunde kannte Jonathan seinen Namen und kam zuverlässig, wenn er gerufen wurde. Ich hatte die Übung so aufgebaut, daß er niemals die Möglichkeit hatte, auf seine Namensnennung nicht zu reagieren, daß er nie für einen Fehler bestraft wurde und daß er im richtigen Zusammenhang stets seine Belohnung erhielt. Dann machte ich mich daran, Jonathan zu lehren, bei Fuß zu gehen. Ich kürzte das Seil auf einen Meter, ging oder hielt mit ihm in seinem natürlichen Schritt. Jedesmal, wenn Jonathan sich im richtigen körperlichen Abstand zu mir befand, den Kopf gerade etwas vor meinem Oberschenkel, erhielt er seine Belohnung. Der Schlüssel zum Erfolg lag hier darin, immer die gleiche Geschwindigkeit wie Jonathan zu halten, ganz gleich wie schnell er sich bewegte und wohin er seinen Schritt lenkte. (Diese Technik ist für den Menschen recht anstrengend, aber sehr zu empfehlen.) Nachdem ich eine gute körperliche Verbindung zu ihm aufgebaut hatte, konnte ich langsam anfangen, die von ihm angestrebte Richtung zu korrigieren, so daß der Weg nach und nach mehr meinen Wünschen als den seinigen entsprach. Es war ein Vergnügen, mit Jonathan zu arbeiten. Er war noch von keinem Hundeausbilder verdorben, dadurch kam es auch nicht zu verwirrenden oder widersprüchlichen Reaktionen.

Der nächste und viel schwierigere Schritt war es, ihm Stop, Sitz und möglicherweise Platz beizubringen. Ich beschloß, hier eine andere Technik anzuwenden, den Psychologen recht gut bekannt unter dem Fachausdruck »instrumental conditioning«. Der Besitzer von Jonathan erhielt die Anweisung abzuwarten, bis sein Deerhound sich völlig von selbst hinlegte, genau dann mußte er das Wort »Platz« sagen, ihm einen Leckerbissen anbieten. Dann sollte Jonathan wieder zum Aufstehen veranlaßt werden. Legte er sich wieder, folgte das Wort »Platz« und erneut die Belohnung. Bei einem großen Hund wie einem Deerhound erreicht man »Platz« leichter als »Sitz«. Wir entschieden uns, Jonathan die Sitzhaltung so zu lehren, daß sie mit der »Platz«-Übung verbunden wurde. Er erhielt in dem Augenblick seine Belohnung, wenn seine hinteren Gliedmaßen den Boden berührten, aber ehe er die Vorderläufe gleichfalls ausstreckte. Genau in dieser mittleren Lage sagte Jonathan's Besitzer »Sitz«, immer mit ruhiger, freundlicher Stimme, und in kürzester Zeit war wiederum die instrumentale Reaktion erreicht. Durch solche Erziehung hatten wir einen Hund, der sich immer enger seinen Besitzern anschloß, da seine Grundausbildung auf Freundlichkeit beruhte. Die ganze Folge der Unterordnungsausbildung wurde auf Basis einer gemeinsamen einstündigen Ausbildungssitzung und einiger Tage angenehmer Bemühungen durch seine Besitzer erreicht.

Unglücklicherweise zeigten viele der Hunde, die in der Anfangszeit zu mir in meine Praxis kamen, ein über längere Zeit gefestigtes, aber außerordentlich unangenehmes Verhalten. Dabei ging es zum Beispiel um das Beißen von Menschen, welche an die Haustür kamen, um Hunde, die den eigenen Besitzer angriffen, der beispielsweise gerade telefonierte. Was konnten wir tun, um diesen Menschen mit solchen Hunden zu helfen? Die hier empfohlene Technik nennt man in der Literatur über menschliche Verhaltenstherapie »response substitution training« (Ablenkungstraining). Hierunter versteht man, ein Verhalten zu überlagern oder umzulenken, ein alternatives Verhalten zu entwickeln, dessen Ergebnis als positiv anzusehen ist. Im später beschriebenen Beispiel des Beißens von Menschen an der Tür konnten wir den Hund so ausbilden, daß er sich an einer bestimmten Stelle, etwa auf einen vorhandenen Teppich legte, hier auf eine Futterbelohnung wartete, die immer mit der Ankunft eines Besuchers verbunden war. Wieder gab es hier keinerlei Strafe, nicht einmal eine verbale Zurechtweisung.

Ich habe diese Technik ab dem Jahr 1980 in die Praxis übertragen, sie bewährte sich sehr gut. Nach einigen tausend Hunden kann ich unverändert die Wirksamkeit dieser einfachen Erziehungsmethode bestätigen. Sie unterscheidet sich ganz wesentlich von den üblichen Methoden eines Hundeausbilders mit hartem und dominanten »Platz«-Kommando, das in der Regel erfolgt, wenn sich ein Hund in einer so gefährlichen oder unerwünschten Situation gerade in Bewegung setzt. Der Nachdruck liegt zu sehr auf lauter Stimme, hinter der bei Fehlverhalten harte Strafe steht. Bei unserer Ablenkungsmethode trainieren wir erst das erwünschte Ersatzverhalten bis zu einem hohen Grad der Vollendung, ehe wir es einsetzen, um es gegen das unerwünschte Verhalten auszutauschen. Das Tier muß selbst wünschen, das alte Verhalten durch das neu gelernte zu ersetzen.

In den Jahren 1979 und 1980 machte ich mich häufig mit den Taschen voller Kordeln und verführerischen Leckerbissen aller Art auf den Weg, dazu dem Erziehungsbuch von Barry Skinner über Methoden des Zwangs. Experimental-Psychologen haben festgestellt, daß es nicht immer richtig ist, jede neue Reaktion, die man beim Tier auslöst, zu belohnen. Vielmehr sollte man Häufigkeit und Zeitpunkt der Belohnung variieren. Unterschiedliche Ursachen erfordern immer entsprechend angepaßte Erziehungsplanung.

Der Sinn meiner langen Kordeln bestand in der notwendigen Kontrolle von Hunden wie Jonathan über weitere Distanzen. Es war für mich eine große Erleichterung, als einer meiner Klienten bei seiner Rückkehr aus Deutschland mir die erste sich automatisch verlängernde Leine zeigte. Hier wird das lose Seil ordentlich über eine Mechanik aufgewickelt, die in der Hand des Führers bleibt. Ich sah sofort die großen Chancen dieser Rolleine bei der Vereinfachung der Ausbildung, sie ermöglichte Kontrolle bei weglaufenden Hunden auf längere Distanz. Ich nahm mit den englischen Importeuren – Ronni und Loretta Gee – Kontakt auf, wir sind gute Freunde geworden. Dem deutschen Ingenieur Manfred Bogdhan, der dieses Konzept als erster entwickelte, gebührt ein herzliches Dankeschön von allen Hundebesitzern, sicherlich von vielen Patienten, für die dieses Hilfsmittel ein wichtiger Teil der Therapie wurde. Der große Vorteil dieser Automatikleine besteht darin, daß sie sich auch als Klanginstrument verwenden läßt, das ebenso wirksam Kommandos übertragen kann wie die menschliche Stimme. Indem man leicht auf den Knopf drückt, während das Seil eingezogen wird, kann man jede Art von Geräuschen entwickeln, vom leichten Klick bis zum lauten Ton, je nach dem gewählten Daumendruck und der Seilgeschwindigkeit. Beim Erziehen zur Leinenführigkeit wird die Ausziehleine lose in der linken Hand gehalten, wobei die Leine quer zum Körper geführt wird. Ein leichtes Klick signalisiert, daß das Kommando »Fuß« bevorsteht, wird dies ignoriert, folgt das dunklere Klackgefühl der Leine entlang, verbunden mit dem Kommandowort.

Es gab eine lange Diskussion um Hundehalsbänder, Brustgeschirr und Würgeketten.

Nachdem ich mich schon eingehend mit den physikalischen Gesetzen der Hundeanatomie befaßt und dabei festgestellt hatte, daß der Hals gegen Druck und Zug empfindlich ist, ebenso leicht verletzt wird wie der unsrige, mußte ich ein Hilfsmittel finden, um die Hundeleine zu befestigen, wobei aber Verletzungen ausgeschlossen waren. Eine sehr zufriedenstellende Antwort bietet das traditionelle Hundehalsband, das seit vielen tausend Jahren in Gebrauch ist und sich bewährt hat. Die Würgekette ist dagegen eine relativ junge Entwicklung, sie wurde vor weniger als einem Jahrhundert in Deutschland erfunden. Mir scheint diese Kette ein Widerspruch gegen all das, was in unserem Verhältnis zu Hunden gut sein sollte, ganz im Gegensatz zu Halsbändern in benutzerfreundlichem Material wie Leder und weichem Kunststoff. Ein Gespräch mit einem orthopädischen Spezialisten ergab, daß die Breite eines Hundehalsbandes zumindest zwei Halswirbel überdecken sollte, um absolut sicher zu sein, dies bedeutet z. B. bei einem Labrador eine Breite von 2,5 cm. Im praktischen Gebrauch mit einer Rolleine übermittelt eine flaches Halsband (im Gegensatz zum rundgenähten Halsband) genau das richtige Kontaktgefühl für einen Hund, ohne Schmerz, ohne Verletzungsrisiko.

Bald konnte ich Hunde und ihre Besitzer in wenigen Minuten die Grundlagen erfolgreicher Kontrolle lehren – genau was Mrs. Woodhouse für sich unter Benutzung von Würgeketten und Gewalt beanspruchte. Aber immer wieder stieß ich auf einen sehr willensstarken Hund, etwa einen Jack Russell Terrier, der zog und zog, oder auf einen außergewöhnlich kraftvollen, großen Hund wie eine Dogge, der bei der Verfolgung eines anderen Hundes buchstäblich seinen Besitzer die Straße entlang ziehen konnte. Keine Freundlichkeit, schnappende Geräusche und gute zeitliche Planung wirkten bei solchen Hunden, und die Roger-Mugford-Methode schneller, einfacher und freundlicher Hundeerziehung schien bedroht. Ich beschaffte mir jedes erreichbare Instrument und Hilfsmittel, von deutschen und japanischen Stachelhalsbändern (nein danke!) bis zu Elektroschockgeräten, die man am Hals eines Hundes anbringen, auf Distanz bedienen konnte. Hinzu kamen speziell angefertigte Geschirre und andere Hilfsmittel, um einen wilden oder kampflustigen Hund unter Kontrolle zu bekommen. Eine Antwort fand ich nicht vor 1983.

Zu dieser Zeit mußte ich das Bett hüten, hatte durch mein chronisches Bandscheibenleiden in der Lendenwirbelsäule ernsthafte Schmerzen. Ich dachte über meinen nächsten Patienten nach, einen Wolfhound, der anderen Hunden gegenüber recht aggressiv war. Ich wußte, er hatte, wenn mir nicht etwas besonders Kluges einfiel, die Kraft und das Gewicht, mich umzureißen. Auf der Farm meiner Eltern war ich zwischen Clydesdales und Shireshorses – den Leviathanen (Riesen) unter den Pferden - aufgewachsen. Es hatte mich immer als besonders außergewöhnlich in Bann geschlagen, daß wir schwachen Menschen mehr als eine Tonne Pferdegewicht ganz einfach durch die Berührung unserer Hand an ihrem Halfter oder Zaum kontrollieren können. Da die Hunde wie die Pferde immer größer und schwerer werden, schien es mir eine gute Idee, einmal zu versuchen, den Hund vom Kopf aus zu führen, anstatt ihn am Hals zu ziehen. Warum sollte ich mein Hilfsmittel nicht nach dem Muster eines Pferdehalfters entwickeln?

Mein erster Kopfhalfter für Hunde wurden aus dicken Schnüren gefertigt, in der Art eines Spinnennetzes verknotet. Wir benutzten unseren leidensbereiten Setter Sam als Versuchskaninchen, er unterzog sich seiner Aufgabe mit Würde, glücklicherweise konnten wir feststellen, daß das System funktionierte. Selbst meine Tochter Ruth – damals 4 Jahre alt – war so in der Lage, einen Hund, der größer war als sie selbst, zu führen.

Als der Irish Wolfhound zur Behandlung ankam, hatten wir das settergroße Kopfhalfter seiner Statur entsprechend erweitert. Menschen gegenüber war Lupus ein sanfter Riese. Bei dem Einleitungsgespräch mit Frage und Antwort spielte er liebevoll mit seinem Besitzer; ich selbst lag flach auf dem Bett, Lupus legte seinen Kopf auf mein Kissen. Seine Aggression — so stellte sich heraus - richtete sich gegen kleine weiße Terrier, insbesondere Jack Russels — in seiner Jugend war er einmal von einem angegriffen worden. War irgendwo ein Jack Russell in der Gegend, stürzte sich Lupus auf ihn. Er schaute jetzt einer Gerichtsverfügung entgegen, die, weil er einen unschuldigen älteren Jack Russell getötet hatte, möglicherweise seine Tötung verlangte. Konnte Lupus gerettet werden?

Ich fuhr mit dem Besitzer von Lupus in den Park hinunter, wir befestigten unsere Rolleine an diesem ersten provisorischen Kopfhalfter. Für alle Fälle gab es noch eine zweite Verbindung zu seinem normalen Halsband. Als ob geplant erschien plötzlich ein kleiner weißer Jack Russell im Park, und wir gingen an ihm sehr freundlich vorbei. Lupus war offensichtlich ein ganz anderer Hund, er zeigte dem Terrier gegenüber keinerlei Feindseligkeit, er war völlig ruhig, weil er wußte, daß wir miteinander untrennbar verbunden waren. Wenn man sich meiner akuten Rückenprobleme erinnert, schien es geradezu ein Wunder, daß ich solch einen Hund mit so wenig Anstrengung kontrollieren konnte

Nach der ersten Erprobung dieses Halfterkonzepts, verbesserten wir es, machten zahlreiche Experimente; meine Frau Vivienne und ich entwickelten schließlich das Endmodell, wie wir es heute benutzen. Wir nannten das Kopfhalfter »Halti«. Es ähnelt sehr einem amerikanischen Halfter, das vor etwa hundert Jahren benutzt wurde, um Kälber von der Mutter zu entwöhnen. Gerade dies beweist, daß nichts, aber wirklich auch gar nichts in dieser Welt tatsächlich neu ist!

Kein anderes Ausrüstungsstück hat in unserer Praxis die Arbeit so tiefgreifend verändert wie dieses handliche Kopfhalfter. Wir kamen uns vor, als hätten wir allen kleinen Menschen, insbesondere den Frauen, eine Rettungsleine zugeworfen. Machoauftreten und Muskeln sind überflüssig geworden, nachdem es gelungen ist, die Ziehkraft so umzulenken, daß der Hund sich selbst zum Führer umdreht. Die Beobachtung eines Hundes in der Bewegung zeigt, daß der Körper stets dem Kopf folgt, ähnlich der Beobachtung von in Segmenten aufgebauten Tieren wie Wurm, Tausendfüßler oder Schlange, die ebenfalls ihrem Kopf folgen. Der Hund schien zufrieden zu sein, seinem Kopf zu folgen, wie Pferde im Geschirr.

Selbst ohne die ganze komplizierte Theorie, warum und wie das Kopfhalfter arbeitet, erkannten wir schnell den Vorteil des Kopfhalfters als Hilfe für ältere und körperbehinderte Menschen im Umgang mit den großen Hunden. Dies war der erste Anwendungsbereich. Erst dann stellte ich fest, daß das Kopfhalfter ein wichtiger Beitrag zur Realisierung meiner allgemeinen Philosophie der straffreien Erziehung, des Lernens ohne Irrtum, der »reponse substitution therapy« werden konnte. Speziell das Lehren der Grundaufgaben »Sitz«, »Bleib« und »Hier« wurde mit Anwendung des Halfters sehr viel einfacher als zuvor. Man konnte den Hund sanft in die richtige Stellung bringen, das Hörkommando geben und dann den Hund belohnen. Auf einen Streich beschleunigte das Kopfhalfter geradezu dramatisch den Prozess des instrumentalen Lernens, den ich schon zuvor beschrieben habe.

Als das Kopfhalfter herauskam, schrien viele den alten Traditionen verhafteten Ausbilder »Gemeinheit« oder »Kopfhalfter sind Tierquälerei« oder »Kopfhalfter könnten den

Hals verletzen« oder »der Hund sieht aus wie mit Maulkorb«. Ich hörte jede auch nur denkbare Rechtfertigung, warum Würgeketten besser sein sollten als dieses neue Instrument. Aber ich beharrte auf meinem Standpunkt, zeigte geduldig die Vorteile auf und führte sorgfältig Buch über jeden Fall, den wir mit dem Kopfhalfter behandelten. In keinem einzigen Behandlungsfall gab es negative Auswirkungen, positive Anerkennungsschreiben dankbarer Hundebesitzer begannen hereinzuflattern. Ich erklärte das Grundprinzip in Hunderten von Hundevereinen, ebenso den Tierärzten und allen, die zuhören wollten. Recht schnell wurde ich bekannt als »Dr. Halti«, mein Sam als der »Halti Dog«, weil er so oft mit dem Kopfhalfter abgebildet wurde. Inzwischen scheint die Idee alle Kreise der Hundeausbildung im United Kingdom zu interessieren, ebenso viele Ausbilder in anderen Ländern.

Ein weiterer Schlüsselbereich methodischer Erziehungsentwicklung lag im Einsatz von Tönen, um unerwünschtes Verhalten abzulenken und zu unterbrechen. Wir brauchten eine Stimulanz, die auch auf Distanz von dem Besitzer störendes Verhalten der Hunde unterbrechen konnte, beispielsweise, wenn Hunde miteinander kämpften. In solchen Situationen darf man Hunden nicht erlauben, ihren Kampf auszutragen, da es zu Verletzungen kommen kann. Die Besitzer können aber nicht eingreifen, weil sie Gefahr laufen, gebissen zu werden. Ich testete und experimentierte mit zahlreichen Geräten, die für diese Aufgabe entwickelt wurden, vom explosiven Feuerwerkskörper bis zu stechenden Gerüchen, Wasserpistolen, dünnwandigen Plastikscheiben zum Trennen der Kämpfenden und vieles andere. Ich wollte wirklich einen Weg finden, der verhinderte, daß Hundebesitzer auf die alte Methode des Schlagens ihrer Hunde zurückgriffen, um ihr gefährliches Verhalten zu unterbrechen.

Die ganz zwingende Forderung, so einen praktikablen Unterbrecher auch über lange Distanzen zu entwickeln, ergab sich aus meiner Verpflichtung, die Corgis ihrer Majestät der Königin zu behandeln, die immer wieder miteinander rauften. 1984 begann ich Versuche mit auf das Gehör wirkendem Alarm, kam schließlich zu einem aerosolbetriebenen Horn, das einen lauten schrillen Ton mit hohem Ultraschallanteil hatte, der wirklich die Aufmerksamkeit sich schlecht benehmender Hunde auf sich zieht. Dieses Instrument nannten wir »Dog Stop«. Wir erprobten diese Neuentwicklung bei den königlichen Hunden, auf kurze Distanz eingesetzt schien das Gerät sofortigen Frieden und Ablenkung zu bewirken. Vernünftig nur auf kurze Augenblicke verwendet, ist es für den Hund und sein Hörvermögen völlig harmlos. Auf das Ohr einwirkende Alarme wurden zu einem wichtigen Schritt auf dem Weg, Hundebesitzer von der körperlichen Bestrafung ihrer Hunde abzubringen, und – außerordentlich wichtig – weder Tier noch Mensch laufen Verletzungsgefahr.

Schon ganz am Anfang unserer Praxis stellte ich fest, daß mehr als 70 % der uns vorgestellten Fälle Rüden betrafen, viele davon waren aggressiv. Testosteron (männliches Geschlechtshormon) schien sich auf das hundliche Verhalten unangenehm auszuwirken, ganz so wie bei Hengsten, Widdern und selbst dem Menschen! Mit Ausnahme von Mensch und Hund besteht die traditionelle Behandlung tierischer Aggression in der Kastration, warum eigentlich sollte die Behandlung beim Hund anders sein? Die Erklärung liegt möglicherweise in der außerordentlich engen Beziehung zwischen Mensch und Hund, was uns schnell fragen läßt: »Würden wir so etwas auch gerne an uns selbst vornehmen lassen?«

Die wissenschaftliche Geschichte der Testosterone und ihre Auswirkungen auf Sozial-

und Sexualverhalten von Tieren ist außerordentlich kompliziert und fesselnd. Da gibt es einen Anfangseffekt, während der Welpe noch als Embryo im mütterlichen Leib ruht, es gibt Aktivitätseffekte in der Pubertät und einen laufenden Ordnungseffekt über das gesamte erwachsene Leben. Das Bild der inneren Drüsensekretion wird durch sexuelle Erfahrungen noch komplizierter, dabei lernt der Rüde die Hündin zu suchen und sie gegen andere Rüden zu verteidigen. Zum Beispiel wird der Testosteronspiegel durch Erfahrungen im Kampf, ob Sieg oder Niederlage, nach oben oder unten verändert. Dies war mein früherer Forschungsbereich für die Doktorarbeit über Mäuse, und man kann Parallelen zu den hormonellen Einflüssen auf das hundliche Verhalten ziehen. So werden zum Beispiel kastrierte Rüden viel weniger von anderen Rüden angegriffen. Das ist auf den Verlust der Testosterone zurückzuführen, die den typischen Rüdengeruch bestimmen. Auf der anderen Seite besteht für solche Rüden zuweilen die Gefahr, von gesunden Rüden vergewaltigt zu werden, weil ihre Talg- und Analdrüsen auf Produktion mehr weiblicher Duftstoffe verändert wurden. Es gibt zwar keine präzise Korrelation zwischen Testosteronkonzentration und aggressivem Verhalten von Rüden, trotzdem führt Kastration gewöhnlich zu einer durchaus interessanten Verminderung von aggressivem Verhalten problematischer Rüden.

Über die letzten fünfzig Jahre wurden zahlreiche synthetische Ersatzstoffe natürlicher Hormone, wie sie bei Mensch und Tier vorhanden sind, entwickelt. Synthetisches Östrogen (weibliches Sexualhormon), Androgene (Hormone, die die Entwicklung der sekundären männlichen Geschlechtsmerkmale auslösen) und auf Progesteronbasis (Steroidhormon des Gelbkörpers im Eierstock) entwickelte Gestagene. Diese Gestagene sind außerordentliche nützliche Zusammensetzungen, sie scheinen direkt auf die Gehirnzentren zu wirken, welche die Aggression regulieren. Sie üben bei Tieren einen beruhigenden, dämpfenden Effekt aus – die gleiche Auswirkung, welche sich normalerweise bei Hündinnen im fortgeschrittenen Stadium der Trächtigkeit einstellt. Diese Dämpfungswirkung kann über kurze Zeiträume genutzt werden, um ein Tier zu friedvollerem Umgang mit seiner Umwelt zu erziehen. Die Methode einer kombinierten Gestagengabe mit Verhaltenstherapie wurde von Tierärzten der University of California entwickelt. Zwei Zusammensetzungen sind auf dem Markt, die eine in Tablettenform, die andere wird injiziert. Tablettenform ist natürlich die bequemere Anwendung, aber Vorsicht, Gestagene haben nicht nur positive Auswirkungen. Insbesondere die orale Anwendung kann zu außergewöhnlicher Lethargie, verstärktem Appetit und Wasserverhalten führen, bei älteren, übergewichtigen Hunden kann sie sogar Diabetes auslösen. Nach meiner Erfahrung bin ich beim Einsatz von Gestagenen sehr zurückhaltend, aber wo immer eine echte Gefahrenlage auftritt, empfehle ich zunächst eine Gestageninjektion und als letzten Ausweg die orale Einnahme.

Es besteht die Möglichkeit, künstlich die Produktion der Hirnanhangdrüse, welche die Testosteronproduktion der Hoden stimuliert, hormonell zu mindern. Die Medikamente, die dies auslösen, sind als Antiandrogene bekannt. Damit kann man sich eine Vorschau verschaffen, welche Auswirkungen eine Kastration haben würde. Leider haben diese Antiandrogene nur kurzfristig Auswirkungen auf den Körper, während Kastration eine endgültige Maßnahme ist, es ermöglicht, Langzeitkorrekturen unerwünschten Verhaltens zu erreichen. Viele negative Verhaltensmuster werden in Intensität wie auch Häufigkeit durch Kastration verläßlich reduziert. Hierzu gehören zum Beispiel Aggression gegenüber anderen Rüden, häufige Urinmarkierung, Übersexualität, Umherstreunen nach

Oben: Beherrschung eines Wolfsrudels mit starker Hand. Aber der holländische Trainer Martin Hauss wagt es nie, seinen Unterworfenen den Rücken zuzukehren.

Links: Jason, ein Timberwolf aus Alaska, der Mr. Boyde's Schafe jagen möchte. Ein Patient für Afterthought, den Schafbock auf der Hardwick Court Farm – und eine neue Erfahrung für Mugford.

Unten: Wolfsgespräch mit einem Fuchs. Ein Wolf aus dem Missouri Rudel in St. Louis mit dessen respektiertem Führer Dr. Michael Fox.

Links: Errol James an seinem Schreibtisch, Bruder Flynn liegt darunter. Kein schlechtes Leben für einen Labrador, solange er viel menschliche Gesellschaft oder einen Vorrat an Autos hat, die er zerstören kann.

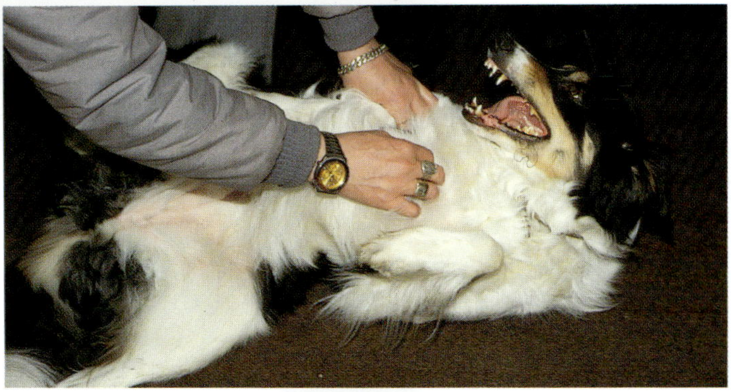

Rechts: Ein berührungsempfindlicher Border Collie während der ersten Phase seiner Desensibilisierungstherapie. *Unten:* Ein großartig aussehender Golden Retriever mit verstecktem, schwerem psychologischen Schaden. Bei seinem Besuch in der Bayswater Klinik zeigte Jason keinerlei Hinweise auf seine aggressive Veranlagung.

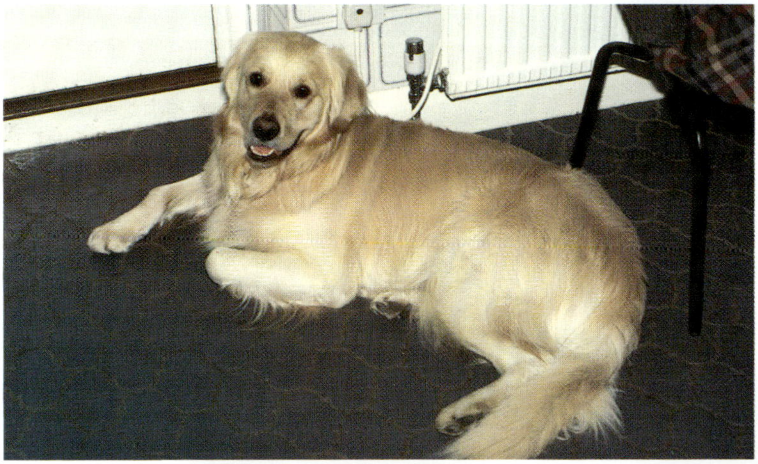

Unten: Amita riskiert bei einem typisch aggressiven Glatthaar-Dachshund auf Cruft's 84 ihre Hand. Die Langhaar- und Drahthaarschläge waren alle freundlich. Warum dieser Wesenskontrast?

Mugford's Beratungspraxis. Der Patient lernt seinen Therapeuten kennen, dieser muß aber auf der Hut sein. Vor seinem Besuch bei uns war Richter ein immer wieder rückfällig werdender Männerhasser.

Unten: Kurz nach einem Angriffsversuch; glücklicherweise hatte ich mein »Dog Stop« zur Hand. (Foto: Alistair Morrison)

Richter wurde durch Leckerli und unerschrockenes Anfassen überzeugt, mich zu mögen. Zeit für das beliebte Spiel des Rückenwälzens. (Foto: Alistair Morrison)

Unten: Steve Gynn als Motorradfahrer »Opfer« für Smartie, einen Westie, den Räder magisch anziehen. Meine Veterinär-Kollegin Penny Evans zeigt Smartie's Besitzern, welche Maßnahmen sie zu Hause anwenden müssen.

Oben und rechts: Das japanische Fuji-TV filmt hier »Die verrückten Hunde und Engländer auf Hardwick Court Farm«. Alle liebten den Tierfilmer Mr. Hatto. Er war für meinen Patienten des Tages, einen übertrieben liebevollen English Mastiff, die große Versuchung.

Mr. Hatto verwöhnte mich durch Austausch von Geschenken in bester japanischer Tradition. Auf Prince, den Percheron-Hengst, machte er einen tiefen Eindruck, was dieser durch Flehmen zeigt.

Hündinnen und einige Formen der Dominanzaggression. Auf der Negativseite scheinen Kastraten einen niedrigeren Grundstoffwechsel zu haben, brauchen deshalb weniger Futter; bei Rassen wie Setter und Spaniel wird in der Regel das Haarkleid dünner. Bei besonders zur Aggression neigenden Hunderassen wie Rottweiler und Weimaraner scheinen mir diese Negativauswirkungen so unbedeutend, daß ich eindeutig empfehle, Rüden dieser Rassen bereits im frühen Alter kastrieren zu lassen.

Es gibt konträre Meinungen über das richtige Alter für die Kastration eines Rüden. Einige basieren auf echtem Wissen, andere sind rein emotional bedingt. Bis vor kurzem gab es einfach keine verläßlichen Daten über den optimalen Zeitpunkt, auf die Tierärzte zurückgreifen konnten. Laufende praktische Untersuchungen legen die Vermutung nahe, daß sich kein genauer Zeitpunkt als das optimale Kastrationsalter festlegen läßt. Erfolgt die Kastration schon bei sehr jungen Tieren, haben die Heranwachsenden keine Gelegenheit, machohaftes Verhalten aufzubauen. Aber es gibt auch Argumente, daß die Kastration erst mit der Pubertät (neun bis zwölf Monate) oder auch später erfolgen soll, wenn sich tatsächlich testosteronbedingtes negatives Verhalten als Problem erweist.

In späteren Kapiteln werde ich noch auf andere Medikamente und tierärztliche Behandlungen eingehen, die bei der Umerziehung zu gutem Verhalten eingesetzt werden können. Unterdrückung, chronische Angst sind besondere Quellen zur Verelendung unserer Hunde. Hierzu wird die Anwendung von Betablockern und andere medikamentöse Therapien beschrieben, die sich als recht nützlich für eine kurzzeitige Überwindung von Angst erweisen können. Ich habe auch meine physiologische Ausbildung genutzt, um kritisch homöopathische und andere alternative medizinische Therapien – einschließlich Akupunktur – zu untersuchen. Wir selbst verwenden in unserem Animal Behaviour Center im allgemeinen nur gesicherte biomedizinische Techniken, um unsere Verhaltentherapien zu unterstützen. In den meisten Fällen handelt es sich um Kurzzeittherapien mit dem Ziel, die Langzeitchancen unserer Verhaltenstherapie erfolgreicher zu machen.

Auf vielerlei Art löst der Mensch Aktivitäten seines Hundes aus: Austausch von Blicken, ein Streicheln der Hand über den Körper, Wärme, Futter, und – das allerwichtigste – gemeinsames Spiel. Das Spiel steht im Mittelpunkt aller Aktivitäten, es erlaubt den Hunden, Körpersignale und Spielverhalten mit ihrem Besitzer auszutauschen – ebenso auch mit anderen Tieren. Alle hochentwickelten, an Fleisch interessierten Tiere – von den Krähen über Katze und Füchse bis zu den Hunden – sind in ihrer Jugend besonders verspielt. Unsere züchterische Selektion des Haushundes hat die Freude am Spiel über das gesamte Hundeleben verstärkt. Es ist unendlich traurig, daß so wenige Hundebesitzer wissen, wie sie diese Spiellust am besten nützen können. Zu meinen wichtigsten Zielen gehört es, Hundebesitzer dazu zu bringen, alle Hemmungen beiseite zu schieben, sich von der Spiellust ihres Hundes anstecken zu lassen. Körpersignale bilden einen zentralen Teil dieses Spieles, fröhliche Mimik und Gestik, in die Knie gehen und auf die Oberschenkel klopfen – dies alles ermuntert zum Spiel.

Verweigerung des Spiels führt zu Müßiggang, zur Minderung gefühlsmäßiger wie motorischer Schlüsselreflexe beim Hund – dasselbe gilt für jedes Lebewesen einschließlich dem Menschen. Ich habe den Hundefreunden nicht nur immer wieder gesagt, sie sollten mit ihren Haustieren viel spielen, ich habe auch eigene Spielzeuge entwickelt, um das Spiel zu erleichtern. Zwei kritische Grundanforderungen gibt es für Spielzeug, die leider nicht bei allen gewerblich verfügbaren Produkten gewährleistet sind: im Idealfall sollten sie für den Hund unwiderstehlich anziehend sein, aus Sicherheitsgründen derb und fest, nach Möglichkeit unzerstörbar. Die meisten quietschenden Weichgummispielsachen erfüllen zwar die Anforderung, für Hunde unwiderstehlich zu sein, möglicherweise weil sie einen ursprünglichen Killerinstinkt auf kleine Beutetiere wie Ratten oder Kaninchen wecken. Jedenfalls greifen die meisten Hunde quietschendes Spielzeug an, zerstören aber dabei oft ihr Spielzeug, schlucken den Piepser herunter und laufen sogar das Risiko eines Darmverschlußes. Die Alternative besteht darin, viel dickeres Gummi zu verwenden, es in ganz besonderer Art zu formen, so daß es in nicht vorausschaubarer Richtung abfedert und hochspringt; hierdurch löst das Spielzeug den gleichen starken Jagdtrieb aus wie ein lebendes, natürliches Beutetier. Natürliches Gummi hat im Gegensatz zu synthetischem einen eigenen Geschmack, der die Hunde zum Kauen anregt, was gut für Zähne und Zahnfleisch ist.

Das Ziel der Beißfestigkeit ist für kraftstrotzende Hunde wie Bull Terrier von besonderer Bedeutung, für alle Hunde, die gerne an den Strand hinunterlaufen, jeden in ihr Blickfeld geratenen Kinderfußball zerstören, weshalb wütende Eltern dann von den verlegenen Hundebesitzern entsprechende Ersatzleistungen verlangen. Die Lösung findet man in der Regel in widerstandsfähigen schwereren, vulkanisierten dicken Gummispielzeugen – manchmal auch in Vollplastikbällen, die von den Hunden im Spiel nicht ganz in den Fang genommen oder heruntergeschluckt werden können.

Ein ganz wichtiger Vorteil des Spielens besteht darin, daß es die beträchtliche Intelligenz des Hundes laufend übt. Ganz besonders interessante Suchspiele kann man entwickeln, in denen der Geruchsinn des Hundes genutzt wird. Der Wunsch des Hundes zu gefallen, seine Hoffnung auf wildes begeistertes Spiel bei der Wiederentdeckung seines Besitzers sind die große Belohnung für den Hund. Solche Spiele sind keinesfalls nur Freizeitbeschäftigung für professionell ausgerichtete Drogenschnüfflerhunde.

Tierische Verhaltenstherapie kann niemals mehr erreichen als das äußere Bild des Hundes zu verändern. Selbst bei Menschen haben Anweisungen, Strafe und Erziehung wenig Einfluß auf den Grundcharakter. Das Kind, das wir im Alter von zehn Jahren kennen, denkt und reagiert meist genau in der gleichen Art wie als Erwachsener mit zwanzig, dreißig oder mehr Lebensjahren. Die Diskussion über die anteilige Bedeutung von Umgebung und Vererbung hat in den biologischen Wissenschaften eine lange Geschichte. Sie reicht vom extremen Marxismus, der behauptet, all unser Verhalten wäre durch einen Wechsel der Früherfahrungen verändert worden, bis zu den Argumenten des Naturfanatikers, der vorgibt, daß wir nichts anderes seien als das, was wir in unseren Genen geerbt haben. Mit meiner zunehmenden Erfahrung aus der Arbeit mit Hunden bin ich nach und nach irgendwo in die Mitte zwischen diesen beiden Extremen geraten, vielleicht mit einer leichten Gewichtsverlagerung in Richtung auf die Natur. Viele der Eigenschaften, die wir in Hunden feststellen, sind für eine bestimmte Einzelrasse oder einige wenige Rassen allgemein zu beobachten – sind rassetypisch. Ich denke an den übersteigerten Schutztrieb der deutschen Schäferhunde, an die rassetypische Aggressionsbereitschaft bei roten und schwarzen Cockerspaniels, an die Veranlagung zum Jagen der eigenen Rute (tail-chasing) bei Bull Terriern usw. Aber obwohl die Veranlagung zu solchem Grundverhalten ererbt ist, wird dennoch das Auftreten solcher Verhaltensmuster in den meisten Fällen durch Erfahrung, Erziehung und Umwelt verändert.

Meine Schlußfolgerung über eine hohe Erblichkeit des Grundverhaltens paßt nahtlos zusammen mit den heute allgemeinen Auffassungen in der menschlichen Psychiatrie (gegenteiliger Meinung ist Hans Eysenck vom Maudsley Institute of Psychiatry), ebenso mit den Forschungsergebnissen an Labortieren. Auf meine frühe Forscherkarriere als Mausverhaltensforscher zurückblickend kann ich sagen, daß Dr. Kirsti Lagerspetz in Finnland umfassend demonstriert hat, daß man bereits über nur etwa neun Generationen Mäuse auf hohe oder niedrige Aggressionsbereitschaft züchten kann. Die Hunderte von Generationen, die Hunde planmäßig gezüchtet werden, haben geradezu dramatische Unterschiede hervorgebracht, beispielsweise in Folgsamkeit, selbstbewußtem Auftreten, aufgeschlossenem Verhalten, Veranlagung zum Eingehen starker Verbindungen, Futtergenügsamkeit und vielen weiteren Zügen.

Uber mehr als fünfzehntausend Jahre war der Hund Gegenstand der am längsten durchgeführten Zucht unter Einbeziehung von Verhaltenskonponenten, die der Mensch je durchgeführt hat. Wir Hundebesitzer können sehr glücklich sein, daß die Hundezüchter schon von Anfang an insgesamt gesehen wohl ihre Aufgabe durchaus richtig erfüllt haben. Man vermutet zu Recht, daß gerade in früheren Zeiten die Auswahl auf richtiges Verhalten sehr viel strenger war als heute. Ein Hund, der die Hand biß, die ihn fütterte, wäre in alten Zeiten sicherlich in den Hundehimmel geschickt oder ohne jedes Zögern aufgegessen worden. Heute telefoniert der Besitzer eines solchen Hundes mit dem Tierarzt, trifft eine Vereinbarung zum Besuch im Animal Behaviour Centre! Dies ist kurzzeitig betrachtet durchaus in Ordnung, Voraussetzung ist aber, daß befallene Tiere keinesfalls zur Zucht verwendet werden. Gutes Wesen ist für die Zukunft aller Hunde in unserer Gesellschaft von lebenswichtiger Bedeutung. Wir raten in aller Regel den uns besuchenden Hundebesitzern, alle Zuchtpläne mit ihren Problemhunden aufzugeben, gleich ob die Hunde außergewöhnlich furchtsam, furchtlos, aggressiv oder ganz einfach verwirrt sind. Es ist völlig unmöglich, die Erblichkeit befremdlicher Verhaltensmuster vorauszusagen, mit denen wir uns befassen. Aber bei der Verfolgung des Zieles, auf perfektes Verhalten zu züchten, sollte es keinesfalls irgendwelche Kompromisse geben.

III Verschwenderische Liebe

Die Vorstellung, unsere Hunde liebten uns, ist in den meisten Hundebesitzern zutiefst verankert. Hundeliebhaber jedoch wie ich selbst, die gleichzeitig als Wissenschaftler arbeiten, müssen sich der Gefahr bewußt sein, der Vermenschlichung (Anthropomorphismus) beschuldigt zu werden. Darunter versteht man, Tieren Gefühle und Handlungen zuzuschreiben, die sonst nur Menschen zu eigen sind. Aber warum in aller Welt, frage ich mich, durchwandert ein Hund halb Amerika auf Suche nach seinem verlorenen Besitzer, warum besuchte der legendäre Bobby täglich über Jahre das Grab seines Herrn Greyfriars auf dem Friedhof in Edinburgh? Warum erscheinen alle Hunde traurig und niedergeschlagen, wenn wir sie verlassen, warum voller Freude, wenn wir nach Hause kommen? Es ist bestimmt nicht so, daß ich gegenüber Tieren ein »Softie« wäre. Vielmehr bin ich zutiefst davon überzeugt, daß es sehr gute wissenschaftliche Gründe gibt, die Handlungen und Gefühle unserer Hunde näher anzusehen. Diese erscheinen mir weitgehend dadurch bestimmt zu sein, daß Hunde unsere Gesellschaft lieben, weniger durch Furcht oder den Wunsch, selbst zu dominieren.

Physiologie und Zuneigung von Hunden haben eine ganze Menge wissenschaftlicher Beachtung gefunden. Durch die Forschung verstehen wir heute einige Grundfragen, etwa warum Hunde auf die Gesellschaft mit anderen angewiesen sind, warum sie allein gelassen in Panik verfallen oder warum auch nicht. Das Traurige ist, daß wir heute so viele Patienten antreffen, bei denen die Liebe außer Kontrolle geraten ist, Hunde, die ganz einfach die Trennung von ihren geliebten Menschen nicht ertragen können. Wie Omar Sharif einmal sagte, Liebe ist etwas Wunderschönes, so lange man damit umzugehen versteht! Benson, ein ehemaliger Tierheimhund, verstand mit Sicherheit nicht, mit seiner Liebe zu seiner Herrin richtig umzugehen.

An einem Sonntagnachmittag rief mich Sara Jay aus ihrem Haus in Fulham an, sie erzählte mir, daß Wasser durch ihr Haus vom Schlafzimmer bis zum Erdgeschoß tropfe. Ich versuchte, sie damit zu trösten, daß sie sicher nicht alleine stehe, daß gerade in diesem Sommer durch Frost Wasserleitungen platzten, denn dieser Sommer sei außergewöhnlich kalt und feucht. Mein Scherz traf auf taube Ohren, sie brach über die Geschichte mit Benson in Tränen aus. Die Angelegenheit war ernst, ich durfte nicht bis Montag warten. So entließ mich mein verständnisvolles Weib aus meinen väterlichen Pflichten.

Die Doneraile Street ist an einem Sonntagabend voller Aktivitäten. Die traditionelle englische Freizeitbeschäftigung des Autowaschens war in vollem Gang, Musik drang aus den offenen Fenstern der Schlafzimmer, Kinder machten mit Fahrrädern und Fußbällen die gesamte Straße unsicher, Hunde gab es überall. Dies ist für alle Hundebesitzer ein Lieblingsstadtteil von London, weil Bishops Park, Hurlingham und andere schöne Spazierwege dicht angrenzen. Die meisten Häuser haben Terrassen, wurden etwa zur Jahrhundertwende für besser gestellte Künstler gebaut. Heute hat sich alles etwas gewandelt, unterliegt diese Gegend dem Trend der Massengesellschaft.

Benson war ein hübscher kleiner Colliemischling, braun mit weißen Abzeichen rund um Pfoten und Halskrause. Wir schätzten sein Alter auf etwa zwei Jahre, aber Sara war erst seit zwei Monaten seine Besitzerin. Er kam aus dem Tierheim, hatte keine eigene Geschichte, war in den Straßen von Clapham aufgelesen worden. Sara nahm ihn seiner klugen Augen wegen mit nach Hause. Er tat ihr leid, weil er von seinen Zwingergenossen in Battersea unterdrückt wurde. Als Beweis dafür trug Benson noch immer einige Narben.

Sara hatte ihr Haus vor etwa einem Jahr gekauft, dabei ein kleines Vermögen für neue Verkabelung, Wasserleitungen, neue Teppiche, Möbel und all das Übrige ausgegeben. Ursprünglich war es ein gemeinsames Projekt mit ihrem Verlobten, aber die Hochzeit kam nicht zustande, Sara sah sich mit einem leeren Haus und hohen monatlichen Zinsbelastungen alleine gelassen. Bensons Rolle sollte sein, die große Lücke des früheren Verlobten und unzuverlässigen Liebhabers auszufüllen, gleichzeitig das Haus zu beschützen. Da Saras Arbeitstag bei einem Häusermakler recht lang war, mußte der Hund über den größten Teil des Tages alleine gelassen werden. Das Personal von Battersea Dog‘s Home hatte deshalb mehr zu einem erwachsenen Hund als zu einem Welpen geraten.

Ich wußte, ich hatte die richtige Adresse gefunden. Vor der Haustür standen ganze Berge von Möbeln, Kleidung und dergleichen, schön übers Geländer an der Haustür drapiert. Ein großes Reinemachen war im Gange, bei meiner Ankunft wurden gerade die nassen Teppiche angehoben. Der Gips einer meisterhaft im viktorianischen Stil gestalteten Decke war frisch heruntergebrochen, vollgesaugt mit all dem von oben kommenden Leckwasser. Sara war offensichtlich entzückt, daß ich ihr gerade in diesem schwierigen Augenblick Gesellschaft leistete, sie hatte ein paar zusätzliche Hände nötig, um all die nassen Überreste aus dem Haus zu bekommen. Ich begab mich ins Obergeschoß, um mir die Ursache der Überflutung anzusehen. Ich stieß auf eine Kupferwasserleitung, Durchmesser 1,25 cm, die deutlich Zahnspuren und Löcher durch Bensons Zahnreihe zeigte. Noch immer tröpfelte schmutziges schwarzes Wasser aus dem Zentralheizungssystem. Die Wand zwischen Radiator und Leitung hatte deutliche Kratzspuren, zeigte, wo Benson mit seinen Vorderpfoten während seines Kampfes mit der Leitung gedrückt und angehoben hatte. Der Umfang des Schadens schien in überhaupt keinem Verhältnis zu dem kleinen, schwanzwedelnden struppigen Hund, der mich begleitete, zu stehen.

Ich betrachtete Bensons Zähne, sie waren alle vorhanden, standen korrekt, waren blütenweiß, aber sein Zahnfleisch blutete, seine Krallen waren durch das Kratzen ganz abgewetzt. Man konnte nur vermuten, in welch verzweifeltem Zustand der Hund gewesen sein mußte, um Kraft und Ausdauer aufzubringen, die Leitung zu zerstören. Aber warum die Leitung? Warum nicht irgendein persönliches Stück aus dem Besitz von Sara, das Telefonbuch oder zum Beispiel der Treppenläufer? Die Antwort auf diese Frage war ganz einfach. Als Benson die Tage zuvor allein gelassen war, hatte er all diese Gegenstände und andere angenagt. Mit diesem Tun hatte er Sara »erzogen«, alle wertvollen Gegenstände hoch außerhalb seiner Reichweite zu legen. Sara hatte ihren Tierarzt gefragt, der ihr den vorzüglichen Rat gegeben hatte, sie müsse zu dem Hund eine kühlere Beziehung aufbauen. Der Tierarzt hatte für Benson Valium verschrieben und Sara vorgeschlagen, mich aufzusuchen, um an die Ursache des Übels heranzugehen. In der vorangegangenen Woche war eigentlich nur wenig Schaden entstanden, und Sara glaubte, sie könnte das

Ganze auch ohne mich schaffen – bis zum Sonntag. An diesem Tag ging sie zu einem Frühumtrunk. Dies war der Wochentag, an dem Benson sie normalerweise exklusiv für sich, nur für sich allein hatte. Hunde haben gerade nach einem Wochenende in Gesellschaft und von Menschen umsorgt einen besonderen Zerstörungstrieb, wir nennen dies den Montagmorgen-Effekt. Eine andere spezielle Risikozeit liegt am Ende von Ferien, wobei wiederum der besondere Kontrast zwischen dem engen Beisammensein mit den Besitzern und sich dann »zurückgewiesen« und alleine zu fühlen, auftritt. Durchkreuzte Liebeserwartungen lösen oft Panik aus, führen zu Ersatzhandlungen wie Kauen! Wir schätzten, daß etwa 1000 bis 2000 Gallonen Wasser (5000 bis 10 000 Liter Wasser) innerhalb der drei Stunden, die Sara ausgegangen war, durch die Decke geflossen waren; es blieb ein 1,20 m hoher »Pool« im Keller. Glücklicherweise erkannte die Versicherung den Schaden an, die Abschlußrechnung belief sich auf 11 000 Pfund! Wir setzten uns in das trockene, oben nach vorn gelegene Schlafzimmer, wo Sara dem Holocaust im unteren Stockwerk entfliehen konnte und konzentrierten uns auf das, was ich zu fragen und sagen hatte. Es stellte sich heraus, daß Benson Sara wie ein ständiger Schatten folgte, überall wohin sie im Haus ging, selbst zur Toilette und ins Badezimmer. Trotz all des Schadens liebte sie den Hund noch immer genug, um ihn auf ihren Knien zu halten. Hier wurde er fortlaufend gestreichelt und gleichzeitig mit vielen Worten wegen des schrecklichen Schadens gescholten.

Offensichtlich fingen die Probleme erst an, als Sara Benson bereits zwei Wochen besaß, er sich aus einem lustlosen, launischen Hund in Saras fröhlichen und ergebenen Fan verwandelt hatte. Parallel zu diesem Stimmungsumschwung erfolgte eine wachsende Forderung nach enger Gesellschaft. Sara war das Zusammensein mit einem solchen Hund recht schmeichelhaft, besonders zu einer Zeit, da sie sich innerlich verletzt fühlte, nachdem ihr früherer Partner sie verlassen hatte. Ihre erste Reaktion nach der Heimkehr, als sie einzelne Gegenstände umher geschleppt, angekaut und zerkratzt fand, war, daß sie Benson schlug. Sie hatte sich mit ihm gerade einem örtlichen Hundeverein angeschlossen, hier trat man für Strenge und strikte Kontrolle ein. Die Ausbilder erzählten ihr, Benson zernage nur deshalb Gegenstände, weil es ihm an Respekt mangele, weil er »versuche, sich selbst zu bestätigen«. Recht schnell bemerkte Sara, daß wann immer sie nach Hause kam, Benson ihr recht »schuldbewußt« entgegensah, deutlich zögerte, sie an der Türe zu begrüßen. Glücklicherweise frug sie ihren Tierarzt um Rat, der sie zu Recht auf die schlimmen Auswirkungen des Abstrafens eines Hundes bei solchen Gelegenheiten hinwies. Wahrscheinlichkeit war, daß Benson bereits viele Stunden vor Saras Rückkehr den Schaden angerichtet hatte, deshalb gab es für ihn keinerlei Zusammenhang zwischen der Strafe und den Handlungen Kauen oder Kratzen, zwischen Strafe und destruktivem Verhalten. Für den »schuldbewußten Ausdruck« gab es nur ein einziges Motiv, nämlich die von Sara zu erwartende Aggression zu besänftigen; es waren Signale der Furcht, nicht des Schuldbewußtseins.

Einige ganz einfache Demonstrationen zeigten Bensons ausgeprägte Liebe zu Sara. Wir schlossen ihn im Schlafzimmer ein, hielten uns auf dem Treppenabsatz ruhig und lauschten. Er tappte im Zimmer auf und ab, durch das Schlüsselloch konnten wir beobachten, daß er aufs Bett sprang, ihr Kopfkissen auf den Boden zerrte. Dann preßte er seine Nase an die Spalte unter der Tür, schnaufte tief, wobei er zweifelsohne unsere Witterung aufnahm. Wir verließen das Haus und quartierten uns im vorderen Schlafzimmer des vis-à-vis liegenden Haus ein, das Freunden gehörte. Wir konnten nun die Aktivitäten von Benson beobachten, ohne daß er uns hören, sehen oder riechen konnte. Es war wie das Aufkommen eines schweren Sturms! Als erstes schleppte er Gegenstände herum, fing an, sie zu benagen, lief leise wimmernd, gelegentlich aus vollen Kräften heulend auf und ab. Plötzlich, nachdem er etwa 15 Minuten allein im Schlafzimmer gewesen war, griff er heftig das Kissen an, so daß die Federn in alle Richtungen stoben. Der Ausbruch war in vollem Gange, wir liefen zurück, um den Hund zu retten. Nachdem wir diesen Ablauf beobachtet hatten, war es auch Sara offenkundig, wie falsch und unangemessen es wäre, einen verzweifelten Hund zu strafen.

Es bedurfte wesentlicher Veränderung in Saras allgemeinem Leben mit Benson, wenn wir seine Probleme lösen wollten. Zu diesem Zeitpunkt arbeitete ich bereits fünf Jahre in meiner neuen Praxis, wir hatten ziemlich verläßliche Methoden entwickelt, solche Hunde zu behandeln. Glücklicherweise konnte ich Sara versichern, daß die Aussichten, die Probleme so zu lösen, daß sie Benson weiter halten konnte, sehr gut waren. Sie brauchte nur meine Behandlungsvorschläge zu befolgen. Aber der Preis war hoch! Seelische Opfer mußten gebracht werden, einschließlich Abbau der so überaus starken Zuneigung von Sara zu Benson. Zuversichtlich entwickelte ich für beide einen 10-Punkte-Plan.

Wenn Sara sich zu Hause aufhielt, durfte sie Benson nicht länger erlauben, ihr von Zimmer zu Zimmer zu folgen. Unser anfängliches Ziel war, daß Sara sich 10 % der zu Hause verbrachten Zeit von Benson getrennt aufhielt, was über die folgenden Wochen bis auf ungefähr 50 % gesteigert werden sollte. Die maximale Zeit, die Benson anfangs tolerierte, ehe er Anzeichen von Angst äußerte, lag bei nur einer Minute! Deshalb durfte man ihn zunächst nur für eine Minute oder weniger hinter verschlossener Tür halten. Ich entwarf ein Berichtsschema oder Protokoll, in dem während der folgenden vier Wochen die jeweilige Zeitdauer eingeplant war, über die Benson jeden Tag allein gelassen werden mußte. In dieser Erziehungsphase durfte man Benson nicht alleine zu Hause lassen, wir beschlossen, daß er deshalb Sara zur Arbeit begleiten sollte. Wir konnten dies mit einem sehr verständigen Arbeitgeber abklären, Saras Auto wurde zu Bensons Zwinger. Er liebte dieses Auto und versprach, es nie zu beschädigen!

Sara wurde angewiesen, vor jeder Trennung dem Hund gegenüber ziemlich kühl und kurz angebunden zu sein, allen stimmlichen oder körperlichen Kontakt auf ein Minimum zu reduzieren. Wir haben eine Vielfalt an Beweisen, daß gerade die Abschiedsroutine mit Standardreden wie »Paß schön auf das Haus auf!« »Sei ein guter Junge!« und ähnliches oft schon eine Panik vorbereiten.

So weit als möglich sollte Sara innerhalb des Hauses die Alltagsroutine verändern. Ich empfehle häufig, daß Hundebesitzer auch einmal vorübergehend das Haus in Hausschuhen und Hauskleidung verlassen, erst einmal durch den Hinterausgang anstelle der Vordertüre. Die Reduktion der Berechenbarkeit bestimmter Handlungen verhindert das Aufkommen irrationaler Panik.

Stille ist der Feind eines Hundes, der an die Geräusche seines Besitzers, Musik und Stimme gewöhnt ist. Mit Sicherheit traf dies auf Sara zu, sie hatte eine große Schwäche für Capital Radio, die London FM Popmusikstation. Wie die meisten Menschen drehte sie jeden Morgen das Radio ab, ehe sie zur Arbeit fuhr. Den ganzen Tag lang Capital Radio war das Rezept für Benson. Da Sara auch über ein Tonbandgerät mit Mikrofon verfügte, bat ich sie, Alltagskonversation und die Geräusche der Doneraile Street aufzunehmen, dazwischen auch eine Botschaft wie »hier ist dein Frauchen, du bist ein guter Junge, ich liebe dich, ich liebe dich!« und ähnliches. Es ist besonders hilfreich, wenn solche Botschaften in den ersten fünfzig bis sechzig Minuten der Trennung überspielt werden, dies ist der Zeitraum des intensivsten Streßes.

Jede Bestrafung war absolut verboten, eine entgegengesetzte Strategie wurde eingeführt, nämlich zum Zeitpunkt des Nachhausekommens dem Hund gegenüber besonders liebevoll und freundlich zu sein. Ich schlug vor, Sara sollte einen sehr großen Ziegelstein in den Flur legen. Gegen diesen könne sie gern mit dem Fuß treten, um ihren Frust gegenüber Benson in dem Augenblick abzureagieren, wenn sie zerstörte Gegenstände entdeckte.

Das Allerschwierigste von allem, ich verschrieb weniger Liebe und weniger Streicheln. Dies erforderte beträchtliche Selbstverleugnung, aber Sara versprach, ihr Bestes zu tun. Zumindest sollte sie Benson weder auf dem Schoß, im Bett oder auf dem Sofa haben, auch nicht laufend streicheln. Sie entschloß sich für Ersatzhandlungen wie etwa Stricken oder Boy Friends!

Benson haßte es, eingeschlossen zu werden. Wahrscheinlich hatte er die Wasserleitung nur deshalb angegriffen, weil Sara ihn in einem kleinen Hinterzimmer eingekerkert hatte, ohne weiche Möbel oder persönliche Gegenstände. Sie hatte dieses Zimmer zum »Hundezimmer« bestimmt, dabei aber vergessen, Benson davon zu überzeugen, daß dies sein Palast war. Für ihn war es eine Zone des Zurückgestoßenseins, ohne irgendwelche positive Verbindungen. Ich schlug als Alternative vor, Benson mehr Freiheit zu gewähren, ihn durch das ganze Haus laufen zu lassen. Natürlich kann man sich vorstellen, daß die Versicherungsgesellschaft nahezu Alpträume bei dem Gedanken hatte, daß diese vielfältigen Gelegenheiten weiteren Schaden zuließen, aber meine Erfahrung sprach für das Gegenteil. Freiheit umherzugehen, insbesondere auf dem Sessel des Besitzers zu sitzen, im Bett zu liegen und dergleichen, kann sich entwickelnde Panik unterbinden.

Besteht kurzzeitig die Gefahr, daß Schäden angerichtet werden, empfehle ich häufig, einen zerstörerischen Hund mit Maulkorb zu versehen, möglicherweise auch so zu erziehen, daß er in einem ausbruchsicheren Käfig ruht. In diesem Fall wußte ich aber, daß ein solcher Käfig nur Bensons unsicheres Gefühl weiter verschlimmern würde, glücklicherweise akzeptierte er einen Baskerville-Maulkorb. Dieses aus Plastik bestehende leichtgewichtige Muster hinderte ihn weder beim Trinken, Atmen noch beim Bellen. Als kurzzeitige Maßnahme hilft der Maulkorb bei destruktiven Hunden über den Zeitraum, in dem eine neue, unabhängigere Beziehung geschaffen wird, unnötigen Schaden zu vermeiden.

Bei meiner Beobachtung von Benson hatte ich sehr gut gesehen, wie stark sich die Panik durch das Getrenntsein von Sara aufbaute. Ich konnte mich in seine Lage hineindenken. Als wir in das Schlafzimmer zurückkehrten, in das er eingesperrt war, fanden wir seinen Herzschlag bei etwa 130, im Gegensatz zur normalen Ruhezeit von 70 bis 80. Er hechelte sehr stark, Speichel war über den ganzen Boden und über das zerrissene Kopfkissen verteilt. Mit einem Wort, Benson reagierte völlig übersteigert, war zu einem hysterischen, zitternden Wrack degeneriert. Ich habe schon zuvor Betablocker erwähnt. Betablocker wie zum Beispiel Inderal werden verbreitet bei der Behandlung von hyperempfindlichen Menschen eingesetzt, wie etwa Lampenfieber bei Künstlern, bei Violinspielern mit zitternden Fingern, selbst als Medikament gegen die Examensangst von Studenten. Betablocker sind ziemlich milde Zusammensetzungen, trotzdem bedurfte es bei Sara wie den meisten meiner Hundebesitzer einer gewissen Überredung, um sie zu überzeugen, daß der Einsatz eines solchen Medikamentes für Benson »fair« und sicher sei. Glücklicherweise bewirkt die Einnahme von Betablockern keine äußeren »Drogenerscheinungen«; das Medikament läßt ganz einfach nicht zu, daß die Körperfunktionen außer Kontrolle geraten. Nach Rücksprache mit dem Tierarzt verschrieb dieser für Benson Inderal. Sara machte über die folgenden zwei Monate vorzügliche Aufzeichnungen, dokumentierte Fortschritt und gelegentliche Rückschläge von Benson. Schnell entwickelte sich ein neues Zusammenleben (»Modus Operandum«). Sara fehlte es sehr, daß sie den Hund nicht mehr soviel streicheln durfte wie zuvor, deshalb kaufte sie sich ein Kätzchen. Eine enge Verbindung entstand zwischen »Mr. Micawber« und Benson, wodurch sich zweifellos die Abhängigkeit des Hundes gegenüber Sara minderte. Noch nach acht Jahren erhalte ich Weihnachtsgrüße von Benson und Sara, deren Leben sich vollkommen durch Hochzeit, eigene Kinder und alles damit Verbundene verändert hat. Benson durchlebte nur eine Übergangsphase, wie sie häufig bei Hunden auftritt, die durch die Unsicherheiten eines Besitzerwechsels destabilisiert worden sind.

Sonderbarerweise sind es häufig Mischlinge und Labrador, die sich als destruktiv erweisen, nur selten finden wir Terrier, die alleine gelassen, in Panik geraten. Eine der besonders liebenswerten Eigenschaften der Labradorbesitzer ist ihre außergewöhnliche Toleranz gegenüber Abweichungen im Verhalten ihrer Hunde. Besitzern dieser Rassen wird manchmal einiges zugemutet. Dazu gehören unerschöpflicher Appetit bis zur Freßsucht, außerordentliche Liebesfähigkeit mit der Neigung, alleine gelassen in Panik zu verfallen – und man findet Hundehaare praktisch in jedem Winkel des Autos, der Wohnung und Kleidung. Nicht unerwähnt bleiben darf die kraftvolle Rute, welche eine unkontrollierbare Neigung hat, in den Gesichtern von Kindern zu landen, Nippes und Porzellan von niedrigen Tischen zu wedeln. Dies alles zeigt, warum ich mich Labradorbesitzern besonders verbunden fühle.

Rob und Lucy James betrieben einen Autohandel an der alten A 38 nahe Buckfastleigh in Devon. Als ich sie 1982 erstmals traf, waren sie erst seit zwei Jahren im Geschäft. Sie standen beide noch in den zwanziger Jahren, steckten jeden verdienten Penny in ihr gemeinsames Geschäft. Aus dem Blickwinkel eines Labradors lebten sie in einem Traumgebiet, nahe bei Dartmoor und den schnell fließenden Wassern des nahe gelegenen Dart. Sie hatten rund um die Garage einen kleinen Besitz, hielten Gänse, Schafe, Pferd und Kuh. So gab es eine Menge tierischer Ausscheidungen, die man verzehren, noch besser, auf denen man sich wälzen konnte.

Ihr örtlicher Tierarzt rief mich wegen eines ihrer Labradors an. Er war ein Freund von Rob und Lucy, hatte von ihnen gerade ein Auto zu einem Sonderpreis gekauft, möglicherweise hatten sie ihm seines Berufes wegen diesen Preis eingeräumt. Der Tierarzt erklärte mir, die beiden hätten schlimme Zeiten hinter sich. Der Rüde Errol habe gerade die fünfte Inneneinrichtung eines Autos zerstört, seine Besitzer könnten sich dies einfach nicht länger leisten. Müßte Errol gehen, werde auch Flynn folgen, denn die Besitzer glaubten, diese zwei Brüder seien untrennbar.

Ich vereinbarte für den nächsten Tag einen Besuch. Es war ein Montag im November, der erste Besuch am Tag, der mich noch durch ganz Devon führen sollte, quer von Dartmoor nach Barnstaple im Norden, zurück nach Exeter im Osten, dann zu einer Katze in Newton Abbott und schließlich wieder heim auf die Farm nahe Totnes. Als ich ankam, gab es gerade keine Kunden, die unbedingt von Rob und Lucy Autos kaufen wollten. Das war günstig, gab uns Gelegenheit zu einem ausführlichen Gespräch ohne geschäftliche Ablenkungen.

Die Hunde Errol und Flynn erkannten mich sofort als »Freund«, sie schnupperten an meinen Schuhen und Hosen interessante Gerüche unserer Farm. Nach der Begrüßung setzte sich Errol auf »seinen« Stuhl im Büro, von dem er einen guten Ausblick auf die A 38 hatte, jeden kommenden und gehenden Kunden beobachten konnte. Dieser Lieblingsplatz hatte noch den Vorteil, den direkten Zugang zum Telefon zu blockieren, so daß die Hunde sich zusätzliche Streicheleinheiten sicherten, wenn ihre Besitzer sich zum Telefon durchquetschten. Die Telefongespräche von Rob oder Lucy endeten in der Regel damit, daß sie beim Notieren der Telefonate teilweise auf Errol saßen. Im Gegensatz hierzu lag Flynn unter dem Bürotisch, wo er sicher sein konnte, nahe bei Rob und Lucys Füßen zu liegen, wenn sie arbeiteten.

Ich bat beide, das Büro zu verlassen und draußen zu warten. Errol tat nicht mehr als den Kopf zu heben, als wolle er »Goodbye« sagen, machte es sich dann auf seinem Drehstuhl bequem. Als ich so tat, als wolle ich das Zimmer verlassen, veränderte sich das Mienenspiel des Hundes sofort von ungetrübter Glückseligkeit zu einem wachsamen »Bereitsein-ist-alles«-Blick. Noch immer rührten sich die Hunde nicht. Ich schloß die Tür und flitzte um das Haus zum Fenster, wo ich die Hunde heimlich durch ein Periskop (Sehrohr), das ich für solche Zwecke immer bei mir habe, beobachtete. Flynn blieb unter dem Tisch, aber Errol wanderte umher, wimmerte und schnüffelte in der Luft nach Spuren von Rob oder Lucy. Damit war zumindest klargestellt, daß Errol mein Patient war. Wenn zwei oder mehr Hunde zusammen im gleichen Haushalt leben, ist oft unsicher, wer was getan hat.

Man führte mich hinüber, mir die Autos anzusehen. Das letzte Opfer war ein alter, verbeulter Rover, den man von einem ortsansässigen Farmer in Zahlung genommen hatte. Farmer sind allgemein bekannt für schlechte Behandlung ihrer Autos, aber ich hatte den Eindruck, daß Lucys Geschmack für Autos sehr anspruchsvoll war. Ein schneller Blick ins Innere dieses Rover zeigte, was die beiden zur Verzweiflung trieb. Das gesamte Armaturenbrett war herausgerissen, die meisten Verkabelungen zerbissen, der Fahrersitz in Stücke zerlegt. Seltsamerweise war aber der Beifahrersitz völlig unversehrt. Das Auto konnte nur noch zum Restwert seiner Reifen verkauft werden. Dabei war dies jetzt das fünfte Auto in einer klaren Zerstörungsfolge. Der erste Wagen war ein Renault 16, fast neu, Reparaturkosten 1000 Pfund. Dann kam da ein Volkswagen, der in Flammen aufging, weil in der elektrischen Verkabelung durch die Hunde ein Kurzschluß entstand. Ein Totalschaden! Ihm folgte ein Toyota, ebenfalls nahezu neu, das Eigentum eines Kunden. Dieser Schaden war das Allerärgerlichste von allem, denn Errol hatte sich durch ein offenes Fenster in das Auto geschlichen, während man die Hunde als symbolische Wachhunde in der Garage eingeschlossen hatte. Errol hatte sein heimtückisches Werk in nur einer halben Stunde vollendet. Man zeigte mir Fotos des Toyotas, hier hatte er sich wiederum auf den Fahrersitz konzentriert, dabei aber auch die gesamte Innenauskleidung, die Gangschaltung, die Fensterheber und die hintere Sitzfläche herausgenommen.

Zum Schluß kam dann Robs ganzer Stolz, sein MG. Im Normalfall war den Hunden dieses Auto verboten, aber bei einer Gelegenheit kamen sie zu einem Besuch von Freunden in Bristol mit. Die Besitzer hielten an einer Tankstelle, um kurz die WC's aufzusuchen, und innerhalb von zwei- bis drei Minuten hatte einer der Hunde – sie verdächtigten Errol – einen ganzen Teil des Walnußfurniers herausgerissen. Rob nahm Errol heraus, prügelte ihn auf dem Vorplatz durch. Es kam zu einem Riesenaufstand tierliebender Kunden und Mitarbeiter in der Tankstelle, fast hätte es in einer Schlägerei geendet. Der Kassierer rief die Polizei, Rob und Lucy sprangen in ihr Auto und fuhren heim nach Buckfastleigh, Lucy völlig in Tränen aufgelöst. Etwas mußte getan werden, schwor Rob.

Ich wollte das Verbrechen nachstellen, deshalb wählten wir erneut den alten Rover. Er wurde in einer entfernten Ecke des Grundstücks abgestellt, die zwei Hunde hineingesetzt. Ich bat die Besitzer genauso zu verfahren, wie sie normalerweise ihre Hunde im Auto zurückließen. Als erstes wurden alle persönlichen Gegenstände eingesammelt, entweder im Kofferraum oder im Handschuhfach verstaut. Decken wurden über die Rückenlehnen der Sitze gelegt, weil die Erfahrung gezeigt hatte, daß dies der Lieblingsbereich zum Zerkauen war. Sicherheitsgurte, gleichfalls besonders begehrte Ziele, wurden unter die Sitze gesteckt. Abschließend erhielt jeder Hund einen Klaps und einen Hundekuchen, es wurde ihnen gesagt »Sei Brav!« »Wir kommen gleich wieder!« Man konnte nahezu die Hunde murmeln hören: »Lügen-Lügen-Lügen!«

Während sich Rob und Lucy zurückzogen, nahm ich meine Beobachtungsstellung hinter einem Baum ein. Es dauerte drei Minuten, ehe es sich Flynn auf dem Beifahrersitz, seinem Lieblingsplatz gemütlich machte. Errol sprang auf dem Rücksitz hin und her, sein Heulen war noch in einem Abstand von fünfzig Metern deutlich zu hören. Bis zur vierten Minute hatte er die Decke zur Seite gezogen, schnüffelte, begann an dem Überzug des Beifahrersitzes zu kauen. Ich sprintete hinüber, um die Hunde freizulassen, ich hatte, was nötig war, gesehen.

Wir kehrten in das warme Büro zurück, um die Beobachtungen zu besprechen und zu versuchen, eine Behandlungsstrategie zu erarbeiten. Als erstes erklärte ich, daß dieses Problem überhaupt nichts mit ihrem etwaigen Versagen, den Hunden genügend Disziplin beizubringen oder sie zu dominieren, zu tun habe. Rob war der Auffassung gewesen, das sei der wahre Grund, hatte sich von einem Hundeerzieher auch Rat geholt, wie er den Hunden gegenüber eine festere Haltung einnehmen könnte. Wie so vielen anderen hatte man ihm erzählt, daß Errols Zerstörungstrieb aus seinem Wunsch komme, selbst der Boß zu sein. Man habe versagt, feste Regeln durchzusetzen, insbesondere habe man versäumt, den Hund angemessen zu bestrafen, wenn er etwas falsch machte. Es ist oft sehr verführerisch, über diese Fehlinterpretationen hundlichen Wesens zu spotten, in diesem Fall wußte ich aber, daß Rob diesen Hundeausbilder schätzte, seine Meinungen respektierte, deshalb gab ich ihm eine alternative Erklärung.

Welpen – wie alle jungen Säugetiere – genießen es, an den Zitzen ihrer Mutter zu saugen. Finden sie keine Zitzen, saugen sie an ihren eigenen Gliedern, den Gliedern ihrer Wurfgeschwister oder einem anderen passenden Gegenstand in ihrer Umgebung. Mit dem Durchbrechen der Zähne entwickelt sich ein kräftiger Reiz im Kiefer, der durch Kauen befriedigt wird. Teilweise ist dies ein Versuch, den Durchbruch der Zähne durch die zarte Haut, welche das Zahnfleisch bedeckt, zu beschleunigen. Die Kauaktion löst auch schmerzmildernde körpereigene Endorphine aus, ist also ein auf chemischer Basis beruhendes Genußsystem. So ist für den Welpen Kauen mit Schmerzmilderung und Annehmlichkeit verbunden. Im späteren Leben tendieren häufig Hunde, die Streß- oder Konflikten ausgesetzt sind, zu kindischen oder welpenartigen Gewohnheiten zurückzukehren. Dies in einer Art, die Freud als »Regression« (neurotischer Rückfall in frühe Entwicklungsphasen) bezeichnete. Wenn streßbelastete Menschen rauchen, Kaugummi kauen, Haare zusammendrehen, Fingernägel kauen oder im Zorn auf Tischplatten schlagen, warum sollten dann

Hunde nicht in die Entwicklungsstufe kauender Welpen zurückfallen?

Die Trennung eines Hundes von der Gesellschaft anderer Hunde oder Menschen verursacht starken Streß, wirkt ernsthafter als die meisten körperlichen Traumas (Verletzungen). Hunde lernen in der Regel, daß die Trennung nur eine vorübergehende Einschränkung bedeutet, daß ihre Besitzer anschließend zurückkommen. Bei einigen Hunden wird dabei jedoch ein Teufelskreis von Panik ausgelöst, aus dem er sich nur durch traumatische Aktivität seiner Kaumuskeln befreien kann, wie wir dies bei Errol beobachteten. Untersuchungen von Herzschlag und Atmung zeigen völlig eindeutig, daß in dem Augenblick, da der Besitzer einen Hund verläßt, eine Depression beginnt, welche in der Anfangsphase der Isolation nach und nach die Tätigkeit des vegetativen Nervensystems beschleunigt. Plötzliche Steigerungen der körperlichen Anstrengung können auftreten, stimulieren Herzschlag und Atemtätigkeit weit über den Normalzustand hinaus. Bei der Behandlung solcher Hunde befassen wir uns entweder mit den Symptomen oder tun etwas gegen die zugrunde liegenden Ursachen, nämlich übermäßige Abhängigkeit, übermäßige Zuneigung und Unsicherheit, wenn der Besitzer abwesend ist.

In Errols Fall entschieden wir uns für einen Plan, der das Übel von beiden Seiten anging. Wir behandelten die Symptome durch Gaben von Betablockern, um die körperlichen Übersteigerungen zu reduzieren. Außerdem mußten wir aber auch die Beziehung zu den Menschen verändern. Richtig gesehen hatte Errol in Flynn einen außerordentlich angenehmen Lebensgefährten, der ein recht guter Ersatz für Rob und Lucy sein sollte. Es war interessant zu beobachten, daß die Beziehung der Hunde untereinander von Errol völlig dominiert wurde, daß Flynn immer der Nachgiebige war. Errol war der geselligere, der offenere Charakter von den beiden, Besuchern gegenüber wesentlich aufmerksamer. Ihm fiel es viel leichter, sich Streicheleinheiten einzuholen.

Somit war Errol's Sozialleben in erster Linie auf Menschen ausgerichtet, Flynn blieb dagegen als erstes und vor allem ein Labrador. Dies ist ein geradezu klassisches Arrangement für zwei zusammenlebende Hunde; das handlungsaktivere und wettbewerbsfähigere Individuum schließt sich im allgemeinen sehr viel enger seinem Herrn oder seinem Frauchen an, wird aber dadurch in Konfliktfällen eher destruktiv. Dieses Phänomen führt zu dem unter Hundeausbildern verbreiteten Mißverständnis, darin einen Drang zur Dominanz zu sehen, durch den zerstörerische Handlungen ausgelöst würden. Wir wissen heute, daß bei der Behandlung destruktiver Hunde die Priorität nicht bei einer harten Zwangsdressur liegen darf, sondern vielmehr im Aufbau einer von Selbstvertrauen und Unabhängigkeit bestimmten Beziehung zwischen dem Hund und seinen Menschen.

Im Vordergrund meiner Überlegungen bei der Beratung von Rob und Lucy stand deren finanzielle Lage; wie lang konnten sie es sich leisten, Autos zu verlieren, von denen sie leben mußten? Dementsprechend hatte ich keinerlei Bedenken zu empfehlen, Errol einen leichtgewichtigen Plastikmaulkorb anlegen zu lassen. Er fügte sich ohne Protest darein. Dann konnte wir mit dem Desensibilisierungsprogramm mit einem alten Morris 1000 Lieferwagen beginnen. Dieser wurde am Ende der Garage geparkt. Errol wurde häufig auf längere Warteperioden hinein- und herausgenommen. Die Zeiträume waren zunächst nur Minuten, verlängerten sich bis zum Ende der ersten Woche auf maximal eine Stunde, bis Ende der zweiten Woche auf zwei Stunden und so weiter – bis zu einem Maximum von vier Stunden, also einem halben Tag. In den Morris 1000 wurde eine Wasserschüssel gestellt, falls Errol Durst hatte, der Wagen wurde immer im Schatten oder in der Garage geparkt. Wie bei Benson und Sara erklärte ich die Wichtigkeit eines einfachen

Abschieds, ohne kompliziertes Vorspiel oder freundliches Lebewohl. Das Befreien aus dem Auto war immer ein Augenblick der Freude, nie begleitet von Schimpfen. Da Errol ein Labrador war, lebte er sozusagen für Futter. Ein kleiner Teil der strikt festgelegten täglichen Futtermenge wurde ihm bei seiner Befreiung aus dem Auto angeboten. Lucy erzählte mir, daß zu Beginn des Therapieprogramms Errol zunächst in das Auto gezerrt werden mußte, innerhalb von drei Tagen sprang er schwanzwedelnd selbst hinein. Er hatte gelernt, daß die Trennung von seinen Menschen der Preis war, den er für künftige Annehmlichkeiten zu bezahlen hatte.

Ich machte von Errol, auf seinem Bürostuhl thronend, eine letzte Aufnahme, ehe ich verlangte, daß er dieses Privileg nie wieder haben dürfe. Er brauchte größere Distanz zu seinen Besitzern, ein eigenes Lager wurde für ihn eingerichtet, das abseits der Annehmlichkeiten ihrer Hände und Füße lag. Schwere Zeiten stehen bevor, dachte zweifelsohne der Hund, keine Fußmassage mehr!

Der Bericht nach einem Monat zeigte, daß alles gut verlief, aber die Hunde waren noch nicht in einem ungeschützten Auto getestet worden. Ich entschied mich für die Sicherheit, empfahl, daß sie zunächst den Morris 1000 gegen einige andere Autos austauschten, die Erziehung noch zwei bis drei Wochen dauern sollte. Dann begannen sie, die Hunde ganz normal mitzunehmen, ließen sie immer über einen kurzen Zeitraum mit Maulkorb alleine im Auto, ehe sie zu aufregenden Spaziergängen ins Dartmoor befreit wurden. Wiederum wurde die Trennung von dem Besitzer als Preis für spätere Annehmlichkeit gesehen. Etwa zur Weihnachtszeit entschieden wir uns, sie für kurze Zeit auch ohne Maulkörbe, aber unter sorgfältiger Beobachtung, im Auto zu lassen. Errol bestand seinen Test, das Schlimmste war vorüber.

Bei einer Konferenz etwa fünf Jahre später traf ich zufällig den tierärztlichen Freund, der mir die Labrador überwiesen hatte. Offensichtlich waren Rob und Lucy des Geschäftes mit alten Autos müde geworden, hatten sich auf Farmwirtschaft umgestellt, was ihnen und ihren Hunden besser gefiel. Sie fahren heute einen zerstörungssicheren Landrover, in den die Hunde schmutzig und fröhlich reinplumpsen, in dem es keine weiche, kaubare Verkleidung gibt. Es war zu keinen Rückfällen mit zerstörten Innenteilen von Autos gekommen. Errol hatte allerdings einen Magenverschluß erlitten, weil er einen Gummischlauch hinuntergeschluckt hatte. Es machte bescheiden zu lernen, daß ich zwar Rob und Lucy helfen konnte, ihre Hunde unabhängiger zu machen. Es war mir aber nicht gelungen, dabei die Zwänge zum Hinunterschlingen eines echten Labradors zu verändern.

Hätten Hunde keine Veranlagung zu solch verschwenderischer Liebe – würden wir sie selbst dann ebenso lieben? Ich glaube nicht. Viele meiner Klienten geben ihren Beruf, ein normales Sozialleben auf, um sich intensiver ihren verunsicherten Haustieren zu widmen. Es ist sehr schmeichelhaft, angebetet, auf Schritt und Tritt von seinem Hund gefolgt zu werden, aber es wäre für beide Seiten viel besser, eine ausgewogene, weniger abhängige Beziehung aufzubauen. Dies läßt sich so leicht erreichen, indem ganz einfach die Welpen von klein an daran gewöhnt werden, einige Zeit auch ohne menschliche Gesellschaft zu verbringen. Der Prozeß der gesellschaftlichen Entwöhnung läßt sich durch die Verwendung von Welpenkäfigen erleichtern. Dies sind sorgfältig gesicherte Miniausläufe, frei von elektrischen Kabeln, alten Socken und Schuhen, welche Welpen so lieben. Wird ein solches Erziehungsprogramm von Anfang an durchgeführt, ergibt sich später keinerlei Notwendigkeit, Welpen für das Zerkauen von Gegenständen zu strafen, eine negative Verbindung bei vorübergehender Trennung im Erwachsenenleben kann schon gar nicht entstehen.

Ich glaube, daß etwa ein Drittel aller Hunde, die bei Tierschutzvereinen und Tierheimen abgegeben werden, Probleme übermäßiger Zuneigung aufweisen, was zu zerstörerischem Kauen, Heulen und Verschmutzung der Wohnungen führt. Schätzungen in USA-Tierheimen kommen zu der Annahme, daß über die Hälfte ihrer Hunde an derartigen Trennungsproblemen leiden. Für mich als Tierverhaltenstherapeut gehören sie zu den am meisten befriedigenden Fällen, die ich lösen muß. Denn diese Hunde sind immer liebenswert, ihre Besitzer meist außerordentlich dankbar, daß sie nach der Behandlung ihre geliebten Hausgenossen problemlos halten können. Der Zehnpunkteplan, den ich für Sara ausgearbeitet habe, bringt unter allen Umständen Ergebnisse – ein Riesenfortschritt gegenüber früher. So werde ich nie müde Rat zu geben, wie man am besten mit der Liebe umgeht.

IV Gerade noch davongekommen

Bei einem Besuch in Australien hatte ich Gelegenheit, einige Zeit mit Dingos zu verbringen; in Nordamerika traf ich auf Wildhunde, Coyoten und Wölfe. In Afrika war ich völlig überwältigt, so groß ist die Vielfalt an Wildtieren, die mit unseren Haushunden verwandt sind. Im Juni 1990 nutzte ich in Südafrika eine Unterbrechung meiner Vorlesungsreise, um in guter Gesellschaft mit dem Wildtierexperten Joseph van Heeren von der tierärztlichen Fakultät der Universität von Medunsa im Busch Wildhunde zu beobachten. Mein Ziel war das Studium des Verhaltens eines Rudels von sieben Wildhunden, besonders ihrer Kommunikation innerhalb des Rudels und ihrer Jagdmethoden. Diese Hunde – manchmal auch als Cape Hunting Dogs bezeichnet – jagen nach einer verheerend effektiven Technik der Einkesselung ihrer Beute, bringen sie geistig wie körperlich zur Erschöpfung und stürzen sich zum Schluß in einem gemeinsamen Rudelangriff auf das Tier. Die Hunde, die wir beobachteten, waren Gegenstand einer Langzeitstudie in einem Leopardenschutzgebiet nahe Pretoria. Joseph's vorangegangenen Besuche bei den Hunden waren sicher verlaufen, inzwischen waren sie fünfzehn Monate alt geworden, waren nahe der sozialen Rudelreife. Dies war die richtige Zeit, um ihre natürlichen Jagdfähigkeiten zu testen – an uns!

Ehe wir in das Gehege, das die Heimat dieses Hunderudels war, gingen, nahm Joseph mich mit auf eine Minisafari, um andere Tiere in dem Schutzgebiet zu beobachten. Im afrikanischen Busch sind Leoparden nur noch selten zu sehen, treten gewöhnlich alleine auf. Hier sah ich einzelne Cheetahs, Paare, Würfe und harmonische Gruppen von Teenagerleoparden, die sich wie »Katzen in der Ausbildung für olympische Spiele« zeigten. Dieses Cheetah Sanctuary wurde von der bemerkenswerten Lady Mrs. van Dyke errichtet, um verwaiste, verletzte oder unerwünschte Tiere zu retten, sie nach Möglichkeit weiter zu züchten, um sie dann wieder in der Wildnis auszusetzen. Sie hatte ein System entwickelt, in dem Leoparden besser als irgendwo anders in der ganzen Welt gedeihen. Sie hatte immer eine offene Tür für jedes sich in Not befindliche Tier. Joseph zeigte mir einen wunderschönen Kudu-Bullen, dessen Leben er durch eine kluge Operation gerettet hatte, als er noch ein Kalb war. Es gab Schakale, Hyänen, Füchse und viele andere Tiere der afrikanischen Welt, die aus gefährlichen Situationen gerettet wurden, aber bisher aus irgendwelchen Gründen noch nicht wieder in die Wildnis ausgesiedelt werden konnten. Aber mein größtes Interesse galt den wilden Hunden. Ich hatte sie nie zuvor kennengelernt, obwohl ich sie bereits auf einem Film beobachten, sehr viel Literatur über sie lesen konnte.

Ich war mit einer Kamera, einigen Kinder-Rasseln und einem kräftigen Knüppel bewaffnet. Joseph trug einen kleinen Felsbrocken ähnlich den alten Neandertalern, die den säbelzahnigen Tigern entgegentraten. Ich hatte kaum eine Vorstellung von der Gefahr, in der wir uns befanden, konzentrierte mich voll aufs Fotografieren und Tonbandaufnahmen. Joseph, der hier viel erfahrener war, mußte mich immer wieder vorsichtig von meinen Studienobjekten abdrängen. Wir wissen heute, daß diese Spezies Wildhunde nicht direkt mit unserem Haushund verwandt ist. Trotzdem zeigt sie viele klassische hundliche Verhaltensmuster, einige davon in stark übertriebener Form; man kann sie nur selten oder unter großen Schwierigkeiten bei Wolf oder Hund beobachten. Mich interessierte besonders das Erforschen der Umstände, die den Angriff eines Rudels wilder Hunde auf Beutetiere auslösen.

Wir standen mit dem Rücken an einem Drahtzaun, so konnten die Hunde nicht hinter uns kommen, uns nur im Halbkreis gegenüberstehen. Sie umzingelten uns, bewegten sich laufend, so daß kein einzelner Mensch in der Lage gewesen wäre, alle Jäger gleichzeitig im Auge zu halten (hätte er es dennoch versucht, wäre er mit Sicherheit angegriffen worden). Wenn wir uns beide auf die Hunde zur Linken konzentrierten, rückten die Hunde auf der rechten Seite näher, starrten wir nach rechts, kamen die linken näher, die rechten zogen sich etwas zurück. Wir waren gezwungen, die Hunde fortlaufend entlang dem Halbkreis zu fixieren. Was zunächst wie verspielte gefleckte Beagles aussah, zeigte schnell den echten Charakter des Raubtiers. Ich wußte genau, wäre ich alleine gewesen, hätte dies innerhalb von Minuten meinen Tod bedeutet.

Wir konnten in dieser Stellung nicht auf alle Zeiten verharren, es war Zeit zum Rückzug. Gingen wir drei Schritte nach vorn, zogen sich die Hunde um dieselbe Entfernung zurück. Dann kam plötzlich ein junger Rüde von rechts, suchte vielleicht seine Stellung im Rudel zu stärken, war plötzlich hinter uns, wir zogen uns schnell an den Zaun zurück, wußten, daß wenn wir eingekreist würden, wir verloren wären. Zu schnell hob ich plötzlich meine Hand, um einen Insektenstich zu kratzen, und wie einer bewegten sich die Hunde alle gemeinsam vorwärts, starrten begehrlich nach meinem Arm. Joseph zischte mir zu, ich müßte absolut unbeweglich stehen bleiben, Bewegung sei das erste Anzeichen von Furcht eines Tieres, Ankündigung, daß es zur Flucht ansetze, sich einem tödlichen Angriff aussetze. Wir beide standen absolut still, verhielten uns passiv. Die Hunde zogen sich leicht zurück, markierten mit Urin, kratzten auf dem Boden und spielten miteinander. Wie sich bei uns die Spannung löste, so auch bei ihnen, nach und nach zogen sie weiter. Nach etwa drei Minuten bewegten wir uns langsam, ganz langsam Schritt für Schritt den Grenzzaun entlang Richtung Ausgang. Nun waren es nur noch ein paar Meter bis zum Tor, die Hunde standen zwanzig Meter entfernt. Ich beschleunigte meinen Abgang, sie bemerkten dies sofort, galoppierten auf mich zu, wir stoppten erneut und bewegten uns später langsam in die Sicherheit.

Aufgrund unseres Wissens über die Grundgesetze ihres Verhaltens befanden wir uns nicht ernsthaft in Gefahr. Antilopen und andere Beutetiere der Wildhunde kennen diese Regeln wahrscheinlich nicht so gut, werden häufig auf der Flucht getötet. Die Beziehungen zwischen Menschen und Haushunden sind aller Wahrscheinlichkeit durch die Beziehungen der Wildhunde zu ihrer Beute mit bestimmt. Ungefähr die Hälfte der uns vorgestellten Patienten sind aggressiv, viele davon haben den eigenen Besitzer gebissen. Es macht mich etwas verlegen, berichten zu müssen, daß auch ich zu Beginn meiner neuen Karriere dreimal gebissen wurde. Allerdings erwarte ich nicht, daß mir dies noch einmal passiert, wenn ich nicht wirklich törichter bin oder ganz außergewöhnliches Pech habe. Die Grundprinzipien habe ich gut gelernt. Ich weiß,. daß ich in einer gefährlichen Situation

Links: Bei meinen Untersuchungen des Mordes an Glenys Coe beobachtete ich ihre Hündin Tara, wie sie die Stelle betrat, wo der Körper des Opfers gelegen hatte. Sie markierte die Stelle mit Urin. Der Polizeifotograf hielt jede Bewegung mit der Videokamera fest.

Rechts: Meine Kollegin Elizabeth mit Sid, einem kastrierten Ziegenbock, der Hunde und Bäume haßt. Zuweilen nutzten wir den Zorn von Sid, aggressiven, Haustiere jagenden Patienten Respekt beizubringen, ehe sie zur Therapie bei Schafbock Afterthought kamen.

Oben: Afterthought, unser munterer, unternehmenslustiger Jährlingsbock zeigt seine gute Veranlagung zur Hundetherapie.

Links: Arbeitsgespann von Samoyeden und Siberian Husky bei ihrem Besuch auf der Farm. Unsere Aufgabe war, einen lang andauernden Rangordnungskampf zu lösen. *Oben:* Eine prekäre Aufgabe für Mugford, zu sehen auf einem Trainingswagen, in voller Fahrt rund um den Hardwick-Hügel. Der Husky wurde zum Leithund bestimmt.

Unten: Hunde haben oft leidenschaftliches Interesse an Hufspänen, wovon es auf der Farm immer viele gibt. Hufkeratin ist unverdaulich, aber dieser Setter wollte Elizabeth seine Trophäe nicht freiwillig überlassen.

Wildes Toben in Spielgruppe, für Sam etwas ermüdend.

Rechts: Knabe trifft Mädchen. Bei kleineren Hunderassen können sexuelle Interessen früh erwachen, wie Westie und Tibetan Spaniel hier zeigen.

Unten: Afterthought bei der Welpenerziehung in der Spielgruppe. Zu jungen Hunden ist er außergewöhnlich freundlich. Er ist unter Hardwick Labradors aufgewachsen, hierdurch sachkundig in der hundlichen Körpersprache. (Foto: Alistair Morrison)

Rechts: Fritz Begegnung mit Sam, erster Hundekontakt seit Jahren. Man achte auf Sams nicht drohende Körperhaltung, abgewendete Augen, glattes Fell und untergezogene Rute. Danach nimmt Sam als »Eisbrecher« gebeugte Spielhaltung ein, hüpft und wedelt mit der Rute. »Fritz, der Kämpfer«, hat seinen ersten Freund gewonnen.

Mitte: Sam ist Fachmann in der Beurteilung hundlichen Wesens. Hier am Ende einer Therapiesitzung mit einem Pit Bull, der durch den RSPCA aus illegalen Hundekämpfen gerettet wurde.

Unten: Sam als Beschützer meines Zwillingssohns vor einem Jack Russel, der keine Kinder mochte. Bisher haben alle meine »Kids« keinerlei Verletzungen erlitten. Auch in Anwesenheit gefährlicher Hunde sind sie voller Vertrauen.

Ganz unten: Sam, unseren Experten in hundlichem Verhalten, bringen fremde Katzen in Verlegenheit, machen ihn ängstlich. Er begleitet mich auf einem Hausbesuch zu einer Katze, die wegen ihrer Angriffslust gegen Hunde wie Menschen bekannt war. Wir haben beide überlebt.

Oben: Sam vor einer schwierigen Aufgabe. Die Beurteilung der Gemütsverfassung eines dicht behaarten Bobtails ist nahezu unmöglich, deshalb hält sich Sam abseits.

Rechts: Turk, ein Percheron mit einfachem Gemüt, versucht Sam die Show zu stehlen. Turk liebt es, Hundeohren zu lutschen, nur bei solchen Gelegenheiten kann er sich darauf verlassen, daß Sam still hält.
Unten: Man kann sich immer darauf verlassen, daß einen gelegentlich der eigene Hund blamiert. Hier hat gerade Sam vor den Augen unserer Besucher ein Kaninchen getötet, eine öfter auftretende Leidenschaft, die ihn Fans gekostet hat.

Friedhof in Edinburgh. Hier steht der berühmteste Grabstein zur Erinnerung an die Loyalität eines Hundes, der um seinen toten Herrn trauerte. Sam ging direkt zu dem Stein und entweihte auf seine Art den Gedenkstein.

Links: Hundespielzeug liegt ähnlich Pilzen auf unserer Farm herum. Hunde kommen von nah und fern zum Spielen.

still stehenbleiben muß, vor allem darf ich keinesfalls Arme und Beine bewegen. Wichtig ist laufender Augenkontakt zum möglichen Angreifer. Ich muß den Vorteil meiner Körpergröße wahren, immer stehen, darf nie knien. Geduld ist notwendig, man kann immer hoffen, den Hund durch irgend eine neue, ihn interessierende Aktivität abzulenken, etwa durch Suche nach Futter oder Spiel.

Der große Nachteil, erster in einem neuen Spezialgebiet zu sein, besteht darin, daß man niemanden über den besten Weg, sich aus einer schwierigen Situation zu befreien, um Rat fragen kann. Ich mußte durch Erfahrung lernen! Meine Taufe erhielt ich durch Marcus, einen Boxer in Byfleet, einer Vorstadt mit viel Baumbestand in Surrey. Marcus zeigte anderen Hunden gegenüber extremes Territorialverhalten. An einem ruhigen Sonntagnachmittag kam ich nach Byfleet, es war der vierte Tag einer Rundreise durch England, bei der ich alle Arten von Hunden in allen Teilen des Landes besuchte. Zu dieser Zeit – im Jahre 1980 – lebten wir noch auf unserer Farm in Devon. Über die ersten Tage wohnte ich bei Freunden, die letzte Nacht hatte ich in Box Hill in Surrey im Auto verbracht. Ich war steif und müde, überhaupt nicht in der Kondition, einem aggressiven Hund gegenüberzutreten. In einem Telefongespräch mit seinem Tierarzt Mike Samuel war ich vor Marcus gewarnt worden. In der Nachbarschaft gab es wilde Gerüchte, Marcus terrorisiere seine ganze Umwelt.

Sally und Nick Jensen schienen allen möglichen Geschäften nachzugehen. Von Beruf waren sie Fotografen, Sally beschäftigte sich auch etwas mit Haarmoden, überall lagen Kataloge herum. Beide waren aktive Unternehmer, ihr Lebensstil zog viele Besucher in ihr Haus. Besser gesagt, er sollte, tatsächlich war es aber so, daß das ganze Gerede über Marcus die Besucher fernhielt. Die meisten Kunden hupten vor dem Haus und blieben im Auto sitzen. Unglücklicherweise hatte ich noch kein System entwickelt, bei dem ich eine Beratung meiner Patienten von der anderen Seite der Mauer durchführen konnte. Ich hielt mich aber durch mein schweres Freizeitjackett, meinen schwarzen Pilotenkoffer und einer Reihe schmackhafter Leckerbissen für recht gut geschützt. Diese Kombination hatte sich bei vorangegangenen Hundebesuchen gut bewährt, warum sollte ich es nicht auch mit Marcus versuchen? Ich habe die etwas befremdliche Angewohnheit, wenn ich nervös bin, zu pfeifen oder vor mich hin zu summen. Ich bemerkte, daß ich dies zufällig tat, als ich die Straße hinunterging. Nick Jensen telefonierte gerade, ließ mich einige Minuten an der Tür warten, so daß ich mir nochmals überlegen konnte, was mir bevorstand.

Ich wurde durch die Vorhalle in das Eßzimmer geführt, von hier hörte ich das typische Boxerschnarchen von Marcus, der im Nebenzimmer auf dem Sofa lag. Wir setzten uns zusammen, befaßten uns mit seiner Geschichte. Daraus ergab sich, daß sich Marcus bis vor etwa drei Monaten als ein etwas mürrischer Hund gezeigt, aber nie jemand gebissen hatte. Dann wurde Nick‘s Sohn aus der Armee entlassen und direkt gebissen, als er zur Tür herein kam. Marcus hatte bereits als Welpe – fünf Jahre früher, den Sohn gekannt, schien aber seinen alten Freund vergessen zu haben. Seit diesem ersten Biß gab es vier weitere böse Angriffe auf Menschen, bei zwei Angriffen war es zu ernsthaften Verletzungen gekommen, die ärztlicher Behandlung bedurften. Die Tochter des Nachbarn erlitt dreizehn punktförmige Bißwunden am Arm, es war durchaus möglich, daß entweder die Polizei tätig oder Zivilklagen eingereicht wurden.

Ich wunderte mich im Stillen, warum man mich überhaupt gerufen hatte, anstatt Marcus friedlich einschläfern zu lassen. Der Tierarzt hatte bereits einen solchen Vorschlag gemacht, was bei Nick einen Wutanfall auslöste, dessen sich McEnroe nicht hätte schämen müssen. Deshalb hatte Mr. Samuel freundlicherweise die Aufgabe, Familie Jensen zu überzeugen, auf mich übertragen.

Es stellte sich heraus, daß Marcus innerhalb der letzten achtzehn Monate mehrfach plötzliche und schwere Anfälle von Schlafsucht hatte. Technisch nennt man dies Narkolepsie. Diese Anfälle treten ohne Vorwarnung auf, im Haus, im Auto, gelegentlich sogar auf der Straße. Ich riet, daß der Hund schnellstmöglich neurologisch durch einen örtlichen, hierauf spezialisierten Tierarzt untersucht werden solle. Jetzt war aber der Zeitpunkt gekommen, Marcus persönlich kennenzulernen, und ich schlug vor, dies im Freien durchzuführen.

Während ich im Vorgarten wartete, wurde Marcus mit schwerem Würgehalsband und kurzer geflochtener Lederleine zurechtgemacht und dann herausgeführt. Wie das bei Boxern so ist, Marcus war nicht besonders groß, aber dennoch ein eindrucksvolles, schlankes Muskelpaket. Sein rotbraunes Fell glänzte vor Gesundheit, seine elegante Erscheinung wurde noch durch weiße »Strümpfe« und Kopfabzeichen unterstrichen. Ich lobte Nick für alle seine Anstrengungen, die er unternommen haben mußte, einen so gut gepflegten Hund zu haben. Dieses imponierende Exemplar stand in deutlichem Kontrast zu den meist schmutzigen Hunden zu Hause auf der Mugfordfarm. Dabei erfuhr ich, daß es wenig Mühe bereitet hatte, Marcus so sauber zu halten. Der arme Hund durfte sich über die letzten drei Jahre niemals ohne Leine bewegen!

Cremig weißer Speichel lag auf Lefzen und Zunge von Marcus, er zog wie wild an seinem Würger. Ich hielt mich zurück, denn Nick wurde von seinem Hund stürmisch nach vorne gezogen. Marcus schien mich für den Augenblick zu tolerieren, aber nur aufgrund seiner Begeisterung, schnell in den Park zu kommen. Nick versicherte mir, daß keinerlei Gefahr bestände – Marcus habe mich akzeptiert. Plötzlich und ohne irgendeinen ersichtlichen Grund drehte Nick nach links ab, direkt in den entgegenkommenden Verkehr. Ich faßte ihn beim Mantel, und Marcus machte einen Sprung in meine Richtung, um seinen Herrn zu schützen. Auf der anderen Straßenseite hatte Marcus ein Kind entdeckt, das einen kleinen Mischling spazierenführte und hätte es sicher verfolgt, wenn ihn nicht Nick irgendwie an der Leine festgehalten hätte. Marcus beruhigte sich dann wieder, wir wandten uns Richtung Park ab, wo er an langer Leine paradierte.

Marcus war in Byfleet weit und breit bekannt, als wir uns näherten, leerte sich der Park von Familien und Fußballspielern. Der Rüde preschte umher wie ein Geschoß, das sein Ziel suchte. Interessanterweise konnte er sich nie auf einen Gegenstand konzentrieren, seine Aufmerksamkeit wanderte von einem Stein zu einem Eichhörnchen, dann zu uns, dann auf ein Kind; nie wurde eine koordinierte Verhaltensfolge zu Ende geführt.

Ich bat um eine Vorführung in Unterordnung, das allgemeine Sitz, Bleib, Komm und so weiter. »Keine Chance!« lachte Nick, niemals war der Boxer in der Lage gewesen, auch nur die einfachsten Kommandos zu lernen. Zu diesem Zeitpunkt, am Anfang meiner Laufbahn, war ich noch davon überzeugt, daß es außerordentlich wichtig sei, daß ich meine Patienten selbst anfasse. Vorsichtig übernahm ich von Nick die Leine und marschierte mit Marcus weiter. Er gewöhnte sich schnell an mich, bald konnte ich ihn mit schmackhaften Hundekuchen, die ich stets in der Tasche meines leicht riechenden Freizeit-Jacketts mitführte, »bestechen«. Bereits nach einer Minute konnte ich ihn an den Flanken streicheln, aber ich traute ihm nicht genügend, um Kopf, Hals oder Schulter zu berühren.

Immer wieder versuchte ich, Marcus für einen Leckerbissen zum Sitzen zu bringen, –

manchmal tat er es, meist nicht. Ich wollte ihn niederdrücken, gab das Kommando und bot ihm den Leckerbissen. Wenn er es einmal tat, war damit in keiner Weise die Wahrscheinlichkeit größer, daß er es auch beim nächsten Mal wieder richtig ausführte. Im Vergleich mit einem Mischling von Durchschnittsintelligenz würde ich erwarten, daß dieser nach zwei bis drei Versuchen die neue Übung verstand. Aber Marcus, dieser anomale Boxer, begriff dies nicht einmal nach dreißig Versuchen. Das einzige Erfreuliche war, daß ich nunmehr über Marcus körperliche Kontrolle erreicht hatte. Er schien mir zu vertrauen.

Auf unserem Nachhauseweg versuchte ich nach der Barbara Woodhouse-Methode mit Marcus und seinem Würgehalsband eine »Fuß«-Übung durchzuführen. Kein Erfolg. Nick versicherte mir, daß es ihm über sechs Jahre immer neuer Versuche aufgrund seines eigenen Versagens gleichfalls nie möglich gewesen sei. Man lud mich zum Tee ein, wir saßen in der Diele, Marcus war ohne Leine. Als Nick aus der Küche zurückkehrte, entspannte ich mich, ließ Marcus für einen Augenblick aus den Augen, streckte den Arm aus, um die Teetasse zu nehmen. Dies war der Augenblick für Marcus, er griff an.

Der heiße Tee spritzte über mich und Marcus, dadurch gewann Nick eine Sekunde, Marcus am Würgehalsband zu fassen. Nick war ein kräftiger Mann. Aber Nick war nicht stark genug, den Boxer festzuhalten, es gelang Marcus, sich loszureißen, mich quer durch das Zimmer zu jagen. Ich konnte mich nirgends verstecken, nichts lag herum, mit dem ich mich hätte schützen können. Selbst mein bewährter schwarzer Koffer, den ich als Schild hätte verwenden können, war außer Reichweite. Eine riesige Kluft von zwei bis drei Metern lag zwischen mir und der Tür, aber mit einem Sprung über ein breites Canapee schaffte ich es, den Boxer buchstäblich an den Fersen. Die Tür krachte zwischen Marcus und mir ins Schloß, der Hund voller Wut über eine versäumte Gelegenheit. Ich war sehr dankbar, daß ich nur einige schwache Zahnspuren an meinem Unterschenkel hatte. Wir sammelten uns zur Fortsetzung unserer Konferenz über Marcus und seine Zukunft, dieses Mal lag eine sichere Wand zwischen mir und meinem Patienten.

Meine vorläufige Diagnose lautete, es läge eine tiefgehende, neurologische Störung vor, die gefährliches, anomales Verhalten auslöse. Mit aller Wahrscheinlichkeit war im hinteren Gehirnteil, in dessen Bereich auch das Schlafvermögen reguliert wird, das netzartige Gewebe ernsthaft geschädigt. Verletzungen oder ein Tumor beeinflußten möglicherweise den Hypothalamus, das basale Wandteil des Zwischenhirns, das bekannt ist als Schlüsselbereich, in dem das Aggressionsverhalten von Säugetieren reguliert wird. Mein Rat lautete Euthanasie, wobei sowohl Sicherheitserwägungen als auch Fürsorge für Marcus persönliches Wohlergehen im Vordergrund standen. Den hierdurch ausgelösten Folgen stand ich völlig unvorbereitet gegenüber. Dieser starke, erwachsene Mann Nick begann völlig unkontrollierbar zu weinen; Arm in Arm, Schulter an Schulter versuchte ich ihn zu trösten. Beim Hören dieser Geräusche kam Nick's Teenagertochter aus ihrem Zimmer herunter,erwies sich als viel stärker als ihr Dad, übernahm meine Rolle als Tröster. Wir vereinbarten, am nächsten Tage nochmals zu telefonieren, ich wollte versuchen, ob mir noch irgend etwas einfalle, um Marcus zu retten. Ich wußte, da gab es nichts, aber ich glaubte, daß die Zeit Familie Jensen selbst zu der Überzeugung bringen werde, zu tun, was getan werden mußte.

Am nächsten Nachmittag rief ich wieder an, man sagte mir, Marcus sei bereits tot. Am Abend meines Besuches hatte er auch die Tochter angegriffen, etwas was nie zuvor passiert war. Tierpsychologen, Tierschutzinspektoren, die Öffentlichkeit, selbst Nicks Sohn konnten von Marcus angegriffen werden, all dies wurde noch toleriert – aber der Angriff auf Nicks Tochter nahm ihm den letzten Strohhalm. Über eine Stunde kämpfte ich mit der Abfassung eines kurzen Kondolenzbriefes. Dabei vermied ich die Feststellung, daß unsere Welt ohne Marcus sicherer und schöner geworden sei, unterstrich aber, daß sie genau das Richtige getan haben. Sie hatten alles getan, was sie vermochten und brauchten sich mit Sicherheit keine Vorwürfe zu machen.

Marcus war bei weitem der gefährlichste Hund, dem ich bis zu diesem Zeitpunkt meiner Laufbahn begegnet war. Ich setzte meine positiven Bemühungen um die Hunde und ihr Leben fort, fand mich nur wenige Wochen später wieder in der gleichen Gegend. Diesmal ging es um einen Afghanen. Er hieß Ali und sein Problem war für diese Hunderasse sehr typisch, er jagte Schafe. Man sagte, daß er Menschen gegenüber etwas nervös sei, aber bisher war es noch zu keinen ernsthaften Unfällen gekommen. Während unseres Gespräches mit den Besitzern in der Küche befand sich Ali zwischen uns, er schien recht kontaktfreudig. Ohne zu denken, reizte es mich, sein wunderschönes langes blondes Haar zu streicheln, aber als meine Hand seinen Kopf berührte, schnappte er zu, packte mein Handgelenk. »Au!« Ich sah auf mein Handgelenk, bemerkte einen roten Fleck, der sich auf meinem blauen Baumwollhemd ausbreitete. Dann fühlte ich ein warmes Tropfen, in diesem Stadium noch ohne jeden Schmerz. – Aber innerhalb einer Minute, in der sich die Quetschung des darunter liegenden Knochens entwickelte – packten mich die Schmerzen. Ali hatte ein Blutgefäß verletzt, glücklicherweise keine Arterie. Nach dem Schmerzbeginn erfaßte mich ein physischer Schock und das alles durch einen einzigen, medizinisch völlig unkomplizierten Hundebiß. Dies gab mir deutlichen Anschauungsunterricht, was eine Antilope oder ein Karibu (nordamerikanisches Ren) empfinden mußte, wenn es von Wildhunden oder Wölfen gemeinsam angegriffen wird.

Bei meiner Heimkehr schnitt meine Frau die Frage eines umfassenden Versicherungsschutzes an, der mich für den Fall schlechter Beratungen, Krankheit oder Verletzungen absichern sollte. Vivienne betrachtete mich als eine ziemlich nützliche Person, in einer wachsenden Familie. Bis dahin hatte ich alle diese Diskussionen als eine Quelle des Ärgernisses gesehen, wollte mich lieber auf mein Glück verlassen. Jetzt jedoch fühlte sich Vivienne berechtigt, völlig unabhängig von meiner haltlosen Meinung eine entsprechende Versicherung abzuschließen! Innerhalb von nur drei Wochen war ich zweimal in akute Gefahr geraten, dieser nur knapp entgangen. Die letztere Gefahr zeigte sich völlig unerwartet, war im Nachhinein gesehen mein alleiniger Fehler, da ich diese Bewegung in Richtung auf Ali nie hätte machen dürfen. Es war ganz einfach ein Fehler – und ich bezahlte den Preis.

Vivienne's Sorge über den Unfall mit Ali machte mir klar, daß ich mich um die Frage meiner Sicherheit kümmern mußte, deshalb führte ich Gespräche mit tierärztlichen Kollegen, die mit solchen Problemen schon länger lebten als ich. Eine althergebrachte Vorsichtsmaßnahme, welche allen Tierärzten und Pflegern beigebracht wird, ist, den Fang eines Hundes zuzubinden. Man verwendet dazu ein längeres Stück Verbandmaterial, das um den Fang gebunden wird. Die hieraus entstehenden Probleme sind vielfach: das Tier kann nicht hecheln, wird furchtsam; meist dauert es nicht lange, und der Hund weiß, was er zu tun hat, wenn er eine Helferin mit einer Bandage in der Hand sieht. Man zeigte mir dann Maulkörbe, die allgemein verwendet wurden, alles schwere Lederbecher, mit einem einzigen Lederband, das man hinter den Ohren befestigte. Diese Muster hatten keine Atemlöcher, es gab nur eine einzige Größe, die für alle Formen und Größen von Hund gedacht war. Meine Meinung war, es fehlte hier sehr an Feinarbeit. Der Zoohandel verkaufte zu dieser Zeit Maulkörbe aus kompliziert arrangierten Lederbändern, jedes dieser Bänder war mit den anderen vernäht oder vernietet. Ich kaufte einen Maulkorb für den nächsten Hundemacho, mit dem ich zu tun hatte, aber auch dieses Gerät erwies sich als sehr unbefriedigend. Es dauerte viel zu lang, um ihn richtig anzulegen, und der deutsche Schäferhund, für den wir ihn benutzten, kaute sich sofort durch die Seitenbänder des Korbs, genoß den Geschmack. Für mich kam erst 1985 bei Maulkörben der Durchbruch, damals besuchte ich eine Konferenz in Athen. Ein italienischer Gentleman zeigte mir seine Auswahl an Leichtgewichtplastikmaulkörben, jeder davon speziell in Größe und Proportionen für die verbreitetsten Hunderassen geformt. Zwölf verschiedene Größen deckten mehr als 90 % der Hundekopfformen ab. Ich kaufte an Ort und Stelle für meine Patienten zu Hause 100 Maulkörbe.

Ich war ganz sicher, daß dieser Maulkorb Menschen gegen gefährliche Hunde besser schützte als andere Modelle. Es gab keine Stelle, wo der Hund durch das Plastik beißen konnte, weder nach vorn, noch nach den Seiten. Die nächste Frage lautete, wie die Hunde auf das Tragen dieses neuen Maulkorbtyps reagieren würden. Ich machte über die nächsten 100 Hunde, die wir sahen, genaue Aufzeichnungen, beobachtete sorgfältig ihre Reaktionen vor und nach Anpassung dieses Baskerville-Maulkorbs. Was ihr Verhalten anging, gab es kaum eine Veränderung; waren sie ohne Maulkorb anderen Hunden gegenüber aggressiv, griffen sie auch weiter mit Maulkorb Hunde an; war ihr Mißfallen im allgemeinen auf Postboten oder einen Tierverhaltensforscher ausgerichtet, änderte sich auch hieran nichts. Der Hauptunterschied lag darin, daß das vorgesehene menschliche Opfer sicher war, daß es an Stelle eines vollzahnigen Bisses jetzt nur den harmlosen Stoß eines Plastikmaulkorbs gegen das Fleisch bekam.

Seit wir zufällig diesen Maulkorb in Griechenland entdeckt haben, importierten wir viele Tausende, sie wurden zur Norm für Tierärzte, Hundeausbilder und Hundebesitzer, die sich mit schwierigen Hunden befaßten. Wir haben nie behauptet, man könne aggressives Verhalten durch Maulkörbe verändern. Sie bieten aber die notwendige Zeit und Sicherheit, um eine wirksame therapeutische Strategie zu entwickeln. Ich habe noch heute alle zehn Finger, aber mein rechtes Handgelenk trägt noch immer die Narben aus der Begegnung mit Ali.

Der andere Durchbruch im Umgang mit gefährlichen Hunden war das Hundekopfhalfter, das ich mit Hilfe meiner Frau Vivienne und unseres Setters Sam entwickelte. Jedes Jahr, das ins Land zieht, scheint uns größere Hunde zur Behandlung in unserer Praxis zu bescheren. Vor kurzem kam ein älteres Paar aus Doncaster in Yorkshire, sie brachten ihre deutsche Schäferhündin, die wir uns ansehen sollten. Sie kannten kein Kopfhalfter, hatten dafür eine Kombination von Würgekette, Normalhalsband und Brustgeschirr gekauft, führten die Hündin an drei verschiedenen Leinen, mußten jeweils ihren Weg durch diese komplizierten Sattlerarbeiten finden. Ihre Hündin Misty haßte Katzen wie Hunde, war kräftig genug, bei der Verfolgung ihrer Feinde ihre Besitzer hinter sich herzuziehen. Ihre Herrin litt an Hals- und Rückenproblemen. Sie fand bei ihrem Arzt und orthopädischem Spezialisten nur sehr eingeschränkte Sympathie, weil sie darauf bestand, einen Hund wie Misty zu halten. Nach zwei Minuten der Anpas sung eines Kopfhalfters konnte ich Misty ihrer Herrin zurückgeben, die sich nun über einen Spaziergang mit einem liebenswerten, ruhigen Hund freuen durfte. Das Kopfhalfter hatte ein Zuggewicht von etwa 100 kg auf ein Maximum von 2–3 Kilo reduziert, einfach durch eine Reihe von leichten, richtig angebrachten Bändern.

Zum guten Schluß mußte ich mich der entscheidenden Frage zuwenden, was die wirksamste Methode ist, einen Hund zu stoppen, der ein anderes Tier oder einen Menschen angreift. Soll man ihn schlagen, Wasser über ihn gießen, mit einem Eimer klappern oder ganz einfach beten? In den frühen Jahren meiner Praxis hatte ich wahrscheinlich alle vier Methoden angewandt, und jede hatte sich in gewissem Grade als hilfreich erwiesen. Aber ich hatte immer etwas Verläßlicheres gesucht, etwas, das man dem Besitzer eines gefährlichen Hundes in die Hand drücken konnte, das er mit Vertrauen und Sicherheit einsetzen konnte. Meine Chance, das Problem zu lösen, kam mit meinen Patienten auf Windsor Castle und der sich daraus ergebenden Entwicklung eines starken, auf das Gehör des Hundes wirkenden Alarmsystems.

In neun von zehn Fällen bewährt sich der Dog Stop Alarm, unterbricht unerwünschtes Verhalten. Unglücklicherweise aber kann man sich auf diese Methode nicht völlig verlassen. Einige Hunde hören krankheitsbedingt oder wegen ihres Alters nicht sehr gut, einige Hunderassen sind aufgrund der besonderen Anatomie und der Dicke ihres Gehirnschädels bestimmten Tönen gegenüber wie taub.

Winston, ein massiver, vierzig- bis fünfzig Kilo wiegender englischer Bulldog mit Hängelefzen, war ein solcher Hund. Ich konnte ihm nie soweit nahekommen, um ihn exakt zu wiegen. Ich besuchte ihn zu Hause mit all der erwähnten Ausrüstung: Halfter, Maulkorb, Leckerbissen und Dog Stop Alarm. Winston hatte sich gerade von einer Näharbeit seines Tierarztes erholt, seine Verletzungen stammten von einem Durchbrechen der geschlossenen Haustür, von innen nach außen. Schon vor einer Woche sollten die Fäden eines besonders tiefen Schnitts an seinem linken Ohr gezogen werden, aber niemand konnte Winstons Gesicht berühren, bestimmt nicht der Tierarzt. Man bat mich um Hilfe! Winstons jüngstes Abenteuer war dadurch entstanden, daß er den Postboten den Weg entlang kommen hörte. Er konnte es nicht abwarten, bis die Tür auf konventionelle Art geöffnet wurde, versuchte einen kürzeren Weg. Glücklicherweise wurden seine Schultern in dem ausgesplitterten Loch, das durch seinen Kopfstoß entstanden war, eingeklemmt. Der Postbote entkam, aber Winston erlitt schreckliche Risse in Lefzen und Zahnfleisch, einen Riß im Ohr, Kratzer, hatte fast einen seiner vorstehenden Fangzähne ausgebrochen. Ich wagte eine nähere Inspektion seiner Zähne nicht.

Ich wußte schon, daß Winston Männer in Uniform nicht mochte, würde er aber den Alltagsanzug eines Psychologen tolerieren? Der drohende Klang seines Bellens auf der anderen Seite der inzwischen verstärkten Vordertür ermutigte mich nicht besonders. Deshalb bat ich den Besitzer von Winston, ihn festzuhalten, so daß ich zumindest durch die Tür gehen und guten Tag sagen konnte.

Winston, nun genau achtzehn Monate alt, hatte über das letzte Jahr eine ausgeprägte Neigung entwickelt, sein Heim zu schützen. Kein anderes Lebewesen mit Ausnahme seiner Besitzer konnte dieses Fort sicher betreten, sie lebten mitten in der Stadt auf einer Insel. Eric Johnstone, der Besitzer von Winston, war ein großer, kräftiger Polizist im Ruhestand. Seine Kinder hatten das Nest verlassen, seine Frau ging arbeiten. Tagsüber waren Winston und er beste Kameraden, machten lange, aber langsame Spaziergänge durch die kleine Gemeinde. Dadurch hatte Winston Muskeln wie ein japanischer Preisringer entwickelt, niemals war er natürlich zu einem Sprinter geworden. Draußen und außerhalb seines Territoriums war Winston ein ausgesprochener Charmeur, wem immer er begegnete. An der Grenze, exakt an der Vordertür, hätte er einen Besucher umgebracht, innerhalb des Hauses konnte buchstäblich alles passieren.

Im Wissen darum, daß wir uns jetzt im letzten, gefährlichsten Bereich befanden, befestigte Eric den Bulldog Winston sorgfältig an einem Stahlpfosten, der im Boden des Wohnzimmers einbetoniert war. Eine dicke Eisenkette hielt den Hund immer in einem Radius von einem halben Meter. Mir gefiel dies recht gut, denn schnell wurde Eric bestätigt, daß Winston mich allem Anschein nach überhaupt nicht mochte. Dies hatte keinerlei persönliche Gründe, setzte er hinzu. Er hatte Sorge, mich zu beleidigen, aber es war nun einmal Winstons Auffassung, niemand solle ihm nähertreten. Ich versuchte, den Bulldog mit Käsebröckchen zu bestechen, aber Winston machte nachdrücklich klar, daß er nicht käuflich sei. Unser allergrößter Rottweilermaulkorb hatte bei weitem nicht die Breite und Kapazität, um Winstons riesigen, vernarbten Schädel zu umfassen, auch gab es nicht genügend Nasenpartie, um das Kopfhalfter anzulegen. Meine einzige Hoffnung war, daß er auf den Dog Stop Alarm reagieren würde, den ich drückte, als er an seiner Kette gegen mich sprang. Vielleicht hat er mit den Augen gezwinkert, aber es gab keinerlei sichtbare Reaktion! So beschloß ich, einiges mehr an Zeit in Winston zu investieren, zu versuchen, ihn mit Freundlichkeit und Verständnis für mich zu gewinnen.

Eric war bereits seit langem ein Fan englischer Bulldoggen, tatsächlich gab es mehr als nur eine vorübergehende Ähnlichkeit zwischen Herrn und Hund. Er wußte alles über die Rassegeschichte, die bis ins dreizehnte Jahrhundert zurückreicht, als die ersten Schaukämpfe gegen Bullen stattfanden (Bull-Baiting). Eric war sich völlig im klaren, daß Winstons Auftreten ganz einfach eine natürliche Folge seiner ererbten Veranlagung war. Mangels von Bullen in der Nachbarschaft boten ihm Briefträger eine interessante Alternative. Ich kommentierte diese Theorie nicht weiter, hielt es für wenig produktiv, Erics Auslegung der alten Bulldoggeschichte zu widersprechen.

Statt dessen schlug ich einen gemeinsamen Spaziergang vor. Innerhalb von Minuten unseres Spaziergangs über die Straße, weg vom heimischen Herd, machten wir ermutigende Fortschritte. Ich hatte die Leine in der Hand, und Winston empfand offensichtlich mir gegenüber Sympathie. Passanten machten ihn ganz selig, er schien einen großen Fankreis zu haben. Winston war auch gegenüber Katzen, Hunden und Eichhörnchen freundlich. Er war genau die Art von Hund, der sich mitten im England World Cup Team fotografieren ließ.

Als wir uns auf den Heimweg machten, versteifte sich die Körperhaltung von Winston zusehends, lang aufgebaute Abwehrinstinkte kamen zum Vorschein. Was ich als Fortschritt angesehen hatte, war nur eine zeitliche Verschiebung, was Eric genau so vorausgesagt hatte. Es gibt ein vielerprobtes Rezept, Territorialverhalten von Hunden zu modifizieren, es arbeitet recht gut bei Wachhunderassen wie deutschen Schäferhunden. Aber bei Winston vermochte ich nicht einmal die erste Stufe der Leiter zur Verhaltensveränderung zu erklimmen. Konnten die Anfangsrisiken schon nicht durch den Einsatz von Maulkorb und anderen Mitteln eingeschränkt werden, wie sollte man dann angenehme Kontakte mit Fremden aufbauen?

Eric beschloß, seine Verteidigungslinie weiter auszubauen, die Vordertür zu verstärken, eine zweite dahinter einzubauen und ein passendes Warnschild am Eingang anzubringen. Er verstand vollkommen die Risiken, einen Hund wie Winston zu besitzen, aber er wollte sich lieber damit abfinden als den Versuch zu unternehmen, das Verhalten seines Hundes zu verändern. Fälle dieser Art sind immer sehr streßbeladen, denn es gibt über mehrere Stunden der Beratung so wenig Chancen für ein positives Ergebnis. Das

Hauptmedium, um eine therapeutische Strategie zu testen, ist der eigene schwache Körper – Fehler sind schmerzlich! In diesem Fall hielt ich es zwei Stunden (gerade) aus, ohne Verletzungen zu erleiden. Andere waren schon weniger erfolgreich! Nachdem ich Winston verlassen hatte, wieder im Auto saß, erlaubte ich mir einen tiefer Seufzer, spielte laute Rockmusik und feierte Gesundheit und Leben. Als Ergebnis meines Besuches verwandelte sich Winston weder in einen Engel, noch gelang es ihm, vor seinem Tod aufgrund einer Infektion der Atemwege im folgenden Jahr irgend jemand zu beißen.

Auf die Farm zurückgekehrt bin ich der Größte ringsum, der Mann, den man von allen für am meisten belastbar hält. Dadurch wurde mein eigener Körper für Teste unserer Patienten am beliebtesten. Zumindest einige Male täglich kommt eine der weiblichen Kolleginnen zu mir und sagt »Tschuldigung Roger, nur für einen Augenblick?« »Klar! Immer zu Euren Diensten! Etwas Hübsches?« »Hättest Du etwas dagegen, Dir mal grade diesen Hund anzusehen, aber sei vorsichtig: er ist in einen Gerichtsfall verwickelt, weil er einen Jogger gebissen hat, Fahrradfahrer hetzt und den Milchmann zu Boden gerissen hat!« Manches Mal muß ich mich wie ein alter Mann in abgetragenen Kleidern, manchmal als sportlicher Typ in Joggingausrüstung verkleiden. Einmal spiele ich den Kühnen, ein anderes Mal eine Art ängstliches Küken – je nach den Umständen. In allen Fällen gerichtlicher Maßnahmen in Auseinandersetzungen zwischen Opfer und Hundebesitzer ist das Rollenspiel von größter Bedeutung. Die Ereignisse werden nachgestellt, denn wir müssen in der Lage sein, festzustellen, ob die Beschreibung der Vorgänge von Verteidigung oder Staatsanwalt glaubhaft oder unglaubwürdig ist, ob sie insbesondere mit dem Verhaltensbild des Hundes, den wir beurteilt haben, im Einklang steht.

Erst vor kurzem mußte ich bei der Behandlung von Xanadu, einem etwa dreizehn Monate alten Pit Bull Terrier, ein solches Rollenspiel durchführen. Der Rüde lebte mit seiner Herrin, einer Tierarzthelferin und deren Freund zusammen. Anne war davon überzeugt, daß in ihren liebevollen und erfahrenen Händen auch ein Pit Bull ein ungefährlicher Haushund sein könne. Sie hatte Xanadu selbst gezüchtet; am Tage ihres Besuches im Animal Behaviour Center hatte sie die Mutter des Rüden als Schutz für ihre Wohnung in Hornsea zurückgelassen.

Xanadu kam zu uns mit einer niederschmetternden Geschichte von Angriffen gegen Menschen. Seine Probleme hatten begonnen, als seine Herrin von einer Gang von vier Teenagern in der Londoner Untergrundbahn überfallen wurde. Von diesem Augenblick an war er Menschen – besonders Männern gegenüber – mißtrauisch. Er hatte ihren Freund gebissen, ihren Arbeitgeber (einen Tierarzt) und mehrere Nachbarn auf der Straße. In jüngster Zeit hatte er einen älteren Mann, der Anne nach dem Weg fragte, angegriffen und verletzt. Anne hielt ihn jetzt an einer kurzen Leine, gab ihm keinerlei Kontaktmöglichkeiten mehr zu Menschen, außer sich selbst und ihrem Freund.

Meine Rolle bestand darin, Xanadu zu einem Angriff auf mich zu verleiten, so daß wir eine Vorstellung gewannen, was die Ausgangsfaktoren seiner Aggression sind – Bewegung, Augenkontakt, Entfernung von Anne oder anderes. Aufgrund solcher Informationen konnten wir möglicherweise ein Desensibilisierungsprogramm entwerfen, das Xanadus Verhalten von Bedrohung und Aggression umfunktionieren sollte auf Freude und Spiel. Glücklicherweise akzeptierte Xanadu unseren Plastikmaulkorb, meine Veterinärkollegin Caroline Barnard instruierte mich, die Rolle eines Joggers zu spielen. Solange ich Xanadu fest im Auge hielt, griff er mich im Vorbeilaufen nicht an. Der Augenblick der Gefahr kam, als ich anhielt, um mit seiner Herrin über seine offensichtliche Toleranz mir gegenüber zu sprechen. Ich bat Anne, mir die Hand zu schütteln, sofort als sie sich vorwärts bewegte, griff er an. Das gleiche hatte er auch schon in anderen Fällen unternommen. Mir gegenüber war es ein sehr nachdrücklicher Angriff, der die gemeinsamen Anstrengungen von Caroline und Anne erforderte, um ihn zurückzureißen. Ich konnte noch lachen, aber sicher wäre das ganze ohne Maulkorb sehr viel weniger amüsant geworden. Zumindest hatten wir jetzt den Auslöser herausgefunden, konnten neben der formellen Therapie eine weitere schützende Strategie aufbauen. Von Anne erhalten wir recht erfreuliche Berichte, aber wir bleiben unverändert besorgt für das künftige Wohlergehen der Bürger auf den Straßen von Hornsea.

Wir leben in gefährlichen Zeiten. – Gerade noch davongekommen – dies hat in meinem Fall wenig Bedeutung, denn es ist Teil und Risiko meiner Arbeit, die ich mir selbst gewählt habe. Im allgemeinen bin ich so ausgerüstet, um damit fertig zu werden. Mir liegt ganz besonders an der Sicherheit aller Menschen in diesem Lande, welche mit solchen Hunden die Straßen teilen müssen. Seit dem zweiten Weltkrieg hat sich die Anzahl der in Familien gehaltenen Hunde stetig, die Anzahl großer Hunde sogar überdurchschnittlich vermehrt. In England gab es während der letzten zwei Dekaden bei den Hunderassen, die offensichtlich als Wach- und Schutzhunde gehalten werden, eine geradezu dramatische Popularitätssteigerung – bei deutschen Schäferhunden, Rottweilern und heute – aus den USA – von Pit Bulls. Pit Bulls sind Kreuzungsprodukte mehrerer Hunderassen einschließlich Rottweiler, Boxer, Bull Terrier und wahrscheinlich anderer eingeborener Hunderassen der amerikanischen Südstaaten. Leider muß ich sagen, dies sind Hunde, welche genetisch für die kriminellen Aktivitäten organisierter Hundekämpfe gezüchtet wurden. Der Popularitätstrend für Schutzhunderassen scheint sich unerbittlich fortzusetzen: die Anzahl der heute in England gehaltenen Rottweiler erreicht etwa 150 000, es gibt etwa 50 000 Pit Bulls mit stark steigender Nachfrage. Noch vor zehn Jahren sah ich niemals einen Pit Bull, möglicherweise kam jährlich ein Rottweiler als Patient. Heute sind beide Rassen stark vertreten.

Unglücklicherweise ist die Bißverletzung durch eine dieser Rassen medizinisch immer wesentlich ernsthafter als der Biß eines deutschen Schäferhundes. Deutsche Schäferhunde unternehmen im allgemeinen keine ernsthaften und dauerhaften Angriffe, sie sind trotzdem in der Statistik über Hundebisse laufend überrepräsentiert. Ihrer Veranlagung nach sind diese Hunde eher ängstlich, wenn man sie nicht zum wiederholten Angriff erzieht, beißen sie nur einmal zu. Die meisten von uns wissen genug über Hunde, um einen Beißangriff vorauszuahnen und Gegenmaßnahmen zu ergreifen oder sich zu schützen. Das Typische eines Rottweilerangriffs liegt darin, daß er nach nur leichter Vorwarnung erfolgt, meist nicht voraussehbar ist. Ähnlich der spanischen Inquisition erfolgen die Angriffe aus blauem Himmel, richten sich entweder gegen die eigenen Familienmitglieder oder gegen Fremde. Die meisten Hunde übermitteln ihren Gemütszustand durch Rutenbewegungen, die Rottweilerrute wird nach der Geburt bis auf einen winzigen Stumpf kupiert. Sowohl Hunde wie Menschen können dadurch verwirrt werden. Menschen können Fehler machen, wenn sie einem rutenlosen Hund gegenüberstehen. Glücklicherweise gibt es tierschützerische Initiativen im Bereich der EG-Staaten, hierdurch hat die schon über viele Jahre währende tierärztliche Kampagne gegen das Kupieren von Ruten endlich eine wirkliche Erfolgschance. In der Zucht gab es eine Auswahl auf ruhiges, recht selbstbewußtes, dabei distanziertes Wesen, was das Erkennen von Warnsignalen für mögliche Opfer erschwert. Natürlich gibt es bei den Rottweilern sehr viel mehr angenehme Hunde als problematische. Bei den problematischen Rottweilern sollte aber noch ergänzt werden, daß die meisten von ihnen fortpflanzungsfähige Rüden sind, bei denen keine Kastration vorgenommen wurde.

Ich werde überschwemmt mit Fragen nach Informationen über die in den 1980er Jahren landesweit epidemisch auftretenden Rottweilerangriffe. Zunächst glaubte ich, das Verhaltensmuster dieser Unfälle folge parallel dem Verhalten aller Hunde. Aber bis zum Jahre 1989 war abgeklärt, daß ein neuer Trend bestand – eine höhere Anzahl an Unfällen mit wachsender Gefährlichkeit. Ich muß mich selbst sogar als schuldig bekennen, die Körpersprache eines Rottweilers mißverstanden zu haben, was schlimme Folgen nach sich zog. Ich schulte gemeinsam mit Sam, unserem Setter, einen Rottweilerrüden um. Wir beide, Sam und ich, dachten, er sei ein freundlicher Rüde, einer von den vielen netten Rottweilern. Aus blauem Himmel heraus stürzte er sich plötzlich auf Sam und biß ihn in die Flanke, ließ erst los, als ich ihm ein Dog-Stop-Signal ins Ohr blies. Sam war schlimm durchgeschüttelt, behielt eine ständige Furcht vor Rottweilern zurück. Ich fühle mich voll schuldig, bin aber auch über den Leichtsinn der englischen Rottweilerzüchter verärgert, die überhaupt erst so eine Situation entstehen ließen. Immer und immer wieder sehe und höre ich über Ausstellungsrottweiler, die sogar im Ausstellungsring anderen Hunden gegenüber – ja selbst gegenüber den Richtern – ein aggressives Verhalten zeigen. Dennoch werden diese Hunde nicht disqualifiziert – ja manchmal gewinnen sie sogar!

Was Pit Bulls anging, gab es schon Anfang der 1980er Jahre ernsthafte Warnungen durch den RSPCA (englische Tierschutzorganisation), der für den Fall wachsender Popularität der Rasse schlimme Folgen voraussah. Informationen der Tierschutzorganisation und von Sachverständigen in den USA deuteten alle auf ein Desaster hin, das drohte, wenn diese Hunde in städtische Bereiche kamen, nicht mehr länger allein auf Halter beschränkt blieben, die sie für den Hundekampf einsetzten. Die ausgeprägte Schmerzunempfindlichkeit macht den Pit Bull bei Angriffen auf andere Hunde, Menschen, ja auf alles, was sich bewegt – völlig furchtlos. Es gibt eine häufig mißverstandene Feststellung, wonach es »keine schlechten Hunde, nur unverantwortliche Hundebesitzer« gibt (die Bestie ist der Mensch). Gutgläubige, hundeliebende Menschen hat dies in England zunehmend veranlaßt, ihre zuvor gehaltenen Mischlinge und Rassehunde durch Pit Bulls zu ersetzen. »Bei einem liebevollen Zuhause sind diese Hunde völlig in Ordnung!« sagten sie. Dies erweist sich als eine schlimme Illusion, die sie schwer bedauern, wenn ihre Hunde dann wegen ihrer plötzlichen, extremen Aggressivität behandelt werden müssen.

Im Jahre 1988 traf ich in Los Angeles einen wunderschönen Pit Bull, dessen Besitzerin nur etwas beunruhigt war, daß sich ihr Hund ab und zu leicht aggressiv zeigte. Der Rat, den ich ihr gab, wäre auch für die Besitzer anderer Hunde mit dieser Veranlagung recht hilfreich. Ich unterstrich die Bedeutung, keinesfalls Seilziehspiele oder den Hund übermäßig stimulierende andere Spiele zu betreiben. Der Hund sollte viel Umgang mit Freunden haben, nur wenn er diesen gegenüber sich absolut friedfertig zeigte, sollte er irgendwelche Belohnungen erhalten, und so fort. Ein Jahr später erhielt ich von der Dame aus Amerika einen Brief, aus dem ich entnehmen mußte, daß dieser anscheinend so nette Hund ohne ihr Wissen durch ihren, von ihr getrennt lebenden Ehemann für illegale Hundekämpfe mißbraucht wurde. Im weiteren Verlauf attackierte der Pit Bull gerade diesen Mann als er im Bett lag und verletzte ihn schwer. Für den Hund gab es keinen anderen Anlaß, als daß sein Herr wohl zuviel getrunken hatte, auf eine Weise schnarchte, die der

Hund offensichtlich nicht mochte. Wenn ich Eltern begegne, welche in leuchtendsten Farben die Vorzüge ihres Pit Bulls als Familienmitglied schildern, steigt der Zorn in mir hoch. Ich verweise sie nachhaltig auf die Risiken, denen sie ihre Kinder aussetzen.

Pit Bulls werden nur für eine einzige Aufgabe gezüchtet, und diese Aufgabe ist, zweifelhaften Menschen sadistisches Vergnügen durch die Abhaltung von Hundekämpfen zu bereiten. Gerade in jüngster Zeit habe ich mich mit Schutzmaßnahmen gegen solche Monsterhunde befaßt; dabei ging es in erster Linie um Methoden, derartige halbwilde Pit Bulls oder Rottweiler zu überwältigen, die dazu Verwendung finden, Örtlichkeiten zu schützen, wo illegaler Drogen- und Geldhandel stattfindet. In einigen unserer Städte wurden leerstehende Räumlichkeiten durch solche kriminellen Vereinigungen für ihre eigenen Zwecke eingerichtet, sie überlassen es einem oder mehreren Hunden, ihre Geschäfte zu schützen. Beamte oder Polizei laufen Gefahr, tödliche Verletzungen zu erleiden, wenn sie sich solchen Hunden nähern. In den Vereinigten Staaten und anderen Ländern werden derartige Hunde ganz einfach erschossen. Im United Kingdom ist eine derartige Lösung gesetzeswidrig, deshalb forschen wir nach der richtigen Kombination von abschreckenden Geräuschen, Tränengaseinsatz, das zeitlich befristet einen Hund blendet, verwirrende Roboter, die sich in verschiedene Richtungen bewegen, Ersatzziele darstellen, und lähmende Drogen. Es ist unendlich traurig, der beste Freund des Menschen wurde zu einer tödlichen Waffe umgewandelt.

V Dominante Kopfhunde

Menschen, die Hunde lieben, gehören häufig zu den antiautoritären Typen, die keinesfalls ihre Tiere unterdrücken oder gar dominieren wollen – ebensowenig wie ihre Freunde. Diese Menschen sind von Natur nachsichtig, sorglos in ihrer Großzügigkeit, denken nicht an die Folgen ihrer Freundlichkeit. Die meisten Hunde genießen diese Nachsicht, ohne sie auszunutzen, aber es gibt auch ein paar Hunde, die solche Nachsicht mißbrauchen. Ihre Besitzer sind in der Behandlung und der Erziehung ihrer Hunde nicht besonders geschickt oder – viel häufiger – haben sie einen willensstarken Haushund, der im Bewußtsein seiner Kräfte zum Tyrannen wird.

Ich glaube, daß bei Wild- wie bei Haushunden die Rudelgemeinschaft vom Prinzip des gezielten Verfolgens persönlicher Interessen reguliert wird, was sich für jeden einzelnen Hund optimal auswirkt. Entweder Teilen und Zusammenarbeit oder harter Wettbewerb, basierend auf Gier und Gefräßigkeit. Solche pragmatischen Überlebensstrategien sind in der hundlichen Gesellschaft oft überlagert durch andere Regulatoren: ausgeprägtes Sozialgefühl, Furcht, Spiel, von einer Generation auf die andere übertragen.

Für jedermann, der Hunde in ihrem Umgang untereinander und mit Menschen beobachtet, ist leicht erkennbar, daß sie bei weitem nicht immer tonangebend (bossig) oder gar aggressiv zu sein brauchen, um für sich das Beste zu erreichen. Als ich ein Wolfsrudel im Besitz der University of Missouri nahe St. Louis, USA, studierte, wurde mir drastisch vor Augen geführt, welche Nachteile entstehen, wenn Einzeltiere bedingungslos ihre Kraft für ihre eigenen Ziele einsetzen.

Damals war ich in dem Monell Chemical Senses Center in Philadelphia wissenschaftlicher Gast, befaßte mich vorwiegend mit der Bedeutung von Geschmack und Geruch im tierischen Verhalten. Dies spezielle Wolfsrudel lebte in einem Park von dreißig Acres (12 ha), es bestand aus vier Wolfsrüden und sieben Wölfinnen. Dieses Rudel war der ganze Stolz von Michael Fox, einem berühmten englischen Tierarzt mit großem Interesse an hundlichem und speziell wölfischem Verhalten. Seit das Rudel aus von ihren Müttern im Stich gelassenen und mit der Hand aufgezogenen Wolfswelpen aus allen Staaten der USA gebildet wurde, hatten Mike und sein Team begeisterter Studenten diese Wölfe sorgfältig beobachtet. Jeder Wolf hatte natürliche Markierungen, die ihn von den anderen klar unterschieden. Sie alle erhielten von den Wissenschaftlern charakterisierende Namen, die auf ihre persönlichen Eigenschaf-ten hinwiesen. Black Tail war der Leitwolf, ihm gaben alle anderen Rüden freiwillig Knochen ab, mieden direkten Augenkontakt, wichen vor ihm zurück und so weiter. Als die Wölfin Lola heiß wurde, schien es eine abgemachte Tatsache zu sein, daß Black Tail auch ihr Partner werde. Dies war aber nicht der Fall, obwohl er unermüdlich ihre Gesellschaft suchte, sie in nettester Weise umwarb.

Aber Lola hatte sich in einen kleineren Rüden verliebt, einem Dreijährigen namens Jackson. So wies sie beharrlich Black Tail ab, aber Jackson hatte nicht die Vermessenheit (oder Torheit), um Lola in Gegenwart von Black Tail zu besteigen. Dieses Dilemma zwischen widersprüchlichen Leidenschaften wurde auf außerordentlich unerwartete Art gelöst. Ein anderer männlicher Wolf lief an die äußerste Grenze des Parks, erweckte den Eindruck, er verteidige das Territorium gegen einen Eindringling. Durch das Gekläff wurde Black Tail angelockt, verließ aufgrund dieses Tricks seine Angebetete. Blitzartig war Jackson auf Lola und es kam zur erfolgreichen Paarung und Hängen. Gelingt Wölfen oder Hunden die sexuelle Vereinigung, lassen die übrigen männlichen Rudelmitglieder sie gewähren. Black Tail kam von seinen Beschützerpflichten zurück und nahm friedlich das Hochzeitspaar zur Kenntnis. Später wurden vier Welpen geboren, ihr Vater war wahrscheinlich Jackson, möglicherweise aber auch der große, bossige Wolf Black Tail. Genaues werden wir nie wissen.

Es gibt unter den Wissenschaftlern beachtliche Meinungsverschiedenheiten, ob es wirklich soziale Hierarchien gibt oder dies einfach eine menschliche Erfindung ist, möglicherweise eine Schlußfolgerung, entstanden aus der Methode der Studie und den Aufzeichnungen. Es ist durchaus möglich, daß es keine einfachen, linearen Hierarchien bei Tieren gibt, wonach etwa A dominant ist über B, B über C, C über D und so weiter. Solche klar erkennbaren Beziehungen findet man mit Sicherheit bei wilden oder auch in Gefangenschaft lebenden Wolfsrudeln sehr selten. Nach meiner Erfahrung besonders selten sind solche Hierarchien unter Hunden. Was wir wirklich antreffen, sind viel komplexere und flexiblere Einzelbeziehungen, beispielsweise klare Arbeitsteilungen für bestimmte Aufgaben, Koalitionen im Kampf. Dies alles ist von der Organisation unserer menschlichen Gesellschaft gar nicht so unterschiedlich. Zum Beispiel kann ein Mensch oder ein Hund in einer bestimmten Aufgabe Führer sein, nicht aber in anderen. In einigen Wolfsrudeln – wie in einigen menschlichen Gesellschaften – entwickelt sich manchmal ein Despot, der absolute Macht über alle anderen für sich in Anspruch nimmt. Solche Tiere können für die Überlebenschancen des ganzen übrigen Rudels außerordentlich schädlich sein, weil durch sie nützliche, kooperative Aktivitäten laufend durchbrochen werden.

Ich bin sicher, Jango war zum Führer geboren. Jango war ein Weimaraner, Vertreter einer Hunderasse, die ursprünglich in Deutschland für die Jagd auf Hochwild gezüchtet wurde. Die Weimaraner, die heute zu uns nach England kommen, sind zähe Burschen, ihren Besitzern gegenüber recht selbstbewußt, oft jagen und töten sie kleinere Tiere wie Katzen oder Wild. Ich warne Hundefreunde, die sich einen Weimaraner zulegen wollen, sie sollten sich auf streitige Auseinandersetzungen, sogar Bisse ihrer Hunde einrichten – das gilt besonders für Rüden dieser Rasse. Das Unglück ist, daß sie so wunderschön aussehen, in ihrem sogenannten »Silver Ghost-Haarkleid«, das verbirgt, daß solche Hunde eine feste Hand brauchen. Jango war gerade achtzehn Monate alt, als er uns auf der Farm vorgestellt wurde, ein perfektes Muskelpaket in silbergrauem Fell. Seine Besitzer Jane und Alan Potter schilderten Jango als den muntersten Welpen aus dem Wurf, der bereits im Alter von sechs Wochen mit seinen Brüdern und Schwestern über ein kleines Futterbröckchen oder einen Knochen einen schnellen Kampf austrug. Sein Züchter hatte aufgezeichnet, daß dieser Rüde immer am erfolgreichsten beim Wettstreit um die mütterlichen Zitzen war – infolgedessen wurde er schwerer, schaute kräftiger aus als seine Geschwister.

Durch ein langes, ausführliches Telefongespräch am Vortag war ich durch Jane, seine Herrin gewarnt, was wir von Jango zu erwarten hatten. Ich ging davon aus, daß meine Ausbildung als Berater in Tierpsychologie bei diesem Trio bestimmt nicht vergeudet würde, wußte aber, daß auch möglicherweise körperliche Muskelkraft gefordert werde. Jane hatte mir bereits am Telefon gesagt, daß ihr Mann mit Selbstmordgedanken spiele, sollte er sich von Jango trennen müssen. Ich weiß aus langjähriger Erfahrung, daß derartige Drohungen nur allzu häufig mehr sind als nur ein dringender Hilferuf. Deshalb hatte ich meinen Terminkalender an diesem Morgen völlig freigehalten, ließ Alan und Jane gegenüber anderen Verabredungen den Vorrang.

Der weiße BMW fuhr pünktlich 9.30 Uhr vor, ein Kollege auf der Farm hatte beobachtet, daß unsere Besucher schon einige Zeit vor der festgelegten Zeit in einigem Abstand von der Farm gewartet hatten. Alan blieb im Auto sitzen, während Jane und der Rüde sich bei Cynthia, unserer Empfangsdame meldeten. Jane erklärte, daß ihr Ehemann Alan mit der ganzen Angelegenheit eigentlich nichts zu tun haben wolle; die Idee, meine Hilfe zu erbitten, stamme von ihr, ihr Mann habe keinerlei Vertrauen, daß wir irgendwie helfen könnten. Ich bestritt überhaupt nicht, daß ihr Mann recht haben könne, es gelang mir aber, sie davon zu überzeugen, daß wir dennoch irgendwelche Ergebnisse eher erzielen würden, wenn alle drei Mitglieder der Familie Potter sich an Gespräch und Behandlung beteiligten. Die Augen von Jane waren vom Weinen und fehlenden Schlaf tief umrändert, und insgeheim staunte ich über mich selbst, wie sehr ich mich darum bemühte, ihnen einen Weg aus ihrer Situation zu zeigen, der möglicherweise zu keinem Erfolg führte. Wäre es möglicherweise richtiger, sofort Illusionen zu zerstören, als erst später?

Alan betrat mein kleines Büro, er schaute aus wie ein niedergedrückter alter Mann, in Wirklichkeit war er höchstens Anfang vierzig. Er trug einen sportlichen Anzug, der nicht richtig zu seinen langen weißen Handschuhen paßte; die Handschuhe wiederum benutzte er, um die Verletzungen zu verstecken, die von seinen letzten Auseinandersetzungen mit Jango stammten. Stimme und Haltung dokumentierten deutlich seine tiefe Niedergeschlagenheit. Als wir über Jangos Werdegang redeten, erwies sich Jane als gesprächig, beim Rückblick auf all die gute Zeit zusammen schien sie sogar recht heiter. Für Jane war Jango immer ein Hund gewesen, an dessen Gesellschaft sie Freude hatte, dabei war sie dem Gefühlsleben und den Anforderungen des Hundes emotional aber nicht zu eng verbunden. Im Gegensatz hierzu liebte Alan Jango aus tiefem Herzen, erzählte wie ein Kind von den verschiedenartigen anfänglichen Erlebnissen, die sie gemeinsam genossen, — eine Reise in ein schönes Hotel, Ferien auf dem Campingplatz, eine Nacht bei Freunden, deren Katze Jango tötete, und vieles andere. Er ähnelte einem Vater, der über einen verlorenen Sohn erzählte, der jetzt der Todesstrafe entgegensah.

Alan war ein Zeitungsmann, in seinem eigenen Beruf selbst »Top Dog«, der gewöhnt war, sich immer durchzusetzen. Zu dieser Zeit war das Zeitungsviertel Fleet Street im großen Umbruch, der Umzug in den Osten auf die Isle of Dogs stand bevor. In seiner Arbeit stand Alan unter großem Streß. Anstellungen, Entlassungen, Auseinandersetzungen mit Gewerkschaften, dies alles ließ ihm nur noch sehr wenig Energie für Auseinandersetzungen mit seinem Hund zu Hause. Warum sollte er auch mit seinem Hund streiten? Ein Hund dient der Erholung! Jango hatte zu Jane inzwischen eine sehr liebevolle Beziehung aufgebaut, fand die Aufmerksamkeit von Alan an den Abenden und Wochenenden weniger angenehm. Beim Rückblick in die Entwicklungsgeschichte gaben die Besitzer von Jango freimütig zu, daß man ihm immer gestattet hatte, in den schönsten Sesseln, im Bett und auf dem Schoß zu sitzen. Erstmals hatte er geknurrt, als ihn Alan im Alter von fünf Monaten vom Sofa wies. Die Möbel begann er im Alter von sechs Monaten durch Beinheben zu markieren, von da an wurden die Dinge laufend schlimmer. Das Junghundverhalten von Jango zeigte weitere Warnsignale, kündigte an, was kommen mußte. So zögerte er stets sehr, gestohlene Gegenstände wieder herauszurücken; Knochen wurden bis zum letzten verteidigt. Er leistete Fellpflege wie anderer Behandlung Widerstand, haßte es ganz besonders, wenn seine Pfoten nach Spaziergängen über schmutzige Straßen gereinigt und getrocknet werden sollten. Es gab noch weitere »verbotene« Körperpartien, z. B. seinen Fang, den Genitalbereich und seine kupierte Rute.

Die Erziehung von Jango erwies sich als schwierig. Er liebte es wegzulaufen, mit anderen Hunden zu spielen. Wurde er von wilden, hundlichen Balgereien zurückgeholt, knurrte er. Auf Anraten des Tierarztes hatte Alan Jango auf den Übungsplatz gebracht. Aber dies gefiel beiden nicht, weil man hier festes Auftreten und strikte Bestrafung verlangte. Die Notwendigkeit zu zeigen, wer der Boß ist, wurde besonders von einem irischen Ausbilder mit seinem eigenen deutschen Schäferhund demonstriert. Er warf seinen Hund auf den Rücken, schüttelte ihn mit festem Griff an den Lefzen bis zur »Unterwerfung«. Die ganze Zeit über starrte er dem Hund fest in die Augen, knurrte seinem Hund ins Gesicht. Der arme deutsche Schäferhund reagierte, indem er auf die Füße seines Besitzers kotete. Als Alan diese Erziehungstechnik an Jango ausprobierte, wurde er böse gebissen.

Drei Tage vor ihrem Besuch bei mir wurde der letzte böse Kampf zwischen Alan und Jango ausgetragen. Alan war durch seinen vierten Whisky am Abend leicht angesäuselt, beschloß plötzlich Jango wegen seiner Weigerung, das Sofa zu verlassen, »anzunehmen«. Als Jane, die gleichfalls auf dem Sofa saß, sah, wie sich Jangos Haare stellten, stieß sie ihn von hinten an in Richtung auf Alan. Ich glaube, diese Berührung von seiner angebeteten Herrin wurde von Jango als Einladung zum Angriff auf Alan aufgefaßt, jedenfalls wurde dieser Effekt ausgelöst. Jango packte voll die rechte Hand von Alan, biß dabei tiefe Wunden ins Fleisch. Völlig falsch riß Alan seine Hand aus dem Fang des Hundes, trat Jango hart in den Leib, worauf der wütende Hund erneut angriff, dieses Mal Alans Arm packte, vier saubere, tiefe Bißwunden mit seinen Fangzähnen verursachte.

Überall war Blut, Alan erlitt eine Art Schock, Jane schrie hysterisch. Als sie aufhörten zu schreien und sich zu bewegen, zog sich Jango zurück, schien zerknirscht zu sein. Alan hatte großes Glück! Andere Hunde haben ihre Besitzer schon viel schlimmer zugerichtet, einige sogar bei solchen Gelegenheiten getötet.

Alans Wunden mußten im örtlichen Krankenhaus genäht werden, wo man ihm den dringenden Rat gab, Jango einschläfern zu lassen. Er beschloß, dies am nächsten Morgen wirklich zu tun. Wie häufig in solchen Fällen kam dieser Entschluß bis zum nächsten Morgen ins Wanken, Jango war gerettet. Aber was war zu tun? Freunde und Verwandte, sie alle kamen mit guten Ratschlägen. Einige empfahlen einen Hundeausbilder im Norden von London, dort gab es »Reformkurse für Problemhunde«. Man besuchte diese Anlage und war schockiert herauszufinden, daß niemand der Zugang zu den Zwingern erlaubt wurde. Das Wenige, was sie sehen konnten, erschien ihnen brutal und feindlich. Danach folgte dann der Anruf bei unserem Büro.

Auf dem Spaziergang quer durch unsere Farm war es ein faszinierendes Erlebnis, den Mut zu beobachten, den Jangos Körpersprache ausdrückte. Vor Begeisterung sprang er mit allen vier Läufen in die Luft, als er das erste Zwerghuhn entdeckte. Nur zu gerne hätte er Albert, unserem an Wirbelsäulenlähmung leidenden Truthahn, den Garaus gemacht. Vor unseren Kühen paradierte er wie ein tanzender Lipizzanerhengst; seine kurz kupierte Rute trug er stets wedelnd aufwärts gerichtet, selbst als er unserem riesigen Percheron-Pferd gegenüberstand. Dies war ein Hund, der sich nicht einmal vor dem Teufel fürchtete, ein Rüde, der immer seinen eigenen Weg ging. Auf der anderen Seite war Jango, solange man ihn nicht herausforderte oder reizte, ein außerordentlich liebenswerter Hund, besonders gesellig mit neuen Bekannten wie uns.

Diese fröhliche Beziehung veränderte sich geradezu dramatisch als es an die Arbeit ging. Da Jango wie ein Shire-Horse zog, wußte ich, daß ich ihm ein Kopfhalfter anlegen mußte, um ihn sicher kontrollieren zu können. Sichere Kontrolle hatte für Jango keinerlei Priorität, er liebte seine Freiheit. Meine große Vorsicht beim Anlegen des Kopfhalfters war mehr als berechtigt, denn bereits beim zweiten Versuch sprang er mit einem Ruck vorwärts, verpaßte nur um Haaresbreite meinen Arm. In diesem Stadium zitterte Alan am ganzen Körper, befürchtete einen weiteren Biß wie den eine Woche früher abzubekommen, der seine ganze Selbstachtung zerstört hatte. Für mich war es nur ein kleiner Gesichtsverlust, völlig ohne Bedeutung, wenn man außer acht läßt, daß ich erst ein paar Monate zuvor in der Zeitung von Alan als etwas ähnliches wie ein Wunderheiler herausgestellt worden war. Ich wollte Jane und Alan nicht im Stich lassen! Ich scherzte, daß das St.-Peter's Hospital ja nur eine Meile entfernt läge, obgleich ich mir noch immer klar war, daß es jederzeit zu einem Kampf mit allen Mitteln kommen könne.

Ich legte Jango eine Schlinge um, führte ihn nach draußen, hier begannen wir ein Spiel mit Bällen und Leckerbissen. Es machte ihm Spaß, er ließ seinen Körper klopfen, nicht aber Hals und Ohren. Heimlich legte ich ihm im Spiel das Kopfhalfter an, ließ dabei das Nasenstück hängen. Weiteres Spiel, Ablenkung durch andere Hunde, unser Spaziergang dauerte etwa eine halbe Stunde. Dann wurde der Nasenriemen übergelegt, ohne daß er es bemerkte, und ich dachte, ich sei sein Meister. Der explosionsartige Ausbruch, auf mich gezielt, war dramatisch. Nie zuvor war Jango in seinem Leben so beleidigt worden!

Alan betonte, daß wir jetzt wirklich aufgeben sollten, daß er nach Hause wolle, daß er sich vor mir fürchte, daß ihm alles so grausam erscheine, daß er nach einem neuen Weg suchen wolle, daß die einzige Lösung darin bestehe, Jango abzugeben. Mir gefiel keiner seiner Vorschläge. Ich konnte nicht einfach den Verbesserungsversuch, auf den wir uns geeinigt hatten, aufgeben. Ich behauptete freundlich, daß für einen Hund mit soviel Selbstvertrauen wie Jango solches Verhalten völlig normal sei, daß alles nur eine Durchgangsphase wäre. Ich bat Jane und Alan zu beobachten, »wie ich mich weiter mit ihm amüsierte«. Am Ende beruhigte sich Jango tatsächlich, seine kupierte Rute sank unter die Horizontale. Das dauerte allerdings seine Zeit, mehrfach kam ich gerade noch knapp davon. Er war ein furchterregender Gegner, der auf den Hinterläufen aufrecht stehend fast zwei Meter maß.

Nachdem Jango erst einmal akzeptiert hatte, daß er über das Kopfhalfter an Mugford gefesselt war, begannen wir mit einfachem, aber wirksamem Unterordnungstraining. Hierdurch wurde meine relative Stärke, meine Überlegenheit ihm gegenüber unterstrichen. Der erste Schritt bestand darin, daß er mir nie vorausgehen durfte, immer an der Seite oder hinter mir bleiben mußte. Das Kopfhalfter vereinfachte diese Übung. Jedesmal, wenn er vorauspreschte, wurde eine ihm unangenehme Rasselbüchse etwa einen Meter vor ihm auf den Boden geworfen. Er kannte das Kommando »Sitz«, hatte sich aber zuvor geweigert, mir zu gehorchen. Mit dem Kopfhalfter jedoch konnte ich ihn schnell zum Sitzen bringen, ohne zusätzlich Adrenalin (Nebennierenhormon, blutdrucksteigernd) zu vergeuden. Dann zwang ich ihn, sich auf den Boden zu legen, ein Vorgang, den er haßte, denn dabei mußte sein Körper den Boden berühren. Durch einfaches Herunterdrücken seines Kopfes auf den Boden kam er zum Liegen. Freundlichem Klopfen auf den Po folgte ein Leckerbissen als Belohnung, wenn das ganze Manöver geglückt war.

Zum Schluß kam das Kommando »Hier!« Bis zu diesem Zeitpunkt hatte er all sein Interesse, lebende Farmtiere zu jagen, aufgegeben. Tiere aller Art kamen aus allen Ecken, Schlupfwinkeln und Nischen heran, schienen sich über diesen großen grauen Hund lustig zu machen. War er etwa zehn Meter von mir weggelaufen, rief ich ihn heran, aber er schien überhaupt nicht zu hören. Ich drillte ihn dann an meine Seite, wie eine kämpfende, große Seeforelle. Diese altmodische Zwangsform der Hundeerziehung entspricht überhaupt nicht meinem Geschmack, kann keinesfalls für eine Normalausbildung »gewöhnlicher Hunde« empfohlen werden. Trotzdem ist sie für Hunde wie Jango nützlich, weil sie einfache Regeln, die Grundkriterien des Gehorsams, auf Kommandos aufbaut, den Hund dazu bringt, Autorität zu akzeptieren.

Nach diesen Übungen übergab ich Jango zunächst an Jane, welche die gleichen Übungen wiederholte, später an Alan, der wiederum die Übungen rekapitulierte. Die Übergaben klappten gut, erstmals in seinem Leben empfing und gehorchte Jango Kommandos von ihn körperlich kontrollierenden Menschen.

Ich hatte beobachtet, daß Jango versuchte, bei jeder Gelegenheit mit Urin zu markieren; schon bei der geringfügigsten Vernachlässigung genauer Leinenkontrolle war er auf und davon, um das Bein zu heben. Dies schien eine vorsätzliche Trotzhandlung zu sein, deshalb beschloß ich, sie zu unterdrücken. Alan wurde empfohlen, jedesmal, wenn der Rüde das Bein hob, eine Rasselbüchse fallen zu lassen. Jangos natürliche Neugier veranlaßte ihn, sich umzuwenden und zurückzuschauen, wodurch er die Balance verlor. Auf diese Art blockierten wir die Urinmarkierung, gleichzeitig die Gelegenheit, eigenes Territorium abzustecken, mögliche Führerschaft zu signalisieren.

Ich riet Alan und Jane, künftig Jango nicht mehr zu gestatten, erhöht über dem Fußboden zu liegen, weil eine solche Erhöhung ihm Vorteile übertrug. Es gab kein Bettanwärmen mehr mit einem Weimaraner! Ich erklärte auch die Wichtigkeit, daß Jangos ständige Gesellschaft mit Alan und Jane eingeschränkt werden müsse, er zeitweise sich selbst überlassen sein sollte. Insbesondere wenn er ihnen rutenwedelnd entgegenlief, erhobenen Hauptes mit der Aufforderung, ihn zu streicheln, sollten sie ihn zunächst ignorieren. Etwas später, wenn sie es für richtig fanden, sollten sie ihn zu sich heranrufen, ihn sich setzen lassen und dann streicheln. Diese einfache Veränderung des Zusammenlebens hat auf bossige Hunde wie Jango einen geradezu dramatischen Effekt. Ich bat auch beide, ihre eigene spontane Liebe zu ihrem Hund einzudämmen, möglicherweise besser gemeinsam zu schmusen als mit dem Hund.

Der Gedanke, daß ein Zurschaustellen spontaner Liebe die Beziehung zwischen Hund und Mensch beeinflussen, in manchen Fällen sogar schwer schädigen könnte, war für Alan eine große Überraschung. Er hatte all seinen Glauben an tolerante zwischenmenschliche Beziehungen auf die Welt der Hunde übertragen. Dabei hatte er überhaupt nicht gemerkt, daß das Erreichen von Macht und Privilegien für einige junge Hunde ebenso wichtig ist wie für einen Manager wie ihn der Aufbau eines blühenden Geschäftes.

Spielen kam bei der Veränderung des Verhaltens von Jango eine weitere Schlüsselstellung zu. Ein Lieblingsspiel war bisher das Seilziehen. Hierbei wurden acht Spielseile zusammengeknüpft, das war die Einladung zu gemeinsamem Kampfspiel. Ich empfahl, allen Arten von rauhem Spiel ein sofortiges Ende zu machen, solche Spiele gegen andere auszutauschen, bei denen Menschen im Mittelpunkt standen. Alan und Jane sollten während des Spiels immer aufrecht stehen, sich auf friedliche Spiele beschränken wie etwa Werfen und Apportieren. Langsame Bewegungen und ruhige Stimmen waren Schlüsselelemente für die neue Strategie, alles andere hätte Jango überstimuliert, die Autorität seiner Besitzer unterminiert.

Schließlich kamen wir noch zu dem delikaten Thema von Jangos Männlichkeit. Bereits zu Beginn der Konsultation war es völlig klar, daß Alan eine etwaige Kastration als ein absolutes Tabu ansah, als Anschlag auf die Würde seines Hundes. Man würde so etwas nie mit einem Freund machen! Weshalb also bei einem Hund?

Obwohl ich seine sentimentale Einstellung zu Jangos Wohlergehen verstehen konnte, war dieser Standpunkt für mich nicht akzeptabel. Ich wußte, daß Kastration eine praktische Lösung sein konnte, daß Testosterone (männliche Geschlechtshormone) mit zu den Ursachen gehörten, die einige der »Nebenbuhlerallüren« von Jango gegenüber Alan auslösten. Das Problem erwuchs aus dem Wettbewerb zweier Männer – Jane war der Preis. Aus eigenem eingehendem Literaturstudium wie aus meiner Praxiserfahrung wußte ich sehr gut, daß hier Kastation angezeigt war. Weimaranerrüden reagieren besonders positiv auf eine solche Operation, so stark, daß ich mich manchmal versucht fühle, als Präventivmaßnahme routinemäßige Kastration bei dieser Rasse zu empfehlen. Künftige Generationen könnten über eine Samenbank entstehen, möglicherweise auch einen oder zwei besonders freundliche Rüden zum Vater haben.

Zwanzig Minuten später, nach einer mit vielen Emotionen geführten Debatte mit intellektuellen Glanzlichtern wie »Wird er sie sehr vermissen?«, beugte sich Alan meiner Logik. Aber er äußerte große Besorgnis über die Sicherheitsaspekte bei der Behandlung des Rüden vor, während und nach der Operation. Wie konnte der Tierarzt möglicherweise mit Jango zurechtkommen? Würde er nach der Betäubung benommen sein, möglicherweise schnappen? Wie sollte der Tierarzt ihn bändigen? Da ich ihm zu all diesen Punkten nicht die notwendigen Antworten geben konnte, sollte dies durch einen Tierarzt erfolgen, der viel Geschicklichkeit gerade in der Behandlung schwieriger Tiere hatte – durch meinen Gutsherrn Carl Boyde.

Carl brachte Jango auf dem Rücksitz seines sehr heruntergekommenen Volvo Kombis unter. Hier konnte er mitten zwischen Geschirren, Seilen, schmutzigen Gerätschaften, Hornspänen, einem Beutel mit frischen Bullenhoden, Blutproben für das Laboratorium und all den Ausrüstungsgegenständen eines Landtierarztes liegen. Auf meinen Rat hin behandelte er Jango mit der Vorsicht, die man bei einem wilden, möglicherweise gefährlich werdenden Tier anwendet. Er klemmte seine Leine von außen zwischen die Heckklappe seines Wagens. Hierdurch verhinderte er, daß Jango zu ihm nach vorne kommen konnte, machte es am Ende der Reise einfach, ihn zu führen.

Ich holte Jango selbst noch am gleichen Nachmittag aus dem tierärztlichen Hospital ab. Er schien ausgesprochen angetan zu sein, zu jemandem zu kommen, mit dem er vertraut war, und dies trotz der Tatsache, daß ich am Anfang dieses langen Tages noch sein Gegner schien. Ich brachte ihn in einen Zwinger für Urlauberhunde, in den wir ihn für zehn Tage einquartiert hatten. Ich bat die Zwingerbesitzerin sehr, ihn sorgfältig zu beobachten, warnte sie, auf der Hut zu sein. Sie war eine vernünftige Frau, eine jener »Naturtalente« im Umgang mit Tieren, welche die eigene Sicherheit immer vernachlässigen. So ignorierte sie völlig meine Ratschläge! Sie war offensichtlich durch ihr ganzes Leben ohne die Segnungen einer Beratung durch Roger Mugford mit ihrer eigenen sorglosen Strategie gekommen, und sie kam tatsächlich auch mit Jango sehr gut zurecht.

Bei unserer Ankunft nahm sie die Leine in die Hand, befahl ihm, ihr zu folgen. Jango tat dies mit gesenkter Rute, leicht unsicherem Gang aufgrund seines Kastrationsschnittes. Der Ausweg, Jango vorübergehend im Zwinger unterzubringen, sollte es Jane und Alan ermöglichen, Zeit zu haben, um ihre eigene künftige Strategie zu erarbeiten, dem Hund das Gefühl zu vermitteln, daß zu Hause doch ein sehr angenehmer Platz ist, den man sich auch selbst verdienen muß. Während Jango im Exil lebte, machten Frauchen und Herrchen Urlaub in der Dordogne. Die Buchung war schon früher erfolgt, aber sie brachen ihren Urlaub vorzeitig ab, weil sie sich um den Rüden Sorgen machten. Auf dem Rückweg fuhren sie direkt zu den Zwingern, dann mit Jango nach Hause, ohne mich noch einmal zu besuchen.

Es folgte eine mysteriöse, völlig unerwartete Stille, die Wochenberichte, um die ich gebeten hatte, kamen nicht. Nachdem über ein Monat ins Land gezogen war, konnte ich meine Neugier nicht länger zügeln. Zu gerne wollte ich wissen, was aus diesem bemerkenswerten Teufel von Hund geworden war. So rief ich selbst an und hörte – sehr zu meiner Erleichterung –, daß alles in Ordnung war. Ab und zu gab es zwar noch über geringfügige Angelegenheiten wie einen sie besuchenden Freund etwas Knurren, aber nichts von Bedeutung. Alan unterzog sich selbst einer therapeutischen Behandlung, hatte sich von seiner Arbeit freigemacht. Er sprach sogar von einer neuen Karriere. Für Jango gab es jetzt freundlichere Aussichten. Monatliche Hormongaben, die ich empfohlen hatte, wurden von dem Tierarzt, der den Hund an mich überwiesen hatte, verabreicht. Beide waren mir für meine Hilfe außerordentlich dankbar, blieben aber noch immer vorsichtig. Jane sagte mir, es dauere bestimmt ein ganzes Jahr, ehe sie ganz sicher sein könne, daß Jango sich wirklich gebessert hat.

Hiermit stimmte ich völlig überein und wartete dieses Jahr ab. Direkter Anlaß, Jangos Besitzer erneut anzurufen, war, daß ich einen weitgehend identischen Weimaranerrüden als Patienten bekam, der unter ähnlichen Umständen Herrn und Herrin gebissen hatte. Auch sie grübelten über ihre Zukunft, sprachen von Einschläfern, ohne dies wirklich zu wollen. So mußte ich dringend wissen, ob ich bei meiner Behandlung mit Jango erfolgreich war, um diesen neuen Besitzern eines Machoweimaraners die notwendige Sicherheit zu geben. Hurra! Jango war am Leben! Und es ging ihm sehr gut, über das ganze Jahr gab es nicht einen einzigen Beißversuch. Ihre Freunde fürchteten sich nicht länger vor Jango, er wurde zum Liebling im ganzen Dorf. Das am meisten Beeindruckende war die psychologische Genesung von Alan, der ernsthaft erwogen hatte, wegen eines Hundes sein eigenes Leben wegzuwerfen. Dies ist ein Schritt, den ich niemals in Erwägung ziehen könnte. Als ich Alan fragte, warum er mich nicht früher angerufen, mir die vorzüglichen Nachrichten mitgeteilt habe, gab er zu, daß er sich wegen seines persönlichen Zusammenbruchs aufgrund der Leiden mit Jango sehr verlegen fühlte. Er wollte das ganze Jahr, all die schlimmen Erfahrungen hinter sich lassen, völlig neu beginnen. Ich verstand diesen Wunsch nach einem neuen Anfang sehr gut – Fehler sind im Leben ein viel besserer Lehrer als Erfolge.

Wie ich schon gesagt habe, die meisten von uns behandeln ihre Hunde mit viel Nachsicht, lieben sie in selbstloser Weise. Die Folgen eines solchen Fehlers sind gewöhnlich nicht so schlimm wie bei Jango. Gelegentlich zahlt es sich aber durchaus aus, wenn wir uns vergewissern, daß wir unseren Hund kontrollieren können, wann immer wir wollen. Hier und da könnte es durchaus sinnvoll sein, darauf zu bestehen, daß unser Hund an der Bürgersteigkante sitzen bleibt, das Kommando »Hier!« befolgt, daß er uns nicht buchstäblich auf dem Kopf herumtanzt. Gelegentlich müssen wir gegen uns selbst »hart sein«, eine Ausgewogenheit der Beziehungen schaffen. Freundlichkeiten werden zu den von uns – weniger vom Hund – bestimmten Zeiten ausgetauscht.

Was hundliche Rivalitäten angeht, ist das Geschlecht des Hundes bei der Bestimmung des Geschlechtes seines Opfers ein besonders wichtiger Faktor. Während Jango seine Angriffe zumeist gegen den Mann im Hause richtete, war Susie, eine zweijährige englische Bull-Terrier-Hündin, nur gegen ihre Herrin Lara aggressiv. Dagegen liebte die Hündin Laras Ehemann David geradezu sklavisch ergeben.

Susie war ein großer Hund, ähnelte mehr einem Bull-Terrier-Rüden als den gewöhnlich etwas feingliedrigeren Hündinnen. Sie trug die Rute stets hoch, war ein völlig furchtloser und stolzer Hund. Rücksichtslos machte sie von ihren Körperkräften Gebrauch, hatte bei Zusammenstößen mit anderen Hunden, Türen, Autos und dergleichen zahlreiche Schnitte und Verletzungen erlitten. Trotz allem war Susie gegen Fremde wie mich von aktiver Freundlichkeit, forderte händeleckend meine Aufmerksamkeit, stieg an mir hoch, wälzte sich in gespielter Unterwürfigkeit auf den Rücken, lud ein, sie auf dem Bauch zu kraulen. Ich aber hatte vorher auf Laras Armen die Schrammen mit schwarz angelaufenen Blutergüssen gesehen, die von einem Angriff zehn Tage zuvor kündeten. Ohne Sehen dieser Bißmarkierungen wäre niemand auf die Idee gekommen, daß dieser Hund die Hand, die ihn fütterte, je beißen würde.

Susie war der zweite Bull Terrier von Lara und David. Der erste hatte ihnen immer nur Freude gemacht, war aber tragischerweise im Alter von vier Jahren während eines Agility-Wettbewerbs beim örtlichen Hundeverein an Herzversagen gestorben. Das hatte Lara nahezu das Herz gebrochen, so daß David kurz entschlossen Susie als Trost kaufte. Die Woche vor meinem Hausbesuch hatte Lara Susie in meine Klinik in Bayswater gebracht. Dabei war der sich ergebende medizinische Verhaltensbefund so widersprüchlich, daß man weitere Tests und die Behandlung aufschob, bis ich mir die Hündin zu Hause, auch in Anwesenheit des Ehemanns David, persönlich anschauen konnte.

Wir wissen aus dem Wolfsrudel, die Fortpflanzung des Stammes ist ausschließliches Vorrecht einer Einzelhündin im Rudel, einer Art hundlicher Bienenkönigin. Ähnlich den Bienenvölkern kann eine solche Stammhündin die Vermehrungsaktivitäten anderer Hündinnen durch Tyrannisieren (soziale Unterdrückung), möglicherweise aber auch durch Geruch (Unterdrückung der Pheromone, hormoneller Lockstoffe) ganz wesentlich unterdrücken oder gar völlig unterbinden. Die körperlichen Mechanismen, über die eine solche Unterdrückung ausgeübt wird, waren Teil meiner Doktorarbeit in den 60er Jahren, als ich Sozial- und Fortpflanzungsverhalten von Mäusen untersuchte. Dabei ergab sich, daß Mäuse sich nahezu derselben Mechanismen bei der Kontrolle ihrer Vermehrung bedienen wie Wölfe. Das Problem ist, daß der Mensch bei der Hundezucht eine Auswahl nach außergewöhnlicher Fruchtbarkeit der Hunde getroffen hat. Gehirn und Eierstöcke sind gegenüber sozialer oder pheromonaler Unterdrückung nicht so zu beeinflussen wie die der wölfischen Vorfahren. Susie war geradezu das Musterbeispiel, wie Hunde ihre Besitzer und andere Mitglieder des gemischten Rudels sehen. Meine Vermutung war, daß Susie versuchte, für sich selbst das biologische Privileg ihres Geschlechtes in Anspruch zu nehmen, allen Anzeichen der Sexualität einer im Wettbewerb stehenden »Hündin« – ihrer Herrin Lara – nachhaltig Widerstand zu leisten.

Für Lara wurde Susie erstmals im Alter von sieben Monaten mit Ausbruch ihrer ersten Hitze zum Problem. Zu diesem Zeitpunkt wurde die Hündin Lara gegenüber aggressiv – und ausschließlich gegenüber Lara. In ihrer Welpenzeit hatte sie sich gegenüber ihrer Herrin mehr abwehrend verhalten, ließ sich nicht gerne festhalten, jetzt begann sie zu knurren. Nach vier Tagen der Hitze schnappte sie erstmalig nach Lara, glücklicherweise wurde dabei die Haut nicht verletzt. Lara war eine sehr verständige Herrin, voll mit dem Verhalten von Bull Terriern vertraut, deshalb begann sie sofort, in Susie's Haltung und Erziehung strenger zu werden, schaffte die alten Privilegien, auf Sessel und in Betten springen zu dürfen, ab. Das ganze belastete sie jedoch sehr, denn sie hatte ja ungeheuer viel Freude an Wesen, Anblick und Gesellschaft ihres Hundes. Die Dinge schienen sich mit dem Abklingen der ersten Hitze zu bessern, aber nicht für lange Zeit. Als Lara erstmals mit mir Kontakt aufnahm, bat ich sie, ein genaues Tagebuch aller Einzelereignisse zur führen. Wir gingen gemeinsam in meiner Klinik dieses Tagebuch durch, fanden dabei eine ganz interessante Verbindung zu Lara's Menstruationszyklus, insbesondere an den Tagen 16–18, zum Zeitpunkt der Ovulation. Wir konnten an dieses Problem mit wissenschaftlicher Genauigkeit herangehen, nahmen Blutproben und Vaginalabstriche sowohl bei Lara wie bei Susie; ich war ziemlich zuversichtlich, daß nach den mir bereits vorliegenden Aufzeichnungen hier eine enge Verbindung bestand.

Die stärkste Konfrontation trat ein, als Susie ihre zweite Hitze hatte. Minuten zuvor, nach einem Morgenspaziergang, ging es darum, Susie's Pfoten sauber zu machen. Da begannen erneut Auseinandersetzungen, die sich in den nächsten Tagen noch verschlimmern sollten. Susie war mit einem Paar alter Pantoffeln von Lara weggelaufen, danach kam es zum Angriff. Nur zwei Bisse hatten all den Schaden angerichtet, den ich auf Lara's Arm sehen konnte. Im Augenblick, da Lara in Tränen ausbrach, stoppte Susie den Angriff, versuchte Lara zu trösten – ganz ähnlich einer Hündin gegenüber einem verletzten Welpen.

Die Schwierigkeit für mich bestand darin, daß Lara's Umgang mit Susie völlig korrekt war – geradezu mustergültig als Anweisung für die richtige Behandlung eines Bull Terriers. Abweichend von den meisten Bull Terrier-Besitzern war Lara davon überzeugt, daß Susie sich an strikte Regeln zu halten habe. Sie war ein begeistertes Mitglied zweier verschiedener Ausbildungsvereine, beteiligte sich an Agility-Training. Alle diese Bemühungen standen in hartem Kontrast zu der Haltung von David, einem typischen Städter, der wenig Interesse an Susie's Pflege oder Zukunft hatte, sie wurde nur bei seiner täglichen Heimkehr begrüßt. Danach klebte Susie noch Stunden an David's Füßen, legte sich stets lieber an seine Seite, als neben die sie umsorgende Lara. Während Susie's Annäherungen von David grob zurückgewiesen wurden, lösten Annäherungen bei Lara geradezu begeisterte Liebe aus. Dies war der einzige psychologische Schlüssel, den ich finden konnte, um das Problem des Hundes mit seiner Herrin aufzuschließen.

Die hormonellen Zusammenhänge faszinierten mich. Mit Lara's Erlaubnis telefonierte ich mit Susie's Züchter über deren Verhalten im Wurf. Es stellte sich heraus, daß sie aus einem 8er Wurf stammte, vier Rüden und zwei Hündinnen wurden lebend geboren. Soweit sich der Züchter erinnern konnte, waren später noch zwei Rüden gestorben. Im Wurf waren die Brüder stark in der Überzahl. Aus Studien an Freemartin-Kühen wissen wir, daß ein Kuhkalb maskulin werden kann, wenn es das fötale Blut mit seinem Zwillingsbruder teilt. Wenn fötale Antrogene (Hormone) junge Kuhkälber beeinflussen können, fragte ich mich, ob solche Einflüsse auch bei der Entwicklung junger Hunde vorkämen? Im Falle von Susie bestand eine große Wahrscheinlichkeit, daß obwohl genetisch eine Hündin, ihr Charakter teilweise rüdenhaft war. Auf einem Spaziergang beobachtete ich ihre allgemeine Haltung beim Markieren des Territoriums, sah, daß sie herbei das rüdentypische Beinheben zeigte. Bull-Terrier-Rüden sind dafür bekannt, daß sie im allgemeinen sehr viel härter sind als ihre Schwestern, es handelt sich um eine Hunderasse, die stärkere geschlechtsbedingte Unterschiede aufweist als die meisten anderen. In dieser Hinsicht sind Bull Terrier ähnlich Rottweilern, West Highland White Terriern und Weimaranern – diese Rassen haben Macho-Rüden, auf der anderen Seite sehr freundliche Hündinnen. Ich wußte, daß eine Kastration von Susie das Problem nicht völlig lösen konnte, dadurch könnte sogar die männliche Seite ihrer Veranlagung, insbesondere was das Aggressionsverhalten anging, noch verstärkt werden. Dennoch konnte die Anwesenheit sowohl von Androgen wie Oestrogen während Susie's Hitze sowohl für verstärkte Libido wie auch verstärkte Unzuverlässigkeit und Rivalität gegenüber Lara ursächlich sein. Das weitere Vorgehen in diesem komplizierten psychologischen Fall bedurfte sorgfältiger Überlegungen. Es ist allgemein bekannt, daß Androgene die Sexualität von Hündinnen verstärken, in Extremfällen bis zur Nymphomanie (krankhaft gesteigerter Geschlechtstrieb). Sie lösen auch unerwünschte männliche Züge wie Aggression aus, so daß die notwendige Entscheidung für mich recht schwierig war.

In Zusammenarbeit mit dem Tierarzt von Susie entschieden wir uns für folgende Methode. Über die nächsten sechs Wochen mußte Lara gezielt auf mehr Distanz zu Susie gehen, sich weitgehend der Haltung von David anpassen. Zwar sollte sie keine Konfrontation mit der Hündin suchen, war diese jedoch unvermeidlich, etwa bei der Behandlung einer verletzten Pfote, sollte sie ihrer Sicherheit wegen dem Hund einen Maulkorb anlegen. Meine Empfehlung war die Kastration der Hündin nach einem Zeitabstand von ein paar Wochen, danach eine neue Beratung, ehe man mit komplizierteren Hormonbehandlungen beginnen werde.

Drei Monate gingen ins Land, bei Susie waren keine ins Gewicht fallende Besserungen zu verzeichnen, ja, es gab sogar einige kleine neue Beißzwischenfälle. David hatte inzwischen die Geduld verloren, wollte Susie abgeben, und sei es nur deshalb, um all den Tränen ein Ende zu bereiten, die er von der enttäuschten Lara ertragen mußte. Nun galt es, den letzten Strohhalm zu ergreifen – ich empfahl eine Oestrogentherapie, um bei Susie stärkeres weibliches Verhalten auszulösen. Wir wählten eine niedrige Dosierung von 0,2 Milligramm, was nahezu dem natürlichen Oestrogenspiegel von Hündinnen entspricht. Bereits nach einer Woche konnte Lara eine Verbesserung feststellen, nach ein paar Monaten war sie recht zufrieden. Wir führten die Oestrogentherapie über ein Jahr durch, danach wurde sie beendet. Das liegt jetzt vier Jahre zurück, und Susie ist unverändert ein durchaus erträglicher und vielgeliebter Bull Terrier.

Sex und Aggression sind bei Hunden wie Menschen unauflöslich miteinander verbunden. Unsere Körper geben Gerüche ab, die Hunden sagen, wer wir sind, unser Geschlecht, möglicherweise erotische Ausstrahlung, mit Sicherheit unsere Gemütsverfassung, Furcht oder Selbstvertrauen. Eine Hündin wie Susie kann ganz genau riechen, was mit ihrer Herrin los ist – dies ist möglicherweise ein ernüchternder Gedanke für alle, die ihre Hunde gerne täuschen möchten. Französische Wissenschaftler haben erst vor kurzem entdeckt, daß Hunde möglicherweise klar umrissene psychische Erkrankungen von Menschen erkennen können – alleine auf Basis des Körpergeruchs. Bei der Behandlung von Patienten wie Susie besteht immer die Gefahr, sich zu sehr auf den Hund zu konzentrieren, dabei zu erforschen vergessen, ob möglicherweise auch körperliche oder seelische Probleme des Besitzers eine Rolle spielen. Mein Anstandsgefühl hat mich in aller Regel davon abgehalten, durch Erschnüffeln des Geruchs unter seinem Arm einen Schock bei jedem Hundebesitzer auszulösen, vielleicht sollte ich das aber tun.

Echte Ironie bei der Geschichte von Susie liegt in der Tatsache, daß sie von einem Züchter stammt, der in aller Regel seine Bull-Terrier-Welpen mit der Hand aufzieht, weil ihre Mütter so aggressiv sind, oft ihre Welpen töten. Wir wissen, daß sich bei anderen Tierarten schlechtes mütterliches Verhalten recht negativ auf die seelische Entwicklung auswirken kann. So gibt es zum Beispiel stark überzüchtete Schweinerassen, die unter landwirtschaftlicher Intensivhaltung immer wieder untereinander in Kampf geraten. Auch diese Schweinemütter neigen dazu, ihre Jungtiere unter Streß aufzufressen. Ich bin überzeugt, daß die gleichen Grundprinzipien für Bull Terrier wie für Schweine gelten, daß unter allen Umständen die Züchter auf gutes Verhalten einschließlich guter Muttereigenschaften züchten müssen. Die Züchter von Susie ließ sich nicht von meinen Argumenten überzeugen, er glaubt noch immer, daß alleine die Besitzerin Lara die Schuld trug.

Bei Tieren wie bei Menschen zerstören auftretende Aggressionen gleichermaßen die Annehmlichkeiten des gesellschaftlichen Lebens. Kein Rudelmitglied kann zu stachelig oder obstruktiv sein, oder das Rudel bricht auseinander. Kooperation ist eine lebenswichtige Eigenschaft, die überhaupt erst die Rudelbildung zur Verteidigung, zum Jagen und zur Aufzucht der Welpen ermöglicht. Es gibt immer nur Platz für einen einzigen, antreibenden und leitenden Typ. Und die Schwierigkeit bei einigen Hunderassen besteht darin, daß nahezu jedes Einzeltier unbedingt der Boss sein möchte!

Die Grundordnung, die wir in den Rudeln der Wölfe und der mit ihnen verwandten Wildhunde antreffen, wird durch Unruhestifter leicht zerstört. Ebenso negativ wirken sich Futtermangel oder einige äußere Veränderungen – etwa der Einbruch eines Nachbarrudels ins eigene Territorium – aus. Bei unseren Haushunden verursachen wir Menschen selbst laufend Unordnung, und es überrascht mich, daß die meisten Menschen noch immer so ehrerbietig von ihren Haustieren respektiert werden. Macht man nur ein paar wenige, aber außerordentlich wichtige Kompromisse, kann man selbst an der Mehrheit meiner aufsässigen hundlichen Patienten unendliche Freude haben.

VI Angst

Ich bemühe mich immer, mich seelisch nicht zu sehr für meine Patienten zu engagieren, dennoch passiert mir das häufig. Der Typ Hund, dem sich mein Herz wirklich immer zuwendet, ist der ängstliche Hund, geschlagen mit Furcht vor irgend etwas Bestimmtem oder Angst vor der ganzen Welt. Das Leben kann zu einem herausfordernden Balanceakt zwischen Mut und Angst, zwischen Annäherung und Meiden, zwischen Initiativ-Werden und Rückzug auf vertrautes Gelände werden. In der Wildnis bedeutet extremer Mut immer doppelt so schnell tot zu sein, die Überlebenden sind jene, die weglaufen und lieber an einem anderen Tag kämpfen. So ist Flucht, der Schlüssel zum Überleben, bei Pflanzenfressern wie Pferden besonders gut entwickelt, sie fliehen sofort, wenn sie Gefahr wittern oder sehen. Ein Beutegreifer wie der Wolf muß gleichfalls vorsichtig sein, denn es gibt immer noch Beutegreifer oder Gefahren, die größer sind als er. So mußten Wölfe beispielsweise in ihrer früheren Entwicklungsgeschichte sorgfältig auf den säbelzahnigen Tiger achten. Heute muß jeder Beutegreifer den Menschen fürchten.

Aus den Forschungen über die letzten hundert Jahre haben wir eine ganze Menge über die Ursache für Furcht bei Mensch und Tier erfahren. Wir wissen, welche Gehirnpartie auf chemische Stoffe reagiert, die Furchtgefühle steuert. Wir haben herausgefunden, daß die Adrenalindrüse ihren Ausstoß an Adrenalin in den Körper pumpt, daß ein Anfall von Furcht durch Metaboliten in der Urinausscheidung dokumentiert wird. Wir kennen die Herzreaktionen in Vorbereitung von Kampf und Flucht. Wir wissen, wie Tiere – auch Menschen – sich selbst durch Hyperventilation umbringen können, ein Anzeichen von Überstimulanz des Vagusnervs (10. Hirnnerv), der Herz und Atemzentren reguliert.

Es gibt ein Sich-Bewußtwerden, ein Wissen, daß eine bestimmte Situation sicher oder gefährlich ist. Die meisten Menschen können diese Erkenntnis ohne lähmende Furcht oder Phobie (krankhafte Angst) treffen. Menschen, die dies nicht vermögen, können zum Psychologen oder Psychiater gehen, mit ihm sprechen, behandelt werden. Die Situation für Hunde ist um ein Vieles komplizierter, weil man allgemein annimmt, daß sie zu einem rationalen, abwägenden Denkprozeß nicht fähig sind. Selbst beim Menschen kann die Behandlung einer Phobie recht schwierig sein. Man beachte zum Beispiel, wieviele in mittlerem Alter stehenden Menschen unter Agoraphobie (Platzangst) leiden oder sich vor harmlosen Spinnen, Schlangen oder Vögeln fürchten. Seit ich in meinem Beruf stehe, sind enorme Fortschritte im Wissen über Entstehung und Behandlung von Phobien bei Menschen gemacht worden. Glücklicherweise war ich in der Lage, viel von diesem Wissens von Menschen auf Tiere zu übertragen.

Für jeden Hund gibt es eine Schwelle, bei deren Überschreiten er gegen Umweltgeschehen mit Furcht reagiert. Laute Geräusche sind als Auslöser von Furcht bei Hunden am weitesten verbreitet. Einige Rassen sind geräuschempfindlicher als andere. Aus Gründen, die wissenschaftlich noch nicht erforscht sind, sind Collies in ihren verschiedensten Typen die geräuschempfindlichsten von allen. Bearded-Collies, Langhaar-Collies und die verwandten Shelties erscheinen häufig bei uns, leiden schwer unter Krach, Rattern und heulenden Tönen von Maschinen. Mischlinge, welche die gleichen Gene für Geräuschempfindlichkeit tragen wie Collies, sind ebenfalls bei unseren Phobiepatienten überrepräsentiert, insbesondere wenn sie auch noch aus schlechten Aufzuchtverhältnissen stammen.

Lily war eine solche Colliemischlingshündin, stammte aus dem Battersea Dog's Home (Tierheim), kam von dort entlang der Themse nach Norden, um in Westlondon zu leben. In der Johnson-Familie war sie nun ein vielgeliebtes Familienmitglied, lebte zwischen drei geräuschvollen Knaben, Mann und Frau, Meerschweinchen, Katze, einem weiteren Hund und einer großen Nachbarschaft von Verwandten und Freunden. Familie Johnson war eine außerordentlich gesellige, hart arbeitende, dabei aber recht geräuschvolle irische Familie. Lily war der einzige weibliche Bundesgenosse von Mutter Johnson, die ihren Söhnen eine gute »Schwester« war. Wir schätzten das Alter von Lily auf sechs Jahre, die Johnsons hatten sie schon vier Jahre. Im allgemeinen war sie ein gutartiger Hund, war aber um den Guy Fawkes Day (Volksfest mit Feuerwerk) immer etwas nervös. Die Jungen wußten genau, daß sie in ihrer Nähe nie mit Spielzeugpistolen hantieren durften. Aber auch dies war zu keinem größeren Problem geworden, insbesondere weil der Tierarzt eine Riesendosis an ACP (ein in England sehr verbreitet verwendetes Beruhigungsmittel) verschrieb, das Lily vor und während der Feiern zum fünften November erhielt.

Im März 1989 wurde Lily zum Patienten von Roger Mugford, als sie sich plötzlich weigerte, das Haus zu verlassen, vor die Türe zu gehen. Sie versteckte den Kopf unter ihren Pfoten, mußte auf die Straße hinausgezogen werden, Rute fest eingeklemmt. Einmal urinierte und kotete sie sogar in ihrer Panik. Natürlich wurde ihr gestattet, auf weitere Spaziergänge zu verzichten. Unglücklicherweise verrichtete sie von da an aber all ihre Geschäfte in dem winzigen Garten hinter dem Haus – oder noch schlimmer – im Haus selbst.

Im Animal Behaviour Center angekommen, war die ganze Familie wie aus dem Häuschen, sie genossen die Gelegenheit, auf einer Farm, ganz wie das Elternhaus ihres Onkel Sean in County Meath, zu sein. Lily trottete umher, schaute sich die Tiere an, spielte mit unseren Hunden im Büro, vermittelte uns allen den Eindruck, daß Mr. und Mrs. Johnson einen ganzen Sack voll Lügen über sie erzählt hatten. Sogar den vorüberfahrenden Traktor, der mit lautem Motorenlärm beim Düngen das Feld auf- und abwärts fuhr, tolerierte sie völlig. Dieser alterslose, kleine Colliemischling spielte wie ein Welpe mit meinem Setter Sam. Das ganze sah wie eine große Verschwendung an Zeit und Arbeit aus, das einzige, was blieb, war, daß allen der Ausflug aufs Land viel Freude gemacht hatte. Aber wir vereinbarten, ich sollte Lily zu Hause besuchen.

Der Lärm im Londoner Stadtteil Hammersmith ist erschreckend – Bauarbeiten, das Dröhnen des Verkehrs auf den Überführungen, die Untergrundbahn, der Lärm der Busse und Laster rund um den Broadway. Dies ist mit Sicherheit kein gutes Land für Hunde. Mein Setter Sam hat ein vorzügliches Urteilsvermögen, ob sich ein Landstrich für Hunde eignet. Er blieb erschreckt in meinem Auto, zeigte nicht die geringste Lust, mit herauszukommen und in Johnsons Haus zu gehen. Ich wurde hereingebeten, und Lily erschien aus den hinteren Räumen, wo sie sich unter den Küchenmöbeln eine Höhle geschaffen hatte. Sie war freundlich, schien guter Gesundheit zu sein – genau wie die Woche zuvor auf der Farm. Ich hielt sie fest, prüfte den Herzschlag – ein normaler 80er Schlag, aber das Atmen war flach. Vertrauensvoll leckte sie mir die Hand. Als ich aber ihre Leine nahm, veränderte sich das ganze Verhalten von Lily plötzlich – sie eilte fluchtartig in ihre Höhle zurück, saß mit erhobener Pfote in einer Haltung demütigen Bittens. Jetzt sah ich, was man mir zuvor auf der Farm erzählt hatte.

Hart, wie ich sein kann, entschloß ich mich, einen Spaziergang zu versuchen, aber Lily wollte keinesfalls mitkommen. Wir trugen sie auf die Straße hinaus, aber sie kroch auf dem Bauch, machte sich völlig steif. Um die Ecke lag ein kleiner Park, hier zeigte sie kurz an hundlichen Gerüchen Interesse, traf einen früheren Spielgefährten, der einem freundlichen Pensionär gehörte. Zumindest gelang es uns, daß sie auf dem Heimweg auf eigenen Pfoten ging, aber in umgekehrter Richtung war dies völlig unmöglich. Als wir südwärts in Richtung Hammersmith gingen, steigerte sich ihre Furcht wieder. Ein Bus hielt an einer Haltestelle in der Hammersmith Road, die Luftdruckbremsen zischten – und – das war es dann! Lily unternahm einen Ausbruchversuch, und nur mit Mühe gelang es uns, sie festzuhalten.

In Fällen dieser Art spielen wir oft den »überschäumend Fröhlichen«, um einen Hund abzulenken, der sich etwas Furchteinflößendem gegenübersieht. Aber Lilys Zustand war viel zu weit fortgeschritten, um auf eine solche künstliche Ablenkung zu reagieren. Ihr Herz raste, sie hechelte stark und speichelte, hätte sie sich losgerissen, wäre sie aller Wahrscheinlichkeit in totaler Panik davongestürmt.

Wir konnten überhaupt nichts unternehmen, ehe wir ihre körperliche Spannung unter Kontrolle hatten. Wir schafften es, sie nach Hause zu bringen, dort rief ich Lilys Tierarzt an, der zustimmte, eine niedrige Dosierung an Valium, kombiniert mit einem Betablocker zu verschreiben. Mein Ziel war, Lilys Atemsystem zu verlangsamen, mit dem Betablocker den Blutdruck abzusenken, erst danach gab es eine Chance, ihr möglich zu machen, sich besser auf die Situationen einzustellen. Bis dies erreicht war, mußte Lily immer wie eine erschrockene Maus reagieren. Zufälligerweise wurde auch Großvater Johnson bereits seit längerer Zeit mit Betablockern behandelt. Er versicherte der übrigen Familie, daß ihm dies weder geschadet, noch ihn abhängig gemacht habe. Warum sollte dies mit Lily anders sein? Die Familie stimmte meiner Behandlung zu, und ich versprach, mich in Kürze wieder zu melden, wenn die Medizin erst einmal gewirkt hatte.

In der nächsten Woche rief ich an, hörte, daß bei Lily keine Besserung eingetreten sei. Ich bat sie, die Behandlung eine weitere Woche fortzusetzen, aber auch diese Woche ging vorbei, noch immer keine Besserung. Ich beschloß, eine andere Methode zu versuchen. Gab es zufälligerweise Freunde oder Familienmitglieder außerhalb Londons, in einem Bereich mit wesentlich geringerer Verkehrsdichte? Ja, die Schwester von Mrs. Johnson lebte in dem ländlichen Sussex. Konnte man sie überreden, Lily auf einige Wochen zu übernehmen? Man bat mich, diese Frage selbst mit der großen Schwester telefonisch abzuklären. Eine bezaubernde irische Stimme antwortete am Telefon, stimmte meiner Bitte sofort zu, Nach einer halben Stunde Geschichten erzählen, wie sie früher einmal ihre Lieblingsschwester von erstaunlichen Kindheitseskapaden daheim in Irland rettete, hatten wir uns über eine Lösung für Lily geeinigt.

Ohne Unterbrechung sollten die Medikamente weiter eingesetzt werden, selbst nach den kürzesten Spaziergängen bekam Lily zur Belohnung etwas Futter. Zögerte sie, in den Garten hinaus oder in die Umgebung mitzukommen, sollte sie keinesfalls gezwungen, vielmehr ins Auto getragen werden. Dann folgte eine kurze Fahrt auf ein nahe gelegenes Feld oder in einen Park, Lob und wieder Lob, viel gemeinsames Spiel, völlig normale Stimmlage ohne kindisches Getue – das waren die Anweisungen. Es gab gerade Ferien, so wurde der vierzehnjährige Duane bestimmt, Lily in ihre vorübergehende Ferienwohnung zu begleiten. Dies war für ihn gegenüber seinen jüngeren Brüdern eine riesige Auszeichnung. Da immer die Möglichkeit bestand, daß Lily scheute, sich losriß, im dunkelsten Sussex verlorenging, schärfte ich Duane ein, unbedingt dafür zu sorgen, daß sie stets nur an der Ausziehleine spazierengeführt wurde.

Wie so etwas nun einmal geht, wenige Tage später befand ich mich auf der Durchfahrt zu einer Rundfunkveranstaltung in Sussex, kurz entschlossen machte ich einen überraschenden Besuch. Eine geradezu dramatische Veränderung war eingetreten. Ich sah genau den gleichen Hund, der uns auf der Hardwick Court Farm besucht hatte: ruhig, voller Selbstvertrauen, freundlich. Was würde aber geschehen, wenn er nach Hammersmith zurückkehren mußte? Wir testeten dies, gingen gemeinsam in das Stadtcenter von Crawley, unter der Einflugschneise von Gatwick Airport. Die arme Lily verfiel praktisch unter unseren Augen. Als dann noch ein alter Ford heranfuhr, der Fahrer uns nach dem Weg frug, uns mit dem quietschenden Geräusch einer völlig ausgeschlagenen Wasserpumpe belästigte, unternahm Lily einen neuen Ausbruchsversuch.

Auf die Farm zurückgekehrt, telefonierte ich mit einem Lärmfachmann, erkundigte mich nach den Frequenzen und häufig auftretenden Lärmpegeln in Wohnbereichen wie Hammersmith. Er erklärte mir, es gebe da eine breite Skala von Geräuschquellen, Niederfrequenzlärm kam von der Untergrundbahn und vom Schwerlastverkehr, der deutlich den ganzen Körper erbeben ließ. Am oberen Ende der Geräuschskala lagen Ultraschall oder Hochfrequenztöne von elektrischen oder mechanischen Werkzeugen. All dies entsprach voll der außergewöhnlich hohen Geräuschempfindlichkeit eines Border-Collies, war möglicherweise für menschliche Wesen nicht so auffällig. Was bedeutet dies für die Zukunft von Lily?

Wir brachten sie für einen einwöchigen Versuch zurück nach Hammersmith, in erster Linie »der Kinder wegen«, die ganz einfach die Grausamkeit begreifen mußten, Lily weiter dem Lärm von Hammersmith auszusetzen. Die Eltern baten mich, an diesem Versuch mitzuwirken, eine Bitte, die ich nur zu gerne erfüllte. Ich besuchte sie erneut, Lily war wiederum am Ausgangspunkt angelangt, fühlte sich möglicherweise sogar noch schlechter. Glücklicherweise hatte sie sich während ihres Urlaubs in Crawley vorzüglich mit der Tante verstanden, so kehrte sie dahin zurück. Heute geht es Lily blendend.

Ich könnte sagen, daß Lily für uns ein Fehlschlag war, das wäre aber so nicht wahr. Lily demonstrierte uns die Grenzen einer tierischen Verhaltenstherapie, wenn man einer unerträglichen und feindlichen Umwelt gegenübersteht. So gerne ich wirklich den ganzen Verkehr rund um Hammersmith zugunsten von Lily hätte stoppen mögen – das lag nicht in meiner Macht.

Andere Fälle von Furcht und Phobie, die wir behandeln, haben meist positivere Ergebnisse. Ich denke da an Bella, einen Langhaar-Collie in Camberley. Bella hatte vor meinem Besuch über einen ganzen Monat an jedem Donnerstag sich selbst und dem Eigentum ihrer besorgten Besitzer ernsthaften Schaden zugefügt. Vor diesem Zeitpunkt war Tina und ihrem Gatten Alistair im Verhalten von Bella nichts außergewöhnlich erschienen. Sie hatten aber bemerkt, daß sie nervös wurde, wenn sie Geräusche von Messerschleifen oder das Kratzen mit einem Messer auf Glas hörte. Bellas Herrin beschloß, am nächsten Donnerstag zu Hause zu bleiben, um festzustellen, was diese mysteriöse Veränderung im Verhalten ihrer Hündin auslöste.

Exakt um 10.15 Uhr morgens begann Bella unruhig umherzugehen und zu winseln. Dann rannte sie die Treppen nach oben, versuchte sich im Bett zu vergraben, kaute an Tür- und Fensterrahmen. In nur wenigen Minuten war sie in ein sich völlig elend fühlendes Tier verwandelt. Bald wurde klar, was hinter der Furcht von Bella stand, nämlich daß der Müllwagen ankam. Auslöser war das mahlende Geräusch der umlaufenden Stahlmesser, wenn sie Glas, Zinn oder anderes im Müll gegen die Grundstahlplatte schlugen – dies brachte die Hündin zum Ausflippen. Nach dieser Beobachtung wurde ich für die nächste Woche Donnerstag präzise 10.00 Uhr vormittags um meinen Besuch gebeten.

Bellas Verhalten entsprach exakt der Beschreibung von Tina. Da sie schon Angst vor dem Müllwagen zeigte, als dieser noch zumindest zwei Kilometer entfernt war, vermutete ich, daß sie den unangenehmen Lärm des Mahlwerkes schon mit dem Klang der Dieselmaschine verband, die sich im gesamten Wohnviertel bewegte. Collies im allgemeinen und Langhaar-Collies im besonderen haben ein außerordentlich sensibles Gehör. Ich nehme an, daß dies eng mit ihrer früheren Arbeitsaufgabe verbunden ist. Im Hütebetrieb mußte der Hirte in der Lage sein, seinen Hund durch Kommandopfiffe auch über Entfernungen bis etwa einem halben Kilometer unter Kontrolle halten zu können. Ein Nebenprodukt dieser Auslese auf ausgezeichnetes Gehör ist die Geräuschempfindlichkeit dieser Hunde besonders gegen Hochfrequenztöne. Das Gefühl ist wahrscheinlich ähnlich wie für Menschen, die in der Nähe einer aufheulenden Ultraschall-Feuersirene stehen.

Als ich die arme Bella wie von Sinnen von einem Zimmer zum anderen laufen sah – unsere Anwesenheit beruhigte sie in keiner Weise – war mir klar, daß sofortige Hilfe notwendig war. Deshalb stiegen wir ins Auto und fuhren auf die andere Seite des Wohnblocks. Die ganze Umgebung war dicht bewaldet, gab uns damit eine ideale Umgebung, um ein Desensibilisierungsprogramm gegen die Furcht vor Müllwagen durchzuführen. Aber ehe wir in die Wälder gingen, machten wir den Mindestabstand zwischen Bella und dem Müllwagen aus, den sie gerade noch ertragen konnte. Dieser lag bei etwa 500 Metern. Bei dieser Entfernung sprang sie aus dem Wagen, ging über die Straße, nahm den Lärm zwar wahr, zeigte sich aber verhältnismäßig ungestört. Kamen wir wesentlich näher heran, zögerte sie, das Auto zu verlassen, trug die Rute gesenkt, begann erregt zu atmen. Auf diese Entfernung konnten wir leicht selbst den Müllwagen hören, die Niederfrequenztöne des Rumpelns, die für den Menschen über weite Entfernungen leichter wahrnehmbar sind als Hochfrequenztöne.

Der Prozeß der Desensibilisierung einer Phobie besteht im Verbinden angenehmer Erlebnisse mit langsamem Gewöhnen an die Furcht auslösende Stimulanz in niedriger Dosierung. Bei Bella handelte es sich um das Geräusch brechenden Glases. Wir beschlossen, den Müllwagen als Stimulanz zu nutzen, ergänzt von Hauserziehungsübungen, für die wir Tonbandaufnahmen machten. Bella war ein wunderbarer Patient, weil sie das Spiel mit dem Ball sehr liebte. Es war eine Art Zwang bei ihr – zeigte man ihr einen Ball, wurde sie zum hysterischen, kläffenden Junghund. Sobald sie auf einen Abstandvon etwa 500 Metern zum Müllwagen kam, hörte sie mit dem Spiel auf – bei weiterem Abstand begann das Spiel von neuem. Tina, Bella und ich wanderten durch die ganze Gegend, spielten auf offenen Plätzen unser Ballspiel, immer im Rahmen der Toleranz zum Müllwagen. Eine versteckte Zuschauerschaft von Hausbewohnern starrte auf uns, sie glaubten zweifelsohne, wir seien total verrückt.

Den ganzen Morgen bewegten wir uns im Sicherheitsabstand zur Müllwagenroute, da hielt die Besatzung für ihre Lunchpause an. Ich ging zu ihnen herüber in den Hof des Gemeindehauses, um mit ihnen Kriegsrat zu halten. Man reichte mir einen Becher süßen Milchtee, ich zwängte mich zwischen Frühstückspakete, ausgebreitete Zeitungen und einen jungen, in den Telegraph vertieften Leser. Sie alle waren an unserer Morgenarbeit interressiert, entzückt von der Bitte, mir zu helfen. Natürlich verfügte ich nicht über die Ausstattung eines BBC-Reporters, hatte nichts als mein zerkratztes Diktiergerät, um eine Tonbandaufahme des Müllwagens zu machen. Zufälligerweise verfügte die Mannschaft in ihrer Ruhekabine über eine »Beat-Box«, die sie selbst von einem Müllcontainer gerettet hatten. Zu unserer gemeinsamen Überraschung stellte sich heraus, daß der Aufnahmemechanismus des Tonbandes noch arbeitete. So konnte ich stolz mit dem genauen Klangbild der Müllzerkleinerung auf Band nach Hause gehen. Mit dem Tonband in der Hand kehrte ich zu der Wohnung von Bella zurück. Zuvor aber hatte mir die Besatzung angeboten, uns am folgenden Donnerstag erneut zu treffen.

Natürlich wollte ich schnell die Aufnahme auf meinem Tonbandgerät im Auto überprüfen, fand aber den Klang nicht besonders ausdrucksstark. Auf Tinas modernem HiFi-Gerät abgespielt, ergab sich aber doch eine ganz ordentliche Ähnlichkeit mit dem Klangbild des Müllwagens. Ein menschliches Ohr konnte wohl leicht erkennen, daß es sich um eine schlechte Aufnahme handelte. Bella aber wurde offensichtlich getäuscht. Sie zeigte die gleichen Furchtsymptome, als höre sie den Müllwagen selbst, die Furcht verringerte sich, wenn wir das Volumen zurücknahmen. Jetzt hatten wir ein Werkzeug, mit dem Tina und Alistair den Desensibilisierungsprozeß von Bella über die ganze Woche fortsetzen konnten.

Meine Anweisungen lauteten, nie das Tonbandgerät lauter abzuspielen, als dies Bellas Toleranzschwelle zuließ, das Abspielen stets mit Futterbelohnung, Liebe und Spiel zu begleiten. Ein detailliertes Protokoll wurde angelegt, es enthielt das genaue Volumen der HiFianlage, Dauer der Übung und das Verhalten des Hundes. Wir konzentrierten uns besonders auf Anzeichen negativen Verhaltens wie schneller Atem, niedrig getragene Rute, Umhergehen, fehlendes Futterinteresse und dergleichen. Zu den positiven Verhaltensmustern, die wir zu entwickeln versuchten, gehörten spielerisches Rutenwedeln, Kläffen als Aufforderung zum Spiel, Futterinteresse, Bellen beim Klopfen gegen die Tür und eine freudige Reaktion auf das Rasseln mit der Leine für Spaziergänge. Ich vereinbarte, in der nächsten Woche zum gleichen Zeitpunkt wiederzukommen.

Am darauffolgenden Donnerstag waren die Müllmänner außerordentlich freundlich, achteten sehr darauf, weder die Dieselmaschine besonders hochzujagen, noch die Zerkleinerungsanlage schneller als notwendig laufen zu lassen. Drei der vier Männer der Besatzung hatten eigene Hunde. Ihre eigene Erfahrung mit Hundebesitzern lag bisher in der Richtung, daß sie allen Grund hatten, sich über Bisse aggressiv werdender Hunde zu beklagen. Bella war offensichtlich völlig anders, erstmals traf sie heute ihre »Quäler«, wurde von ihnen gestreichelt. Die Müllmänner fragten sogar, ob sie für die kommende Woche nicht Bella einladen konnten, in der Kabine mitzufahren. Ich hielt dies für eine recht hilfreiche Erfahrung, denn dadurch wurde die phobieauslösende Stimulanz wesentlich verändert.

Bei Bellas erster Fahrt auf dem Müllwagen war ich nicht mit dabei, aber offensichtlich kooperierte Bella, ja sie hatte offensichtlich Spaß daran. Das dem Geräusch in völlig anderem Zusammenhang Ausgesetztsein hatte ihre Reaktion völlig verändert. Ich habe solche Reaktionen schon früher gesehen. Wenn der Zyklus der Furcht nur durch bestimmte Umstände ausgelöst wird, mindern Veränderungen die Furcht. Tina und Alistair teilten sich in den folgenden Wochen abwechselnd die Aufgabe, am Donnerstagmorgen zu Hause zu sein. Ihre Arbeitgeber hatten ihnen verständnisvoll Urlaub eingeräumt, ähnlich wie auch Urlaub zur Behandlung eines kranken Kindes gewährt wird. Bella war für sie so wichtig wie jedes Kind seinen Eltern. Ich erhielt wunderschön getippte Fortschrittsberichte von Tina, einer außerordentlich begabten Sekretärin, die saubere Arbeit liebte. Innerhalb von drei Monaten war das Problem im wesentlichen gelöst. Nach Tinas Worten war dies fast eine Enttäuschung, denn sie hatten Gefallen an den Donnerstagsfahrten mit dem Müllwagen gefunden.

Bella illustriert ziemlich klar die Schlüsselelemente meines Berufs. Am Anfang steht eine detaillierte Diagnose, danach wird ein sorgfältig ausgearbeitetes therapeutisches Programm durch den Hundebesitzer angewandt, oft unter Hilfestellung von Außenseitern, die einem in Not geratenen Tier helfen wollen. Alles, was ich dazu beitrage, ist der Einblick in die Problemursachen – in diesem Fall die genetische Veranlagung von Collies zu Geräuschphobien; eine weitere Hilfe besteht im Aufbau eines auf Belohnung basierenden Lernsystems. Im nachhinein erscheint alles sehr einfach, aber glauben Sie mir, es verläuft nicht immer so klar und erfolgreich.

Nur manchmal habe ich die Gelegenheit, wie der sprichwörtliche Wunderheiler dazustehen. Vor kurzem sprachen mich die Besitzer eines Labradorpaares an, von dem man sagte, beide litten an Agoraphobie (Platzangst). In unserer Praxis sind nervöse Labradors eine Seltenheit, denn sie wurden einmal eigens gezüchtet, das manchmal geräuschvolle, rauhe und turbulente Leben auf dem Land zu überstehen. Eine Neigung zu Geräuschempfindlichkeit wäre offensichtlich das Schlechteste, was einem Jagdhund widerfahren könnte. Das Wesentlichste des aufgetretenen Problems wurde in einem wunderschönen Handschreiben auf hochwertigem Qualitätspapier niedergelegt. Der Brief lautete:

»Wir hatten schon immer Labradors, leben auf den Lande, und wir glauben, etwas von Hunden zu verstehen. Aber unsere heutigen zwei Labradors – Daley und Thompson – scheinen uns an der Nase herumzuführen. Sie sind jetzt gerade etwas mehr als ein Jahr alt, haben noch nie unseren Besitz verlassen, weil wir es nicht schaffen, sie an die Leine zu gewöhnen. Daley ein Halsband anzulegen, ist wirklich schwierig genug, während seltsamerweise Thompson sein Halsband akzeptiert. Wir haben alles versucht, ganz sanftes Annähern und manchmal mit Strenge. Unser vorheriger Labrador, der im Alter von 14 starb, zeigte nie derartige Zeichen. Unsere Hunde kamen von einem Züchter mit gutem Ruf, ihre Mutter schien in Ordnung zu sein.

Ich habe meinen Tierarzt um Beruhigungsmittel für die Hunde gebeten, aber er riet uns, Sie anzuschreiben. Ich kann mir zwar überhaupt nicht vorstellen, wie ein Psychologe uns bei unseren Hunden helfen könnte, es sei denn, Sie wären so etwas wie Dr. Doolittle. Verzeihen Sie mir meine Skepsis, aber wir sind mit unserem Latein am Ende und würden Ihre Hilfe wirklich schätzen, wenn Sie eine Lösung sehen.

Mit vorzüglicher Hochachtung, Mrs. Jane Hamilton-Moore.«

Mr. und Mrs. Hamilton-Moore hatten bei ihrer Ankunft auf unserer Farm einen großartigen Auftritt. Sie fuhren einen weißen, sportlichen Ford XR3, machten den Eindruck eines recht erfolgreichen und sehr selbstbewußten Paares. Sie besaßen ein großes Haus mit Landbesitz, und mancher würde denken, es sei völlig unnötig, daß man mit seinen Hunden außerhalb seines Landbesitzes überhaupt spazieren ging. Das war ihre Rechtfertigung dafür, daß sie nie versucht hatten, mit den Hunden spazieren zu gehen, bis sie sechs Monate alt waren. Und zu diesem Zeitpunkt war es zu spät. Die Reise zu unserer Farm verlief ohne besondere Ereignisse – aber ihre Hunde hatten während der ganzen drei Stunden auf dem Rücksitz gebibbert und gezittert. Für sie war dies offensichtlich eine sehr unerfreuliche Erfahrung. Ich stellte bei mir selbst eine gewisse Unsicherheit fest – würde es mir nicht gelingen, hier eine Lösung zu finden, wäre dieses Paar sicherlich schwer enttäuscht.

Als erstes mußten wir jedoch die so etwa 100 Meter vom Auto bis zu meinem Büro überwinden. Beide Hunde saßen jetzt zitternd und bebend mit ihren neuen Halsbändern und Leinen auf dem Boden – man hatte sie aus dem Auto gehoben –, sie waren fest entschlossen, nicht einen einzigen Schritt zu gehen. Als ich auf den gelben Labrador Daley zuging, um ihn hochzuheben, urinierte er. Der schwarze Bruder Thompson tat dasselbe. Nach etwa zehn Minuten guten Zuredens und uns dumm vorkommend, trugen wir beide den ganzen Weg und bekamen für unsere Mühe noch nasse Hosen.

Sam, mein freundlicher, aber unkomplizierter Setter stürmte in mein Beratungszimmer, löste unter meinen Patienten Panik aus. Noch mehr Urin auf dem Boden, noch mehr Ausdruck völliger Verlegenheit von Mrs. Hamilton-Moore. »Don't worry, beunruhigen Sie sich nicht«, sagte ich schwach. »Es ist nur ein billiger Teppich!« Ich beschloß Sam zurechtzuweisen, er sollte sich meinen zahlenden Gästen gegenüber anpassungsfähiger zeigen. Eine körperliche Überprüfung der Hunde überraschte mich, denn trotz der Anzeichen großer Furcht in Augen, Ohren und Rute schienen sie körperlich völlig entspannt. Sie zitterten nicht, als seien sie außergewöhnlich erschrocken, keine verstärkte Atemtätigkeit, ihre Pupillen waren nur mäßig geöffnet. Sollten diese Hunde möglicherweise schauspielern? Zuvor hatten wir ja schon gesehen, daß sie zu jämmerlichen Häufchen wurden, wenn man sie gewaltsam vorwärtszog. Ich hatte allen Grund, alles was Mr. und Mrs. Hamilton-Moore sagten, zu glauben. Beide waren tüchtige Menschen, er Besitzer und Manager einer eigenen Gesellschaft, sie eine ernsthafte Lady, die gewohnt war, ihren eigenen Weg zu gehen. Meine tierärztliche Kollegin Caroline überprüfte mit ihren geschickten Händen die Hunde, horchte die Herztöne ab, bei beiden ein völlig gesunder Klang. Die Hunde waren offensichtlich fit genug, um einer Reizüberflutung ausgesetzt zu werden.

Derartiges Reizüberfluten hat unter praktizierenden Psychologen und Psychiatern eine sehr kontroverse Geschichte, denn manchmal verschlimmert es den Zustand des Patienten, anstatt ihn zu bessern. Unter psychologischer Überreizung versteht man, daß der Patient den bei ihm Furcht auslösenden Situationen in viel größerer als normaler Intensität ausgesetzt wird. Am besten stellt man sich dies so vor, daß jemand, der von Schlangenfurcht befallen ist, mitten in eine Schlangengrube geführt wird. Fürchtet er sich vor Schmetterlingen, besucht man mit ihm ein Schmetterlingshaus, hat er Platzangst, setzt man ihn in der Mitte von Startbahn 1 in Heathrow ab. Fest steht aber, daß für bestimmte menschliche wie hundliche Patienten eine solche Überreizungstechnik geradezu dramatisch erfolgreich sein kann, viel schneller wirkt als andere Techniken. In meiner beruflichen Laufbahn mit Hunden hatte ich bisher nur bei sechs Hundepatienten diese Reizüberflutung eingesetzt. Nach meinem Gefühl waren Daley und Thompson ein weiteres Paar, für das eine solche Behandlung angezeigt war.

Wir zäumten die Hunde mit meinem Kopfhalfter auf, um zu verhindern, daß sie während des geplanten Spaziergangs rund um die Farm zurückwichen. An diesem Junitag war es besonders heiß, ich wußte, es würde für uns alle ein sehr durststeigerndes Werk. Während wir Wasser tranken, verweigerten die Hunde die ihnen angebotene Wasserschüssel. Meine Assistentin Erica übernahm Daley, ich selbst führte Thompson. Am Kopfhalfter befestigten wir eine lange Rolleine, ab ging die Post, wobei ich selbst mit Thompson die Führung übernahm. Es war ein außerordentlich mühseliger Prozeß. Zunächst zog Thompson nach hinten, aber das Kopfhalfter zwang ihn zu folgen, er schlitterte und kämpfte protestierend dagegen an. Ich keuchte bestimmt ebenso heftig wie er, erwartete, es würde ein langer Zweikampf, aber nach genau sieben Minuten hatte ich gewonnen. Für Erica – ein Leichtgewicht – war Daley zu schwer. Deshalb mußte ich sie bei dieser Aufgabe unterstützen. Auf ging es zum gemeinsamen Spaziergang. Nach weiteren zehn Minuten schnauften die Hunde wie Marathonläufer. Zufällige Besucher hätten sicherlich unseren Anblick nicht gemocht – es sah weniger nach dem »Zentrum der Freundlichkeit in Surrey« aus als nach einem mittelalterlichen Zirkus, bei dem furchtsame Tiere »eingebrochen« wurden.

Aber wir wußten, daß wir Fortschritte erzielten und zwar sehr schnell. Jetzt war es Zeit, die Hunde an Mr. und Mrs. Hamilton-Moore zu übergeben, die vernünftig genug waren, unseren Anweisungen zu folgen. Als wir ihnen die Leinen in die Hände gaben, hoben sich die Ruten der Hunde auf nahezu normales Niveau – sie waren sichtlich erleichtert, uns Fremde nunmehr auf mehr Abstand zu haben! Sie zogen etwas mehr, um die Entschiedenheit ihrer Besitzer zu testen, aber sie konnten das System nicht mehr umkehren. Meine Empfehlung lautete, auf dem Heimweg mit einstündigem Abstand jeweils anzuhalten, um die Wirkung der »Medizin« zu erhalten. Von da an sollten sie Tag für Tag regelmäßig spazieren geführt werden.

Ich bat darum, den Tageslauf zu Hause nochmals näher zu schildern. Geschäftsbesuch wurde regelmäßig von den Hunden isoliert, in einen anderen Teil ihrer großen, weitläufigen Farmanlage geführt. Ich schlug vor, jeder Besucher sollte mit den Hunden zusammenkommen, wenn irgend möglich sie sogar zu einem kurzen Spaziergang mitnehmen. Jeden Tag, wenn möglich sogar zweimal täglich, sollten sie auf eine kurze Autofahrt mitkommen, möglichst wieder verbunden mit einem kurzen Spaziergang. Traf man einen fremden Hund, sollte man auf ihn zugehen, anstatt wie bisher ausweichen. Daley wie Thompson fürchteten sich beide vor anderen Hunden. Abschließend und besonders wichtig! Wenn die Hunderuten zwischen den Beinen verschwanden, sollten ihre Besitzer sie niemals weich oder besonders liebevoll behandeln, vielmehr sollte man die Hunde mit dem Spiel des »überschäumend Fröhlichen« aufmuntern.

Wie angefordert erhielt ich vier Wochen später einen Brief mit einer recht erfreulichen Schilderung der weiteren Ereignisse. Inzwischen waren die Hunde völlig normal, ihre Besitzer konnten überhaupt nicht glauben, wie schnell und einfach die Umwandlung erfolgt war. Auch ich war so stark überrascht, daß ich den ganzen langen Tag über wie auf Wolken ging.

Die Schwierigkeiten der beiden Labradors Thompson und Daley waren in keiner Weise ungewöhnlich. Man hatte die Hunde im Alter von zwölf Wochen von einem ruhigen Züchter auf dem Bauernhof gekauft – um einiges später als das Optimalalter zur Welpenabgabe. Auf dem Hof waren die Welpen in einem umgewandelten Kälberstall aufgewachsen, sie hatten nur wenige Besucher. Der Fehler der Hamilton-Moores lag darin, ein Welpenpaar zu adoptieren, das voneinander untrennbar war, sich für Außenseiter nicht interessierte. Dazu ergab die Aufteilung des Hauses, daß Kontakte mit Fremden weitgehend ausgeschlossen waren. Die Besitzer hatten geglaubt, das läge im wohlverstandenen Interesse der Hunde; die Welpen waren nicht schutzgeimpft, und der Tierarzt hatte ausdrücklich vor der Parvovirose gewarnt. Führte man die Hunde außerhalb des eigenen Grund und Bodens spazieren, setzte man sie dem Risiko vieler Infektionskrankheiten aus, da behielt man sie besser zu Hause. 40 Acres Gelände (16 ha) schienen doch ideale Auslaufmöglichkeiten für die Hunde zu bieten. Aber Raum allein genügt nicht für alle hundlichen Belange!

In der Fachsprache ausgedrückt, diese Hunde waren »untersozialisiert«. Sie hatten nicht die Möglichkeit, neue Erfahrungen zu machen, die sie genügend forderten. Junge Hunde brauchen laufend Neues, Herausforderungen, nur so kommen sie in die Lage, alles neu Gelernte im künftigen Leben zu nutzen. Bei ihrer Haltung hatte sich die Rückzugtaktik als effektivste Technik erwiesen, Gefahren zu begegnen. Warum sollte man sich der Gefahr aussetzen, wenn man auch weglaufen konnte?

Die seelische Basis der Angst ist sehr fein abgestimmt, kann nicht leicht über Medikamente oder auch positive Lernerfahrungen unterbrochen werden. In großem Umfang ist sie auch erblich bestimmt. Aber Züchter haben eine klare Möglichkeit, bei der Zucht auf selbstbewußte, extrovertierte Hunde zu selektieren. Zu häufig gibt es bei Hundezüchtern die Neigung, mit nervösen Hündinnen zu züchten, in der Hoffnung, daß das Erlebnis eines Wurfes den Hündinnen mehr Selbstvertrauen gebe. Von Zeit zu Zeit mag dies auch tatsächlich gut tun, ursächlich hierfür ist aber nur der Nebeneffekt der Schwangerschaft und Säugeperiode. Hierdurch wird der Hormonspiegel angehoben, was sich als ein natürliches Beruhigungsmittel auswirkt. Für die meisten Hündinnen ändert eine solche Schwangerschaft überhaupt nichts, aber man muß die offensichtliche Gefahr sehen, daß auf diese Art mehr nervöse Welpen produziert werden. Selbst wenn gar keine erbliche Veranlagung vorliegt, können nervöse Hündinnen ihre Nachzuchten dahin erziehen, ebenso nervös und mißtrauisch gegen alle neuen Situationen zu sein. Es gibt nachweislich den Effekt des Tradierens zwischen Mutter und Welpen, Übertragung des eigenen Verhaltens.

Ich war immer daran interessiert, einen Ausweg aus diesen Problemen zu finden. Eine Behandlungsmethode ist die Konzentration auf den Welpen, solange er noch sehr jung und aufnahmefähig ist. Aus diesem Grunde baute ich 1989 in unserem Animal Behaviour Center eine Welpenspielgruppe auf. Hier kommen laufend fünfzehn bis zwanzig Welpen in einem mit Teppich ausgelegten, eigens entworfenen Spielzimmer zusammen. Turbulente, wilde Spiele werden den Kleinen ermöglicht, ihre Vorbilder und Spielkameraden sind Sam, der selbstbewußte Setter, und Jasper, der vor Spielfreude überschäumende Border Collie. Welpen mit Problemen wie Daley und Thompson kommen im Alter von vierzehn Wochen zu uns, mit zwanzig Wochen machen sie Luftsprünge wie völlig selbstbewußte Clowns.

Innerhalb der Gruppe wird jeder Welpe auch von allen anderen Besitzern betreut, sie begegnen dabei auch unserem Hausschaf »Afterthought«. Seine Aufgabe ist es, Hunden allen Unfug gegenüber Haustieren von vornherein abzugewöhnen; hinzu kommen aufgeplusterte Hühner, gleichmütige Katzen und eine ganze Menge Kinder. Die Verwandlung gedrückter und übervorsichtiger Welpen in fröhliche, unternehmungslustige und glückliche Umhertreiber ist wundervoll zu beobachten. Ich versuche immer, an diesem Mittwochnachmittag mit dabei zu sein, es ist der schönste Abschnitt in meinem beruflichen Tagebuch. Der Kindergarten ist für uns alle außerordentlich befriedigend. Es ist immer besser, Probleme gar nicht erst aufkommen zu lassen, als sie anschließend zu heilen.

VII Urin und Kot

Zu viel Zeit meines Lebens war ich am Schwanzende der Tiere angebunden. Das Ganze begann in meiner Kindheit, als ich Cherry, unsere Hauskuh, mit der Hand molk. Koten gehörte zu den verschiedenen Abwehrwaffen, die Cherry gegen die Menschheit einzusetzen vermochte. Sie schien genau zu wissen, daß die weiche, warme Masse ihrer Fladen sich besser verteilte und die neben ihr Sitzenden mehr ärgerte, wenn sie auf den harten Boden, anstatt ins aufsaugende Stroh fiel. Ich bin mir gewiß, Cherry wußte alles über Botschaften, welche über Fäkalien weitergegeben werden können.
Was ihre Kommunikation untereinander durch Kot und Urin angeht, haben Hunde ihre eigenen Gesetze. Die Tatsache, daß Hunde in allererster Linie von Gerüchen beeinflußt werden, gehört zu den größten Herausforderungen für uns Menschen, die wir in unserem Leben doch so sehr durch an Auge und Ohr gerichtete Botschaften beherrscht sind. Man stelle sich einmal den subtilen Dialog vor, der sich unter Menschen ergeben könnte, wenn wir uns laufend darum bemühten, unter den Armen und am Anus von Fremden zu schnüffeln, Vaginalsekrete abzulecken, mit unseren Zungen geschmackliche Nachforschungen anstellten und anschließend Kothaufen und Urinspritzer sorgfältig untersuchten.
Seit den Tagen, da ich meine Forschungen für meine Doktorarbeit betrieb, bin ich technisch gesehen fortlaufend mit Urin und Kot befaßt. Damals interessierte mich vorwiegend die Art, wie Mäuse über ihr Gefühlsleben, Sexualinteressen, Angriffslust oder Friedensliebe Botschaften austauschten. Durch Analyse ihres Urins und der Drüsen im urologischen Bereich war es mir möglich, die Wurzeln des Machoverhaltens männlicher Mäuse in einer winzigen Drüse zu entdecken, der Preputialdrüse; heute wissen wir, daß es diese auch bei anderen Säugetieren einschließlich der Hunde gibt. Weibliche Mäuse tauschen durch Östrogenausschüttung im Urin mit ihren Mitmäusen einen Duft des Friedens aus. In kritischen Zeitabschnitten habe ich überlegt, diese weiblichen Düfte in Flaschen abzufüllen und sie über die Krisenherde auf der ganzen Welt zu verteilen.

Die menschliche Haltung gegenüber Kot und Urin wird immer beschönigend umschrieben, die genaue biologische Terminologie wenn irgend möglich gemieden. Ich selbst hatte nie derartige Probleme, habe in Restaurants schon manchen Begleiter bei lebhaften Gesprächen über das Hinein und Heraus von körperlichen Gerüchen in große Verlegenheit gebracht. Wir sprachen zum Beispiel über die Rolle eines Enzyms namens Beta-Glucuronidas bei der Feinabstimmung chemischer Botschaften im Urin. Ich grübele darüber nach, daß möglicherweise Menschen sich sehr ähnlich Hunden verhalten, wenn sie sich in die Wälder aufmachen, hinter Bäumen pinkeln. Wo persönlicher Raum für menschliche Wesen knapp bemessen ist, wie etwa in psychatrischen Anstalten oder Gefängnissen, wird Urin oft am Rande des Verteidigungsbereiches in Korridoren oder Betten abgesetzt, exakt auf gleiche Art wie dies bei zusammengepferchten Mäusen und Hunden festgestellt werden kann.

Es gibt überhaupt keinen Zweifel, Hundebesitzer sind in ihren Gefühlen sehr stark von den Gewohnheiten des Sichlösens ihrer Lieblinge beeinflußt und erwarten, daß sich ihre Vierbeiner strengen Verhaltensregeln anpassen. Es ist wirklich bemerkenswert, daß die meisten Haushunde sich erfolgreich solchen menschlichen Erwartungen anpassen. Welpenbesitzer zeigen meist zu Beginn einige Nervosität, ob ihr neues Haustier in acht, zwölf, fünfzig Wochen oder nie stubenrein wird! Dies ist eines der Hauptgesprächsthemen bei den Mitgliedern unserer Puppy-Playgroup. Die Wahrheit ist, daß die meisten Welpen stubenrein werden – eher trotz, als durch die Erziehung ihrer Besitzer. (Allgemeine Auffassung unter den Paediatern (Kinderärzten) ist heute, daß auch Mütter von einer freizügigeren Haltung bei der »Töpfchenerziehung« ihrer Babys profitieren könnten.)

Es gab keine »Töpfe«, die für Danube, eine deutsche Dogge in Nordlondon, groß genug waren. Die Dogge gehörte einer tierärztlichen Studentin. Nach der mir vorliegenden Geschichte wurde Danube etwa sechs Monate zuvor von einem Rettungssystem deutscher Doggen übernommen, als seine Herrin Jennifer bei ihren Eltern wohnte. Die Planung war, daß während des Studiums am Royal Veterinary College der Rüde bei den Eltern leben sollte, in den Ferien lag dann die Verantwortung bei Jennifer. Die elterliche Begeisterung ließ aber schnell nach als sich herausstellte, daß Danube keine Kontrolle über seine Blase hatte. Danube pinkelte, wann immer er sich aufregte. Unglücklicherweise konnten ihn viele Dinge aufregen – ein fremder Mann, ein anderer Hund, der am Haus vorbeiging, ein scharfer Tadel, ja sogar ein freundliches Wiedersehen mit irgendeinem Familienmitglied. Jennifers Eltern lehnten es ab, Danube weiter zu halten. So mußte er das Landleben verlassen, in die Stadt zurückkehren.

Die meisten Mißgeschicke des Rüden konnten von Jennifer mit Geduld, Liebe und Freundlichkeit ertragen werden. Nur selten tadelte sie ihn für seine »Irrtümer«. Ihre Logik sagte ihr, daß er eine schwache Blase habe, obgleich klinische Tests am Royal Veterinary College keine erkennbaren medizinischen Abnormalitäten aufzeigten. Aber ein Hauptproblem blieb – allein gelassen urinierte er immer. Eine deutsche Dogge trinkt mehr als täglich etwa eine Gallone (4,5 Liter) Wasser, was oben hineingeht, muß sicherlich unten herauskommen. Es gab Zeiten, da Jennifer die Dogge ganz einfach zu Hause alleine lassen mußte. Sie ging zu Vorlesungen, Praktikum und anderem – es gab auch Bereiche ihres gesellschaftlichen Lebens, an denen Danube nicht immer teilhaben konnte.

Es konnte zwei Minuten dauern oder zwei Stunden – das Ergebnis war immer das gleiche – die Dogge leerte ihre Blase. Die kleine Wohnung von Jennifer lag über einer Wäscherei. Es war schon ein Desaster, wenn Urin durch Boden und Decke nach unten drang und auf die Köpfe und Kleider der Besucher tropfte. Glücklicherweise war der Eigentümer des Gebäudes ein verständnisvoller Mann, der zugegebenermaßen ein weiches Herz für Jennifer, seine mustergültige Mieterin seit zwei Jahren besaß. Jennifer arrangierte es, daß ich mich mit dem Vermieter traf, um ihm zu beweisen, daß sie sich alle Mühe gab, das Problem zu lösen. Ich besichtigte die Wäscherei, und tatsächlich gab es einen gelben Kreis von etwa einem Meter Durchmesser an der Decke. Schwarze Ränder liefen rings um den Fleck, der Urin hatte beim Durchtränken des Putzes Farbbestandteile aufgelöst. Ich scherzte, wie schön doch die chemischen Bestandteile des Urins durch den Lösungsprozess in seiner Decke aufgelöst worden wären, aber Mr. Kamil konnte darüber nicht lachen. Ich mußte jetzt sehr schnell echte Ergebnisse erzielen oder Jennifer und Danube würden auf der Straße stehen.

Danube war ein wunderschön aufgebauter blaugrauer Doggenrüde, er liebte es, vor seinen menschlichen Bewunderern statuenähnliche Posen einzunehmen. Ich fischte schnell meine Kamera aus meiner schwarzen Utensilientasche, um ein besonders attraktive Pose von Danube einzufangen, hätte mich aber überhaupt nicht zu beeilen brauchen. Er verharrte in seiner imposanten Stellung über eine Minute, ohne sich zu bewegen. Nachdem ich das Foto für meine Unterlagen aufgenommen hatte, rasselte Jennifer mit der Leine, dadurch kamen fünfzig Kilo Lebendgewicht einer imposanten Dogge in lebhafte Bewegung. Innerlich amüsierte ich mich über das dünne Kettenhalsband und die kurze Leine, die Jennifer Danube anlegte. Aber ich zog es vor, meine Auffassung über passende Ausgehausrüstung bis zum späteren, eingehenderen Beratungsgespräch für mich zu behalten. Mit affenartiger Geschwindigkeit wurde Jennifer die engen Stufen von der Wohnung auf die Straße heruntergezogen. Zeit und unser Spaziergang vergingen, aber es war klar erkennbar, daß Danube niemals mit erhobenem Hinterlauf markierte. Deutsche Doggen sind im allgemeinen nicht so markierungsfreundlich wie kleinere, frühreifere Hunde, aber von Zeit zu Zeit finden auch sie die eine oder andere Stelle markierenswert. Danube las aufmerksam die Duftzeitungen, leistete aber dazu keinerlei eigene Beiträge.

Dieser Teil im Norden von London ist keine hundefreundliche Gegend, eigentlich gab es für den Auslauf nur einen Fußpfad am Ufer eines nahegelegenen Kanals. Dieser schmale Streifen Grünland war gut bevölkert von anderen Hunden und ihren fäkalen Hinterlassenschaften. Meine Sympathien für Jennifer wuchsen, als sie einen Polyäthylenbeutel auspackte und fachmännisch einen dampfenden Kothaufen aufnahm, der gerade von Danube abgesetzt worden war. Gewöhnlich hatte ich selbst Fiffitüten (Poopscoops) bei mir, aus dem einfachen Grund, daß Kot zu wertvoll ist, um ihn einfach liegen zu lassen, damit andere hineintreten, aber das brauchte man Jennifer nicht zu erklären. Danube war bei Spaziergängen ein ziemlich anstrengender Hund, zog an kurzer Leine seine Herrin hinter sich her. Ich hatte eine Rolleine bei mir, fertigte aus meinem Gürtel ein maßgerechtes Hundehalsband, da ich nicht länger mitansehen konnte, wie der arme Hund sich mit seinem Würger fast erdrosselte. Mit dieser neuen Freiheit, sich im eigenen Tempo bewegen zu können, fühlte sich Danube erleichtert, hörte sofort mit dem Ziehen auf. Ich zeigte Jennifer, wie sie die Rolleine zum »Klicken« brachte als Signal für Danube, eng an ihrer Seite zu gehen. Dadurch sparte sie ihre Stimme, um sich mit anderen Menschen zu unterhalten oder ihrem Hund Nettigkeiten zu sagen.

Nach einem interessanten Spaziergang durch den schönen historischen Teil der Stadt, kamen wir erfrischt wieder bei der Wohnung an. Aber die Blase von Danube war noch immer gefüllt. Ich palpierte die Blase und stellte fest, daß zumindest ein bis zwei Liter Urin gespeichert waren. Spät war es geworden, und ich hatte noch eine weitere Verabredung mit einem zerstörerischen Labrador. Deshalb bat ich Jennifer, Danube zu füttern, die nächsten zwei bis drei Stunden ausschließlich damit zu verbringen, den Kanal auf und ab zugehen, bis ich später am Abend zurück kam. Interessanterweise erzählte sie mir bei der Rückkehr, daß Danube noch immer nicht uriniert hatte. Dies war bemerkenswert – als hindere eine Freud'sche Blockade Danube daran, vor seiner Herrin zu urinieren, obwohl er an einer acht Meter langen Rolleine geführt wurde.

Ich ließ Jennifer zu Hause und ging mit Danube erneut zu dem Fußweg zurück. Gerade waren wir um die Ecke des abschüssigen Weges zum Kanal, als der Drang Danube überwältigte. Ein anscheinend endloser Strom Urin floß hinab in das Kanalwasser. Woher in aller Welt kam dieser Verhaltenszwang, der Danube blockierte, vor Jennifer zu urinieren, vor der Frau, die er wohl liebte?

Auf die Farm zurückgekehrt, telefonierte ich mit der Dame, die das Hilfswerk für Deutsche Doggen leitete, um an mehr Informationen über Danubes Erstbesitzer zu kommen. Möglicherweise konnte ich mit ihm oder ihr sprechen? Man gab mir die Erlaubnis. Zurückgekehrt in mein Büro telefonierte ich mit Danubes alter Heimat. Dadurch erfuhr ich, daß Danube ein Rüde aus einem Paar war, das eine ehrgeizige Züchterin und Ausstellerin von deutschen Doggen für sich behalten hatte. Sie lebte ganz alleine mit ihren vier deutschen Doggen und hatte nichts anderes als das Wohlergehen Ihrer Hunde im Sinn. Unglücklicherweise gab es zwischen Danube und seinem Bruder ab dem Alter von einem Jahr Kämpfe. Als die Hunde fünfzehn Monate alt waren, wurde die Situation unerträglich. Die Züchterin konnte sich in keiner Weise daran erinnern, daß Danube nicht stubenrein gewesen wäre, aber die Hunde verbrachten den Großteil ihrer Zeit in den Zwingern, wo Danube auch mit Sicherheit urinierte. Als ich die Züchterin frug, ob es in Danubes Leben irgendwelche ungewöhnlichen Ereignisse gegeben habe, erinnerte sie sich, daß Danube im Alter von zehn Monaten wahrscheinlich erstmals das Hinterbein gehoben hatte. Unglücklicherweise wählte er sich dazu einen elektrischen Weidedraht aus, erhielt einen schmerzhaften Schock. Seine Herrin war dicht bei ihm, versuchte ihn zu trösten, alles Weitere schien in Vergessenheit geraten zu sein. Nachdem ich aber weiter nachfrug, wurde ihr klar, daß sie von diesem Augenblick an Danube niemals wieder urinieren sah, er war zum heimlichen Toilettengänger geworden!

Ich vermutete, daß sich die unangenehme Erfahrung eines solchen Schocks unauflöslich mit der Anwesenheit der umsorgenden Herrin verbunden hatte, ursprünglich die Züchterin, jetzt Jennifer. Es ist ungewöhnlich, eine so klare und einleuchtende Erklärung einer Verhaltensstörung zu finden, einer Erklärung, die gleichzeitig auch noch den Weg zur praktischen Behandlung weist. Als erstes bat ich Jennifer, sie solle ihre Freunde, aber auch Fremde überreden, zumindest drei Mal täglich mit Danube spazieren zu gehen. Sie sollten immer einige Leckerbissen bei sich haben, den Rüden sofort belohnen, wenn er eine gute Urinmenge abgegeben hatte. Die Helfer sollten Danube immer nur exakt in einem solchen Augenblick positiv ansprechen, belohnen, in der übrigen Zeit Freundlichkeiten vermeiden. Während und nach dem Urinieren sollte immer ein Spezialkommando eigener Wahl folgen. Jennifer kam mit ihren Freunden auf den Namen der damaligen Premierministerin »Thatcher« – das war das Schlüsselwort. Eine bewundernswerte Wahl, war es doch eine ungewöhnliche Klangkombination ohne irgendwelche in Widerspruch tretenden Assoziationen – zumindest für Hunde. Nach einer Woche sollte Jennifer ihre Freunde auf den Spaziergängen mit Danube begleiten, von da an sollte sie das Wort sagen, zur richtigen Zeit selbst die Futterbelohnung geben. In den Tagen, wo keine Freunde für dieses Unternehmen verpflichtet werden konnten, sollte Jennifer Danube per Taxi in einen nahe gelegenen Wald fahren, wo er unangeleint laufen durfte. Wir hatten schon beim Spaziergang festgestellt, daß, wenn er sich von Menschen entfernt in dichtes Unterholz bewegen konnte, er zuverläßlich urinierte.

Ich arbeitete einen detaillierten Plan dieser Behandlungsstrategie aus, an den sich Jennifer halten sollte, wartete ebenso ungeduldig auf die Ergebnisse wie Mr. Kamil. Unglücklicherweise gab es innerhalb der ersten Woche noch drei Rückschläge – gefolgt von weiteren Warnungen des Hausbesitzers. Jennifer plädierte mit Erfolg um noch etwas Bewährungszeit, damit die Therapie ihre Chance habe. Und sie hatte Glück, – Danube lernte die neuen Gesetze, ihm wurde klar, daß die Anwesenheit von Menschen ihn in keiner Weise in seinem Recht bedrohte, in Frieden zu urinieren.

Hunde urinieren und koten nicht einfach irgendwo – ihre Auswahl der richtigen Stelle und Zeit ist genauso wohlüberlegt wie bei durchschnittlich disziplinierten Menschen. Die meisten Blindenführhunde sind so erzogen, daß sie ausschließlich ihre Geschäfte auf das Kommandowort »Busy« erledigen. Ein paar Hundeliebhaber haben sich der erzieherischen Mühe unterzogen, die Ausscheidung ihrer Hunde ausschließlich in einer Ecke des eigenen Gartens anstatt in den Gärten anderer Menschen, auf Wegen oder in öffentlichen Parks zu plazieren. Am besten beginnt man eine solche Erziehung beim jungen Hund, aber wie wir bei Danube gezeigt haben, kann das Lösen der Hunde auf Kommando in jedem Alter noch anerzogen werden.

Das Wichtige daran ist immer, dicht beim Hund zu sein, genau wenn ihn der Drang überkommt. In die Praxis übertragen bedeutet dies im allgemeinen, den Hund an einer Rolleine spazieren zu führen und genau die bekannten Anzeichen zu beobachten, ehe der Hund sich löst – schnüffeln, kreisen und dann sich lösen. Im Augenblick des Schnüffelns und Kreisens habe ich meinen Schülern beigebracht, nur das ausgewählte, aus einem Wort bestehende Kommando zu benutzen, – nicht etwa »Braver Junge« oder »Braves Mädchen« – denn die letzteren Ansprachen haben meist andere positiven Verbindungen, können zu Mißverständnissen führen. Hat der Hund seine Geschäfte erledigt, bietet man eine Futterbelohnung. Gemeinsames Spiel ist gleichfalls eine vorzügliche Belohnung für das Sichlösen auf Kommando. Hundebesitzer machen häufig den Fehler, ihren Hunden durch ihr Verhalten das »Geschäft erledigen« geradezu zu verleiden, etwa wenn sie auf Spaziergängen sofort danach umdrehen, um nach Hause zu gehen, oder mit dem Spiel aufhören, wenn der Hund »seine Dinge erledigt hat«. Ich empfehle dagegen jeweils nach dem beobachteten Urinieren oder Kotabsetzen eine ganz klar bestimmte Zeitspanne von etwa fünf Minuten intensivem Spiel und gemeinsamem Vergnügen.

Auch wenn bei Hunden das Sichlösen eine bewußte und kontrollierte Angelegenheit ist, bleibt dennoch für sie der Wunsch, Geruchssignale zu setzen, eine Art Zwang, der sich nicht leicht durch den Hundebesitzer wegerziehen läßt. Die Erziehung eines gesunden Rüden, nicht das Bein zu heben, ist möglicherweise ebenso erfolgreich wie die Erziehung eines heißblütigen Mannes, keine Frau mehr anzusehen.

Vor kurzem machte ich bei einer Familie einen Hausbesuch, deren Problem ein geradezu klassischer Fall war: verbreitetes Absetzen der Duftsignale von allen ihren Hunden. Da war zunächst Litmus, der Yorkie, der große alte Herr des Hauses, acht Jahre alt. Trotz fehlender Zähne hatte er das Herz eines Löwen, war unumstrittener Herrscher seines Rudels. Sein Rudel bestand aus zwei weiteren Hunden, Cavalieren mit den Namen Bill und Ben, ein- und dreijährig. Bill war schon immer auf Grund eines anatomischen Mangels ein »duftender Hund«; beim Beinheben spritzte er stets Urin gegen den eigenen Bauch und auf den rechten Vorderlauf. Dies ist ein Problem, das manchmal bei Cavalieren auftritt, es gibt nur eine Lösung, nämlich eine chirurgische Änderung des Peniswinkels. John und Clare Lockwood hatten sich mit Billis kleinem Problem abgefunden. Sie waren aber nicht bereit, sich weiter mit ihren Hunden zu arrangieren, als alle drei damit begannen, überall ringsum im Haus ihre Duftmarken zu setzen. Dieser Zustand dauerte nunmehr schon sechs Monate, über diesen Zeitraum waren die Auswirkungen wirklich verheerend.

Die Familie Lockwood waren begeisterte Reisende und Sammler. Überall, wohin ich schaute, gab es eine griechische Ikone, eine römische Vase, einen Ammoniten (ausgestorbener Kopffüßler mit meist spiralförmig eingerollter Schale), Ölgemälde, Bakelitradios aus den dreißiger Jahren, alles in sorgfältiger Ordnung. Ein sehr geschmackvoll eingerichtetes, großes, geräumiges Haus! Zwei sauber gewaschene, wohlerzogene Kinder erschienen, erhielten aber das Kommando, ab ins Kinderzimmer – möglicherweise weil die Eltern den Eindruck hatten, daß das Thema unserer bevorstehenden Unterhaltung für junge Ohren ziemlich unpassend sein könnte.

Der erste Eindruck war, daß das ganze Problem sich ausschließlich auf Urinieren beschränkte – Kot wurde außerhalb des Hauses, auf Spaziergängen oder im Garten abgesetzt. Man führte mich durch das ganze Haus, um all die Spuren der Verbrechen zu besichtigen. Ich begann eine Liste anzulegen, nach der dreißigsten Stelle war mir klar, daß man das Problem mit »überall« zusammenfassen konnte. Nahzu jedes Möbelstück, die untersten Treppenstufen, Taschen, Fahrräder, Kleider der Familie, ja selbst die Knöchel der Besucher – praktisch jeder Gegenstand, der nicht mehr als fünf bis acht Zentimeter vom Boden entfernt war – wurden markiert. Wir machten einen gemeinsamen Spaziergang, so konnte ich Beobachtungen anstellen, in welcher Rangordnung die Duftmarken abgesetzt wurden. Das Verhalten war absolut charakteristisch; als erster Litmus, offensichtlich der Anführer des Trios, dann wiederholt und ohne bestimmte Rangordnung Bill, Ben, Ben, Bill und so weiter. Die zwei Cavaliere befanden sich fortlaufend in olfaktorischen (geruchlichen) Konflikten. Ihre wechselseitigen Handlungen wurden durch die Duftnoten ihres Rudelführers Litmus ausgelöst.

Ich kniete mich hin, um den genauen Geruch aufzunehmen. Er hatte die abgestandene Strenge von Urin, nicht nur durch bakteriellen Zerfall, sondern noch zusätzlich den süßlichen Geruch von Steroiden. Die ölige Zusammensetzung des Urins konnte man auf weißem Stoff, etwa den Pantoffeln von Clare erkennen, die gerade am selben Morgen eine Dosis abbekommen hatte. Die nylonbesetzte Vorderseite der Slipper vermittelte ein schmieriges Gefühl zwischen den Fingern, Anzeichen von preputialen und anderen sebacosen Drüsenbeimischungen. Wir wissen, daß diese Drüsen teilweise von männlichen Hormonen kontrolliert werden – Testosterone verursachen in unserer Welt so zahlreiche Probleme.

Bis zu meinem Besuch hatten die Lockwoods teure Haushaltsreiniger benutzt, um die Verschmutzung zu beseitigen – darunter Gallonen an Desinfektionsmittel. Ich empfahl die bekannte Marke eines biologischen , kalt anzuwendenden Reinigungsmittel. Dies war ein ökonomischer, wirksamer Versuch, die im Urin enthaltenen Chemikalien aus ihren zahlreichen erzwungenen Gastgebern wieder herauszubekommen. Dieses Mittel löst die Proteinreste mit ihren Enzymen auf – wie in der Fernsehwerbung das »weiße Waschen« noch viel weißer wird. In der allgemeinen Unterbringung, Pflege und Erziehung der Hunde konnte ich keinen Fehler entdecken mit Ausnahme der Elementarbeziehung zwischen Bill und Ben, auf die man sich auf meinen Rat besonders konzentrierte.

Das Problem schien aus dem Rangordnungsstreit zwischen Bill und Ben zu erwachsen, der durch eine gute und auf richtigen Prinzipien aufgebaute Rudelordnung eigentlich leichter lösbar erschien. Wie viele Hundebesitzer neigten auch Clare und John dazu , die Cavaliere als etwas »hirngeschädigte Gleiche« zu behandeln – mit Litmus, dem Zwerkyorkie als Leitrüden. Deshalb wurde Litmus immer als Erster gefüttert, er hatte alle Rechte und Privilegien, welche Bill und Ben verweigert wurden. Ich sagte »hirngeschädigt«, weil viele tierärztliche Neurologen den Standpunkt vertreten, daß die Architektur des Cavaliergehirns durch die eingedrückte Kopfform, auf welche diese Rasse gezüchtet wird, dramatisch verändert wurde. Tatsächlich kann man bei einigen Cavalieren Wasserköpfe verschiedener Ausprägung feststellen, was durchaus schädigende Auswirkungen auf die Gehirnfunktionen haben könnte.

Ich hatte nicht die Möglichkeit, einen »ad hoc« hundlichen Intelligenztest an Bill und Ben vorzunehmen, aber beide erschienen mir ziemlich chaotische, wenn auch liebenswerte Hunde, deren wichtigste geistige Errungenschaft wiederholtes Urinmarkieren zu sein schien. Ich empfahl Familie Lockwood, beide Rüden kastrieren zu lassen. Hierdurch wurde die relativ harmonische Beziehung der Hunde zueinander nicht verändert, zumindest schloß dies Kämpfe untereinander aus. Weiterhin schlug ich ein neues Reinigungssystem vor, zunächst ein Reinigungsmittel auf biologischer Basis, danach gründliches Schrubben mit medizinischem Alkohol und anschließend sollten die betroffenen Ecken mit einer milden Lösung von Hydrogenperoxid getränkt werden.

Zu der Zeit meines Besuches gab es die Woche über keinerlei regelmäßige Spaziergänge für die Hunde, die Familie war zur Schule oder ging arbeiten. Ich schlug vor, daß sie ein Spaziergangssystem aufbauten, das den Hunden zumindest zwei tägliche Ausgänge sicherte, an dem im Wechsel Eltern wie Kinder beteiligt waren. Dies gab den Hunden Gelegenheit, unterwegs Duftmarken aufzunehmen, außerhalb der Wohnung zu urinieren. Mit einigem Glück sollte es die Bedeutung des Markierens innerhalb des Hauses mindern. Ihren Hunden gegenüber waren die Lockwoods »Softys«, keinesfalls bereit, ihrem allgemeinen Lebensstil und der Beziehung untereinander viele Beschränkungen aufzuerlegen. Als Kompromiß schlug ich vor, daß nachtsüber die Hunde im Schlafzimmer der Tochter Andrea schlafen sollten. Tagsüber sollten die Hunde auf einen einzigen Raum (Küche) beschränkt werden. Dazu kam mit einstündigen Abständen kontrollierter Auslauf in den Garten. Nachdem die Hunde kastriert, von der Operation wieder genesen waren, sollte man ihnen unter Überwachung nach und nach wieder mehr Räumlichkeiten im Haus zugänglich machen.

Im Augenblick ist es noch zu früh zu beurteilen, ob mein Rat für die Lockwoodhunde wirklich erfolgreich war, aber die Zeichen stehen gut. Zusammensetzung und Häufigkeit der Ausscheidung von Urin wird durch die Kastration immer schnell verändert. Cavaliere stehen ziemlich hoch auf der Liste der Hunderassen, bei denen solche Probleme vermehrt auftreten. Hierfür habe ich keine wissenschaftliche Erklärung, nehme aber an, daß die Rasse züchterisch auf sexuelle Frühreife ausgerichtet ist. Häufig sind Cavaliere körperlich wie sexuell bereits im Alter von fünf oder sechs Monaten ausgereift – im Vergleich zu zwölf und mehr Monaten bei größeren Hunderassen. Möglicherweise entwickeln sie einen höheren Testosteronspiegel als andere Hunde, wodurch Gehirn und Blase stärker auf maskulines Verhaltensmuster ausgerichtet werden.

In unserer Praxis haben sich auch glatthaarige Dachshunde als erwähnenswerte Charaktere erwiesen, zum einen wegen ihres Selbstbewußtseins, zum anderen wegen ihrer Neigung, sich zum unbequemsten Zeitpunkt und am ungeeignetsten Ort zu lösen. Natürlich haben diese Hunde auch viele liebenswerte Eigenschaften, zum Beispiel ihren Wunsch nach engem Körperkontakt mit dem Besitzer (möglicherweise läßt sie ihr dünnes Haarkleid die Kälte deutlicher spüren). Dachshunde sind bemerkenswert intelligent, können zu ausgesprochen guten Wachhunden werden. Sie haben ein sehr gutes Hörvermögen, unerwünschte Besucher erwartet ein schraubstockartiges Gebiß.

Lord X war über achtzig und hatte während seines Lebens eine ganze Reihe von Dachshunden besessen. Den ersten erhielt er im Zivildienst in Indien, seine späteren Hunde begleiteten ihn durch zahlreiche Länder des englischen Empire. Er war ein »Grand Old Man«, seine Familie hatte Grundbesitz und Geld während der irischen Auseinandersetzungen der 20er Jahren verloren. Er lebte heute unter bescheidenen Verhältnissen in einer Drei-Zimmer-Wohnung, die mit Fotos und Erinnerungen an bessere Zeiten vollgepackt war. Danny war sein jetziger Begleiter, er schaute auf eine Galerie von sechs anderen Dachshunden der letzten Jahre zurück. Die angenehmen Erinnerungen an seine Hunde wurden Lord X durch Dannys Gewohnheit verdüstert, zumindest einmal täglich ein wohlgeformtes Häufchen auf seinen Arbeitssessel zu plazieren.

Danny wurde mir von einem der bekanntesten Tierärzte Londons, der sehr von diesen Dachshund-Kobolden eingenommen war, überwiesen. Dieser Tierarzt und seine Familie waren Halter oder Opfer einer ganzen Reihe von Haus- und Tierheim-Dackeln. Er führte mich in die Feinheiten der Dachshundpsyche ein. Diese faßte er eigentlich mit einem einzigen Wort zusammen – sie seien alle »Holzköpfe«. Die Mitarbeiter in der Praxis des Tierarztes schätzten Lord X ganz besonders und baten mich, außerordentlich einfühlsam und geduldig vorzugehen.

Es hätte dieses Ratschlags nicht bedurft, denn Lord X war mir auf Anhieb sehr sympathisch. Kein Hauch bombastischer Überlegenheit der Oberklasse war zu spüren, er wußte, hinter ihm lag ein gutes Leben, er hatte gute Arbeit geleistet, und er versuchte nun, in dieser Tradition weiter zu leben. Aus seinem Pflichtgefühl heraus war er noch immer ein regelmäßiger Besucher im House of Lords. Erziehung, innerstädtischer Zerfall und dritte Welt – dies waren seine Spezialinteressen. Der Dachshund Danny war der bekannte Begleiter von Lord X in seinem gesellschaftlichen Leben, er durfte mit ihm sogar in seinen Club. Allerdings hatte man gerade vor kurzem beide des Clubs verwiesen. Danny war auf seines Herrn Lieblingssessel gesprungen, verübte das Gleiche wie auf dem Schreibtischsessel von Lord X zu Hause. Solches Verhalten war für das Clubmanagement absolut unakzeptabel.

Bei meinem Besuch empfing mich die Haushaltshilfe von Lord X, eine liebenswerte irische Lady. Sie beklagte sich, Danny sei ein übler Bursche, er verdiente einfach einmal eine richtige Tracht Prügel mit dem Stock. Lord X habe den Lümmel aber noch nie richtig zurechtgewiesen – das Ergebnis könne man ja jetzt sehen. Gut, verstanden! Ich dankte Mrs. O'Connor für ihr großes Interesse, bat sie, mir die genauen Stellen zu zeigen, wo Danny gesündigt hatte. Es gab nur zwei Stellen, den schon erwähnten Schreibtischsessel und – das Bett von Lord X. Als wir zu diesem Punkt gekommen waren, mußte Lord X uns wegen einer Verabredung zum Lunch verlassen, er bat mich um Verständnis. Aber schon nach zehn Minuten kam er zurück, er hatte seinen Tabakbeutel vergessen.

Ich habe schon immer gewußt, daß es gut für mein Selbstgefühl ist, wenn mich gelegentlich ein Klient nicht allzu ernst nimmt. Ich wußte natürlich, daß Lord X zu diesem Zeitpunkt mir gegenüber gar nicht unfreundlich sein wollte. Er hatte ganz einfach etwas geistesabwesend seine vorangegangene Verabredung vergessen, war aber sicher, »daß Mrs. O'Connor dies schon wieder in Ordnung bringen werde«. Und wie recht er hatte! Schon nach einer halben Stunde entschuldigte ich mich, zog mich zurück, weder viel klüger noch sicher, was ich eigentlich empfehlen sollte. Ich schlug vor, das Bett von Lord X mit einer Folie zu versehen, um damit den Hund zu veranlassen, diesen Platz zu meiden. Dies sei völlig unmöglich, erklärte mir Lord X am Telefon, denn der Hund brauche seine

Körperwärme, um sich die Nacht über wohl zu fühlen. Das gleiche galt für den Stuhl hinter dem Schreibtisch. Diesen teilte sich Lord X mit Danny, wenn sie zusammen schrieben. Möglicherweise gibt es hier eine enge Wechselbeziehung zwischen der Persönlichkeit von Hund und Herrn.

Eine der Tierarzthelferinnen, die sonst auch Danny betreute, lebte in der Nachbarschaft. Sie hatte mich eingeladen vorbeizukommen, ihr über meinen Patienten zu berichten, insbesondere falls sich die Notwendigkeit ergeben sollte, mit dem Kopf gegen die Wand zu rennen, um meine Frustration los zu werden. Ihre eigenen langhaarigen Dachshunde, die keinerlei Neigung zeigten, auf Besitztümer ihrer Herrin zu koten, brachten mir Inspiration und einen Hinweis zur richtigen Therapie. Die Tierarztgehilfin bot an, Danny auf eine Woche zu übernehmen, ganz einfach um einmal zu sehen, wie er mit einer neuen Umgebung und mit ihren Hunden zurechtkomme. Ich rief Lord X an, und er stimmte diesem Vorschlag recht glücklich zu. Ich fuhr hinüber, um Danny abzuholen, er schied wie ein Flüchtling mit seinen Lieblingsspielzeugen, Bürste, Kamm und seinem Hundekörbchen. Bemerkenswert war, daß dieses Hundebett nie benutzt worden war, denn das Bett von Lord X war viel weicher und wärmer.

Bei unserer Ankunft in der Wohnung der Tierarzthelferin schreckte Danny beim Anblick der anderen Hunde zurück, brachte sich unter dem Sofa in Sicherheit und bellte Alarm. Ich beugte mich nieder, um ihn unter dem Sofa hervorzuholen und faßte in etwas Warmes und Klebriges. Er hatte frisch gekotet, obwohl er gerade einen Spaziergang hinter sich hatte. Höfliche Worte fehlten mir in diesem Augenblick, aber die geduldige Helferin war fröhlich bereit, das Experiment fortzusetzen. Ihre Berichte an mich besagten, daß Danny ein schwieriger und durch und durch schlechter Holzkopf sei, der ihren Hunden die Spielzeuge stahl, nie auf ein Kommando hörte. Alles, was er sich wünschte, war, auf dem Schoß oder auf warmem, menschlichem Körper zu sitzen. Aber er hatte nie wieder innerhalb der Wohnung gekotet.

Die Woche war um, und es wurde für Danny Zeit, zu seinem Herrn zurückzukehren. Ich empfahl eine niedrigkalorienhaltige Diätverordnung durch den Tierarzt, bat Lord X, mit einem Leckerbissen in der Tasche spazieren zu gehen, den Hund bei jeder Beobachtung des Kotabsetzens außerhalb der Wohnung zu belohnen. Mrs. O'Connor erhielt die Anweisung, Sessel und Bettbezüge, auf die Danny früher gekotet hatte, gründlich zu reinigen, wenn immer möglich, den Hund exakt an diesen Stellen zu füttern. Taktvoll unterbreitete ich den Vorschlag, daß man Danny den Zugang zu Bett und Stuhl durch Schließen der Schlafzimmertür oder Abdecken des Bettes verweigern sollte, solange man den Hund nicht beobachten konnte. Alle diese Ratschläge waren vernünftig und konnten keinesfalls schaden, aber ich war noch immer unsicher, ob alles erwartungsgemäß funktionierte. Irgendwie war ich noch nicht davon überzeugt, daß wir den wirklichen Grund für Danny's Verhalten erfaßt hatten.

Meine schlimmsten Befürchtungen bestätigten sich, als mich einen Monat später die Tierarzthelferin anrief, um mir mitzuteilen, daß Lord X Danny einschläfern lassen wollte. Ich rief ihn sofort an, fand schnell heraus, daß sich nichts wirklich verändert hatte, auch nicht die große Zuneigung von Lord X zu seinem halsstarrigen Lebensgefährten – er war aber ganz einfach verzweifelt. Als letzten Versuch – ohne eigentlich wirklich Erfolg zu erwarten – schlug ich vor, Danny kastrieren zu lassen. Die Gründe für diese Empfehlung standen auf schwachen Füßen – Danny war nicht überdurchschnittlich dominant, als Dachshund in weichen Händen. Dennoch stimmte Lord X meinem Vorschlag dankbar zu, die Kastration wurde kurz darauf durchgeführt.

Nachdem ein weiterer Monat ins Land gezogen war, rief ich erneut an, um herauszufinden, wie sich die Angelegenheit weiter entwickelt hatte. Niemand war überraschter als ich zu hören, daß sich die Situation außerordentlich verbessert habe, meine düsteren Erwartungen hatten sich nicht bestätigt. Ich sprach nicht mit Lord X selbst, sondern mit Mrs. O'Connor, der es einiges Vergnügen bereitete, mir zu sagen, in welcher Hinsicht ich mich zuvor geirrt hatte. Hatte ich nicht bemerkt, daß Lord X selbst »nicht ganz dicht war«? Seine Wäschereirechnung belief sich auf hunderte von Pfunden, sie mußte laufend alle Bezüge wechseln – der Hund kopierte ganz einfach seinen Herrn – das war ihre Meinung!

Taktvoll zog ich mich aus diesem Telefongespräch zurück, persönlich sah ich durchaus die Wahrscheinlichkeit, daß ich einen ganz wichtigen Aspekt in dieser Mensch-Tier-Verbindung übersehen hatte. Genaueres werden wir nie erfahren, denn Lord X lebte nur noch wenige Monate. Für Danny fand die ihn liebende Tierarzthelferin ein neues zu Hause, das Problem trat nie wieder auf.

VIII Autofahren

Über einige Monate im Jahre reisen Sam und ich zum Besuch unserer Patienten quer durchs ganze Land, treffen uns mit ihnen entweder zu Hause, in der Praxis eines Tierarztes oder in meiner speziell eingerichteten fahrenden Klinik, einem Murvi. Am Ende einer solchen Reise stießen wir in Cheadle Hulme auf einen besonders interessanten Fall, eine Farmer-Collie-Hündin namens Gill, die allen Fahrzeugen den Krieg erklärt hatte.

Ihre Herrin Mrs. Slater war mit Gill in einem alten verbeulten Auto über die Penninesche Bergkette angereist. Sie fühlte sich in dem weiß gekachelten Beratungszimmer mit all der Hi-Technik, wo ich sie erwartete und begrüßte, ausgesprochen fehl am Platze. Mrs. Slater war eine Farmersfrau, Schafe waren ihr Geschäft und Gill ein wichtiges Mitglied ihres Teams. Ich gewann die feste Überzeugung, daß Mrs. Slater noch immer an alle jene dunklen Geschichten glaubte, wonach das Volk von Lancashire und Cheshire die Leute aus Yorkshire nicht mag. Eine pulsierende und wohlhabende Stadt wie Cheadle mochte sie nicht, sie legte auch keinen Wert darauf, daß man sie mochte.

Die medizinischen Notizen über Gill lasen sich fantastisch – sie konnte tatsächlich noch das ureigene Leben eines Collies führen. Ihr Tagesablauf bestand im Nachlaufen und Hüten von Geschöpfen auf vier Beinen. In Abwesenheit von Schafen jedoch interessierte Gill sich für alles auf vier Rädern. Da etwa zehn Fahrzeuge täglich an der Farm vorbeifuhren, hatte sie eine ganze Menge an Gelegenheit, ihrer Jagdleidenschaft zu frönen, jedem Fahrzeug ein spektakuläres Willkommen zu bereiten. Man konnte Autos bereits eine gute Meile von der Farm entfernt auf schmalen, durchs Moor gezogenen Wegen ankommen sehen, es gab keine anderen Geräusche, welche den sich nähernden Motorlärm überdeckten. Und die Slaters waren mit ihrem Kampf ums landwirtschaftliche Überleben viel zu sehr beschäftigt, um ein Auge auf Gill's Untugenden zu haben. Kollisionen zwischen Collie und Autos waren hierdurch unvermeidlich.

Ich sah mir ihre letzte Unfallverletzung an, sie heilte recht gut. Aber Gill's Besitzer konnten sich schwerlich laufende Tierarztrechnungen leisten, obwohl ihr Tierarzt ihnen ein Konto offenhielt, das vor den Lammverkäufen im November nicht bezahlt werden mußte. Schreiben war nicht gerade die starke Seite von Mrs. Slater, so notierte ich Gill's Geschichte nach ihren Angaben, ohne den Vorzug früherer Aufzeichnungen ihrer Besitzerin.

Schnell gewann ich den Eindruck, daß Gill von ihrer Mutter Bonnie für zwei Aufgaben »erzogen« wurde – für die Arbeit mit Schafen auf der Farm und für das Jagen von Autos auf der Straße. Bonnie war ein Jahr früher bei einem Unfall mit dem Postwagen überfahren worden und gestorben. Und gerade Bonnie war eine besonders wertvolle Hündin! Sie ermöglichte es den Slaters, mit tausend Schafen auf 2000 oder mehr Acres (über 800

Hektar) moorigem Land im Nationalpark fertig zu werden. Ohne einen guten Hund war dies völlig unmöglich. Ein richtiger Schäferhund kann in Bereiche vordringen, Dinge unternehmen, die kein Mensch zu Fuß, auf dem Rücken eines Pferdes oder selbst mit einem Motorrad vermag. Einen guten Collie durch einen Verkehrsunfall zu verlieren war schlimm genug – zwei Verluste wären ein echtes Disaster.

Wir machten in Cheadle Hulme einen Rundgang, führten Gill an einer langen Leine. Sie zeigte dabei keinerlei Interesse, Autos zu jagen. Allein Arthur, ein fetter Kater, der auf dem Weg zu einem nahe gelegenen Park eine Mauer zierte, löste bei ihr einige Aufregung aus. Von Mrs. Slater hörte ich, daß sich auf ihrem Besitz in Yorkshire keine Katzen mehr aufhielten, sie waren alle von Gill – und in der Zeit zuvor durch Bonnie – vertrieben worden. Gill's Jagd auf Arthur erfolgte so plötzlich, daß es mich völlig überraschte, Arthur kam fast zu Schaden. Nachdem Gill die Gelegenheit verpaßt hatte, schien sie entschlossen, keinen einzigen Fuß nochmals falsch aufzusetzen.

Im Park setzte sich Gill gemütlich hin, blieb an der angewiesenen Stelle, während wir uns hinter Bäumen verbargen. Sie spielte fröhlich mit vorüberkommenden Kindern und Hunden. Es war für mich wie Gill's Herrin zum Verzweifeln, aber wir hatten es mit einem Hund zu tun, der clever genug war, den richtigen Augenblick und das Ziel seiner Angriffe sehr sorgfältig auszuwählen. Um die kostbare Zeit von Mrs. Slater nicht länger zu strapazieren, schickte ich sie nach Hause, sagte ihr, ich wolle sie auf dem Weg zu meinem nächsten Fall in Nottingham persönlich besuchen.

In der nächsten Nacht – einem Freitag – fuhren Sam und ich über dunkle und feindliche Wege über die Penninen. Es hatte über mehr als eine Stunde heftig geregnet, riesige Pfützen lagen vor uns im Scheinwerferlicht. Wir fuhren über das Dower Reservoir auf der Sheffield Seite der Penninen abwärts, plötzlich überfiel mich sehr starke Müdigkeit. In solchen Fällen liebe ich es, im eigenen Fahrzeug an einer einsamen Stelle zu campen, möglichst mit einem plätschernden Bach und Schafen als Gesellschaftern. Im Gebiet des Nationalparks ist dies nahezu unmöglich – keine Rücksicht auf Tierverhaltensforscher mit nomadischer Veranlagung. Glücklicherweise entdeckte ich einen holprigen Weg, der hoch hinauf in die nasse Dunkelheit führte – niemand konnte sagen wohin. Das Wetter war viel zu scheußlich, um auszusteigen und nachzuforschen – und meine immer unzuverlässige Taschenlampe hatte gerade ihren Geist aufgegeben.

Der Weg war steil und felsig, aber ich fuhr schnell und erstaunlicherweise landeten wir am Fuß eines gigantischen Steinbruchs, der über dem Dower Reservoir lag. In den Scheinwerferlichtern konnte ich Kaninchen sehen, so ließ ich Sam aus dem Auto, damit er seiner Lieblingsbeschäftigung nachgehen konnte. So nach etwa fünfzehn Minuten machte ich mir Sorgen, er könnte möglicherweise dasselbe Schicksal erlitten haben wie Gill's Mutter. Aber Sam kam pünktlich wie immer zurück, er füllte das ganze Fahrzeug mit dem Atem und den Gerüchen eines glücklichen, nassen Hundes. Draußen schüttete es weiter wie aus Kübeln, aber ich fühlte mich wohl in meinem Nest und hörte mir eine Wochenendsendung vom beliebten »Radio vier« an.

Ich fühlte mich glücklich, interessante Fälle lagen hinter mir, für die Nacht befand ich mich in der Gesellschaft meines guten Freundes Sam. Hatte ich Glück, konnte ich am Morgen interessantes neues Gelände erforschen, ehe ich zu meiner nächsten Verabredung ging. Meine Hoffnung auf wilde Natur und schöne Landschaft ging am nächsten Morgen voll in Erfüllung, als wir hügelabwärts ans Ufer der Talsperre kletterten. Auch Sam's nie endende Leidenschaft für Wasser ging in Erfüllung. Dann beendeten wir unseren Aufenthalt und machten uns auf den Weg zur Slater Farm.

In Cheadle Hulme hatten wir vereinbart, Gill sollte noch einen Tag Freiheit haben, um die Straßenbenutzer zu terrorisieren. Es war 8.00 Uhr in der Früh, als wir in die schlammige Straße durch Baumschulen-Pflanzungen einbogen, rund um Haarnadelkurven und entlang angestiegener Flüsse fuhren. Als die Farm in Sicht kam, gab es keinerlei Anzeichen der Gefahr, in die wir hineinfuhren. Mrs. Slater nahm an, daß Gill bereits mehr als fünf Minuten vor unserer Ankunft die brummende Dieselmaschine unseres Murvis gehört hatte. Sie lag auf der Lauer, oben auf einer Steinplattform, die in früheren Zeiten der Milchwirtschaft für Milchkannen eingerichtet wurde. So hatte sie ein meterhohes Sprungbrett, von dem aus sie sich auf ihr Opfer stürzen konnte. Ich bemerkte, daß sie dabei niemals vor die Räder kam, sondern clever von der Seite angriff. Ich setzte meine Fahrt mit etwa 20 Meilen die Stunde (23 Stundenkilometer) fort, offensichtlich für Gill eine bequeme Jagdgeschwindigkeit. Als ich jedoch die Fahrt verlangsamte, griff sie die Hinterräder an, machte nutzlose, aber gefährliche Attacken auf die Reifen. Offensichtlich hatte sie bei sich langsam bewegenden Motorfahrzeugen beim Beißen in die Reifen schon Erfolg gehabt. Dabei riskierte sie, unter den Schmutzfänger eingeklemmt zu werden. Die Murvi-Räder waren für Gill zu breit und fest, so gab sie auf und trottete heimwärts. Diese halbe Minute Lebenserfahrung mit Gill war für mich viel nützlicher als die ganze Stunde, die wir in der Cheadle Klinik verbracht hatten, um über sie zu sprechen. Es war völlig klar, ihr Verhalten war präzise ausgeführt, angeeignet in hunderten von Jagden nach Fahrzeugen verschiedener Geschwindigkeit und Art. Solange sich diese Fahrzeuge mit einer gleichmäßigen Geschwindigkeit bewegten, war die Hündin verhältnismäßig sicher, verlangsamten die Fahrzeuge die Geschwindigkeit, lief sie Gefahr, unter die Räder zu kommen. Eine Vielzahl von Abstrafungen hatte die Hündin in Anwesenheit der Fahrzeuge und ihrer erschrockenen Fahrer erhalten, aber alles, was dabei erreicht wurde, war der immer größer werdende Haß von Gill auf Fahrzeuge.

Beim Willkommensfrühstück am Küchentisch stellten wir eine Liste von Fahrzeugen auf, die sie besonders haßte, und Fahrzeuge, die sie gerade noch tolerierte. Am meisten haßte sie den Postwagen, der zuverlässig um 8.50 Uhr ankam – also gerade in wenigen Augenblicken. Wurde dabei Post auf der Farm abgegeben, jagte Gill das Fahrzeug nicht, erlaubte sogar dem Postboten, den Hof zu betreten. Ja, bei solchen Gelegenheiten wälzte sie sich sogar auf den Rücken, ließ sich den Bauch kraulen, ehe der Postbote die Post abliefern und in Frieden weiterfahren konnte. Einzig und allein, wenn er gerade durchfuhr, sie sozusagen mit leeren Pfoten stehen ließ – dann erklärte sie den Krieg.

Durch die nächstgelegene Farm kamen täglich zumindest vier Autos vorbei. Die Kinder wurden zum Ende der Straße an den Schulbus gebracht oder vom Schulbus geholt. Diese Fahrzeuge fuhren im allgemeinen einfach durch, die Fahrer hofften das beste. Im Gegensatz hierzu gab es einige Leute mit kleinen Ferienwochenendhäusern, sie waren weniger kühn – im allgemeinen verlangsamten sie die Fahrt und hielten auch manchmal an. Sie hatten sogar versucht, sich mit Gill anzufreunden, ihr Leckerbissen und übrig gebliebene Butterbrote gegeben. Dies mäßigte ihre aggressiven Reaktionen, aber sie riskierte dabei trotzdem den Tod, wenn sie, reizend anzusehen mitten auf der Straße stand und um Futter bettelte. Mit verschiedenen Fahrzeugen auf der Farm unternahm ich mehrere Testfahrten, auch mit einem offenen Landrover. Gill ließ sich nicht täuschen, dies waren für sie freundliche Fahrzeuge, kein Feind, der angegriffen werden mußte.

Eine Analyse der Einzelfälle, die von den Slaters beobachtet worden waren, zeigte, daß

Gill in der Unterscheidung der Fahrzeuge bemerkenswert klug war. Nur eine winzige Veränderung in den Fahrgewohnheiten ihrer »Opfer« konnte die Reaktion geradezu dramatisch verändern. Ich kam immer mehr zu der Annahme, daß ihr Verhalten eine Mischung von normalem Jagdtrieb mit ausgeprägtem Territorial-Verteidigungsverhalten war. Fahrzeuge, von denen sie annahm, darin säßen freundliche Menschen – insbesondere Leute mit Leckerbissen, wurden angehalten, aber nicht gejagt. Fahrzeuge, die nur vorbeifuhren, nichts als Staub und Gestank hinterließen, wurden angegriffen. Ich brauchte noch mehr Informationen, um diese Analyse zu bestätigen, deshalb gab ich vor, mich freundlich zu verabschieden und fuhr ab. Dann kehrte ich zurück, passierte mit lautem Motorgeräusch die Farm bei gleichmäßiger Geschwindigkeit, bot Gill eine weitere wunderschöne Gelegenheit, ihre Geschicklichkeit zu beweisen. Sie nutzte die Gelegenheit, lauerte dem Murvi auf, verfehlte gerade die Räder und verfolgte uns über etwa 100 Meter bei der Weiterfahrt.

Ich wiederholte dieses Manöver, dieses Mal hielt ich aber plötzlich direkt vor der Farmtür. Gill wurde sofort freundlich, bettelte um Futter aus der Hand. Natürlich erkannte sie meine Stimme wieder, bettelte voller Hoffnung um Brocken aus den Überbleibseln von Sam's Frühstück. Ich gab ihr das Kommando »Sitz«, warf ihr einen Brocken zu und fuhr weiter. Sie folgte dem Fahrzeug nicht nach. Ich hatte Hunde der Art von Gill schon zuvor in Devon, Wales und insbesondere in Irland angetroffen. Hier ist jeder auf der Farm lebende Hund mit seinem Los außerordentlich unzufrieden, verschafft sich Freude am Leben durch die Jagd auf die Räder des vorbeifahrenden Verkehrs. Als ich mich erstmals mit Tierverhaltenstherapie befaßte, dachte ich, daß eine zeitlich genau geplante Gegenmaßnahme dieses Verhalten stoppen könnte. Beispielsweise nahm man einige mit Wasser gefüllte Kunststoffbeutel auf einem Fahrrad mit, warf diese nach solchen Hunden – oder man versteckte sich auf der Ladefläche eines Landrovers, um rasselnde Blechkannen zu werfen oder überschüttete den Hund mit einem Kübel Wasser. Im allgemeinen hörten solche Hunde verläßlich auf, Fahrzeuge oder Fahrräder zu jagen, von denen eine solche Strafe ausging; sie fuhren aber mit der Jagd nach anderen Fahrzeugen fort. Es bedurfte einiger von dieser Leidenschaft besessenen Collies, um mir beizubringen, daß diese alte Hundeerziehungsmethode zu keinen langfristigen Verbesserungen führt. So mußte ich wissenschaftliche Alternativen einer Ersatzhandlung auf Basis von Belohnung entwickeln, was heute zu meiner idealen Strategie für die Behandlung verkehrsgefährdender Hunde geworden ist.

Das einzige zuverlässige Merkmal aller Border Collies ist, daß sie sehr schnell lernen, bemerkenswert anpassungsfähig, nach unseren Begriffen also intelligent sind. Ist die Aufgabe einfach und geradlinig, lernen solche Hunde schnell neues Verhalten, neue Aufgaben. Aber wie konnten wir Autos für Hunde zu einer angenehmen Begegnung, zur Quelle positiver, anstelle negativer Erinnerungen machen? Die Technik ist ganz einfach, sie erwies sich bei Gill als recht wirksam. Ich bat die Slaters, den Platz für die Milchkannen zugunsten von Gill mit einigen Bequemlichkeiten auszustatten. Unter ein einfaches Wetterschutzdach wurden einige trockene, mit Stroh gefüllte Jutesäcke gelegt. Hierdurch wurde dieser Platz zu einem angenehmen Hochsitz, auf dem sich Gill gemütlich hinlegen konnte, anstelle auf der Straße herumzustreunen. Der zweite Teil meines Rates an die Slaters lautete, regelmäßige Besucher oder Passanten zu bitten, anzuhalten, Gill auf ihrem Milchkannenplatz einen kleinen Leckerbissen zu geben. Aber erst mußte sie sich immer ruhig auf ihren Sack legen, dann kam die Belohnung. Auf dem Sims an der Wand sollte ein kleiner Topf festgemacht werden, darin wurde ein Vorrat wohlschmeckender, trockener Hundekuchen oder kleinere Fleischstücke untergebracht. Dadurch konnten sich auch jene, die mit leeren Händen kamen, noch immer an der Kampagne »Nett-sein-zu-Gill« beteiligen.

Bei allen Begegnungen mit Fahrzeugen, bei denen Gill nicht auf ihrem Aussichtspunkt saß, gab es keine Belohnungen. Sie wurde von jedem mit einem kurzen »Marsch« auf ihren Platz geschickt, gehorchte sie nicht, fuhr man einfach weiter. Ich schlug vor, etwa für zwei bis drei Wochen so zu verfahren. Danach sollten die Fahrzeuge einfach am Tor anhalten, befand sich Gill nicht auf ihrem Lager, sollte der Fahrer weiterfahren, aber ohne sie auf ihren Platz zu schicken. Ich hoffte, Gill werde den Vorteil der Futterbelohnung und – nicht weniger wichtig – des Kontaktes mit Menschen, die sie mochte, erkennen, wissen, daß alles Angenehme davon abhing, daß sie sich an sicherer Stelle, abseits der gefährlichen Straße befand.

Das Schöne an dieser Technik war, daß es auch den Nachbarn Freude machte, denn es bestätigte ihnen, daß die Familie Slater wirklich versuchte, ihren törichten Hund richtig zu erziehen. Da sie zur Nachbarschaftshilfe bereite Landleute waren, opferten sie gerne etwas Zeit, um einem Tier zu helfen, das schon zum allgemeinen Gesprächsthema, zum Ziel zahlreicher Scherze geworden war. Diese Methode führte auch weg von der Notwendigkeit körperlicher Strafen, die den Slaters sehr zuwider war, gewißlich auch zu meinen eigenen praktischen Erfahrungen und meiner wissenschaftlichen Ausbildung im Widerspruch stand. Die von uns ausgearbeitete Erziehungstechnik verbesserte tatsächlich Gill's ganzes Leben, brachte ihr viel mehr Kontakt mit Menschen. Unverändert stand die Hündin für alle notwendigen Arbeiten zur Verfügung, brauchte aber nicht wie früher im Kuhstall angekettet zu werden, was die vorangegangene Problemlösung der Slaters war.

Etwa um 11.00 Uhr waren Sam und ich mit dem Problem Gill fertig geworden, bereit zur Abfahrt. Wie gerne wäre ich länger in diesem wunderschönen Land, so weit vom städtischen Lärm und Schmutz geblieben, um hier zu arbeiten. Ich wußte aber auch, daß ich wahrscheinlich hier ähnlich wie Gill geworden wäre, gelangweilt, nicht genügend gefordert, ohne Streß und all die Herausforderungen eines Lebens als Helfer in schwierigen Fällen.

Unserer Beziehung zu Autos sind die klassischen von Liebe und Haß. Autos bieten Freiheit, größere Beweglichkeit, oft fühlen wir uns aber auch schuld an all den Ausgaben und der Umweltverschmutzung, die mit den Autos verbunden sind. Auch viele Hunde haben zwiespältige Gefühle gegenüber Motorfahrzeugen. Für die meisten Hunde bringt das Auto, der Laster, ja selbst das Fahrrad neue Erlebnisse und Vergnügungen, die viel aufregender sind als ein einfacher Spaziergang von Zuhause. Innerhalb weniger Wochen der Anpassung klettern Junghunde fröhlich ins Auto, sind glücklich, dabei zu sein. Das Empfinden der Hunde drückt sich auf vielerlei Art aus, im besten Fall durch fröhliches Rutenwedeln, im schlimmsten durch hysterisches Winseln, hin und her Laufen und Speicheln, anders ausgedrückt, in gestörtem Verhalten.

Der Besitz eines Hundes, der im Auto hysterisch wird, kann die fahrerische Geschicklichkeit seiner Eigentümer ernsthaft beeinträchtigen, unterminiert mit Sicherheit ihr seelisches Gleichgewicht. So ging es auch Dr. und Mrs. Evenson, sie waren »Opfer« eines wundervollen Trios von Langhaar Collies, Simba und Jason, zwei Rüden und ihrer jungen Schwester Gemma. Die Evensons waren sehr pflichtbewußte Hundebesitzer, immer darauf aus, ihren Nachbarn keine Unannehmlichkeiten zu bereiten, indem sie etwa ihr

Trio durch ihre ruhige, hübsch angelegte, immer weiter wachsende Vorstadt umherstreunen ließen. Sie hatten sich stattdessen angewöhnt, ihre Hunde in ihren winzigen Metro zu packen, eine Art mobilen Zwinger, der die aufgeregten Hunde auf das nahe gelegene freie Feld brachte. Über 15 Jahre dauerte diese Routine der Familie Evenson schon, sie umspannte zumindest zwei Generationen Langhaar Collies, von denen die Leute in der Gegend, wo sie lebten, kaum etwas gewahr wurden. Man konnte immer genau sehen, wenn die Evensons mit ihren Hunden unterwegs waren, man erkannte dies an den schwankenden Bewegungen ihres kleinen Metros, der sich von einer Seite zur anderen neigte. Der bedrängte Fahrer versuchte dabei immer, die Bewegungen der Hunde an Bord zu kompensieren. Die Kakophonie des Gekläffs wurde im Winter, wenn die Fenster geschlossen waren, mäßig gedämpft. Aber die arme Mrs. Evenson mußte dabei immer durch ein kleines Stück der Frontscheibe starren, das nicht durch den warmen und feuchten Atem der Hunde beschlagen war. Im Sommer – bei offenen Fenstern – konnte man sie schon auf die Entfernung von einer Meile hören.

Ursprünglich besuchte ich den Haushalt der Familie Evenson, weil Simba, einer der Rüden, gegenüber dem Fernsehmechaniker eine besonders ablehnende Haltung eingenommen hatte. Sie wollten, daß sich dies mit anderen Besuchern keineswegs wiederholen sollte. Der Zwischenfall entsprach nicht dem normalen Verhalten von Simba. Für mich war es eine einfache, geradlinige Aufgabe, denn ich konnte präzise die Umstände bestimmen, welche das abweichende Verhalten des Rüden ausgelöst hatte. Ein fremder kniete in Kopfhöhe von Simba vor dem Fenster, verwandte elektronische Geräte, um den Apparat zu testen und zu reparieren. Dabei kam es zu Geräuschen, die für den Hund schmerzhaft waren. In dem Augenblick, da der Fernsehmechaniker von Simba weg auf das Gerät schaute, wurde er in die Schulter gebissen; als ich die gesamte Prozedur nachstellte, wurde ich fast ebenso behandelt. In normaler Haltung zu stehen oder sich zu bewegen war jedoch keinerlei Risiko. Nur so nebenbei erwähnte Mrs. Evenson mir gegenüber das Verhalten der Hunde im Auto, nahm an, dies sei völlig normal und natürlich. Als Teil jeder Beratung im Hause erforsche ich jede Einzelheit des Routineverhaltens eines Hundes, dementsprechend auch im Auto. So schlug ich vor, mit den Hunden eine Fahrt zu unternehmen.

Es tat mir nachher leid – denn an diesem Tage hatte ich kein Ohropax in meiner schwarzen Tasche, etwas, was ich für solche Gelegenheiten meist bei mir habe. Das Äußere des Autos der Familie Everson war hübsch und sauber, gab keinerlei Hinweise auf seine tatsächliche Funktion. Wenn man im Auto saß, wurde alles schnell erkennbar. Ganze Fetzen der Ausschäumung der Lehnen der Vordersitze waren herausgerissen, und als die Hunde hereinsprangen und herumzuquirlen begannen, wurde ein ganzer Nebel von Schmutz und Haar aus vorangegangenen Fahrten aufgewirbelt.

Kein Asthmatiker hätte die Reise, die mich erwartete, überlebt. Der Lärm kam nur von Simba und Jason, während Gemma sich meist niederkauerte, Zuflucht vor ihren Brüdern suchte. Sie war eine süße Hündin, und all dieses Gekläff zerrte offensichtlich an ihren Nerven. Es war eine schwierige Situation. Meine innere Stimme sagte mir, den Dog-Stop-Alarm auszulösen, um die Lage zu beruhigen; dies wäre aber Gemma gegenüber unfair gewesen, sie war der unschuldige Teil. Langhaar Collies sind bemerkenswert geräuschempfindlich, und Gemma hätte auf diesen lauten, auf das Gehör wirkenden Alarm schlimm reagieren können.

Die Reise ging nur über zwei Meilen. So dachte ich, es sei das Beste, meinen Kopf zu senken. Finger in die Ohren zu stecken und alles durchzustehen. Mrs. Evenson versuchte eine Unterhaltung über harmlose Nichtigkeiten, sah überhaupt nicht die schmerzvolle Lage, die entstanden war. Das schlimmste Anschwellen des Lärms war beim Abbiegen von der Hauptstraße erreicht, von hier ging es eine löchrige, unbefestigte Straße hinunter in das Freigelände. In diesem Augenblick kam Gemma aus ihrem Versteck und wurde prompt von dem sich bossig gebenden Rüden Simba angegriffen. Als wir anhielten, versuchten die Hunde, über mich auf die Vordersitze zu springen, um das Auto anstatt durch die Heckklappe über die seitlichen Türen zu verlassen. Mrs. Evenson fluchte und schimpfte über die Hunde, fragte mich dann aber recht ruhig: »Dr. Mugford, ist dies eigentlich für Langhaar Collies normal?« Ich lachte mitleidig und antwortete, daß ganz gleich, ob dies nun einmal »normal sei« oder nicht, ihre persönliche Lebensqualität doch wesentlich verbessert würde, wenn wir eine Methode fänden, die Hunde ruhiger zu bekommen.

Wir hatten danach alle fünf einen sehr angenehmen Spaziergang etwa über 20 Minuten im freien Gelände, dabei beobachteten wir leichte Herausforderungen anderer Rüden durch Simba, etwas Kaninchenjagd von Gemma und ein ausgeprägtes Interesse von allen drei Hunden an Joggern. Zur größten Verwirrung kam eine Gruppe Ponys einer Reitschule den sandigen Hohlweg entlang, es gab keinen Ausweg seitlich in die Büsche. Alle drei Hunde schienen eine mutige Attacke gegen überlegene Kräfte in Erwägung zu ziehen, aber glücklicherweise beschloß die Reitlehrerin, ihre Abteilung zu wenden und einen anderen Weg einzuschlagen. Wir kehrten zu dem Metro, dem Zwinger auf Rädern zurück.

Die Rückreise war gegenüber der Hinfahrt durchaus eine Verbesserung, nur bei der Einfahrt in die Straße der Familie Evenson hörte ich ein Winseln. Dieser Verhaltenskontrast zwischen Hin- und Rückfahrt ist für autoverrückte Hunde absolut klassisch. Das Kläffen ist ein stimmlicher Ausdruck der Erregung im Hinblick auf das Herausgelassenwerden zu einem angenehmen Spaziergang, auf ein Zusammentreffen mit anderen Hunden.

Für den Augenblick befand ich mich in Zeitnot, ich wußte auch, daß nach all dieser Aufregung die Hunde keinesfalls in der richtigen Stimmung waren, um verschiedenartige Verhaltensroutineveränderungen im Auto zu testen. Deshalb versprach ich, in der kommenden Woche wiederzukommen. Bei meiner Rückkehr brachte ich eine Anzahl geräuschvoller Erziehungsmittel mit, Ultraschall, Dog-Stop, eine Rüttelkanne, ein Klaxonhorn, außerdem eine Wasserpistole, eine Reihe von Leckerbissen, Kopfhalfter, Leinen, selbst einen schwarzen Überzug und einen Faltkäfig. Mein Hauptziel bestand darin, die Evenson Meute verkehrssicher zu machen.

Als erstes versuchte ich, Simba und Jason mit Kopfhalftern so im Metro anzubinden, daß ihre Köpfe nahe am Boden blieben. Simba akzeptierte dies, aber Jason geriet in Panik und kämpfte dagegen an. So ließen wir diese Idee fallen. Hinzu kam, fuhr Mrs. Evenson alleine, konnte sie kaum damit fertig werden, die Hunde ins Auto zu bringen, dann auch noch Simba und Jason komplizierte Leinen anzulegen.Wir machten uns zu einer neuen Fahrt ins Gelände auf, konzentrierten uns auf die Ereignisse, die das stärkste klangliche Echo auslösten. Dies begann bereits mit der Annäherung an das Auto, vermehrte sich, wenn Mrs. Evenson die Autotür öffnete, sich auf den Fahrersitz setzte, wurde noch schlimmer, wenn sie mit den Schlüsseln klapperte, dann den Motor anließ, die Gangschaltung berührte, und – am allerlautesten, wenn sie die Handbremse löste. Da war eine progressive Steigerung in jeder Phase für etwas, das nur die einfache Aufgabe einer kurzen Autofahrt war!

Ich bat Mrs. Evenson, die Maschine abzustellen, die Hunde erstarrten, bellten aber dennoch etwa über eine Minute lang weiter. Beruhigende Stille durchdrang das kleine Auto, aber als Masochist, der ich bin, bat ich Mrs. Evenson, die Maschine wieder zu starten. Der Lärm begann sofort wieder und wurde noch schlimmer, als sich das Auto in Bewegung setzte. Deshalb bat ich Mrs. Evenson, erneut anzuhalten, dieses Mal ganz plötzlich. Die Hunde verstummten wieder, schauten aber völlig verwirrt. Ich versuchte herauszufinden, ob wir solches »Stop« als Strafe für überregtes Verhalten im Auto verwenden konnten, dann das »Go« zur Belohnung für Ruhigsein wurde. In anderen Fällen, wenn sich nur ein Hund im Auto schlecht benimmt, hat sich eine solche »Stop-Go-Technik« als recht erfolgreich erwiesen. Mit zwei oder drei Hunden wird diese Methode leicht durch die sozialen Bindungen und gegenseitiges sich Hochsteigern unterminiert, weil die zeitliche Abstimmung von Belohnung und Strafe nicht genau auf das Verhalten des Einzelhundes ausgerichtet werden kann. Zumindest ausprobieren wollte ich es doch an der Evenson Meute. Über zwanzig Minuten lang stoppten und starteten wir immer wieder, ohne Erfolg. Die Erregung des einen Hundes steigerte die des anderen, es bestand eine verwirrende soziale gegenseitige Abhängigkeit, die gegen uns arbeitete. Alles, was wir erreicht hatten, war der scharfe Geruch heißlaufender Brems-und Kupplungsbeläge, zusätzlich die Erkenntnis unter den Anwohnern, daß Mrs. Evenson und möglicherweise ihr Mitfahrer vollkommen verrückt sein mußten.

Was war mit einer Minderung der sinnlichen Wahrnehmungen der Hunde? Wir zogen das schwarze Tuch rund um das Auto, befestigten es, beschränkten das Gesichtsfeld der Hunde ausschließlich nach vorne, über die Schultern des Fahrers. Dies brachte eine geringe Verbesserung, sie war aber einzig Ergebnis der Neuheit der Situation, nicht der Tatsache, daß die Hunde die Vorgänge außerhalb des Autos nicht mehr beobachten konnten. In vielen anderen Fällen, die ich behandelt habe, hat sich eine derartige Einschränkung des Gesichtsfeldes als recht effektiv erwiesen. Deshalb empfehle ich manchmal, den Kopf des Hundes unter dem Sichtniveau des Autos zu halten, verwende hierzu das Kopfhalfter, das am Autoboden befestigt wird.

Wir kehrten in die Wohnung von Mrs. Evenson zurück, nahmen die Hunde heraus. Dann stellte ich einen Drahtkäftig ins Auto, gerade groß genug, um Simba hineinzustecken. Alle diejenigen, welche die Ausmaße eines Metros kennen, werden wissen, daß es uns bereits ein kleiner Käfig unmöglich machte, die hintere Heckklappe zu schließen, außerdem würden der arme Jason und Gemma in die winzigen Zwischenabstände zwischen Käfig und Auto gequetscht. So war es klar, dies konnte die Lösung nicht sein. Ebenso wenig Erfolg hatte ich mit der Wasserpistole, alle drei Hunde schienen größtes Vergnügen daran zu finden, den Wasserstrahl zu durchbeißen, eine Eigenschaft, die ich bei anderen Langhaar Collies, die ich kennenlernte, häufig antraf.

Der nächste Schritt war der Versuch, Simba im Auto von Jason zu trennen, Jason blieb zu Hause. Bei diesem Versuch war Simba erkennbar weniger erregt und hysterisch, reagierte besser auf einfache Kommandos wie »Sitz« und »Ruhe« von der nun heiseren Mrs. Evenson. Ich entschloß mich, jetzt den Dog-Stop-Alarm einzusetzen, zunächst wurde aber auch Gemma herausgenommen und in den Vorgarten gebracht. Sie sah recht elend aus, nachdem sie eine so lange Vorbereitung zu ihrem gewöhnlichen Morgenspaziergang hatte durchmachen müssen.

Wieder starteten wir das Auto und begannen die Straße hinunter zu fahren. Nach einem langsamen Anfang fand Simba in sein gewöhnliches Klangregister zurück. Aber ein kurzer Druck auf den Dog-Stop machte ihn zu einem zitternden, aber dennoch aufmerksamen Langhaar Collie. Er legte sich nieder, schaute aufmerksam nach seiner Herrin. Sie streichelte ihn, was ihn sofort zu trösten schien, und er begann erneut mit seinem Geheul. Bei der zweiten Gelegenheit hob ich nur den Dog-Stop an, drückte aber nicht auf den Knopf – er starrte auf das Gerät und wurde wieder still. Auf der Basis eines solchen Einzelversuches hatten wir Simba schnell unter Kontrolle. Dies ist aber möglicherweise keine praktische oder menschliche Problemlösung, solange alle drei Hunde im Auto sind. Insbesondere wollte ich Gemma nicht solchen Mitteln als Antwort auf Aktivitäten, die sie selbst gar nicht beging, aussetzen. Wir fuhren um den Block, brachten Simba nach Hause und ersetzten ihn durch Jason. Jason alleine war bei weitem nicht so geräuschvoll wie Simba, es dauerte bis er den Wald sah, ehe er zu heulen begann. Wiederum ein kurzer Druck auf den Dog-Stop, und auch er verfiel in Schweigen. Er blieb auch ruhig, bis wir wieder zu Hause waren.

Jetzt kam die große Prüfung, Jason und Simba zusammen im Auto. Der Fortschritt, den wir mit jedem Einzelrüden separat hatten, schien verloren, als sie wieder zusammen waren. Laute Töne erklangen. Der bloße Anblick des Dog-Stop reichte nicht aus, sie zur Ruhe zu bringen. Nach anderthalb Minuten ihrer sich immer steigernden Laute schaltete ich den Dog-Stop ein. Ein unangenehmer säuerlicher Geruch entleerter Analdrüsen ging von Simba aus. In diesem Augenblick wurden wir uns bewußt, daß die Hunde nun wirklich überfällig für ihre regelmäßigen Auslauf im Freigelände waren. Wir fuhren zum Gelände, um den Hunden ihren Auslauf zu geben, auf dem ganzen Weg angenehme Ruhe. Mrs. Evenson war hierüber sehr erfreut, während ich mir Sorgen machte, ich könnte eine dauernde, nervöse neue Störung in Simba's Leben ausgelöst haben. Ich brauchte glücklicherweise hierüber nicht länger beunruhigt zu sein, der Rüde war aus härterem Stoff. Schließlich kehrten wir nach Hause zurück, nahmen Gemma mit auf die Reise, die den Schrecken des Pfeifens dieses Alarmsignals gar nicht hatte kennenlernen müssen. Wir schienen jetzt den Schlüssel für ruhigere Fahrten von Mrs. Evenson gefunden zu haben.

Mit Mrs. Evenson hatte ich über die letzten drei Jahre ständigen Kontakt, weil sie immer einmal wieder vorbeikam, um die Ärosolfüllung für ihr Dog-Stop zu erneuern. Hierdurch erhielt ich detaillierte Berichte über das weitere Geschehen. Ihr Mann hat inzwischen sein Lektorat an der Universität aufgegeben. So haben sie gemeinsam mehr Zeit für ihre Hunde, können sie beobachten und die Einzelheiten ihres Verhaltens niederschreiben, dabei Listen tiefschürfender Fragen aufstellen, warum sie tun, was sie tun. Dr. Everson ist ein sehr intelligenter Mann, für den die Gesellschaft der drei Hunde sowohl Anregung als auch willkommene Ablenkung von den anderen Aspekten des täglichen Lebens sind.

Wenn ich über die englischen Schnellstraßen fahre, sehe ich häufig ein Auto mit einem Jack Russell, einem Border Collie, einem Deutschen Schäferhund oder irgendeinem anderen Hund einer intelligenten Gebrauchshunderasse, der sich in der gleichen übersteigerten Art gebärdet wie die Collies der Familie Evenson. Ich beobachte oft, daß in solchen Fällen die Besitzer häufig Kopfhörer tragen oder das Autoradio auf volle Lautstärke läuft – mit anderen Worten – sie ziehen sich in eine eigene, laute, private Welt zurück, um sich von dem kläffenden Hund hinter ihnen abzusondern. Da diese Menschen Gefahr laufen, an ständigen Kopfschmerzen zu erkranken, möglicherweise in einen Unfall verwickelt zu werden, versuche ich meist, ihnen nachzufahren und ihnen einen Standardtherapieprospekt zu geben. In den zehn oder mehr Fällen, da ich dies getan habe, riefen mich vier der Hundebesitzer später an und bedankten sich für mein Mitgefühl für ihre Lage.

Volle 7% meiner Hundepatienten in England sind autoverrückt – genau wie die Collies der Familie Evenson. Aber jenseits des Atlantiks stoße ich nur selten auf diese Probleme. Als ich dies mit einem Freund und Kollegen in Los Angeles, mit Dr. Dick Polski, diskutierte, sagte mir Dick, daß auch er auf den amerikanischen Schnellstraßen nur sehr selten solche Probleme beobachte. Wir verglichen hundliche Gewohnheiten und Gewohnheiten ihrer Auto fahrenden Besitzer in England und Amerika, forschten nach, warum sie verschieden sind. Die Antwort scheint in der Haltung der englischen Hundebesitzer zu liegen. Sie halten regelmäßige Bewegung und Spaziergänge mit ihren Hunden für erforderlich, was man in gleichem Umfang unter den amerikanischen Hundebesitzern nicht antrifft. Im Süden von Kalifornien unternimmt man gelegentlich Autoreisen, die häufig recht lange dauern, wenn zum Beispiel die Familie sich entschließt, sich für ein Wochenende in die Sierras zurückzuziehen, die etwa 100 bis 200 Meilen entfernt liegen. Hier gibt es keine regelmäßigen täglichen oder zweimal täglich Kurzfahrten zu einem Park um die Ecke, eine Gewohnheit, die heute wesentlicher Bestandteil englischer Hundehaltung ist. Auf der anderen Seite leben einige amerikanische Hunde buchstäblich ihr ganzes Leben in Autos, was eben einer sehr mobilen Gesellschaft auf einem großen Kontinent entspricht. Ich denke dabei an die Gruppen von älteren Pensionären, die den Sommer über in den Norden, im Winter in den Süden fahren, dabei ganz einfach ihre Haustiere mitnehmen, ein saisonales Leben führen, das den sprichwörtlichen Schwalben gleicht.

Mancher amerikanische Hund, den ich getroffen habe, hat tatsächlich schon jeden einzelnen Staat der Union besucht. Ein solch weitgereister Hund war Rocky, ein Jack Russell im Besitz von Fritz Jannson, einem Lastwagenfahrer mit dem Standort Detroit. Ich befand mich zu einer Vorlesung bei einer tierärztlichen Gruppe in Detroit, dabei wurde mir der Fall von Fritz aus meiner Zuhörerschaft vorgetragen.Jack Russell sind in den USA extrem in Mode gekommen, aber noch immer eine ungewöhnliche Rasse – unter den Truckerfahrern hat sich ihr Ruf, sie verfügten über bemerkenswerten, das Fahrzeug schützenden Schneid, schnell verbreitet. Fritz war Besitzer und Fahrer seines LKW, seine regelmäßigen Frachtaufträge bedeuteten Autoersatzteile nach Florida zu bringen, auf der Rückreise Früchte und Gemüse zu laden. Auf dieser 4000-Meilen-Rundfahrt war Rocky sein ständiger Begleiter. An allen Raststätten war er als ein böser Hund bekannt, wurde geachtet, aber auch gefürchtet.

Ich besuchte Fritz und Rocky in ihrem Fahrerhaus in Süd Detroit. Der Truck von Fritz Jannson war ein Mack, auf rotem Untergrund gab es herrliche goldene und blaue Inschriften, welche die Vorzüge seiner Frau, seines Trucks und sein Interesse an Musik rühmten. Das Dreiklanghorn war wie eine zerstörerische Strahlenkanone oben auf die Kabine montiert, eine Warnung für jeden anderen Straßenbenutzer, diesem Truck nicht in die Quere zu kommen. Der Chrom war wunderschön poliert, auf eine Art, wie man sie nur selten auf europäischen Lastern sieht. Fritz erklärte mir, daß er in sein Gefährt immerhin so etwa 100 000 Dollar investiert habe, alles gehöre ihm selbst, die Bank könne zur Hölle fahren. Rocky übte seine Aufgabe, diesen Besitz zu schützen, vorzüglich aus, insbesondere wenn Fritz in der Schlafkabine ausruhte. Auf den Straßen gab es immer Banditen, jederzeit bereit, Truck mit Inhalt zu stehlen, beides aus dem Staat oder sogar über die mexikanische Grenze zu schaffen. Rocky war für Fritz ebenso gut wie ein geladenes Gewehr unter seinem Kopfkissen.

Das Problem war, daß Rocky zwischen Freunden, Neutralen und dem Feind keine Unterschiede machte. Polizeiautos waren sein Lieblingsziel, er rannte von vorn nach hinten, übersprang die Mittelkonsole, wann immer ein Polizeiwagen überholte oder – schlimmer noch – vor dem Truck von Fritz anhielt. Dies erweckte unter den Verkehrspolizisten immer einige Neugier, sie zogen den Truck von Jannson häufig zur Überprüfung aus dem laufenden Verkehr. Eines Tages geschah das Unvermeidliche, Rocky klemmte sich durch eine Fensterspalte und biß den Polizisten. Fritz machte sich Gedanken, er könnte möglicherweise seine Lizenz als Fernfahrer quer durch die einzelnen Staaten riskieren, keinesfalls wollte er aber Rocky in der Obhut seiner wenig verläßlichen Frau zu Hause in Detroit zurücklassen. Vermochte ich zu helfen?

Meine erste Forderung lautete, Rocky sollte, ehe ich mich überhaupt dem Truck näherte, mit Maulkorb versehen werden. Dann wagte ich mich in die Nähe des Mack. Jetzt hatte ich volles Verständnis für die Haltung des Polizisten, der von Rocky verletzt worden war. Man konnte diesen Hund, dessen Vorfahren daheim in England jederzeit furchtlos Ratten, Füchse und Dachse angegriffen hatten, nicht stoppen.

Fritz erzählte, daß sie gemeinsam jährlich so etwa 100 000 Meilen über die Fernstraßen zurücklegten, und auf allen diesen Reisen hatte Rocky gerade drei Freunde gewonnen, die Inhaber von Fernfahrerunterkünften, die ihn durch Futter und Unterkunft freundlich gestimmt hatten. Jeder andere Fremde riskierte sein Leben. Meine Aufgabe war es, Rocky gegenüber menschlichen Wesen wieder zu rehabilitieren und resozialisieren, ihn von seiner selbstlosen Hingabe an Fritz und den Truck wieder zu entwöhnen. Dies war eine echte Herausforderung. Ich glaube sogar, es gelang mir recht gut, meine Standardtherapie einer so einzigartigen Situation anzupassen, wie sie nun einmal das Leben eines Fernfahrerhundes ergeben hatte.

Als erstes richtete ich für Rocky einen sicheren Ruheplatz ein, von dem aus er keine gefährliche Attacken mehr vortragen konnte noch wollte. Wir bastelten eine kleine Plattform aus Holz, Schnur und starkem Segeltuch, brachten dieses Gebilde direkt unter der Klimakontrollanlage auf der Mittelkonsole unter. Es war eine angenehme Hundehängematte, die in den Fußraum des Mittelsitzes nach unten reichte. Das ganze hatte gerade die richtige Größe für einen Jack Russell. Hier konnte sich Rocky zusammenrollen und in Ruhe schlafen, gleichzeitig aber alles außerhalb des Lasters beobachten, im Bedarfsfall seinem destruktiven Haß gegen vorbeikommenden Verkehr, insbesondere Motorräder und Autos, freien Lauf lassen. Ich mußte Fritz beibringen, strikt darauf zu achten, nach jedem dieser Angriffe Rocky auf diesen Platz zurückzuweisen, den Hund nicht auf dem Schoß zu dulden oder ihn nach unten durch die Vordersitze abtauchen zu lassen. Als nächstes wurden die Lastwagenkollegen und Freunde der Landstraße von Fritz gebeten, sich Rockys anzunehmen, ihn einmal auf Spaziergängen mitzunehmen, sich ihm ganz allgemein freundlich zuzuwenden. Dies in England zu erreichen, wäre bemerkenswert genug gewesen, aber in der noch viel mehr zurückhaltenden und auf sich selbst bezogenen Welt der amerikanischen Truck-Fahrer mußte ein solches Anliegen geradezu extrem bizarr wirken.

Ich begleitete Fritz zur Abfertigungsrampe bei der Ford-Fabrik in Detroit. Der schwarze Lademeister kannte und fürchtete Rocky, er sah ihn als schlimmeren Feind als irgendeinen von der Polizei ausgebildeten Rottweiler an. »Mann, Du willst mich wohl auf den Arm nehmen, ich soll diesem Köter gegenüber freundlich sein!« Jeden Tag besteht die Gefahr, daß er durch die Fensterscheibe bricht!« Während unseres Gesprächs sprang Rocky immer wieder gegen das Fahrerfenster, preßte Nase und Zunge durch die etwa 2,5 cm breite Öffnung des Seitenfensters. Ich konnte den Standpunkt des Lademeisters durchaus verstehen. Wir legten Rocky einen Maulkorb an und wiederholten die gesamte Prozedur mit etwas mehr Ruhe, was bei ihm vielleicht den Eindruck erweckte, daß ich in dieser Sache kein absoluter Narr war. Wenn es Rocky nicht mehr gelang, bei seinen Opfern Furcht auszulösen, war seine wichtigste Waffe zerbrochen. Ich bewies, daß ich die Fahrerkabine völlig ungefährdet betreten und verlassen konnte, solange Rocky seinen Maulkorb trug, ja, daß er beim zweiten oder dritten Mal mich bereits als Freund zu begrüßen schien.

Ich kaufte einen trocken gewordenen Hamburger als Grundlage für schmackhafte Hundeleckerbissen, schob einzelne Stücke durch die Seitenöffnung des Maulkorbs. Wir machten immer mehr Fortschritte. Gleichzeitig machte sich Fritz bei Rocky etwas unbeliebt, indem er ihn bei jedem Bellen oder Angriffsversuch direkt und nachhaltig zurechtwies. Durch gezielte Dosierung der offensichtlichen Zurückweisung von seinem Besitzer im Augenblick von Territorialangriffen gelang es uns langsam, Rocky's »Abscheulichsein« zu mindern, zumindest einmal an der Verladerampe der Ford Motor Company in Detroit. Ich gab Fritz weitere acht Schlüsselanleitungen zur Haltung, Erziehung und weiteren Entwicklung, die er Rocky gegenüber anwenden sollte und verließ beide mit dem schönen Gefühl einer Freundschaft. Dies war ein Fall und eine Situation, die ich mir in England nie hätte auch nur im Traum vorstellen können – wir befanden uns in einer völlig anderen Welt.

Alles war über zwei Monate ruhig, dann hörte ich über meinen Tierarztfreund in Detroit, daß die Hängemattentechnik sich recht gut bewährt hatte, daß Rocky inzwischen wie unsichtbar an sie gebunden zu sein schien. Dies war sein Verbinden warmherziger, angenehmer Zuwendung von Fritz und Futterleckerbissen durch Besucher in der Fahrerkabine. Und trotz allem – hatte sich Fritz in der Fahrerkabine schlafen gelegt – war Rocky wieder der alte furchterregende Wachhund, verteidigte den Truck unter Einsatz all seiner alten Gefährlichkeit.

Während die meisten Hunde Freude am Reisen im Auto haben, gibt es immer ein paar, die sich vor Autos fürchten, das Reisen hassen. Ich erinnere mich gut einer Deutschen Dogge in Hampshire, die sich vor jeder sich abzeichnenden Reise fürchtete. Reisen war in der Regel mit einem Tierarztbesuch, mit der Unterbringung des Hundes über die Ferien in einem fremden Zwinger oder mit einigen anderen negativen Verbindungen belastet. Seine Besitzer benutzten für solche kurzen Fahrten meistens einen kleinen japanischen Wagen. Nixon, die riesige Deutsche Dogge, fand dabei keine Möglichkeit, sich auf dem engen Hecksitz irgendwie gemütlich auszustrecken. Als wir meinem geräumigen Murvi als Ausbildungfahrzeug einsetzten, gelang es uns leicht, Nixon an Bord zu bringen, für ihn war es, als ginge er einfach in einen großen Zwinger. Jede Bewegung des Fahrzeuges jedoch verwandelte ihn schnellstens in einen zitternden Feigling. Im Falle von Nixon bestand die Problemlösung darin, den Murvi auf ein paar Steinen aufzubocken, so daß der Fahrzeugkörper sich nicht bewegte. Nachdem erst einmal bewiesen war, daß die vorgeschlagene Therapie erfolgreich sein konnte, kauften die Besitzer von Nixon einen billigen, alten Ford Transit, den sie ebenso bequem für ihn ausstatteten wie einen stationären Zwinger. Nachdem sich Nixon an das Fahrzeug gewöhnt hatte, wurde es immer einmal ein wenig bewegt. Nach demselben Konzept arbeiten Psychologen bei der Behandlung menschlicher Phobien; es folgt eine systematische Desensibilisierung.

Der richtige Zeitpunkt, um sich mit dem Autofahren von Hunden zu befassen, ist in ihrer Welpenzeit. Unglücklicherweise ist ihr erster Kontakt mit Autos oft negativ, auf der Reise vom Züchter in die neue Heimat kommt es aufgrund von Reiseübelkeit oft zu Erbrechen. Ich befrage die Besitzer von Hunden, die Autos gegenüber hysterisch oder besonders furchsam sind, sehr detalliert – oft stellt sich heraus, daß gerade bei dieser ersten Reise sich irgendein Drama ereignete, was die emotionelle Ablehnung für später folgende Kontakte mit Autos bewirkte. Eine gute Vorbeugungsmaßnahme ist die häufige Benutzung des Autos als nicht aufregendes, normales Beförderungsmittel, das mal eben rund um den Block zum Supermarkt oder Parkplatz fährt und zurück. Auf diese Art wird das Auto dann nicht immer nur als Verbindungsglied zwischen zu Hause und Spaziergängen eingesetzt. Im übrigen ist es gut, einen Hund frühzeitig zu lehren, sich ruhig hinten im Auto auf eine spezielle Decke zu legen. Die sogenannten Hundegitter (dog guards) mag ich nicht so gerne. Sie lösen leicht unerwünschtes Verhalten aus, weil sich der Hund von seinem Besitzer isoliert fühlt, mehr oder weniger tun kann, was er will. Es ist viel besser, den sprachlichen und körperlichen Kontakt zwischen Besitzer und Hund aufrechtzuerhalten. Die derzeitige Einführung von Brustgeschirr, das mit den normalen Sicherheitsgurten verbunden wird, klingt sehr interessant, hat bestimmt überlegenswerte Verkehrssicherheitsvorteile. Mit einem Hund auf dem Rücksitz, der ein solches Sicherheitsbrustgeschirr trägt, kann man noch immer spielen, ihn berühren, mit ihm sprechen und ihn besonders auch für ruhiges und richtiges Verhalten belohnen.

Es ist außerordentlich angenehm, einen Hund zu besitzen, der das Reisen im Auto mag und hat auch für den Hund viele Vorteile. Das Wichigste daran ist, daß anstelle frustriert zu Hause sitzen, der Hund voll am Leben seines Besitzers beteiligt bleibt. Und Hunde bedeuten für Menschen wie mich auf langen und manchmal langweiligen Reisen von einem Ende des Landes in das andere immer eine liebenswerte Gesellschaft. Ich weiß sehr wohl das große Vergnügen zu schätzen, das mir Sam auf solchen Reisen bereitet, obgleich ich den Verdacht hege, daß Sam manchmal mehr noch an den schwachen Duftwolken von Kaninchen und Fasanen interessiert ist, die gelegentlich durch das Entlüftungssystem des Autos einziehen. Ich vermisse Sam sehr, wenn ich im Ausland reise, aber dabei muß ich ihn, wegen der englischen Quarantänegesetze, zu Hause lassen.

IX Arbeitshunde

Unser Collie Gyp auf der Farm meiner Eltern hatte zwei ganz besonders wichtige Aufgaben. Zum einen war er mein Traum-Lassie – der mit Hollywoodruhm. Gyp und ich kannten eine Fülle gemeinsamer Spiele, Verstecken auf Bäumen und unter Heuballen, gemeinsames Ausgraben von Schätzen in einem alten Wasserloch. An den Abenden gingen wir auf Kaninchenjagd, waren gemeinsam ein unschlagbares Team, ich selbst mit meinem überlegenen Sehvermögen, er mit seinem unübertrefflichen Geruchssinn. Zum anderen brauchte mein Vater Gyp ebenso dringend, um Kühe nach Hause zu holen, Schafe zu treiben, ausgebrochene Schweine einzufangen. Gyp war ein echter Arbeitshund.

Die meisten Menschen, die Arbeitshunde ausbilden und beschäftigen, haben eine recht enge innere Bindung, sind ebenso besorgt um Wohlergehen und gute Behandlung ihres Tieres wie echte Bauern. Ein Beruf muß richtig ausgeübt sein, und ein Hund hat seine Arbeit ordentlich zu verrichten. Arbeitshunde werden manchmal als die Crème de la Crème in der Hundewelt herausgestellt, als richtige Stars, die ihre weniger talentierten Vettern Haushunde überstrahlen. Die Wahrheit ist, daß alle Hunde Talent zum Führen, Hüten, Wachen, Suchen, Apportieren, Rennen oder Ziehen in sich tragen – aber nur etwa fünf Prozent aller Hunde werden nun einmal auch für ihren Fähigkeiten entsprechende Arbeiten eingesetzt. Die Ausbilder in allen erwähnten Einzeldisziplinen haben klare Aufgaben, ihre eigenen Tricks, es fehlt ihnen aber in der Regel an wissenschaftlicher Ausbildung und am notwendigen Wissen über tierische Verhaltenstherapie. Dies ist der Grund, daß ich so häufig gebeten werde, Arbeitshunde zu behandeln.

Alle Menschen lieben Blindenführhunde, aber auch sie können ihre Probleme haben. Einer der von mir behandelten Blindenhunde war Tina, ein reinrassiger Labrador aus Loughborough. Tina war einer der besten Blindenhunde, die ich je angetroffen habe. Glücklicherweise gehörte sie Pam, einer sehr erfahrenen blinden Hundefrau, die gemeinsam mit ihrem Ehemann John das örtliche Tonbandmagazin für Blinde herausgab. Pam hatte schon zuvor zwei Führhunde besessen und war davon überzeugt, sie wisse alles über hundliche Probleme, bis Tina mit ihren ernsthaften Beziehungsproblemen in ihr Leben trat. Pam – vielleicht war es auch John – war sehr stolz auf das eigene Heim. Alles im Hause war von schwedischem Design – aber der Garten wurde Tina allein überlassen. Ihre Lieblingsfreizeitbeschäftigung schien darin zu bestehen, Pflanzen und Buschwerk abzukauen, Löcher zu graben, Spielzeug zu verstecken und ganz allgemein das Leben eines Wolfes nachzuempfinden.

Ich erkannte schnell, daß Futter und Spiel die wichtigsten Faktoren in Tina's Leben waren, dicht gefolgt von dem überwältigenden Wunsch, auf oder in kühler, feuchter Erde zu liegen. Sie schien sich in einem ständigen Hungerzustand zu befinden. Graben brachte ihr sowohl Ablenkung als auch eßbare Leckerbissen wie Wurzeln und kleines Getier. Unglücklicherweise ließen sich in dem kleinen Vorstadtgarten, den die Hündin mit Pam und John teilte, nicht so leicht Wolfshöhlen ausgraben. Als Kompensation für ihr schlechtes Benehmen war sie ein ausgezeichneter Blindenführhund, kam mit dem schweren Verkehr in den Midlands bestens zurecht, ermöglichte es Pam, einem recht gut bezahlten Job nachzugehen. Tina schien mit allem und jedem in bekannten wie unbekannten Gegenden zurecht zu kommen. Sie kletterte in Eisenbahnzügen ein und aus, ebenso ohne Mühe in Busse und Büros. Lauter Großstadtlärm, wie die Luftdruckbremsen schwerer Laster vor Fußgängerübergängen, kümmerte sie überhaupt nicht – dies alles, solange sie in ihrem Führgeschirr arbeitete. Nahm man der Hündin ihre weißen Lederbänder und den Führgriff ab, verwandelte sie sich wieder in Tina – den Reißteufel.

Pam ging mit Tina und mir zum nahe gelegenen Park, sodaß wir das Verhalten der Hündin gut beobachten konnten. Zu den Grundsätzen der Blindenführhundschulen gehört es, daß die Hunde zunächst auf ein Gelände mit langem Gras geführt werden, wo sie losgebunden werden und auf Kommando ihre Bedürfnisse verrichten. Nach ein paar Minuten freien Spiels sollte ein gut ausgebildeter Hund zu seinem Besitzer zurückkehren und von da an sich unverzüglich seiner Autorität unterwerfen. Aber Tina liebte ihre Freiheit zu sehr, blieb immer einen einzigen irritierenden Meter auf Abstand – gerade außerhalb der Reichweite von Pam – die zuweilen bei dem Versuch, sie wieder einzufangen, fünf Minuten oder selbst fünf Stunden im Park verbringen mußte. Ich sah, wie Tina aus Pam‘s rechter Hand einen Leckerbissen entgegennahm, während sie der linken Hand, die sich langsam vorwärts bewegte, um sie am Halsband festzuhalten, mit einem leichten Seitensprung auswich.

Es war völlig klar, das erste, was wir zu tun hatten, war ein Weg zu finden, um Tina's Herankommen zu verbessern. Wir entwickelten miteinander ein Spiel, das Tina zwang, ihren Fang in Pam's ineinandergeschlungene Hände zu legen, die Belohnung war ein Spiel mit einem kurzen Seil. Im Anfangsstadium dieser Erziehung wurde sie durch eine Rolleine in der Bewegungsfreiheit eingeschränkt, nach und nach konnte Pam den Anteil der »Versuche mit Belohnung« auf etwa ein Viertel reduzieren. Mit anderen Worten, ich hatte in das Spiel einen Prozentsatz an Ungewißheit eingebaut, etwas, was Tina offensichtlich recht anregend fand. Sie durfte weiter mit anderen Hunden spielen, wurde dazu ermutigt, was sie sehr genoß. Aber das Spielen mit Pam war entschieden attraktiver für sie geworden als vor meinem Besuch.

Da Tina ein recht selbstbewußter Hund war, liebte sie nichts mehr als Seilziehen mit ihrer Herrin. Im Normalfall ist dies ein Verhalten, das ich eher ablehne. Da aber Pam eine solch vernünftige und kräftige Dame war, gab es wenig Gefahr, daß die Beziehung mit Tina durch solche Spiele außer Kontrolle geriet. Aber der wichtigste Rat, den ich Pam gab, war, Tina gegenüber bei der Erziehung, auf Namensruf zu kommen, weniger bestimmt zu sein. Das stand völlig im Gegensatz zu dem Rat der in den Traditionen verhafteten Hundeerzieher: »Du mußt immer der Boß sein!« Ich riet Pam, sich mehr auf Tina‘s Freude am Spiel als auf ihr Pflichtgefühl zu verlassen. Eine solche einfache Änderung der Haltung dem Hund gegenüber kann bei der Erziehung zum Kommen geradezu dramatische Verbesserungen bringen. Als wir diese Technik direkt im Park anzuwenden begannen, erwies sich Pam als eine gelehrige Schülerin. Wir nahmen unseren Nachhauseweg über einen Ziegelweg; entweder kannte Pam jede Unebenheit, jedes Loch und jede

Gefahr auf diesem Weg – oder Tina war ein erstaunlich guter Blindenführhund.

Das kleinere Problem hatten wir gelöst – nun mußten wir auch das große angehen. Tina's zweite, beherrschende Leidenschaft bestand neben der Gesellschaft mit anderen Hunden darin, deren Kot zu vertilgen. Mit einem Wort, sie litt an Koprophagie (Kotfressen), beseitigte die Exkremente der übrigen Hundewelt. Ein allgemeiner Rat für Besitzer von Hunden, die den Kot ihrer Artgenossen fressen, ist einfach: der Fasergehalt der Ernährung und die Häufigkeit der Mahlzeiten muß stark erhöht werden. Ebenso regelmäßig empfehle ich, daß der Hund über die gesamte Zeit sorgfältig beobachtet wird, von jedem Kontakt mit Kot abzulenken ist, was natürlich für Pam kaum möglich war. Grundsätzlich bitte ich Hundebesitzer, sich nicht übertrieben aufzuregen, einfach einmal zu akzeptieren, daß Koprophagie ein völlig normaler biologischer Vorgang für einen hungrigen Hund ist. Ein Verhalten, das die Energieaufnahme des Hundes vermehrt, aber ihm in aller Regel keinen Schaden bereitet. Für Pam war dieser Rat wirkungslos, da sie nicht sehen konnte, ob Tina Kotspuren an Zähnen, Lefzen oder auf dem Fell hatte. Tina's ganze Zukunft als Blindenführhund war in Frage gestellt, weil das Management des Trainingszentrums für Blindenhundausbildung in Leamingtom Spa, Warwickshire damals den Standpunkt vertrat, daß Koprophagie ein Laster darstelle, das schwerwiegend genug war, um einen Hund außer Dienst zu stellen, ja einschläfern zu lassen. Heute besteht gegenüber diesem ziemlich verbreiteten Problem eine wesentlich vernünftigere Grundhaltung. Pam und John liebten Tina viel zu sehr, um auch nur in Erwägung zu ziehen, sie zu verlieren; lieber wollten sie einen schlecht riechenden als einen toten Hund.

Ich entschied mich für eine Erziehungstechnik, die ich zuvor eigentlich nur einmal bei einem Experiment in den Versuchszwingern der Hundefutterfabrik ausprobiert hatte, für die ich früher arbeitete. In diesen Zwingern gab es viele Beagle und Labrador, die unter Koprophagie litten. Ich nehme an, daß Kotfressen für sie eine angenehme Abwechslung gegenüber dem Frust eines Zwingerlebens und der immer voraussehbaren Ernährung mit kommerziell hergestelltem Hundefutter darstellte. Damals studierte ich an diesen Hunden die ernährungswirksamen Aspekte der Koprophagie und entdeckte, daß im Hundekot nützliche Fette und andere Nahrungsbestandteile vorhanden sind. Nach einem derartigen »Recycling« fiel sein Fettgehalt von etwa 8 % auf 3 % – mit anderen Worten – Hunde fressen Kot, wenn sie hungrig sind und zusätzlich Energieträger suchen. Labrador sind als Blindenführhunde sehr populär, ihrer Natur nach aber auch freßgierig, dadurch anfällig für Koprophagie. Ich hatte bereits den Vorteil von doppelgesicherten Maulkörben bei solchen Hunden unter Beweis gestellt, aber es stellte sich schnell heraus, daß Tina für diese Lösung zu clever war. Sie preßte ganz einfach den Maulkorb in den weichen Kot und leckte ihn dann von der Plastikeinlage. Das Abnehmen eines derart verschmierten Maulkorbs wäre mit Sicherheit sowohl für eine Blinde – wie für jeden anderen – eine recht unangenehme Aufgabe.

Mir war klar, daß ich an diesen Fall mit einer wissenschaftlichen Methode herangehen mußte, wiederum kehrten meine Gedanken zu unseren früheren Studien zurück. Ich hatte mich immer für Fütterungverhalten und den Forschungskomplex interessiert, der als Lernverhalten durch Abneigung – von einigen Psychologen auch als Lernverhalten auf Grund abstoßender Erlebnisse bezeichnet – bekannt wurde. Ratten, die eine nicht tödliche Dosis traditionelles Rattengift aufnehmen, lernen schnell, die Nahrung zu meiden, welche sie genau, ehe sie sich krank zu fühlen begannen, fraßen. Clevere Ratten sind ganz besonders vorsichtig beim Ausprobieren irgendwelcher neuer möglicherweise gefährlicher Futterstoffe, ehe sie diese in größeren Mengen aufnehmen. Konnte ein Fleischfresser wie der Hund ähnliche Verhaltensmaßnahmen entwickeln, um unbekannte Nahrung zu testen? In der wissenschaftlichen Literatur gab es Hinweise, daß dies möglich wäre. Als ich im Jahre 1974 die Nationalparks und das Wildlife Center in Denver, Colorado besuchte, hatte mir Dr. Stephen Shumake demonstriert, daß auch Kojoten lernen können, Köder zu meiden, die sie krank machten. Das Ziel seiner Arbeit war, den Einbruch von Kojoten in Schafherden durch Verleiden von Hammelfleisch zu stoppen. Heute benutze ich manchmal die gleiche Technik, um Haushunden beizubringen, keine Schafe zu hetzen.

Bei meinen früheren Aufgaben in der Futtermittelindustrie übernahm ich die von Shumake bei seinen Kojoten angewandte Technik behandelte kopographische Beagles, nachdem man sie bei der Aufnahme von Kot beobachtet hatte, mit harmlosem Lithiumchloridsalz. Nach zwei oder drei solcher Behandlungen hörten sie auf Kot zu fressen, offensichtlich weil sie ihre Krankheit auf Geruch und Geschmack des Kots zurückführten. Diese Technik war sehr gut für die Behandlung von Laborhunden, man konnte die Dosierung direkt durch Intubation in den Magen vornehmen, was aber für nicht ausgebildete Hundebesitzer unmöglich ist. Die richtige Antwort kam von meiner ideenreichen Frau Vivienne. Sie versteckte eine kleine Menge an Lithiumchloridsalz in »Karamelklümpchen«, die sie eigens für diesen Zweck herstellte. Hunde lieben Leckerbissen, das Ganze schmilzt in ihrem Magen und langsam wirkt das salzige Lithium. Vivienne bereitete drei solcher Bonbons für Tina vor, jedes enthielt drei Gramm Lithiumchlorid. Bei der ersten Behandlung war Tina‘s Tierarzt mit zugegen. Tina hatte im Park einen Klumpen Kot gefressen, dank der Behandlung fühlte sie sich danach »hundeelend«. Binnen einer halben Stunde hatte sie sich völlig erholt, zeigte äußerlich keinerlei Anzeichen der Behandlung. Über zwei lange Tage fraß sie keinen Kot mehr – ein bemerkenswerter Fortschritt, aber dann brachen die schlechten alten Gewohnheiten doch wieder durch. Mit der Zustimmung vom Tierarzt und mir erhielt Tina, nachdem man sie beim Kauen von »leckerem Kot« beobachtet hatte, das zweite Bonbon. Ich kann stolz berichten, daß sie seitdem jeglichen Kot anderer Hunde gemieden hat. Pam und John sind zu festen Freunden unserer Praxis geworden, haben uns auch zweimal in ihrem Blindentonbandmagazin vorgestellt. Natürlich bin ich einesteils außerordentlich traurig über das Unglück Pams, blind zu sein – auf der anderen Seite beneide ich sie um die Ordnung in ihrem Leben, um den Stolz, den sie zu Recht auf das Bewältigen ihrer Behinderung empfindet. Sie ist eine junge und aktive Frau – die Lebensgemeinschaft, die ihr Tina bietet, ist für sie möglicherweise weniger wichtig als für einen älteren, untätigen und sich abgetrennt fühlenden Blinden. Tina war in erster Linie und vor allem ein Arbeitshund, sie hatte ein paar Verhaltensmängel, die sie daran hinderten, ihr volles Arbeitspotential zu entwickeln. Heute lößt bei Pam ein »Kuß von Tina« nicht länger einen Schauder aus bei dem Gedanken, was sie in den vorangegangenen Stunden des Tages wohl gefressen haben mochte.

Einmal wurde ich auch gebeten, einen an Gewitterfurcht leidenden Blindenhund zu behandeln und einen anderen, der gegen fremde Hunde aggressiv war. Aber noch viel interessanter waren die Langzeitbemühungen der »Guide Dogs for the Blind Association (GDBA)«, durch die sie ihre Ausbildungsmethoden verfeinerte. Die GDBA war die erste professionelle Hundeorganisation, die in vollem Umfang unseren wissenschaftlichen Erkenntnisstand über die Lernfähigkeit von Welpen nutzte. Man erbat meinen Rat über auftretenden Streß bei arbeitenden Blindenführhunden, die Auswahl von Hunderassen und Mischlingen, eine Änderung der Ausstaffierung ihrer häufig frustierenden Zwinger, und die Entwicklung von Spezialspielzeugen, die jungen Hunden Freude machen. Selbst Blindenführhunde können zu hart ziehen – sie müssen immer vor ihren Besitzern gehen, nicht neben ihnen in der konventionellen Position »bei Fuß«. Heute benützt die GBDA das Kopfhalfter, das ich zur Erziehung extrem dickköpfiger, vorwärtsziehender Hunde entwickelt habe; durch das »Halti« gehen sie heute in der erwünschten Voraus-Position, ohne daß man mit den grausamen Würgehalsbändern Gewalt anwenden muß. Als erstmalig Kopfhalfter bei Blindenführhunden eingesetzt wurde, bekamen wir Beschwerdebriefe, über die »mit Maulkorb versehenen« Hunde. Haltis sind heute aber allgemein als normale Ausrüstung anerkannt.

Im Laufe der Zeit wurde der hohe Wert der Gesellschaft von Tieren auf immer breiterer Ebene anerkannt, gleichzeitig entstehen neue Aufgaben und Einsatzräume für Hunde in unserer Gesellschaft. In den Vereinigten Staaten und inzwischen auch in England und anderen Ländern besteht Nachfrage nach Begleithunden für Taube und Schwerhörige, und die Betreuungsorganisation für Taube setzt eigens ausgebildete Hunde dafür ein, daß sie ihre Besitzer auf ein Läuten an der Tür, Telefonanrufe, kochende Töpfe und anderes aufmerksam machen. Dies ist eine Hunde außerordentlich fordernde Aufgabe, erweitert das Wissen über die Sinnesleistungen der Hunde und die Grenzen ihrer Lernfähigkeit und ihres hundlichen Verhaltens.

Ein weiteres Aufgabengebiet in der Welt der Arbeitshunde ist das des sogenannten »Assistance Dog«, der als Hilfe für körperlich Behinderte ausgebildet wird. Die Grenzen zwischen einer normalen Lebensgemeinschaft Mensch/Hund und die Bindung zwischen Einzelmenschen und Hunden sind so delikat, daß ich manchmal Zweifel hinsichtlich der ethischen Rechtfertigung hege, Hunde für bestimmte Rollen einzusetzen. Ich denke an das Ziehen von Gelähmten in Rollstühlen, an das Aufheben auf den Boden gefallener Gegenstände, an das Öffnen von Türen und dergleichen. Auf der anderen Seite habe ich keinen Zweifel, daß dies für die Empfänger derartig ausgebildeter Hunde sehr viel mehr als Annehmlichkeit bedeutet.

Mein Favorit unter allen Organisationen, die sich um Tiere kümmern, ist die Pro Dogs Organisation (Tierschutzbund), von der das PAT Hundebesuchssystem entwickelt wurde. Dies ist ein freiwilliger Hilfsdienst, bei dem die Besitzer ausgewählter Hunde mit ihren Vierbeinern Altenheime und andere Unterkünfte vereinsamter Menschen besuchen, um ihnen Anregung und Aufheiterung zu bringen. Diese Menschen stehen in allen Lebensaltern, sind geistig normal, unterentwickelt oder hochintelligent, in ihrem Gefühlsleben normal oder unter einem Trauma stehend. Sie alle aber brauchen bedingungslose Liebe und Stimulanz, die nun einmal eine kalte, feuchte Hundenase mit sich bringt. PAT-Hunde sind von besonderer Wichtigkeit für Pflegeheime, die in den westlichen Ländern auf dem »neuen Weg für die letzten Lebenstage« eine besondere Rolle spielen. Altenheime sollten Häuser der Fröhlichkeit sein – sie sind es auch zuweilen, und es ist völlig in Ordnung, daß Hunde Teil der Umwelt alter Menschen sind.

Manchmal jedoch entwickeln sich Hunde dabei falsch, werden extrem nervös, wenden sich nur bestimmten Mitbewohnern zu, meiden andere. Es gibt viele strenge Auswahlregeln für Hunde, die sich an diesem PAT-Dog-Schema beteiligen können, manchmal zieht man mich zu diesen Auswahlen hinzu. Eine Teilnahme an dieser Betreuung kann zu einer sehr anspruchsvollen Aufgabe werden. Bei der Auswahl müssen wir uns vor jedem

Rassevorurteil hüten, wenn sich zum Beispiel Besitzer von Cocker Spaniels und Deutschen Schäferhunden in völlig unverhältnismäßiger Anzahl mit ihren Hunden für diese Aufgabe bewerben. Es gehört zu den wichtigsten Grundprinzipien, daß PAT-Dogs aus allen Rassen und auch Mischlingen ausgewählt werden, sodaß allen Geschmacksrichtungen der Betreuten Rechnung getragen wird.

Auch andere Arbeitsaufgaben für Hunde wurden in jüngerer Zeit entwickelt. Man achte nur auf das steile Anwachsen der Anzahl von Suchhunden, die für das Aufspüren von gefährlichen Drogen und auch Sprengstoffen ausgebildet werden. Es gibt einen umfangreichen internationalen Handel mit natürlichen und in Laboratorien entwickelten Drogen. Drogensuchhunde sind die wichtigste Waffe unserer Gesellschaft, um sich gegen dieses Übel zu schützen. Erfolg und Mißerfolg bei der Suche nach solchen Chemikalien kann für die durch das Gesetz bestimmten Beamten – manchmal für ganze Gesellschaftsgruppen – von größter Konsequenz sein. Bei den Drogenspürhunden kommt es zuweilen zu neurotischen Zusammenbrüchen, wenn sie übermässigen Ausbildungs- oder Arbeitsverhältnissen ausgesetzt sind. Die Regierung in Beirut versucht Hunde so auszubilden, daß sie von Terroristen gelegte Bomben mitten in den übervölkerten Straßenzügen aufspüren. Nur allzu oft haben Hunde bei dieser Arbeit mit ihrem eigenen Leben bezahlt. Die Fahrzeuge sind mit einem auf Bewegung reagierenden Zünder versehen, und der Suchhund löst beim Einstieg die Explosion aus.

Nach meiner Erfahrung lieben es Polizisten ebenso wenig die Tierpsychologen, in der Öffentlichkeit in ein schiefes Licht zu geraten. Gerade Beamte, die Hunde im Polizeidienst führen, sind besonderst selbstbewußt, handelt es sich doch um eine in England und USA noch junge Tradition, die zumeist erst nach dem Zweiten Weltkrieg aufgebaut wurde. Andere Polizeibeamte wiederum stehen dem Einsatz von Hunden zuweilen entweder übertrieben fördernd oder auch extrem kritisch gegenüber, trotz der eindrucksvollen Leistungsbeweise des Nutzens dieser Hunde im Aufspüren und Festhalten von Flüchtigen, Drogensuche und so weiter. Völlig zu recht sind Polizeihundeführer außerordentlich stolz auf die Fähigkeiten ihres Tieres; sie lieben es, auf öffentlichen Veranstaltungen die erlernten Geschicklichkeiten ihrer Hunde zur Schau zu stellen, genießen die Gesellschaft des eigenen Hundes auch außerhalb des Dienstes zu Hause.

Aber der Polizeihund muß sich ganz festen Regeln wie absoluter Ruhe bei der Arbeit unterwerfen. Starski war ein Hund, der Verbrecher im voraus warnte, wenn er sich an ihre Verfolgung machte. Der Polizeibeamte John X, der seinen Dienst im Norden Englands leistete, war für Starski, einen Deutschen Schäferhund, verantwortlich. Starski und John X arbeiteten bereits zwei Jahre zusammen, und John liebte seinen Hund sehr. Bei der Verfolgung eines Kriminellen konnte Starski sehr angriffslustig werden, im allgemeinen hatte er aber ein angenehmes und freundliches Wesen, liebte insbesondere John's Frau und die Kinder zu Hause. Sein Problem bestand in seinem absoluten Übermaß an Enthusiasmus – bei der Aussicht auf polizeiliche Arbeit brach er in außerordentlich lautes Kampfgeschrei aus. Die ganze Nachbarschaft wußte, wenn John und Starski ein Einsatzkommando bekommen hatten. Beim Durchsuchen von Gebäuden zeigte Starski durch ständiges Lautgeben an, in welchem Teil des Gebäudes er gerade Geruchsspuren und andere Hinweise verfolgte. Die Kollegen von John hatten keinerlei Verständnis für Starski's stimmgewaltige Exzentrik, die für sie ein sehr schlechtes Licht auf die Geschicklichkeit seines Herrn als Hundeführer warf. Man hatte beide bereits zu einem Spezial-Ausbildungskurs abkommandiert, den Starski aber bemerkenswerterweise mit großem Erfolg absolvierte. Der Hund vermochte sehr gut zwischen künstlich veranstalteten Ausbildungsübungen und der echten Dramatik beim Einsatz zu unterscheiden.

Wie dem auch sei, Starski wurde von den verantwortlichen Trainern wegen seiner hohen Erregbarkeit im dienstlichen Einsatz stark kritisiert. Ihr Mittel gegen dieses Problem bestand in der Anwendung körperlicher Gewalt in Form eines harten, kräftigen Hiebes zur richtigen Zeit oder Einsatz des Würgehalsbandes. John machten diese Anweisungen unglücklich, er suchte nach einer freundlicheren Methode. Mit anfänglich einigem Erfolg hatte er sogar schon versucht, Starski durch Ablenkungsmethoden anstatt durch brutale körperliche Gewalt ruhiger zu machen. Starski schien gegenüber Schmerz völlig unempfindlich zu sein – heulte noch lauter, wenn er bestraft wurde.

All dieser Ärger mit Starski hatte John's Selbstwertgefühl bei der Arbeit wesentlich gebeutelt. Zu mir kam er mehr als Privatperson als auf Empfehlung seiner Behörde. Starski war ein großer, langhaariger Rüde, sah aus wie ein Bär, wog aber wahrscheinlich etwas unter 50 Kilo. Fast schwarz, wie er war, löste er sicherlich bei jedem Missetäter, der einen Fluchtversuch plante, blanken Schrecken aus. Und dennoch berührte mich die offensichtliche Zuneigung, die zwischen Herrn und Hund bestand, ganz besonders. Ich wußte, an diesem Abend würde ich noch das eine oder andere lernen können.

Es war mir sehr angenehm, von John eingeladen zu werden, ihn und Starski auf ihrem Nachtpatrouilleneinsatz zu begleiten – damit erfüllte sich ein langgehegter Traum. Der Hund wurde auf die Ladefläche des Kombis gewiesen, und die Fahrt durch das Einsatzgebiet löste bei Starski schlimmes Geheul aus. Es war leicht erkennbar – starke Beschleunigung des Fahrzeugs, Herunterschalten in den dritten Gang, Fahrten mit einer Geschwindigkeit von über 50 Meilen in der Stunde (80 Stundenkilometer) und Sirenenklang anderer Polizei- und Noteinsatzfahrzeugen waren der Auslöser des Verhaltens. Wir warteten etwa fünf Minuten im typischen Lancashire-Regen außerhalb eines Fernfahrer-Cafes, plötzlich kam über Funk der Auftrag, einen Tumult in einem Pub zu schlichten. Augenblicklich wendete John das Fahrzeug, beschleunigte die Geschwindigkeit – Starski begann zu toben und zu heulen!

Ziemlich ungemütlich mit all meinen Hilfsmitteln wie Tonbandgerät und Lärm auslösenden Ablenkungen im Auto sitzend, experimentierte ich mit Ultraschall, setzte meinen Dog-Stop-Alarm ein, versuchte es durch Ablenkung mit Leckerbissen durch das Trenngitter des Kombis. Starski war vor Aufregung völlig von Sinnen, drehte sich wie wild in seinem Käfig im Kreis und kreischte in den höchsten Tönen. Dies war ein Lärm, den ich selten von anderen Hunden gehört hatte und dann nur von Deutschen Schäferhunden in ähnlichen Situationen. Ich hatte keine Bewegungsfreiheit, um für Starski geeignete Therapiemittel auszuwählen, die Realitäten eines Polizeieinsatzes sind nicht immer mit der Anwendung verhaltenspsychologischer Methoden zu vereinbaren. Hinzu kam noch, für jede Art von Verhaltenstherapie, die ich in Vorschlag bringen konnte, wäre die vorherige Genehmigung von Johns vorgesetztem Polizeioffizier erforderlich gewesen, und zu diesem Zeitpunkt waren wir im Einsatz!

Wir kamen an dem Pub an, Starski hatte inzwischen mit seinem Geheul nahezu die Klangstärke der Polizeisirenen erreicht. In einem so beengten Raum wie einem nicht ausgekleideten Ford Kombi machten diese Decibels jegliche normale Unterhaltung unmöglich. Es gab auch keine Möglichkeit für John, über seinen Polizeifunk zu sprechen. Trotzdem stellte Starski in dieser Freitagnacht den Frieden in dem kleinen Pub mit ein paar drohenden Kläffern wieder her, ganz einfach nur durch seine beeindruckende Anwesenheit. Es war spät geworden, ich ziemlich ermüdet und durchfroren. Polizisten, die in den Nächten von Freitag und Samstag arbeiten, sind wahre Helden, – dachte ich, als man mich zu meinem Murvi zurückbrachte, wo ich schlief, während John und Starski über den Rest der Nacht gemeinsam ihren Dienst taten.

Bis zu meinem nächsten Besuch im Norden Englands – in der folgenden Woche – verschoben wir jegliche formelle Therapie. Nach meiner Ankunft besuchten wir ein leeres Warenhaus, das zur Ausbildung von Polizeihundeführern in »Mannarbeit« Verwendung fand. Bei dieser Gelegenheit war es an mir, den »Scheintäter« zu mimen. Der »Verbrecher« wird dabei in einen aus fester Jute gefertigten Anzug gesteckt, der mir mehr das Aussehen einer Werbefigur für Michelin-Reifen als das eines durchschnittlich schlanken Psychologen gab. John beruhigte mich sehr durch seine Erklärung, daß Starski nahezu immer »seinen Mann« am rechten Arm festhielt; ich mußte nur aufpassen, nicht zu stürzen – oder er könnte mich in meine ungeschützen Füße beißen. Außerdem wurden mir mein Dog-Stop, Leckerbissen oder meine anderen schnell und selbstschützenden Umwege zum Herzen eines Hundes nicht gestattet.

Ich beschloß, mich im dritten Stockwerk des vierstöckigen Gebäudes mitten zwischen Paletten und leeren alten Faltschachteln zu verstecken. Nach dem abgesprochenen Aufschub von etwa fünf Minuten betraten John und Starski das Gebäude. Starski's lautes Gekläff machte es mir leicht, immer zu wissen, wo er sich gerade befand. Nachdem Hund und Führer das zweite Stockwerk durchsucht und nichts gefunden hatten, zog ich mich langsam auf dieses Stockwerk zurück. Als Führer und Hund auch das vierte Stockwerk durchsucht hatten, ohne mich zu finden, wurde Starski ruhig, suchte aber durchaus weiter das Gebäude ab und fand mich dann tatsächlich in einer Seitennische im zweiten Stockwerk. Es stieß eine ganze Reihe aufgeregter, sich überschlagender Kläffer aus, ehe er mich am rechten Arm packte. Ich hatte ruhig still zu stehen, während John Starski abrief, ihn in der eingeübten Spielroutine mit seinem Lieblingsgummispielzeug belohnte. Durch diese Übung hatten wir bereits den kritischen Faktor aufgeklärt, der das Gekläff stimulierte – Vorausahnen einer erfolgreichen Suche. Konnte man die übertriebene Erwartung eines sicheren Findens mindern, das Finden verzögern, würde dies Starski zum Verstummen bringen.

Unabhängig von Polizeiroutine und öffentlichen Aufgaben entwickelten John und ich gemeinsam einen Plan, das Verhalten von Starski zu verändern. Man hatte ihm bereits beigebracht, auf Kommando »zu sprechen« oder zu bellen, was bei ihm zu Hause in der Familie sein großer Partytrick war. Mein Rat lautete, daß dies von jetzt an die einzige erlaubte Lautäußerung in Starski's Repertoire sein sollte. Wie konnten wir aber sein Geheul unterdrücken oder abbrechen? Ich wollte keinesfalls bei diesem Hund irgendwelche unangenehmen Bestrafungen anwenden, wußte genau, daß ich damit nur John's menschliches Gefühl verletzte. Möglicherweise würde sogar das positive Ansehen, das die Öffentlichkeit gerade der Polizeihundearbeit entgegenbrachte, unterminiert. Nach meinem Vorschlag sollte John eine ruhige und passive »Bestrafungstechnik« ausprobieren; Ziel war eine zeitliche Verzögerung, die jeweils vor dem Einsatz in der Verbrechensbekämpfung eingebaut wurde. Bei Ausbildungsfahrten mußte John das bisherige Geheul bei Beschleunigung des Fahrzeugs, Gangwechsel und ähnlichem sofort unterdrücken. Im gleichen Augenblick, da Starski loskreischte, mußte John das Fahrzeug anhalten. Vorgesehen waren verschiedene Intervalle von 10–60 Sekunden, danach endete die »Bestrafung« – die Reise konnte weitergehen.

Theoretisch würde dies natürlich zu unmöglich langen Verzögerungen zwischen dem ausgelösten Notalarm und der Ankunft vor Ort mit sich bringen, für Verbrecher möglicherweise sehr gute Neuigkeiten. Wie immer flexibel stimmte ich zu, daß in aktuellen Notlagen meine Regeln hinter den Einsatzanforderungen zurückstehen mußten. Natürlich blieb alles andere in John's Verhalten während des Trainings ebenso wie im Dienst – gleiche Uniform, Funkkontakt und dergleichen. Mir schien, wenn John erst seinem Sergeant einmal Fortschritte durch diese Technik bewiesen hatte, ihm auch die Anwendung im Einsatz erlaubt würde.

Die nächste Therapiephase war, Starski abzugewöhnen, bei der Stöberarbeit zu winseln oder zu bellen. Wir statteten den Hund mit einem Kopfhalfter an langer Leine aus. Bei jedem aufgeregtem Kläffer ging John drei Schritte zurück, befahl Starski, sich an seine Seite zu setzen. War er wieder ruhig, ging die Suche weiter. Für diese Korrektur bedurfte es keines Einsatzes der menschlichen Stimme – John's Aufgabe war es, sich immer völlig ruhig, keinesfalls aufgeregt zu verhalten.

Über die folgenden Monate erhielt ich wunderschön abgefaßte Berichte über Fortschritte und Rückschläge – ich wünschte, meine eigenen Berichte wären so ordentlich! Der Trend war aber völlig klar. Bis zum Ende des zweiten Monats kam es nur noch bei einer Kakophonie von Sirenen und Läuten anderer Polizei- oder Hilfsfahrzeugen zu Geheul. Bereits wenige Tage nach der Einführung der neuen Ausbildungstechnik wurde das Suchverhalten des Hundes nahezu stumm. Das Wichtigste daran war – Starski bestrafte sich selbst für Aufjaulen – während John seine Rolle als bester Freund des Hundes, als Auslöser von Annehmlichkeiten, nicht von Strafe behielt. Bei diesem Verfahren wandten wir genau die gleiche Technik instrumentaler Erziehung an, wie dies Professor Barry Skinner mit seinen Ratten ausprobiert hatte. Das Angenehmste von allem war für mich ein freundlicher Brief, den mir John's Frau schrieb. Sie berichtete, wie viel Freude ihr Mann wieder an seiner Arbeit habe, wie sehr er sich innerlich mit Starski verbunden fühle – ganz genau so wie jeder andere mit seinem Familienhund.

Die meisten Arbeitshunde führen ein volles und interessantes Leben, insbesondere wenn sie wie Starski die Arbeit damit verbinden können, sich außerhalb der Dienstzeit gemütlich neben dem Kamin ausstrecken zu dürfen. Unglücklicherweise haben Greyhounds, die in England zu tausenden gehalten werden, um der Wettleidenschaft zu dienen, dieses Privileg normalerweise nicht.

Am Ende meines Seminars für Greyhoundzüchter und -ausbilder kam ich mit einem untersetzten Gentleman ins Gespräch. Er fragte mich, was er praktisch tun könne, um seine Hunde auf der Rennbahn energischer zum Nachhetzen des Köders – des »Hasen« – zu ermutigen. Dies war ein Problem, über das ich nie ernsthaft nachgedacht hatte. Im Gegenteil, ich hatte mich immer gegen eine nähere Bindung zur »Hunderennindustrie« gesträubt, weil ich genau wußte, in welch hohem Maß hier alle »Fehlschläge« ganz einfach vernachlässigt, umgesetzt oder eingeschläfert werden. Meine Neugier wurde jedoch aufgrund der deutlich hinter dieser Frage erkennbaren Fürsorge für die Hunde geweckt. Greyhounds ohne Jagdpassion sind für Windhunderennen nutzlos und sterben unter Umständen früh. Wäre es möglich, einen wesentlich höheren Prozentsatz junger Greyhounds zu ermuntern, ihren Hauptlebenszweck, dem künstlichen Hasen verläßlicher nachzuhetzen, zu erfüllen, würde hierdurch die laufende Überproduktion an Greyhound-Welpen möglicherweise stark reduziert. Aus diesen Erwägungen heraus stimmte ich zu, die Zucht- und Ausbildungsanlagen des Herrn in Hampshire aufzusuchen, mir einige Zeit für das Beobachten, Zuhören und Lernen in diesem Geschäft zu nehmen. Ich war von dem, was ich zusehen bekam, so fasziniert, daß ich tatsächlich einen halben Tag dort verbrachte. Was Hundefürsorge und Hundeausbildung angeht, war dies ein wirklicher Palast. 30 erwachsene Hunde wurden entweder als Zuchtrüden oder Zuchthündinnen gehalten, jährlich 150 - 200 Welpen großgezogen. Ich war schockiert zu erfahren, daß weniger als ein Drittel dieser Junghunde tatsächlich im Rahmen der Ausbildung so weit gefördert wurden, daß sie auf der Rennbahn liefen, der Überschuß wurde ganz allgemein eingeschläfert. Aber selbst die erfolgreichen Hunde hatten möglicherweise kein langes, natürliches Leben; arbeiteten sie nicht mehr erwartungsgemäß, blieb ihnen nur der Abstieg auf sogenannte »ausgeflaggte Rennbahnen«, wo die Verhältnisse alles andere als ideal für die Fürsorge dieser so empfindsamen Hunde waren.

Ich beobachtete, wie Welpen mit an einer Kordel zusammengebundenen Kaninchenschwänzen auf ihre Arbeit vorbereitet wurden – manchmal mit Hilfe einer Art Fischangel, bei anderer Gelegenheit durch einen Zwingerburschen vor ihnen durchs Gras gezogen. Während einige Welpen den Kaninchenschwänzen nachjagten, spielten die anderen ganz einfach mit ihren Geschwistern. Letztere waren die Spieler, nicht die Jäger – und solche »Spielertypen« würden nie ein Rennen gewinnen. Ich notierte, daß die Erziehung als Gruppenübung für den ganzen Wurf erfolgte, wobei man sich kaum um das Einzeltier kümmerte. Mein Vorschlag war, diese Prozedur zu ändern, die Welpen zu ermuntern, dem Köder allein oder zumindest in Paaren nachzujagen.

Dann gab es da die älteren Junghunde, vier bis sechs Monate alt – wunderschön proportionierte halbausgewachsene Greyhounds! Ein selbstgemachter Köder wurde über ein Seilgerät vor den Jungtieren hergezogen. Man erlaubte Sechsergruppen oder gar mehr Junghunden, die Beute quer über ein großes Feld zu jagen. Bei dieser Übung trugen die Hunde leichte Maulkörbe, um zu verhindern, daß sie den künstlichen Köder zerfetzten. Etwa die Hälfte aller Hunde zeigte wenig Interesse an der Beute, zog es vor, nach unter der Erde verborgenen Tieren zu schnüffeln, miteinander zu spielen oder Vögel zu jagen. Entsprechend der normalen Praxis der Greyhound-Rennindustrie würden diese Hunde wohl nicht mehr lange leben. Den Abschluß des Trainigsprogramms bildete ein echtes Rennen. Man brachte die Hunde normalerweise auf eine kleine örtliche Rennbahn und beteiligte sie an einem Proberennen. Und wiederum gab es Opfer, die bei dieser letzten Hürde im Ausleseprozeß versagten.

Ich war überrascht über die Seltenheit der Trainingsläufe, einmal täglich – manchmal sogar weniger als das – und jedes Mal bedeutete dies für jeden Einzelhund nur wenige Minuten des Laufs. Mein Vorschlag lautete, viel weniger Zeit auf Pflege und Polieren der Einrichtung zu verwenden, statt dessen den Junghunden mehr persönlichen Kontakt und Anleitung zu geben.

Es war später Nachmittag und das warme Herbstlicht drang herein, als wir uns mit dem Zwingerbesitzer und seinem Stab zu einer Round-Table-Konferenz in der Zwingerküche versammelt hatten. Die meisten Angestellten waren Schulentlassene, die einfach einen Beruf mit Tieren anstrebten, ganz gleich, wie schlecht er auch bezahlt war. Die am meisten interessierten Burschen stammten aus Irland, sie waren auf Farmen aufgewachsen, hatten dort selbst mit Greyhounds als Familienmitgliedern gelebt und diese ausgebildet. In Irland sind Hunde eine viel persönlichere Angelegenheit, nicht etwas für das große Geschäft – hier in England dagegen betrieb man alles züchterisch im großen Stil. Meine aus dem Augenblick entstandenen Vorschläge einer viel individuelleren Betreuung und Ausbildung der Junghunde fand gerade bei diesen Burschen offene Ohren. Einer von ihnen stellte mir eine sehr harte Frage. In Irland – erzählte er – hatte er seine Hunde wie Lurcher auf lebende Kaninchen ausgebildet – und diese Hunde waren viel bessere Rennhunde, weil sie noch dem echten Jagd- und Tötungstrieb nachgingen. Lag hier der wahre Fehler bei den englischen Hunden, die nur ganz selten Blut rochen und das Hetzen nur an ausgestopfter Beute oder einem künstlichen Hasen »spielte«? Ich sah sehr wohl die vernünftigen Gedanken hinter seinen Argumenten, wollte aber die Diskussion in dieser Richtung aus Rücksicht auf das Wohlergehen der Kaninchen nicht weiter fortsetzen!

Als ich abends in mein Büro auf der Farm zurückgekehrt war, wurde ich durch unsere frei herumstromernden Hundehelfer von Kopf bis Fuß auf all die neuen Gerüche abgeschnüffelt. Sie alle dürfen den Tag über mehr oder weniger selbständig genau das tun, was sie mögen. Umso stärker entwickelte sich bei mit ein ungutes Gefühl gegen mein spezielles Engagement mit für die Rennbahn gezüchteten Greyhounds. Kein Zweifel, daß ich ihnen schon recht nützliche Tips gegeben hatte, ganz einfach indem ich sie zum Denken über ihre eigene Lage und die falschen Zeitaufwendungen, die sie ihren Hunden zukommen ließen, anregte. Aber ich wußte wirklich zu viel über die andere Seite, insbesondere über Hunde, welche ein Leben mit so wenig äußeren Reizen führen, mit wenig Zukunft außer als Zwingerhunde, immer Maulkörbe zu tragen und dann jung zu sterben. Dies alles hielt mich zurück, mich weiter in dieser Angelegenheit zu engagieren.

Diese unbequemen Wahrheiten wurden mir durch eine sehr bemerkenswerte Lady – Celia Cross – unterbreitet, sie ist die Gründerin einer Organisation namens »Greyhound Rescue«. Diese Hundefreunde kümmern sich um den »Ausschuß« dieser enormen Industrie. Greyhounds werden zu den angenehmsten Haushunden, sind ruhige und majestätische Geschöpfe, solange man ihre Jagdleidenschaft nicht weckt. Angeleint – möglicherweise an einer Rolleine – begleiten sie den Menschen unverdrossen auf allen Spaziergängen, ohne der Versuchung der Jagd auf Katzen oder Kaninchen zu erliegen. Ich habe nie einen im Haus gehaltenen Greyhound kennengelernt, der etwa absichtlich seinen Besitzer gebissen hätte. Diese Hunde verbellen Besucher, beißen sie aber nicht, sie brauchen keine Marathonspaziergänge, aber dafür umso mehr Liebe.

Erstmalig wurde ich mit den Freunden der Greyhound-Haltung als Haushunde durch eine körperbehinderte Dame bekannt gemacht, die ihr Rudel von drei Greyhounds mit federleichter Hand regierte. Die Hunde sind für diese Dame geradezu ideal, sie kann sie sogar als Halt benutzen, wenn sie sich aus ihrem Rollstuhl hochzieht oder wenn sie sich nach einem Fall vom Boden hochstemmen muß. Durch ihre Größe wird die Gefahr vermieden, über die Hunde zu fallen, und sie sind sicher genug, um unterwegs nicht mit anderen Menschen zusammenzustoßen. Greyhounds sind eine ideale Hilfe für Gelähmte oder alle jene, die ein ruhiges Leben mit einem ergebenen Freund suchen.

Celia Cross hat mir bei der Rehabilitation von ehemaligen Rennhunden sehr geholfen, sie ist heute in dieser Frage eine absolute Autorität, arbeitet mit einer Kombination von Eingebung, Verständnis und Freundlichkeit. Ihre Organisation unterhält sie mit einem Budget, das in einem Schuhkarton Platz findet. Sie erzielt aber großartige Erfolge für das Wohlergehen dieser unglücklichen Kreaturen, sowohl in England als auch in Übersee.

Ich bezweifle, daß Menschen die Geld auf Hunde setzen, manchmal nur auf einen Namen im »Sporting Life«, irgendeine Vorstellung von den Grausamkeiten und der Vergeudung von Tieren haben, die sich hinter dem Glamour von Greyhound-Rennen verbergen! Viele Besitzer von einzelnen Greyhound-Rennhunden entwickeln ihren Hunden gegenüber eine enge Beziehung, besuchen sie häufig während der Unterbringung in lizenzierten Rennzwingern. Diese Hunde müssen während ihrer Rennlaufbahn in Zwingern autorisierter Trainer gehalten werden, nach dem Rückzug von der Bahn werden einige wenige Tiere für den Rest ihres Lebens nach Hause geholt, um mit ihren Besitzern zu leben. Sehr viel mehr Hunde landen in der Hilfsorganisation bei Celia Cross oder werden getötet.

Selbst der Rennvorgang nützt bei Greyhounds nur einen kleinen Teil der Intelligenz und des Verhaltensinventars des Tieres. Man könnte meinen, daß alleinige Zuchtauswahl auf schnellen Rennverlauf die Fähigkeit der Tiere zur Lösung anderer Probleme eingeschränkt hätte. Ich habe hierfür bei den Greyhounds, mit denen ich gearbeitet habe, keinerlei Anzeichen entdeckt. Es sind empfindsame und kluge Tiere mit einem Körperbau, der geradezu perfekt für Ausdauer und Schnelligkeit geformt ist.

Wenn ich mir Sam ansehe, sollte ich ihn wirklich als Arbeits- und Berufshund eingliedern. Tag für Tag begleitet er mich auf der Farm, drückt sich niemals vor der manchmal unangenehmen Aufgabe, mit unseren Patienten zusammenzukommen. Er beteiligt sich mit unermüdlichem Eifer an Fernsehshows, singt in Radioprogrammen, posiert vor jedem Fotografen oder Journalisten, der bereit ist, seine Geschichte zu hören. Unter all den Arbeitshunden, mit denen ich mich über die ganzen Jahre befaßt habe, habe ich – wie ich meine – keinen einzigen anderen Hund gefunden, der es mit ihm in seiner Allround-Geschicklichkeit, die Welt fröhlicher zu machen, aufnehmen könnte. So war es mir eine Freude, daß er im Jahre 1988 gemeinsam mit mir die Ehrung erfuhr, daß wir zum »Pro Dog Man/Dog of the Year-Paar« gewählt wurden. Sam hat die Ehrung verdient!

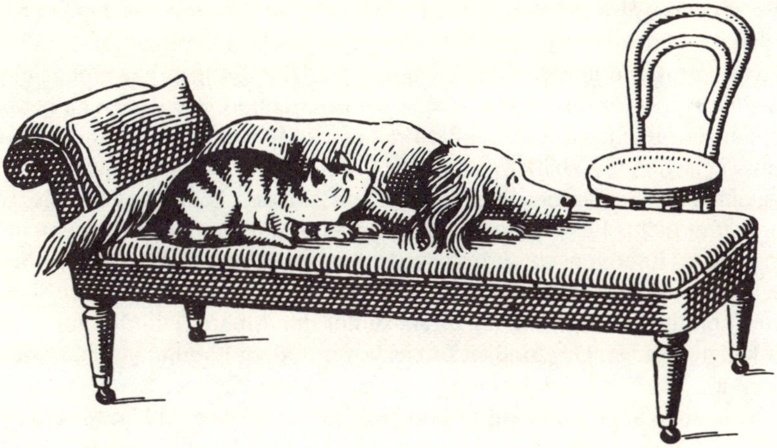

X Die Hunde der Großen und Kleinen

Besonders liebenswert in unserer Welt ist die Art, wie Tiere ihre Beziehungen zum Menschen gestalten. Sie kennen keinen Unterschied zwischen reich und arm, erfolgreich oder von den Narben des Lebens gezeichnet, dick oder dünn. Hunde lassen sich in keiner Weise durch aristokratische Lebensweise oder Titel beeindrucken. Für sie zählt viel mehr was wir tun als was wir sind – nur unser Handeln ist für sie von Wichtigkeit. Als soziale Tiere binden sich unsere Hunde an uns, weil wir für sie da sind. Wir schenken ihnen unsere Zeit, spielen aktiv mit ihnen, wie Partner auf der Jagd, wir verstehen sie über Futter und Liebe an uns zu binden, haben wahrscheinlich einen ihnen angenehmen Körpergeruch. Umgekehrt ist die Sehnsucht, mit Tieren zusammen zu leben allgemein, unabhängig von Rang und Stand.

In der auch heute noch klassenbewußten englischen Gesellschaft durchbricht die Liebe zu Tieren alle Barrieren von Rasse, Geschlecht, Sprache und Einkommen. Dies ist für meine Arbeit eine ganz besonders befriedigende Ausgangsposition – es würde mir keine Freude machen, nur für die eine oder andere Kategorie von Tierbesitzern zu arbeiten. Soziale Klassenunterschiede waren für mich immer Bestandteil einer Gesellschaftsordnung, die ich als feindlich und unangenehm empfand. Dies rührt wahrscheinlich daher, daß ich mich selbst als klassenlos ansehe, weil mein bäuerlicher Hintergrund einfach nicht in die heute bei den Marktforschern so beliebten gängigen Gruppierungen paßt. Völlig unabhängig davon empfinde ich allen Briten und ihren Handlungen gegenüber eine eigene Neugierde, mein Job vermittelt wunderbare Gelegenheiten, Menschen zu beobachten.

Mein erster sehr reicher Klient war die Frau eines Multimillionärs, eines in London lebenden norwegischen Geschäftsmannes. Ihr Problem war ein liebenswerter Old English Sheepdog, eine Hündin namens Schnip, die allein gelassen Teppiche zerkaute. Eigentlich gab es überhaupt nichts Besonderes an diesem Fall, wenn man davon absieht, daß Schnip ihre destruktiven Energien auf unschätzbar wertvolle, antike Perserteppiche konzentrierte. Bei jedem einzelnen Mißgeschick kam es leicht zu einem Schaden von 10 000,– Pfund. Ihre Londoner Wohnung lag direkt hinter der Albert Hall, der guten Stube von London's Knightsbridge. Das Maß an Luxus war mir, dem Landjungen hoch von Devon, damals fremd.

Schnip hatte an Wänden und auf Fußböden eine breite Auswahl an wertvollen Perserteppichen. Mochte sie einmal deren Struktur und Geschmack nicht mehr, konnte sie immer auf alte, handgeknüpfte chinesische Teppiche ausweichen. Die Höhe des Schadens hatte eigentlich keinerlei direkten Einfluß auf den Rat, den ich zur Bewältigung des Problems anbieten konnte. Es handelte sich um einen schnellstens zu lösenden Notfall, der unter den gegebenen Umständen aber nicht anders zu sehen war als etwa der eines früheren Tierheimmischlings, der die Büroeinrichtung seines Besitzers in Tower Hamlets zerstörte.

Ich verließ meinen norwegischen Klienten, um den nächsten Gentleman zu besuchen, der sein Nachtlager unter den Brücken des Embankments aufschlug. Von Polizei wie Heilsarmee war ich um diesen Besuch gebeten worden, nachdem sein Hund einen Polizisten angegriffen hatte. Die Nachricht der Heilsarmee lautete, daß John James solange nicht mehr bei ihnen beherbergt werde wie ihn sein Hund Bison begleitete, der seinen Herrn gegen jedermann, der Uniform trug, furchtlos verteidigte. Nach Einbruch der Dunkelheit galt Bison als der »Teufel unter den Brücken« – so nannten ihn die anderen Obdachlosen, die in der zwielichtigen Welt unter der Waterloo Bridge nächtigten. Jedermann, mit Ausnahme der Polizei hatte gelernt, während ihrer nächtlichen Trinkgelage und Zusammenkünfte um John einen weiten Bogen zu machen.

John hatte seines Hundes wegen schon eine Reihe von unangenehmen Berührungen mit dem Gesetz, nach jedem Biß war er gezwungen, mit seinen wenigen Habseligkeiten eine neue Zufluchtsstätte für die Heimatlosen Londons zu finden. Glücklicherweise gab es über diese Geschehnisse keinen zentralen Polizeibericht, so befanden sich beide, solange sie sich quer durch London bewegten, relativ in Sicherheit. Die Heilsarmee war davon überzeugt, man könne John wieder zu einem stabilen Leben verhelfen, insbesondere weil seine Trinkgewohnheiten nicht so schwerwiegend waren wie die seiner Umgebung. John hatte eine gute Ausbildung, war nicht drogenabhängig. Er wollte wirklich aus dem schrecklichen Kreislauf von Armut und Hoffnungslosigkeit ausbrechen, in den er durch den bitteren Zusammenbruch seiner Ehe abgesunken war.

Bereits in der vorangegangenen Woche hatte man John gewarnt, er sollte sich auf den Besuch des »Dog Doctor« vorbereiten. Und man hatte auch die anderen Bewohner des Untergrundkomplexes nahe der Royal Festival Hall gebeten, nach mir Ausschau zu halten. Ich kam am späten Nachmittag an, die Luft unter den Brücken war schon kalt und feucht. – Der Gestank war einfach entsetzlich. Ein klein wenig Licht drang von den darüberliegenden Straßen herunter, man konnte die Bewohner nur an der Glut ihrer Zigaretten und gelegentlich aufflammendem Zeitungspapier sehen. Ich fand John James bald an der Stelle, wohin mich ein Kundiger der Heilsarmee gewiesen hatte. Ich trug meinen abgeschabten Arbeitskittel, den Bison offensichtlich als so uniformähnlich ansah, um sofort drohend zu knurren, ohne aber direkt anzugreifen. Ich warf direkt vor Bison einen Brocken Käse auf das Pflaster, dankbar änderte er seine kritische Meinung mir gegenüber.

John war sehr verlegen, weil er kein Geld hatte, um mich zu bezahlen. Ich erklärte ihm, daß ich gekommen sei, um selbst zu lernen, etwas über einen bemerkenswerten Hund und über seinen eigenen Lebensstil zu erfahren. Aber John war sehr bestimmt, betonte, daß jede berufliche Arbeit auch eine Entlohnung verdiene, daß er meinen Rat wünsche. Er bat mich, doch in der nächsten Woche wiederzukommen, bis zu diesem Zeitpunkt habe er die ihm noch an seiner letzten festen Adresse zustehenden sozialen Leistungen bekommen, könne dann meine Dienste bezahlen. Ich protestierte und betonte, daß Geld nicht das Wichtigste im Leben sei, daß er möglicherweise etwas besitze, das mir für meine Hilfe Freude bereite, und auf das er möglicherweise verzichten könne. Ich entdeckte in seinem Versteck Apfelmost, billigen Wein und zwei Flaschen Guinness, alles in einem Pappkarton. Mein Vorschlag war, mir als Ausgleich meiner Leistung eine Flasche Guinness Stout zu geben. Damit war sein Ehrgefühl zufriedengestellt, John, Bison und ich wurden zum normalen Dreieck Kunde-Patient-Verhaltenstherapeut.

John bot mir den Luxus eines festen Sitzes auf einer Teekiste, schlug aber vor, wir sollten uns ins Tageslicht bewegen, so daß ich meine Notizen lesen konnte. Mir hatte auch der Gestank unter der Brücke sehr zugesetzt. Bison war an einer hübschen, aber völlig unzureichenden Lederleine befestigt, ich führte ihn voran und John folgte mir mit meiner Tasche. Er erzählte mir, daß er die Leine im Hyde Park gefunden habe, wahrscheinlich hatte sie ein gut gehaltener Knightsbridge Pudel verloren – so sah sie aus. In dem im Freien gelegenen Fußgängerbereich nahe der Waterloo Station war ich in der Lage, mir Bison richtig anzusehen, sein Verhalten gegenüber allen Vorübergehenden zu beobachten. Bison hatte die Größe eines kleinen Labradors, er war leuchtendbraun mit hübschen weißen Kopfabzeichen. Bison schien seine Aufmerksamkeit mehr auf Männer als auf Frauen zu konzentrieren, er haßte es, angestarrt oder durch irgendjemand anderen als John berührt zu werden. Zu den positiven Verhaltensmerkmalen gehörte, daß er Futtergaben akzeptierte, zunächst von mir, später auch von vorübergehenden Helfern, die ich in die abendliche Therapiebehandlung einbezogen hatte.

Es zeigte sich schnell, daß Bison ein außerordentlich leicht erziehbarer Hund war. Bereits nach einer einzigen Arbeitssitzung machten wir das Leben im Umkreis der Waterloo Bridge für etwa eine Million Menschen oder mehr, die dort Tag für Tag den Weg von oder zu der Station passieren, sicherer. John war auf das hübsche Aussehen von Bison außerordentlich stolz, er tat sein Bestes, um ihn gut zu behandeln, unternahm alles, um für ihn Futter zu organisieren, erbetteln und zeitweise sogar zu kaufen. Der Hund wurde regelmäßig in der Pferdetränke am »Elephant and Castle« gewaschen, eine ihm wohlgesonnene Tierarzthelferin in Süd-London sprayte ihn mit einem Flohschutzmittel. Bison hatte zum Schlafen ein gut gepolstertes Bett in einem trockenen, zugfreien kräftigen Karton. Für einen Hund kann ein solcher primitiver Zwinger zum Palast, sein Herr zum König werden.

Einige Jahre nach meiner Hilfe für John und Bison im Austausch gegen eine Flasche Guinness erreichte mich ein Anruf eines Tierarztes aus Windsor. Er erklärte mir, er habe einen Kunden mit mehreren Hunden, die immer öfter untereinander in Streit gerieten. Ob ich wohl einen guten Rat hätte, dieses Problem zu lösen? Wir besprachen die ganze Breite von Möglichkeiten, welche das Behandlungsergebnis beeinflussen könnten. Ich stellte Fragen bezüglich der Hunderasse, Anzahl der Hunde, die Gelegenheiten, bei denen es zu Kämpfen kam und so weiter. Recht schnell kam der Tierarzt dann zur Sache. Sein Klient war Ihre Majestät die Königin, die Hunde waren natürlich Corgis, und ich möchte bitte bereit sein, einen königlichen Auftrag entgegenzunehmen, wenn Ihre Majestät es wünsche. Zu diesem Zeitpunkt war unsere Praxis erst drei Jahre alt. Wenn auch mein Ruf unter den Tierärzten bereits respektabel war, die breite Öffentlichkeit kannte ihn kaum. Aller Wahrscheinlichkeit nach war er der königlichen Familie noch völlig unbekannt. Der Tierarzt Ihrer Majestät sagte mir zu, mit seiner Klientin zu sprechen, herauszufinden, welche Wünsche sie habe.

Am nächsten Tag rief er mich mit der Nachricht zurück, Ihre Majestät sei dankbar, wenn ich sobald als möglich vorbeischaue. Sie habe bereits durch die Princess Royal von mir gehört, weil ich unser Halti-Kopfhalfter für den Reitunterricht der Behindertenorganisation bearbeitet hatte, deren Schutzpatron die königliche Prinzessin war. Wir einigten uns auf einen Besuchstermin am nächsten Tag. Der Tierarzt unterrichtete mich freundlicherweise ausführlich über die höfische Etikette und schärfte mir absolute Vertraulichkeit ein. Ich fragte, ob ich dieses Geheimnis mit meiner Frau Vivienne teilen dürfe, die ich während des Telefongesprächs nebenan beim Spiel mit unseren gerade das Laufen lernenden Töchtern hörte. Mir wurde diese Erlaubnis gewährt, und natürlich konnte ich nicht widerstehen, Vivienne auf die Folter zu spannen mit: »Rate einmal, wer mein nächster Klient sein wird?«

Vivienne ist mit den Regeln sozialer Etikette sehr viel vertrauter als ich, insbesondere in Beziehung auf königliche Hoheiten. Sie fand sogar ein verstaubtes altes Buch zu dieser Frage. Mir wurde angeraten, es ausführlich zu lesen (was ich nie tat). Vivienne unterstrich besonders, daß es keinesfalls anginge, Ihre Majestät bei der Begrüßung mit: »Gnädige Frau, ich freue mich sehr, Sie kennenzulernen« anzureden. Ich hörte pflichtbewußt zu, und mein einziger passender Anzug wurde sorgfältig auf Suppenflecken kontrolliert.

Am nächsten Tag begab ich mich in die Praxis des Tierarztes, wo mir noch einmal das genaue »Who's Who« der königlichen Corgi-Familie dargestellt wurde. Es gab in der Familie eine ununterbrochene Linie von Corgis seit der Kindheit Ihrer Majestät. Ich sah mir ihre einzelnen Krankenblätter durch und notierte mir, daß der häufigste Grund für tierärztliche Dienste auf Hundebeißereien zurückging. Im übrigen erschienen die sieben reinrassigen Corgis und die drei Dorgis (Kreuzungen von Dachshunden mit Corgi) ein recht gesundes Rudel. Die Beißereien hatten sich in Windsor Castle selbst, auf den Ländereien, in einem Auto und auch im Buckingham Palace ereignet, merkwürdigerweise aber nicht, wenn die Hunde während der Abwesenheit der Königin von einem Betreuer in Obhut genommen wurden. Es stellte sich heraus, daß alle Rüden unkastriert waren. Meine Meinung dazu war, daß es mich überhaupt nicht überraschen würde, wenn dies die Ursache für gelegentliche Auseinandersetzungen sei. Man erklärte mir, es habe sich nicht um kleine, harmlose Kratzer gehandelt, vielmehr sei einiges Blut geflossen.

Man brachte mich zu dem großen Daimler der Tierarztpraxis, eine Erleichterung für mich, denn mein eigenes Fahrzeug war zu dieser Zeit ein zerbeulter, vierzehn Jahre alter Lieferwagen, möglicherweise nicht das richtige Fahrzeug für den Besuch im Schloß. So fühlte ich mich als Passagier im Daimler recht glücklich, und die königliche Wache nahm Haltung an, als sie uns durch die Polizeikontrollen in den inneren Schloßteil winkten, den die Öffentlichkeit nie zu sehen bekommt.

Dies war schon ein recht ungewöhnlicher Hausbesuch. Im Normalfall habe ich nicht den Vorteil, daß der empfehlende Tierarzt mich persönlich zu seinem Klienten begleitete. Hierfür war ich ihm bei diesem Anlaß mehr als dankbar, denn er ist nicht nur ein Tierarzt mit viel fachlichem Wissen, sondern auch ein vollendeter Fachmann bei Hof, der mir ein guter Führer durch die Prüfungen, die mir bevorstanden, war. Ein Stallmeister brachte uns durch einen wahren Irrgarten an Treppen, Korridoren, Türen in die königlichen Privaträume – unterliefe mir irgendein schrecklicher »Faux pas«, gäbe es keinerlei Chance zur Flucht. Selbst nach meiner studentischen Erfahrung mit der mündlichen Abschlußprüfung glaube ich nicht, daß ich jemals vor einer menschlichen Begegnung einem solchen Streß ausgesetzt war.

Dabei hätte ich mich überhaupt nicht aufzuregen brauchen. Ich wurde von Ihrer Majestät warmherzig begrüßt, wir schüttelten uns die Hände und natürlich lautete meine Anrede: »Ich freue mich sehr, gnädige Frau, Sie kennenzulernen!« Eigentlich hätte mich der Boden verschlingen müssen, aber die Königin schien dies überhaupt nicht zu bemerken und ging zum Gespräch über tierärztliche Fragen über. Ich befaßte mich nochmals mit jedem einzelnen Hund, ließ mir seine Geschichte erzählen, verband menschlichen und hundlichen Lebensstil miteinander, ergänzt durch eventuelle Krankengeschichten, die ich ja bereits von dem betreuenden Tierarzt erhalten hatte. Bald gewann ich den Eindruck, daß die Hunde eine ganze Menge Zeit im Auto verbrachten, was auf viele Reisen zwischen den verschiedenen königlichen Haushalten, insbesondere zwischen Buckingham Palace und Windsor zurückging. Mich interessierte, ob es auf einer solchen Fahrt auch zu Beißereien gekommen sei. Man berichtete mir, daß es dabei zwar zu kleinen Streitigkeiten, aber nie zu einem ernsthaften Kampf kam.

Nun bat ich, meine Patienten persönlich kennenzulernen, die unten im Schloßgarten warteten. Wir gingen gemeinsam zu den Hunden. Als die Hunde aus einer Seitentür auf das Gelände kamen, stürzten sie sofort vorwärts und beeilten sich, die Königin zu begrüßen. Zunächst verbellten sie den Tierarzt und mich, wir konnten aber bald mit Myth »auf dem Rücken Wälzen« spielen, als sie zu uns kam, um in klassischer Corgi Manier ihren Bauch massieren zu lassen. Sie alle erinnerten mich so sehr an den Corgi Rusty aus meiner Kindheit auf der Devon Farm. Er verdiente seinen Lebensunterhalt, indem er sich furchtlos an die Schwänze von Kühen hängte, die zögerten, von der Weide nach Hause zu kommen. Dies sind nun einmal die Aufgaben, für die Corgis gezüchtet wurden – besonders gut können sie unter den Schlagwinkel von Kuhhufen abtauchen und das arme Vieh am Hufstrahl zwicken. Jede vernünftige Kuh bleibt aus Angst vor einer solchen Attacke unter den Huf in Bewegung, aber die letzte Waffe blieb die Schaukeltechnik am Kuhschwanz.

Eine solche erblich bedingte Arbeitsveranlagung bringt zuweilen auch Corgis als Haushunde in die Versuchung, nach den Fesseln von Menschen zu schnappen – dies erfolgte gelegentlich auch durch die Royal Corgis. Wir beobachteten das Zusammenspiel der Hunde einige Zeit, und ich stellte fest, daß Streit und Rivalität häufig auf die Nähe von Piper zu Chipper zurückgingen. – Piper belästigte Chipper, den ältesten Rüden und von je her Leitrüde der Gruppe. Abgesehen hiervon schien in der königlichen Meute Friede und Harmonie zu herrschen, und ich machte der Königin ein großes Kompliment für das gute Verhalten der Hunde.

Es war inzwischen 4.00 Uhr nachmittags geworden, Zeit für die regelmäßige Fütterung, bei der sich Probleme ergeben konnten. Wir kehrten ins Haus zurück, hineingebracht wurde ihre Tagesration in zehn Schüsseln für zehn Hunde. Nachdem Menge und Inhalt jeder Hundeschüssel von Ihrer Majestät gut geheißen waren, wurde noch etwas leckere Soße darüber geschüttet, dann schaute die Königin zu den in einer Entfernung von wenigen Metern im Halbkreis versammelten Hunde herüber, die sich ruhig verhielten, aber deutlich speichelten. Ein Hund nach dem anderen wurde herangerufen, um sein oder ihr Futter entgegenzunehmen. Nie gab es ein Knurren oder nur einen bösen Blick zwischen den Hunden, ich staunte über die Harmonie, die bei dieser theoretisch risikoreichen Fütterung herrschte. Die Königin erklärte mir, sie habe stets von ihren Hunden zur Fütterungszeit anständige Manieren verlangt; jeder Hund hatte zu warten, bis er an die Reihe kam, der älteste wurde zuerst, der jüngste als letzter gefüttert. Dieses Beispiel imponierte mir sehr, sicherlich eine nützliche Übung, die auch andere Hundebesitzer nachahmen könnten. Der Aufbau fester Ordnung innerhalb eines Rudels führt in aller Regel dazu, auch eine verläßliche Beziehung der Hunde untereinander aufzubauen.

Nochmals nahm ich meine Notizen zur Hand, durchdachte die präzisen Ereignisse, die unter den Hunden zu drei ernsthaften Auseinandersetzungen geführt hatten. Schon über eine Stunde hatte die Konsultation mit Ihrer Majestät gedauert, es war Zeit für mich, die Fäden all dessen, was ich gesehen und gehört hatte, zusammenzufassen, um für die Zukunft eine brauchbare Strategie zu erarbeiten. Ich wußte genau, daß das Halten eines Rudels von zehn selbstbewußten Welshhill Farmer Hütehunden eine beträchtliche Geschicklichkeit und Willenskraft erforderten – beides besaß Ihre Majestät zweifelsohne. Aber – ihr war neben der Rudelführung einer Hundemeute in ihrem Leben eine Fülle anderer Verantwortlichkeiten auferlegt. Der Rüde Piper stand schnell im Mittelpunkt unserer Aufmerksamkeit, und über seine Zukunft mußte entschieden werden. Dieser Hund war, wie es schien, eine Zeitlang im Mittelpunkt familiärer Scherze gestanden – und zwar wegen seines ausgeprägten Macho-Gehabes. Ich sah in ihm den Hauptauslöser sozialer Disharmonie und schlug vor, ihm ein neues gutes Zuhause zu verschaffen.

Als nächstes mußte die Frage des Schutzes und der Sicherheit der anderen Hunden abgeklärt werden. Das Anlegen von Maulkörben bei einem oder mehreren Hunden war selbst als Kurzzeitregelung abzulehnen, weil es nur ganz selten zu Kämpfen kam und diese überhaupt nicht zeitlich voraussehbar waren. Durch meine anderen Patienten verfügte ich schon über umfassende Erfahrungen mit Hundebeißereien, wußte, daß einige Hunde solche Kämpfe manchmal bis zum Tode austragen, ganz gleich, wie man abzulenken versucht. Mit anderen Worten – Hunde können gegenüber allen »normalen Stimulanzen« wie etwa Schreie, Fußtritte, Überschütten mit einem Kübel Wasser oder überwerfen einer Decke vollkommen unempfindlich sein. In manchen Fällen hilft einzig und allein körperlicher Eingriff, bei dem die Hunde an den Hinterläufen angehoben oder gewaltsam getrennt werden. Gerade bei einer rutenlosen Hunderasse wie Pembroke Corgis findet man schwerlich einen richtigen Griffpunkt, um den Hund festzuhalten – mit Ausnahme ihres Nackenfells, was leicht verletzbare Hände zu nahe an blitzende Zähne bringen kann.

Besonders interessierte mich immer lauter Lärm als Streßfaktor für Hunde. Ich fragte mich, ob wir selbst bestimmte Laute verursachen konnten, um kämpfende Hunde wieder zum Gehorsam gegenüber ihren Menschen zu bringen. Vor kurzem hatte ich ein paar Jack Russell Terrier gesehen, bei denen das einzig wirksame Mittel zum Kampfabbruch der dramatische Lärm eines auf den Boden geworfenen Metallmülleimerdeckels war. Aber wie konnten wir eine Klangstimulanz entwickeln, die lautstark und tragbar war, dazu abgestimmt auf das bei Hunden viel feinere Hörgefühl in den oberen Klangstufen. Ich entwickelte Ihrer Majestät der Königin gegenüber meine Vorstellungen über eine Stimulanz zum Abbruch von Hundekämpfen über Klangwellen, und Ihre Majestät war daran interessiert, daß ich für den Einsatz bei ihren Corgis ein solches Mittel entwickeln oder beschaffen sollte. Ich hatte bereits von in den USA gegen drohende Vergewaltigung und Diebstahl entwickelten Aerosol-Alarmen gehört. Zu dieser Zeit (1984) hatte ich aber noch nicht die Zeit und Gelegenheit gefunden, so etwas einmal praktisch mit Hunden zu erproben. Aus dieser Idee entstand dann das heutige Dog-Stop-Alarmsystem auf Basis von Aerosol, das hochtönige Frequenzen auslöst.

Zurück zu den Hunden Ihrer Majestät. Ein Aktionsprogramm war ausgearbeitet, es wurde Zeit, sich zu verabschieden. Über mehr als zwei Stunden hatte die Diskussion mit der Königin gedauert, die Zeit war wie im Fluge vergangen, ihre Gesellschaft war so angenehm, intelligent und aufschlußreich. Ich kehrte aus den Luxuspolstern eines Daimlers zurück in meinen eigenen schäbigen Karren, dessen Sitzfedern sich recht unangenehm in meinen Körper bohrten. Bei der Rückfahrt aus Windsor entlang der Windsor

Home Farm drängte sich mir die Schlußfolgerung auf, daß ich es bei weitem bevorzugen würde, von dieser Monarchin regiert zu werden als von der gegenwärtigen Gruppierung demokratisch gewählter Politiker. Ich befand mich bei bester Laune, und da für den Rest des Abends keine Beratung mehr anstand, führte ich Vivienne zu einem feierlichen Dinner aus.

Der aufmüpfige Corgi Piper wurde nach kurzer Zeit an Prinzessin Anne in Gatcombe weitergegeben, mit deren Lurcher er sich offensichtlich recht gut arrangierte. Vielleicht zogen sich hier zwei Gegensätze an. Diese zwei Hunde entwickelten eine gegenseitige respektvolle und friedfertige Beziehung, die in der königlichen Corgi-Meute einfach nicht erreicht werden konnte. Die guten Nachrichten waren, daß es bis vor kurzem keine ernsthaften Beißereien mehr gab. Dann kam es im Jahre 1989 zu einem verheerenden Kampf, bei dem unglücklicherweise der kleine Corgi Chipper tödliche Verletzungen erlitt. Niemand konnte rechtzeitig zwischen die beißenden Hunde kommen, der Dog-Stop-Alarm, den wir eigens für die königlichen Hunde entwickelt hatte, steckte wahrscheinlich zu diesem Zeitpunkt in irgendeiner Hosentasche, war unerreichbar und somit nutzlos.

Nach einem Interview mit Prinzessin Anne im »Sunday Telegraph« wurde die Geschichte meiner Behandlung der königlichen Corgis in den Jahren 1986/87 zum Hit in der Massenpresse. Bis zu diesem Augenblick hatte ich niemals auch nur mit einem Wort gegenüber irgendjemandem meine Beratung erwähnt. Nachdem nunmehr aber mein Geheimnis durch ein Mitglied der königlichen Familie enthüllt wurde, mußte ich mich zur Wahrheit bekennen, war aber auch danach zu keinem näheren Kommentar bereit. Seit dieser Zeit gab es noch eine Menge mehr an Nachforschungen der Presse, an Kommentaren, die sich darüber lustig machten, die Königin wäre möglicherweise nicht in der Lage, ihre eigenen Hunde zu kontrollieren. Wie meine Geschichte zeigt, kann nichts weiter von der Wahrheit entfernt sein!

Die Leidenschaft der britischen königlichen Familie für Tiere beschränkt sich bei weitem nicht auf das Haus Windsor. Man beachte die unermüdliche Arbeit Ihrer Königlichen Hoheit Prinzessin Antoinette de Monaco für das Wohlergehen der Hunde oder die laufende Unterstützung des »World Wide Fund for Nature« durch Mitglieder der holländischen königlichen Familie. Viele andere aus den Herrscherhäusern dieser Welt haben uns mit ihren Haustieren besucht, und immer wieder waren wir von der Dauerhaftigkeit der Liebe von Menschen – seien sie reich oder arm – zu Tieren zutiefst beeindruckt.

Vor kurzem brachte ein italienischer Graf seinen Schafe hetzenden Labrador zu uns, er zeigte sich leider nicht so liebenswürdig wie andere uns verbundene Besucher der Hardwick Court Farm. Er schien sehr unangenehm davon berührt, keinen »roten Teppichempfang« zu bekommen, woran er sich vermutlich in seinem Leben gewöhnt hatte. Schon nach kurzer Zeit war es ihm gelungen, alle meine sehr geduldigen und normalerweise toleranten Kolleginnen beleidigt zu haben. Mir allein gelang es, korrekt und höflich zu bleiben.

Eine Prinzessin aus dem Haus Saud erbat für ihre siamesischen Katzen meine Hilfe. Sie lebte in London, um ihre Erziehung zu vervollständigen, hatte sich ganz im Gegensatz zu ihrer Erziehung und den Gewohnheiten ihrer Familie zu Hause in Riad in Katzen verliebt. Ich besuchte sie in ihrer luxuriösen Penthouse-Wohnung im vierten Stock, wo die meisten Dinge, von denen eine müßiggängerische Siamkatze nun einmal träumt, vorhanden waren. Als Gegenleistung hierzu boten die Katzen der saudischen Prinzessin eine nicht bedrohliche, uneingeschränkte Liebe, was für sie in England sonst gar nicht leicht zu finden war. Das einzige Problem der Katzen war der Gebrauch der Katzentoilette. Eine Reihe von Verfehlungen hatten Besorgnis über Anstand und Gesundheitsrisiken der Prinzessin ausgelöst. Hinzu kamen unter den sie besuchenden Landsleuten solche, denen sie nicht vertrauen konnte, daß sie bei ihrer späteren Rückkehr ihr Geheimnis vor dem Volk bewahrten. Ich erfuhr, daß im saudischen Kulturkreis Katzen sich keines so hohen gesellschaftlichen Status erfreuen, es außerordentlich ungewöhnlich war, sie im Haus zu halten, sie sogar ins Bett zu lassen, wo diese Katzen normalerweise gemeinsam mit der Prinzessin schliefen. Ich hatte volles Verständnis für die Prinzessin. Sie war gefangen zwischen zwei Kulturkreisen, sicherlich gehörte sie einer Generation an, die sich schnell unserer viel toleranteren Haltung gegenüber Haustieren erschließen wird.

Die große Gefahr für die saudische Prinzessin bestand in dem direkt bevorstehenden Besuch ihres Vaters in London. Wie konnten Geruch- und Teppichmarkierungen rechtzeitig beseitigt werden? Dem Vater gegenüber wollte sie vorgeben, daß sie die Katzen als Hobby in einem nicht benutzten Schlafzimmer hielt, gut abgetrennt von den Hauptlebensbereichen und mit absoluter Sicherheit weit entfernt von ihrem eigenen Schlafgemach. Als allererstes empfahl ich ein sofortiges Erziehungsprogramm auf das Katzenklo. Zunächst bestimmten wir das Material, das Katzen hierfür am meisten lieben. Es sollte mit Sicherheit kein Hausmarkenkatzenstreu von irgendeinem Supermarkt sein, sondern am besten ein Laubkompost mit Buchenlaub und Pilzspuren, deren Geruch auf Katzen entsprechend wirkt. Bereits in meiner Kindheit hatte ich viel über die besonders attraktiven Eigenschaften von verwesendem Pflanzenmaterial und biologisch aktivem Boden gelernt. Unsere Farm-Katzen strebten mit absoluter Zuverlässigkeit frisch kultivierten Boden oder ein gut bearbeitetes Saatbeet an. Am nächsten Tag brachte ich der Prinzessin einige Beutel Laubkompost aus Surrey mit, und die Katzen verhielten sich genau wie vorausgesagt. Ich habe mir allerdings keinen weiteren Lieferungsvertrag geben lassen. Ein paar Monate später war die Prinzessin ohne Schwierigkeiten in der Lage, Laubkompost mit normalem Mineralkatzenstreu zu mischen, und das Problem war ganz einfach gelöst. Der Vater kam nach London und reiste später wieder nach Hause, hatte keine Ahnung über die Katzen-Schlafgefährten seiner Tochter, noch gar über deren Toilettengewohnheiten.

Die Welt des Showbusiness bringt uns viele Patienten, möglicherweise weil Schriftsteller und Schauspieler ein so unregelmäßiges Leben führen und deshalb eine besonders enge Bindung zu ihren Tieren entwickeln. Die Schriftstellerin Carla Lane hat sich über viele Jahre sehr aktiv für viele Tierschutzangelegenheiten eingesetzt, ihr eigenes Zuhause ist mehr oder weniger zweiundsiebzig Vögeln, sieben Katzen, Fröschen, einem Hund und jedem anderen Tier, das eine sichere Zuflucht braucht, überlassen. Erstmalig kam ich in Carla's Wohnung, um ihren nervös gewordenen Irish Wolfhound Maximus zu behandeln, einen zitternden Giganten von einem Hund. Völlig übereilt hatte Carla, als ihr vorangegangener Wolfhound starb, diesen Rüden, einen einjährigen Ausstellungsrüden, von einem Züchter gekauft. Er hatte sein ganzes bisheriges Leben in Zwingern verbracht. Ich erklärte ihr, daß die Nervosität von Maximus auf einen chronischen Mangel frühkindlicher Prägung zurückzuführen sei, er glich einem Kind, das in einem trübseligen Waisenhaus aufgewachsen war. Wir entwickelten verschiedene Spiele und Verhaltensprogramme, um es ihm zu ermöglichen, sich der Umwelt gegenüber zu öffnen. Und er schien sich an ein unterschiedliches, anregendes Leben, teils in Liverpool, teils in London anzupassen. Das Familiencoupé wurde durch einen Range Rover ersetzt. Hierdurch konnte Maximus auf Autoreisen bequem Platz finden und über die Zeit, da Carla von zu Hause abwesend sein mußte, fand man alle Arten von »Hundesittern« und »Hundeausführern«. Und – nach einiger Zeit war Maximus ein in jeder Hinsicht glücklicher, geliebter Hund.

Trotz seiner unterschwelligen Ängste akzeptierte Maximus die Welt seiner Herrin bemerkenswert gut. Besucher wie ich, die sich ruhig und passiv verhielten, wurden nach einem anfänglichen sorgsamen Abschnüffeln akzeptiert. Geräuschvollen extrovertierten Besuchern wich er aus. Die Rehabilitation von Maximus war nur durch die freundliche Geduld seiner Herrin möglich, gelang aber weitgehend.

Dann erhielt ich im letzten Jahr plötzlich einen dringenden Telefonanruf. In Carla's Haus an der Themse hatte ein Familienfest stattgefunden, für die Gäste gab es eine Menge die Leber wärmende Getränke, auch war einiger Wein im Umlauf. Sehr schnell fühlte sich Maximus unbehaglich, begann sogar zu knurren und Carla versuchte, ihn aus dem kleinen Vorderzimmer, in dem sich die Gesellschaft versammelt hatte, wegzubringen. Maximus leistete mit seiner riesigen Körperkraft Widerstand. Genau in diesem Augenblick rutschte Carla's Schwager aus und fiel auf den armen Maximus. In Panik schnappte er nach dem Kopf des Mannes, riß eine häßliche Wunde. Selbst wenn ein im Verhältnis kleinerer Hund sie verursacht hätte, wäre sie nicht viel harmloser ausgefallen. Aufgrund dieses Notrufes verfaßte ich ein nachträgliches Verhaltensgutachten, das verschiedene klar voraussehbare Faktoren für das Beißen von Maximus identifizierte – ein kleiner Raum, lärmende Familie, Carla‘s Aufforderung an Maximus, den Raum zu verlassen, dann der Sturz. Da dies alles durchaus vermeidbare Umstände waren, plädierte ich dafür, Maximus sollte in seiner Welt weiterleben, allerdings mit einigen vernünftigen Vorsichtsmaßnahmen zum Schutze seiner Menschen.

Maximus, der freundliche Riese, geliebt von allen Tieren im Lane'schen Haushalt, lebte nur noch wenige Monate. Eines Abends fand ihn Carla in schrecklichen Bauchkrämpfen, ausgelöst durch eine später klar erkannte Magenumdrehung – hierbei wird durch den umgedrehten Magen eine Blockade ausgelöst. In dieser Nacht starb Maximus in Carla's Armen, vergeblich hatte sie versucht – ganz auf sich allein gestellt – ihn in ihren Range Rover zu heben. Er hätte nur durch den Notfalleinsatz eines Tierarztes gerettet werden können, aber unerklärlicherweise konnte hierzu in dieser Nacht kein Tierarzt bewegt werden. Landtierärzte sind es gewohnt, sich für notleidende Pferde, Kühe oder Hunde auch in der Nacht auf den Weg zu machen, aber Maximus lebte unglücklicherweise zu dieser Zeit in London.

Nach dem Tod von Maximus folgten ein paar schmerzliche Trauermonate ohne hundlichen Gefährten, letztendlich aber unterlag Carla dem Charme eines eigenwilligen Lurcher-Junghundes namens Igor.

Igor ist ein mutiger, verspielter Hund, ein totaler Kontrast zu den zurückhaltenden Gewohnheiten von Maximus. Er sprach mit seinem Wesen anderer Facetten der komplexen Persönlichkeit von Carla Lane an. Nach ihren eigenen Worten blieb sie »der schlimmste Tiernarr von allen«, arbeitete ruhelos weiter für Tierheime und versuchte mehr menschliche Haltung Tieren gegenüber zu stimulieren. »Man soll sich meiner dafür erinnern, daß ich Tiere geholfen habe, nicht daß ich Bücher schrieb.«

Die Ansichten von Rula Lenska über Zoos, Wildtier-Rettungsaktionen und Tiere im allgemeinen sind meinen eigenen sehr ähnlich. Sie und Dennis Waterman besuchten mich mit ihren zwei ziemlich ungebärdigen Mischlingen Silky und Lacy auf der Farm. Lacy, eine Art Schäferhund-Colliekreuzung, hatte sie aus einer Kneipe gerettet, Silky hatte man auf der Autobahn aufgegriffen. Die Hunde schienen sich bei all den Verlockungen auf der Farm wie im Himmel zu fühlen. Aber das war nicht der Grund, warum Rula Lenska und Dennis Waterman mich besuchten. Lacy hatte sich gerade unbeliebt gemacht, weil sie den Postboten gebissen hatte. Sie jagte aber auch hinter Autos her, plünderte Mülleimer und belästigte andere Hunde. Mit gesträubter Mähne und hoch erhobener Rute stürzte sie sich Sam entgegen, aber Sam verfiel sofort in seinen Werbe- und Ablenkungstrick, verwandelte mögliche Aggression in sexuelle Einladung. Dies amüsierte natürlich Rula und Dennis, übermittelte mir jedoch, daß Lacy kein echter Psychopath war (seelisch abnorm veranlagt); die Hündin brauchte ganz einfach aktivere Überwachung und Erziehung. Obwohl die Folgen oft sehr ernsthaft sind, war ihr Fehlverhalten in erster Linie ein ungeschickter Versuch sozialer Umwelterforschung.

Bei Silky vermutete ich, daß ein Elterntier wahrscheinlich ein Langhaar Collie, das andere ein Bearded Collie gewesen war. Sie war entsprechend zottig, hatte aber offensichtlich auch die verbreitete Furcht der Collies vor lauten Geräuschen geerbt, insbesondere vor Schüssen, die rund um ihre Wohnung in Buckinghamshire immer wieder zu hören waren. Um dieses Problem anzugehen, verschrieb ich eine Ablenkungstherapie – mit intensivem akzentuiertem Spiel sollten ihre Ängste blockiert werden. Seit ihrem Besuch bei uns hat Lacy die Verfolgung des Postboten aufgegeben, wurde tatsächlich im allgemeinen ein nicht mehr beißender Pazifist. Beide Hunde waren in ihrer seelischen Entwicklung durch Geschehnisse innerhalb des Lenska/Waterman-Haushaltes stark beeinflußt, aber dies gilt grundsätzlich für alle Haushunde.

Die Medienpersönlichkeit, bei der es am meisten zu lachen gab, war wahrscheinlich Ed Stewart und seine Familie, die Besitzer der Deutschen Dogge Wellington und eines außerordentlich selbstbewußten Schäferhundes namens Buster waren. Erstmalig traf ich Ed in seinen Tagen bei Radio One, später wieder bei Radio Mercury. Heute hatte ich aber eine ganz andere Aufgabe, sollte seine Hunde seelisch behandeln. Bei meiner Ankunft war Sam mit im Auto, der die Stewart'sche Hundeburg kritisch abschätzte, dann klugerweise beschloß, zunächst einmal im Auto zu bleiben. Insbesondere das dröhnende Bellen von Wellington löste bei Sam Schrecken aus, wenn ich auch Zweifel hatte, ob in dem Warnen echte Aggression steckte.

Wir trafen uns am Nachmittag eines heißen Sommertages – eine vorzügliche Ausrede, die ganze »Krankheitsgeschichte« zunächst einmal im offenen Innenhof bei einem oder zwei Glas Wein zu besprechen, von wo aus wir auch das absurde, gegenseitige Verhalten der beiden Hunde beobachten konnten. Buster war immer die Nummer eins, jede Aufmerksamkeit gegenüber dem jüngeren Wellington löste einen Eifersuchtsanfall aus. Aber Wellington war im Vergleich zu dem besitzergreifenden Deutschen Schäferhund auf viele Art der viel liebenswertere und besser veranlagte Hund. Deshalb schmerzte es die Stewarts, daß Wellington immer der Verlierer sein mußte. Glücklicherweise war Buster in seinem Apportierverhalten gleichfalls besitzversessen. Eine gute Möglichkeit, seine konkurrenzsüchtige Psyche abzulenken, war einen Ball in das hintere Ende des Gartens zu werfen. Während er das Buschwerk absuchte, konnte man nett zu Wellington sein.

Neben der übertriebenen Neigung zum Kläffen hatte Wellington Probleme mit der Stubenreinheit, und es kam auch leicht zwischen den Hunden zu kleineren Beißereien.

An den Außenwänden des Hauses der Stewarts bemerkte ich große Risse, und ich fragte mich, ob diese möglicherweise durch das Bellen von Wellington aufgetreten waren, ähnlich dem Effekt der Posaunen von Jericho! Auf der anderen Seite ihres großen Gartens lebten die Nachbarn der Stewarts; sie waren zwar recht tolerant, mußten aber mit Sicherheit einige negative Gefühle hinsichtlich der stimmlichen Fähigkeit von Wellington entwickelt haben. Neben dem Urinieren im Haus stahl Wellington gelegentlich auch Futter. Dies bedeutete bei einer Kopfhöhe von ein Meter plus, daß es wenige Orte gab, an denen im Haushalt der Stewarts Futter sicher gelagert werden konnte.

Ich fragte Ed und seine Frau Ciara, warum sie mir eigentlich die ganze Angelegenheit erst heute vortrugen, warum man mich nicht bereits vor einem Jahr hinzugebeten habe. Man erzählte mir, daß Wellington erst vor kurzem von einem Antiquitätenhändler in London, der ihm kein artgerechtes Leben bieten konnte, zu ihnen gekommen sei. Dort war der Rüde über lange Zeitabschnitte entweder im Geschäft oder im Hinterhof alleine eingeschlossen worden, hatte nie eine ordentliche Erziehung bekommen. Wellington hatte Ed leid getan wenn auch Buster, der Deutsche Schäferhund, weiterhin sein Favorit blieb. Ihr eigener, arbeitsintensiver Lebensstil ließ ihnen wenig Zeit, das von anderen angerichtete Unheil zu korrigieren. Trotzdem hatten sie bereits enorme Fortschritte gemacht, besonders weil sie Wellington viel mehr Vertrauen in menschliche Gesellschaft vermittelt hatten.

Weil die Fütterung soviel Schmutz durch Speisereste und Speichel verursachte, wurden die Hunde gewöhnlich in einem Nebengebäude gefüttert, einer weitläufigen Doppelgarage, die auch als Abstellraum diente. Mein Vorschlag lautete, die Hunde sollten auch in Zeiten besonderer Anlässe in dieser Garage untergebracht werden, etwa während der Mahlzeiten oder bei Parties, wo Wellington gerne den Gästen Snaks stahl. Ed war wegen der Bellerei von Wellington beunruhigt, befürchtete, daß die Hunde in der Garage alleine gelassen untereinander in Streit gerieten. Ich brachte meine Zweifel zum Ausdruck, daß sie wirklich kämpften, schlug vor, es einfach einmal auszuprobieren. Ich erläuterte ihnen, wie man Wellington's Bellen unterbrechen konnte – einfach durch Anwendung der »Kannenwurftechnik«. Der Hund wurde für sein erstes warnendes Bellen gelobt und erhielt eine Belohnung, setzte er das Gekläff fort, flog eine alte Kanne oder Topf. Dann war da noch das Problem mit dem Urinieren – bei einem Hund wie Wellington konnte dies zu einem ebenso umfangreichen Ereignis werden wie bei einem Kamel, das gerade frisch seinen Durst gelöscht hatte. Da er diese Unsitte nur auf einem kleinen Teppichstück an der Eingangstür betrieb, empfahl ich, daß genau dieser Bereich der nächtliche Schlafplatz für beide Hunde werden sollte. Hierbei konnte Buster weiter der effektive Wachhund und Schutz für den Haushalt sein. Es war aber sehr unwahrscheinlich, daß Wellington seinen eigenen Schlafplatz verunreinigte. Dieses neue Arrangement bewährte sich sofort und löste das Problem.

Die Kinder der Stewarts, Francesca und Marco, begleiteten ihre Eltern und beide Hunde zu einem Testversuch mit den Schafen auf unserer Farm, weil immer eine gewisse Wahrscheinlichkeit bestand, daß Wellington Farmtiere jagen und verletzen könnte. Mit einem Kopfhalfter überlistete ich ihn und ab ging die Post über den Hügel und hinunter in Richtung der M 25, wohin sich die Schafherde von Mr. Boyde zurückgezogen hatte. Wellington zitterte in der Erwartung einer vor ihm liegenden ergötzlichen Jagd. Er hatte schon festgestellt, daß ich ihn recht liberal behandelte, keine Macho-Kommandos gab, ihn nur leicht an einer zehn Meter langen Rolleine unter Kontrolle hielt. Er entdeckte

Links: Die Carr Familie mit sehr komplexen Mensch-Tier-Beziehungen, die es zu entwirren galt. Es gab in dieser Familie fünf Kinder (nicht abgebildet) und 30 Tiere von acht verschiedenen Spezies – dies alles in einem Londoner Stadthaus. (Foto: Alistair Morrison)

Unten: Allein wegen Mangal war das Geschäft des Gemischtwarenladens der Familie Kumar stark rückläufig. Dieser Schäferhund war seiner Familie gegenüber loyaler Sklave, aber gegen Kunden und andere Lebewesen ein wirklicher Terrorist. Erste Annäherungsversuche gemeinsam mit Sam. (Foto: Alistair Morrison)

Links: Sherpar, dem tibetanischen Terroristen, biete ich meinen ungeschützten Körper, hatte aber zuvor natürlich überprüft, daß seine Sicherheitsausrüstung, Rolleine und Kopfhalfter, sicher angebracht waren. Mein Job macht mich reaktionsschnell und geschickt. (Foto: Alistair Morrison)

Oben: Nina und Misha in der Bärengrube des Bristoler Zoos. Ein nicht behandelter Zahnabzeß führt auf solchen Steinplatten zu zusätzlichem Leiden. *Rechts:* Fütterungszeiten im Zoo — das verabreichte Hundetrockenfutter löst Darmerkrankungen aus.

Das armselige Leben von Mosa in einem kleinen Käfig im Zoo von Katowice,Polen, bei meinem Besuch im September 1990. Vorübergehend ließ sich Mosa durch mein Spielzeuggeschenk aufmuntern, aber irgendeine Langzeitverbesserung für diesen Eisbären zeichnet sich nirgends ab.

Links: Tina, ein Blindenhund von engelhaftem Aussehen. Der ausgeprägte Eigenwille dieser Hündin ist durch nichts zu erkennen.

Unten: Carl Boyde mit Afterthought auf der Hardwick Court Farm. Er ist ein außergewöhnlicher Tierarzt und vermag Hunde sanft zu machen.

Links: Jamie, die ständige Begleiterin von Brenda Elsoffer, würde buchstäblich nie von der Seite ihrer Herrin weichen.
Unten: Meine kleine Tochter Emily als Mitwirkende an einem Test, der die Kontrollmöglichkeiten dieses Riesenhundes durch ein Halti-Kopfhalfter demonstriert.
(Foto: Alistair Morrison)

Oben: Erste turbulente Bekanntschaft von Snoopy und Spot Oppenheim-Barnes mit unserem Sam im Regent Park.

Links: Ed Stewart und die Dogge Wellington beim Test der Kräfte von Afterthought – der immer gewinnt.

Unten: Rula Lenska mit Silky und Lacy.

Sid, den psychopathischen Geißbock zwischen der Herde, und ging auf ihn los. Ich ließ ihn bis auf wenige Meter von Sid entfernt laufen, blockierte dann die Rolleine. Der arme Wellington wurde herumgerissen, während Ed im selben Augenblick den Dog-Stop-Alarm auslöste, von mir eine mit Kieselsteinen angefüllte Zinnkanne nach ihm geworfen wurde, und, das Schlimmste von allem, Sid, der Geißbock, ihn attackierte In Gefahr macht Sid immer einen großartigen Eindruck, er versuchte, den jetzt recht depressiven Wellington mit dem Kopf zu stoßen. Anschließend machten wir die Hunde (Dogge und Schäferhund) mit dem Rest unserer Angriffe gewohnten Schafherde bekannt. Danach konnte ich den beiden Hunden ein völlig einwandfreies Zeugnis über normales hundliches Verhalten ausstellen. Auch die Beziehung der Hunde untereinander hatte sich gelöst, nachdem erst einmal die Rangordnung feststand. Buster war eindeutig der Leithund – die Nummer eins – er hatte Rechte und Privilegien, die er mit Wellington nicht zu teilen brauchte.

Neben königlichen Hoheiten, Adel, Schauspielern und Prominenz in der Medienlandschaft gab es noch eine weitere Gruppe berühmter Persönlichkeiten, die unsere Praxis anzuziehen schien – nämlich Politiker. Mein erster MP (member of parliament) mit einem großen gestörten Hund war Andrew Bowden, der mich schon besuchte, als ich noch in unserem alten Haus praktizierte, meine Frau Assistentin war. Er brachte mir Tammi, eine kleine West Highland White Terrier-Hündin, die eine ausgeprägte Neigung zu knurren und zu schnappen hatte. Tammi war eine Tierheimhündin, die in der ersten Zeit ihres Lebens schlecht behandelt, regelmäßig auf die Nase geschlagen und schlecht gefüttert worden war.

Andrew und seine Frau Benita beteten Tammi an, gestalteten ihr eigenes Leben den Anforderungen von Tammi entsprechend – und dies bei einem so hektischen Zeitplan wie ihn Britische Politik beansprucht. Ein anderer Mann als Andrew hätte wahrscheinlich die Woche über in London eine eigene Wohnung gemietet, wäre nur am Wochenende nach Hause zu Frau und Hund gekommen. Andrew war ganz anders, er kam, wann immer seine politischen Pflichten es ihm erlaubten, regelmäßig nach Brighton zurück, so daß er zumindest am späten Abend oder früh am Morgen mit Tammi einen Spaziergang machen konnte. Unsere Aufgabe war es herauszufinden, was Tammi's Furcht auslöste, ihr Knurren veranlaßte.

Wir nahmen an, daß die Mißhandlung im jugendlichen Alter, verbunden mit Einsperren, Auslaufbeschränkung, Furcht und Frust die Hauptfaktoren seien, welche die Hündin so aus der Reihe gebracht hatten. Westies haben allerdings den verdienten Ruf, »schnappig« zu sein. Letztendlich sind sie lebhafte Terrier-Hunde, ursprünglich dafür gezüchtet, eine Ratte schneller zu fangen und zu töten als das arme Nagetier sich der Gefahr entziehen kann. Tammi's Verhalten stand in Übereinstimmung mit ihrem Erbgut, deshalb entwarfen wir einige freundliche Umerziehungsübungen. Für Knurren sollte sie nicht einmal ausgeschimpft werden. Ich bat Andrew und Benita, sie solange zu besänftigen, bis sie mit Knurren aufhörte. Erst in jüngerer Zeit hatten sich Tammi's Probleme stärker entwickelt, so wollte ich keinesfalls, daß im Einzelfall eine Überreaktion erfolgte. Es bestand auch keine Notwendigkeit, die Duldsamkeit und das natürliche Verhalten der Bowdens einzuschränken, sie zu bitten, sich gegen ihre Natur zu dominant zu gebärden. Ich bat darum, die Ernährung von Tammi von einem hochproteinhaltigen Dosenfutter auf hausgemachte Ernährung mit niedrigem Proteingehalt umzustellen.

Das Verhalten von Tammi änderte sich unter dem Einfluß unserer Therapie deutlich merkbar und so erfreulich, daß sich die Bowdens nach Beratung mit ihrem Tierarzt Tony Cowie entschieden, sie Mutter werden zu lassen. Vivienne und ich wurden zu einer Dinnerparty eingeladen, um uns die Nachzucht anzusehen, die wir entzückend fanden.

Andrew Bowden ist ein Politiker, dessen politische Ansichten seine tiefsten Überzeugungen spiegeln. Es ist ein Glück für die Tiere, daß er leidenschaftlich von der Wichtigkeit der Haustiere für Menschen überzeugt ist, daß er aktiv im Unterhaus die Rechte aller Haustiere und Haustierbesitzer schützt. Er ist ein Mitglied des National Advisory Panel von Pro-Dogs. Er bekämpfte die Einführung drakonischer Kontrollmaßnahmen gegen Hunde in Nordirland und wehrte sich gegen den Versuch der Abgeordneten Janet Foulkes und anderer, in England die Registrierung von Hunden und allgemein strengere Auflagen und Kontrollmaßnahmen gegen Hundebesitzer im United Kingdom einzuführen. Andrew ist zutiefst davon überzeugt, daß Haustiere das Beste im Menschen entwickeln, daß Hundebesitz viel häufiger Erfolg als Fehlschlag ist, daß Hundehaltung weder unvernünftig besteuert, noch auf andere Art behindert werden sollte.

Auch Jim Lester, MP für Broxtowe, Nottinghamshire, ist in seiner politischen Denkweise durch seinen Glauben an Tiere geprägt. Erstmals traf ich Jim, seine Frau Merry Lyn und seine Tochter auf einer Veranstaltung der National Canine Defence League, einer Tierhilfsorganisation, für die er als Ratgeber in allen Parlamentsangelegenheiten arbeitete. Die Familie Lester hatte ihre Bearded Collie-Hündin Ziggy dabei, die an Agoraphobie (Platzangst) litt. Ich wurde eingeladen, Ziggy zu Hause zu besuchen, wo ihre Ängste und Neurosen klarer zu beurteilen waren als in einer Menschenansammlung im Freien.

Während Jim Lester an der parlamentarischen Begrüßung des italienischen Präsidenten teilnahm, kümmerte sich zu Hause Roger Mugford um Ziggy. Die Woche über war sie der gemeinsame Wachhund einer Reihe von Wohnungen,deren Bewohner alle Mitglieder des Unterhauses waren, keiner außer den Lesters hatte selbst einen Hund. Alle Bewohner liebten Ziggy wegen ihres hübschen Aussehens, noch mehr aber wegen ihres guten Hörvermögens. Sie bellte nur, wenn ein Besucher oder möglicher Eindringling kam; im übrigen war sie zu jedermann freundlich, brachte den beruflich gestreßten Politikern einen Anflug von Gesundheit und Lebensfreude. Ziggy verabscheute Spaziergänge durch die überfüllten Straßen von Lambeth, eine Exzentrik, mit der man Leben konnte, denn sie konnte immer ihre Geschäftchen in dem kleinen, handtuchgroßen Garten erledigen.

Merry Lyn war eine außerordentlich pflichtbewußte Hundeherrin. Nachdem sie die Kinder in der Schule abgesetzt hatte, fuhr sie mit Ziggy weitere fünf Meilen südlich in den Dulwich Park, gemeinsam durchstreiften sie die Weite dieser wunderschönen städtischen grünen Lunge. Das Problem mit Ziggy war, daß sie ihre Spaziergänge nur eine bestimmte Strecke lief, plötzlich erstarrte und zurück zum Auto flitzte. Konnte sie das eigene Fahrzeug gerade nicht finden, sprang sie in jedes Auto. Einmal war sie in das Fahrzeug eines vollkommen Fremden gesprungen, was große Verlegenheit, aber auch Heiterkeit auslöste. Regelmäßige Spaziergänger mit Hunden im Dulwich Park waren verständlicherweise amüsiert, daß man mich um Rat gefragt hatte. Sie erwarteten das Ergebnis meiner Therapie mit neugieriger Skepsis.

Die Behandlung, für die ich mich entschloß, war das einfache System der »Reizüberflutung«. Ich nahm meine wohlerprobte Rolleine, um Ziggy jeweils über irgendeine in ihrer Einbildung bestehende, furchterregende Grenze zu zwingen. Eine solche Technik konnte natürlich bei abgeleintem Hund nicht eingesetzt werden, weil die Hündin dann erschreckt durch alle Arten imaginärer Gefahren nach Hause gestürzt wäre. Die Stimme von Merry Lyn hatte auf Ziggy's Verhalten geradezu dramatische Auswirkungen. Benutzte sie einen ermunternden, fröhlichen Tonfall, reagierte Ziggy im allgemeinen positiv und zeigte Gehorsam. War aber ihre Stimme entweder besonders streng oder teilnahmsvoll, reagierte sie entweder nicht oder flüchtete gar. Die Stop-Punkte im Dulwich-Park, welche die Hündin nicht übertreten wollte (no go points), wurden identifiziert, dann gemeinsam auf Spaziergängen angesteuert und nach einem klaren System überquert. An jedem der Plätze, die für Ziggy früher gespenstisch schienen, vermittelten wir der Hündin angenehme Erlebnisse – und nach und nach besiegte sie ihre eigene Furcht.

Während wir mit diesem Erziehungsprozeß beschäftigt waren, durchstreifte Sam glücklich das Parkgelände auf Vögel, Eichhörnchen und verschiedene am Boden eines besonders schlammigen Teiches wild lebende Tiere. Ich war gezwungen, einige Verlegenheitsminuten in Kauf zu nehmen, um meinen abscheulich verschmutzten Setter zu säubern und unfreundlich in den Fond meines Autos zu komplimentieren. Gerade bei berühmten Klienten hofft man immer, Sam zeige sich als perfektes Beispiel hundlicher Musterhaftigkeit, aber er stellt mit nur selten so ein gutes Zeugnis aus.

Eine sonderbare Verhaltensweise von Ziggy war, daß sie ausschließlich links herum gehen wollte, wenn sie zu einem Spaziergang gezwungen wurde. Wie der Zufall es wollte, hatte ich etwa sechs Jahre zuvor einen anderen Bearded Collie als Patienten, der genau am gleichen Problem litt, sogar den gleichen Namen trug! Diese Rasse hat eine besondere Neigung zur Ausbildung neurotischer Phobien, aber die Wahrscheinlichkeit, auf zwei Bearded Collies zu stoßen, die das gleiche gestörte Verhalten und dazuhin noch den gleichen Namen tragen, ist wirklich so selten wie sechs Richtige im Lotto. Ich habe nie in meinem Leben eine solche Eigenheit bei irgendeiner anderen Hunderasse als Bearded angetroffen. Auf den Farmen sind solche Hunde bekannt als »Weirdie Beardies« (verhexte Beardies).

In den 80er Jahren habe ich eine überproportionale Anzahl von Haustieren behandelt, die im Besitz von Kabinettsmitgliedern standen. Die persönliche Haltung von Mrs. Thatcher gegenüber Tieren zeigte sich in meinen Augen durch die Berichte sie habe vorgeschlagen, den Kater Wilberforce in Downing Street No. 10 nach Chequers umzusiedeln, wobei sie die Ausrede gebrauchte, daß es bei 16jährigen Katzen Zeit für die Pensionierung wäre. Wahrscheinlich auf Anraten ihrer verschiedenen tierliebenden Minister blieb Wilberforce weiter in Downing Street und erfreute sich seines gewohnten Lebensstils.

Die Exministerin für Verbraucherangelegenheiten, die Right Honourable Sally Oppenheim, ist ein Jack Russell Freak. Sie konsultierte mich vor einigen Jahren als ihre zwei jungen Terroristen Spot und Snoopy nach ihrer Jugendzeit in Gloucestershire Schwierigkeiten hatten, sich in das Londoner Leben zu finden. Sie wuchsen zu recht selbstbewußten Städtertypen heran, waren beliebte Mitglieder der Hundegesellschaft in Regent's Park, führten zu Hause ein Leben, bei dem man ihnen viel nachsah.

Zwei Jahre danach wurde ich gebeten, mir die Jack Russells der Familie Oppenheim nochmals anzusehen. Sie begannen bestimmte große Hunde im Regent's Park zu bedrohen – hatten schnell den schlechten Ruf kleiner Gangster gewonnen. Ihre guten Sitten begannen sich zu verändern als Spot etwa 18 Monate zuvor von einem Weimaraner böse angegriffen wurde. Inzwischen waren weimaranerähnliche Hunde das Lieblingsziel der Oppenheim-Zwillinge, gleich ob sie an- oder abgeleint waren. In erster Linie richtete sich die Aggression gegen Rüden, ebenso in den städtischen Parks wie draußen im ländlichen Gloucestershire. Glücklicherweise war bisher noch kein echter Schaden entstanden, bei den Opfern kein Blut geflossen, aber Mrs. Oppenheims Befürchtung war, daß sie eines Tages doch in ernsthafte Konflikte mit dem Gesetz kommen oder gar von einem größeren Hund »gefrühstückt« werden könnten. Ein Mitglied des Unterhauses (MP) kann es sich kaum leisten, von der Massenpresse wegen ungehorsamer oder gefährlicher Hunde angeprangert zu werden.

Meine zweite Konsultation verlief wie der Besuch bei alten Freunden. Die Hunde hatten ihre Herrin völlig unter Kontrolle, ihr beigebracht, wie man Jack Russell zu behandeln hat. Mit ihren eigenen Worten: »Wir leben nur mit den Hunden, aber sie leben nicht mit uns.« Mein Bericht wurde recht umfänglich, arbeitete die möglicherweise sehr schwerwiegenden Konsequenzen heraus. Ich erklärte meine einfache, aber recht verläßliche Technik, den Hunden das Herankommen beizubringen, verwies auch auf mögliche Hormonbehandlungen als eventuelle Vorstufe zu einer späteren tierärztlichen Kastration. Ich unterstrich die Bedeutung, in der Hundehaltung konsequent zu sein, auf Gehorsam bei Kommandos zu bestehen, wußte aber, Mrs. Oppenheim war eine sehr nachgiebige Dame, es mußte ihr charakterlich schwerfallen, gerade meine besonders harten Ratschläge zu befolgen. Abschließend wurde sie mit einem Dog-Stop-Alarm ausgerüstet, durch dessen Auslösen sie nachdrücklich die Aufmerksamkeit der Hunde ablenken konnte. Snoopy, der Leithund des Paares, hob, als er mich aus dem Haus begleitete, das Bein – er war offensichtlich von Tierpsychologie weit weniger beeindruckt als seine Herrin.

Wenige Tage später erhielt ich von Mrs. Oppenheim einen Brief, in dem sie mir berichtete, daß Snoppy, der Leithund, mit einem Pferdehuf Bekanntschaft gemacht habe, und daß das Hufeisen härter war als sein Kopf. Natürlich hatten sich Snoopy und Spot gemeinsam auf die Jagd nach dem Pferd gemacht, so waren die Verletzungen völlig selbst verschuldet. Snoopy hatte eine Gehirnerschütterung, wahrscheinlich war auch die Schädeldecke verletzt. Aber der Rüde bestätigte die Wahrheit der Farmermeinung über Jack Russells: »Man kann sie durch Tritte nur verbessern!« Ich beeile mich hinzuzufügen, daß ich mit dieser Meinung in keiner Weise übereinstimme, aber nach der Ausheilung seiner Verletzung wurde Snoopy wirklich zu einem reformierten Charakter. Da Spot der Untertan Snoopy's war, erhielt er offensichtlich jetzt auch keine Instruktionen mehr, sich wie ein Raufbold aufzuführen. So wurde die Kastration auf Dauer aufgeschoben, die Hunde gewöhnten sich daran, glücklich zwischen anderen Hunden zu leben.

Vor einiger Zeit erzählte mir Mrs. Oppenheim, daß sich die Persönlichkeit von Snoppy und Spot weiter entwickelte, daß sie begonnen hätten, sich in der Öffentlichkeit bizarren Sexorgien hinzugeben. Im Sommer 1990 stellte ihre stolze Herrin beide Hunde anläßlich einer landwirtschaftlichen Ausstellung in ihrem Wahlbezirk Cotswolds aus. Angesichts viel zu vieler Menschen, die ihre Besitzerin kannten, machten sich Spot und Snoopy daran, alles, was ihnen in die Quere kam, zu vergewaltigen, worauf die unglückliche Ausstellerin über den Lautsprecher gebeten wurde, diesem Spektakel ein Ende zu bereiten. Man kann sich absolut darauf verlassen, wenn einen die eigenen Hunde blamieren, wählen sie immer den wirksamsten Augenblick.

All die berühmten Persönlichkeiten, die ich erwähnt habe, unterschieden sich von unseren anderen Klienten eigentlich nur durch einige Schlüsselelemente in ihrem Leben. Berühmtheit legt häufig durch legitime Belange hinsichtlich Sicherheit und Recht auf Privatleben der Freiheit des eigenen Lebensstils Einschränkungen auf. Die Öffentlichkeit erwartet, Berühmtheiten wären anders, verschieden von den übrigen Menschen, witzig, sehr beschäftigt, wüßten mit ihrem Leben besser fertig zu werden als gewöhnliche Menschen. Nach meiner Erfahrung besteht keiner von all diesen Unterschieden, und die Gemeinschaft mit Tieren ist die großartigste soziale Gemeinsamkeit für alle.

XI Hunde und das Gesetz

Der Leichnam einer Frau war gerade aufgefunden worden. Einziger Zeuge war der Hund, mit dem sie zum Zeitpunkt ihres Todes spazieren ging. Diese Information erhielt ich über einen Telefonanruf von den Headquarters der Surrey Polizei Guildford. Es handelte sich um Mord, aber wer war der Mörder? Ich war etwas überrascht, daß man mich in die Polizeistation zu einer Konferenz rief.

Auf der Guildford Polizei-Station wurde ich von einem leutseligen, etwas übergewichtigen Detektivinspektor herzlich begrüßt, der die Aufklärung des mysteriösen Tods von Glenys Coe leitete. Er schien mehr über mich zu wissen als mir angenehm sein konnte. Er wußte zum Beispiel, daß ich vor kurzem in einer Vorlesung einige kritische Bemerkungen über Burma Katzen gemacht hatte. (Später fand ich heraus, daß er gerade diese Katzen züchtete!) Er wußte auch, daß ich mich gegen Showvorführungen von Polizeihunden ausgesprochen hatte, bei denen die Hunde nur zur Unterhaltung der Zuschauer durch brennende Reifen sprangen. Was sonst wußte der Mann noch über mich? Ich hatte keinerlei Grund, mich zu fürchten, es war ganz einfach seine Art, mir meine Befangenheit zu nehmen, er ließ mich wissen, daß er mich als einen Fachmann ansah, womit er natürlich mein Selbstwertgefühl leicht hob. Wir alle waren zusammengekommen, um eine Arbeit gemeinsam durchzuführen und es mußte schnell gehen. Einer seiner Kollegen legte mir die Einzelheiten des Falls dar.

Glenys Coe war eine junge Lehrerin, attraktiv, ledig, sie lebte alleine, hatte aber zumindest zwei Freunde. Unbekannt war, ob diese beiden voneinander wußten. Der teilweise entkleidete Körper wurde vor einer Woche, am 29. August 1984, in der Nähe des Guildford Bahnhofs neben dem Bahngleis gefunden. Das Opfer war sexuell mißbraucht und erwürgt worden. Der Zeitpunkt des Todes wurde etwa um Mitternacht angenommen. Das war die Zeit, in der sie gewöhnlich mit ihrer Old-English-Sheepdog-Hündin Tara von ihrer nahe gelegenen Wohnung zum letzten Mal spazieren ging. Was das Polizeiteam wunderte war, daß ihr Körper Kratzspuren zeigte, die von ihrer Hündin zu stammen schienen. Die Unklarheiten wurden noch durch die Tatsache verschärft, daß einer ihrer Freunde, Mr. X, die Hündin am nächsten Morgen in der Wohnung des Opfers fand. Dieser junge Mann löste dann wegen Gleny's unerklärlicher Abwesenheit Alarm aus. Kurz darauf wurde ihre Leiche entdeckt.

Da man Tara in der Wohnung gefunden hatte, nahm man an, daß der Mörder den Hund nach dem Verbrechen mitgenommen haben mußte, ihn in die Wohnung brachte und dort allein ließ. Aber dies wiederum konnte nur erfolgen, wenn der Mörder sein Opfer kannte; so wurden die beiden Freunde, insbesondere Mr. X, zu den Hauptverdächtigen. Mr. X wurde über mehrere Tage verhört, beteuerte immer wieder seine Unschuld.

Die Polizei fand für ihn kein Motiv, seine Freundin zu ermorden, noch gar sexuell zu mißbrauchen. Hatte möglicherweise Mr. X die Existenz eines zweiten Mannes in Glenys' Leben herausgefunden?

Ich fragte, warum man mich einbezog. Man stellte mir einige Fragen: Warum sollte die Hündin ihre eigene Herrin angegriffen haben? Würde Tara bereit sein, mit einem Fremden ins Haus zu gehen, sich in die Wohnung einsperren lassen; würde sie überhaupt mit einem Fremden gehen? Gab es irgendeine Methode, über die wir in Tara's Verhalten Einblick nehmen, etwas herausfinden konnten, was sie kurz vor dem Tod ihrer Herrin gesehen und getan hatte? Ich verwarf letztere Frage, protestierte, ich sei kein später Dr. Doolittle, der Tara zum Sprechen bringen konnte! Ich erklärte jedoch, daß ich großes Vertrauen in die Gleichmäßigkeit oder Ehrlichkeit habe, mit der Hunde auf wiederholte Reize und Situationen reagieren. Meine Frage war, ob wir den Mordfall mit Schauspielern nachspielen, die Vorgänge filmen könnten, um die Reaktion von Tara genau zu studieren. Dieser Vorschlag wurde von dem Polizistenteam enthusiastisch aufgenommen, und wir planten, unser makabres Experiment in den nächsten Tagen durchzuführen. Ich verlangte, daß der gesamte Vorgang mit Videogeräten und Fotos festgehalten werden sollte und bat um den Beistand zumindest einer Polizistin. In der Woche nach dem Mord hatte ein früherer Freund von Glenys Coe sich um Tara gekümmert, der Hund hatte sich ihm dabei sehr angeschlossen. Ich schlug vor, daß er und eine Polizistin in dem nachgestellten Mordfall die Akteure sein sollten.

Drei Tage später versammelten wir uns alle nachmittags an der Eisenbahnstation, nicht während der Nacht, weil hierdurch Schwierigkeiten beim Filmen von Tara's Reaktionen entstehen konnten. Zuvor hatte man mich in die Wohnung von Glenys Coe gebracht, eine hübsche, ebenerdig gelegene Maisonette, anständig eingerichtet, hübsche Polster, ein Marilyn-Monroe-Poster, Berge von Schulheften und eine Reihe von Sportgeräten, um sich fit zu halten. Für das Wohl von Tara war gut gesorgt: Hundekuchen, Büchsenfutter, Futterschüsseln, Kämme und ein hübsches, selbstgemachtes Hundelager, in dem sie neben Glenys' Bett schlafen konnte. Dieser Besuch führte mir die Tragödie, die diese junge Frau erfahren mußte, nochmals besonders drastisch vor Augen, hatte mir aber auch einen ersten, nützlichen Einblick vermittelt, was wir in dem bevorstehenden Experiment zu tun hatten.

Ich sagte, daß ich Tara nicht persönlich sehen wolle, ehe alle Vorbereitungen abgeschlossen waren. Mein Vorschlag war, sie auf dem gleichen Weg, den sie zuletzt mit Glenys Coe ging, zu führen, zunächst quer über ein weit ausgedehntes Schlackenfeld, dann den Damm hoch und durch das dichte Gras, wo man annahm, daß sie angegriffen und vergewaltigt wurde. Die Polizei glaubte, daß Glenys danach quer über das Schlackenfeld zum Eisenbahngleis geschleppt wurde, über eine Entfernung von etwa 100 Metern, und daß sie wahrscheinlich erst hier ermordet wurde. Die Kratzer von Tara's Krallen waren durch Schlackenrückstände verunreinigt, deshalb nahm die Polizei an, daß sie in den letzten paar Augenblicken ihres Lebens entstanden.

In diesem schrecklichen Ereignis gab es noch ein weiteres Mysterium. Als man Tara in der Wohnung fand, hatte sie um den Fang und überall am Kopf starke Wagenschmierflecken. Möglicherweise hatte sie von diesem Fett auch gefressen. Man fragte den Tierarzt, der Tara untersuchte, ob der Hund möglicherweise solche Wagenschmiere auflecke. Seine Meinung deckte sich mit der meinen, lautete, daß Hunde in der Regel petroleumhaltige Produkte haßten. Der gewissenhafte Detektivinspektor bat mich, auch diesen

Punkt zu überprüfen und nachzuweisen. Nach meiner Auffassung hatten wir drei Prioritäten. Die erste – und meine Hauptaufgabe – war, Tara's Reaktionen ihrem Besitzer oder Freund gegenüber zu testen, wenn sie von einem Fremden angegriffen wurde. Als zweites mußten wir überprüfen, wie Tara auf die Wagenschmiere reagierte, die von Eisenbahnern am Gleiskörper hinterlassen wurde, und abschließend mußten wir herausfinden, ob Tara möglicherweise ohne menschliche Hilfe auf eigene Art in das Haus zurückkehren konnte. Inzwischen hatte sich eine ziemliche Menge Polizisten auf der Szene versammelt, sie wurden aufgefordert, sich im Hintergrund zu halten, so daß wir mit unseren Versuchen beginnen konnten. Die Videokamera war in Stellung, Tara wurde gebracht, es war das erste Mal seit dem Mord vor zwei Wochen, daß sie das Gelände betrat. Würde sie irgendwelche Zeichen der Furcht zeigen und weglaufen, oder wäre sie die immer selbstbewußte Tara an einer Stelle, die sie schon hundert Male zuvor betreten hatte? Die Hündin machte einen fröhlichen Eindruck, zeigte auch an der Stelle, wo Glenys' Leichnam gefunden worden war, kein besonderes Interesse. Dann ging man mit ihr die Böschung hoch zu der Stelle, an der ihre Besitzerin zuerst angegriffen worden war. Bemerkenswerterweise beschnüffelte sie diese Stelle, urinierte danach darüber – möglicherweise Ausdruck der Besitznahme, der Erinnerung an die Anwesenheit ihrer alten Herrin.

Der frühere Freund von Glenys, Tara's augenblicklicher Halter, wurde aufgefordert, Glenys' letzte Schritte mit Tara an seiner Seite zu gehen. Genau an der richtigen Stelle sprang ich aus dem Gebüsch, bekleidet mit meinem dicken Freizeitjacket, für den Fall, daß Tara sich entschloß, mich anzugreifen. Der frühere Freund von Glenys schrie, stellte sich so, als setze er sich zur Wehr. Darauf geschah etwas außerordentlich Verwunderliches. Anstatt mich anzugreifen, griff Tara den Freund an. Sie lief umher, bellte hysterisch, wedelte erregt mit der Rute, handelte völlig, als wäre alles nur ein wildes Spiel, kein schreckliches Drama. Auf den Hinterläufen stehend war Tara nahezu ebenso groß wie wir, und die Art, wie sie an der Kleidung des Freundes kratzte, stimmte voll mit den Kratzspuren auf Glenys Coe's Körper überein. Ich entging dieser kurzen Auseinandersetzung völlig unversehrt, war aber voll zufrieden mit dem, was wir über Tara's Verhalten gelernt hatten. Nun wurde die Polizistin gebeten, noch einmal die gleiche Rolle zu spielen, weil sie Glenys Coe äußerlich unheimlich ähnelte. Tara schloß sich der Polizistin an, wurde aber wiederum außerordentlich erregt und griff ihre Führerin an, wenn sie sich wehrte oder schrie.

Um die Rolle der Opfer bei territorialen Angriffen meiner Hundepatienten aufzuklären, muß ich oft Scheinangriffe auf ihre Besitzer spielen. Meistens sind es deutsche Schäferhunde oder Rottweiler, die bei rechtlichen Auseinandersetzungen zwischen Hundebesitzern und Opfern des Hundebisses eine Rolle spielen. Nur bei zwei dieser Scheinangriffe hatte der getestete Hund den eigenen Besitzer, anstatt den Schurken (mich selbst) angegriffen. Und in beiden Fällen wurde solches Verhalten durch die lauten Schreie des Hundebesitzers ausgelöst. In der Tat übernimmt mein eigener lieber Sam nur zu gerne eine solche Partyrolle, wenn ich schreiend herumspringe.

Ich schloß, daß die arme Glenys laut schrie, als sie angegriffen wurde, daß aber gerade das Schreien ihr nicht die notwendige Hilfe brachte. Das Polizeiteam war von den Ergebnissen unserer Experimente sehr angetan. Sie waren völlig plangerecht verlaufen, hatten mehr oder weniger ihre Vermutungen bestätigt. Nur – was war mit dem Fett? Eine alte Büchse Schmierfett, halb mit Wasser angefüllt, war an der Seite des Bahndamms gefunden worden. Chemische Analysen bewiesen, daß das Fett an Tara aus demselben Eimer stammte. Wurde dieses Fett von Dritten auf ihr Fell geschmiert oder hatte sie sich selbst besudelt? Der Tierarzt, der am Tag nach dem Mord Tara untersucht hatte, war sicher, daß die Hündin sich selbst beschmiert hatte. Ich beschaffte zwei saubere Teller, um auf diesen einen improvisierten Geschmackstest durchzuführen. Der eine Teller wurde mit dem Fett beschmiert, dann Milch darüber gegeben, auf dem anderen war nur Milch.Tara widerlegte alle Voraussagen, indem sie zuerst aus dem mit Fett beschmierten Teller trank, dann den sauberen wählte, beide gleich sauber leckte.

Das Polizeiteam war langsam müde geworden. Deshalb schlug ich vor, daß nur der frühere Freund, mein Detektivinspektor und der Filmkameramann nunmehr zu dem Haus des Opfers gingen, um näher zu untersuchen, wie Tara möglicherweise selbst in die Maisonette gelangt war oder nicht. Die Vordertür war eine mit starker Feder versehene, sich selbst schließende Tür – die gleiche Art wie die Feuerschutztüren in Hotels oder Büros. Bei der Polizei bestand der Eindruck, daß diese Feder für Tara viel zu stark war, um die Türe selbst zu öffnen, daß irgendjemand sie für sie aufgedrückt haben mußte. Es war zwar bereits durch die Vernehmung beider Freunde von Glenys klar geworden, daß es zu Glenys' Gewohnheiten gehörte, die Eingangstür nicht abzuschließen, weil sie Sorge hatte, den Schlüssel zu verlieren, nachts ausgeschlossen zu sein. Nie hatte sie befürchtet, einmal das Opfer eines Gewaltverbrechens zu werden. Ich beobachtete, wie Tara durch die geöffnete Tür ein und aus ging. Dann schlossen wir die Tür und ermunterten sie, die Tür aufzudrücken. Der frühere Freund von Glenys befand sich im Haus, Tara und ich blieben draußen. Sie schob mir ihre kalte Nase ins Gesicht, leckte meine Ohren, ich brach in Gelächter aus. Ich bat den Freund im Haus, sie zu rufen und sie drückte ganz einfach mit dem Fang die Tür auf und ging hinein. Dann war es meine Aufgabe herauszufinden, wie eine eventuell erschrockene Tara reagiert haben könnte, wenn sie auf die geschlossene Tür stieß. Ich setzte ein Ultraschallgerät direkt hinter der Hündin in Aktion, sie stürzte sofort durch die Tür. Dieses Mal schloß die Tür ganz dicht hinter ihr, und bei einem Hund mit langer Rute wäre diese bestimmt eingeklemmt worden. Wir hatten jetzt bewiesen, daß im Selbstschließmechanismus der Tür genügend Spannung war, die Tür selbst zu schließen. So war das offen gebliebene Geheimnis, wie man am nächsten Morgen die Hündin hinter verschlossener Tür alleine im Haus finden konnte, gelöst.

Dies war für die Polizei, die eine solche Möglichkeit nicht in Betracht gezogen hatte,ein wichtiger, neuer Hinweis. Meine Auffassung war, daß Tara durch die vorangegangenen Ereignisse unter großem Druck stand, so erschreckt war, daß sie die Tür selbst aufstieß. Natürlich bestand die alternative Möglichkeit, daß der Freund Tara zurückgebracht, die Tür hinter sich geschlossen hatte, ehe er später zurückkehrte und Alarm auslöste. Man sagte mir, es gäbe noch andere Hinweise, die Mr. X verdächtig machten, so daß er auch weiter in polizeilichem Gewahrsam gehalten werde. Aber der Beweis Tara's hatte sich als außerordentlich nützlich erwiesen, auch mögliche alternative Personen als Täter in Betracht zu ziehen.

Über Monate hörte ich nichts mehr von dieser Untersuchung und war neugierig zu erfahren, was sich ereignet hatte. Ich telefonierte mit der Polizei in Guildford. Sie erzählten mir, daß sie unverändert daran glaubten, daß der Freund von Glenys des Verbrechens schuldig sei. Aller Wahrscheinlichkeit nach käme es zu einer Gerichtsverhandlung, und man werde mich als Zeugen laden. Aber dies passierte nicht. Einige Zeit später wurde in Essex ein Mann wegen einer Vergewaltigung festgenommen und im Laufe der polizeilichen Ermittlungen als Mörder von Glenys Coe überführt. Er hatte in Surrey in der Nähe von Guildford gearbeitet, beobachtet, wie die junge Frau zum Spaziergang mit dem Hund ihr Haus verlassen hatte und war ihr gefolgt. Er gab zu, sie vergewaltigt und danach ermordet zu haben. Später fuhr er weiter. Völlig im Einklang mit den Ergebnissen unseres Verhaltenexperiments hatte er Tara nicht in die Wohnung zurückgebracht, sie war weggelaufen und hatte sich selbst Eingang verschafft.

Der arme Mr. X war unter Mordverdacht über fast ein Jahr für ein Verbrechen, das er nie beging, in Untersuchungshaft gehalten worden. Bis heute ist der Fall nicht abgeschlossen und wird wahrscheinlich ein gerichtliches Nachspiel wegen angemessener Haftentschädigung haben.

Seitdem vergingen einige Jahre, in denen ich fast jede Woche zu Gerichtsverhandlungen gerufen wurde, weil immer einer einen anderen wegen Hundeproblemen verklagt hatte. Glücklicherweise war keiner dieser Fälle so schockierend wie der Mordfall in Guildford.

Die Dinge entwickelten ihre eigene Dynamik, als mich ein Anruf der West Midlands Polizei erreichte. Eine Frau war in Handsworth, Birmingham, vergewaltigt und anschließend schwer verletzt worden. Der Polizeianrufer erläuterte, daß das Opfer Mrs. M. geradezu schreckliche Verstümmelungen erlitten habe. Sie sei zum Zeitpunkt des Verbrechens von ihrem Staffordshire-Bull-Terrier-Rüden begleitet worden. Meine Aufgabe sei es, den Hund zu überprüfen, über sein Verhalten Bericht zu erstatten. Ich wagte gar nicht, dem anrufenden Beamten zu viele Fragen zu stellen, weil mich schon der Gedanke daran, was man von mir bei dieser Aufgabe verlangen würde, krank machte. Ich nahm Stephen Corben, einen Kollegen, der gerade in unsere Praxis eingetreten war, mit zu den Untersuchungen, dachte, dies sei für ihn eine sehr gute Chance herauszufinden, ob er wirklich den richtigen Berufsweg eingeschlagen hatte.

Die Polizeistation in Handsworth ähnelte einer großen Scheune, hohe Zimmerdecken, kahle Wände, lange Korridore. Es gab überhaupt nichts an Kunst oder Humor, um den Streß zu erleichtern, dem alle, die in diesem Gebäude arbeiteten, zweifelsohne ausgesetzt waren. Ich erhielt nur kürzeste Grundinformationen der erhobenen Vorwürfe gegen zwei Männer, die wegen versuchten Mordes an Mrs. M. inhaftiert waren. Man war der Auffassung, daß zu viele Kenntnisse möglicherweise meine Auslegung des Verhaltens des Hundes färben würden. Die Polizei wollte wissen, ob es wahrscheinlich sei, daß der Rüde von Mrs. M. während der Bewußtlosigkeit an ihrem Körper herumgezerrt, ja sogar Haut und Fleisch gefressen habe. Die angeklagten Männer hatten die Vergewaltigung von Mrs. M. zugegeben, aber behauptet, die weiteren Verletzungen seien ausschließlich dem Hund zuzuschreiben. Wir verließen die Polizeistation in recht gedämpfter Stimmung, um Mr. M. und seinen Hund zu besuchen.

Mr. und Mrs. M. lebten in einem hübsch gebauten Backsteinhaus mit Terrasse in einer Straße, die so aussah, als handele es sich um eine Filmkulisse für die »Coronation Street«. Wir wurden mit einem scheuen, freundlichen Iren bekannt gemacht, von seinem enthusiastischen, fetten Staffie-Rüden Skipper buchstäblich umgeworfen. Als ich erklärte, wer ich sei und daß wir kamen, um mit seinem Hund einige Tests durchzuführen, war Mr. M. sehr erleichtert. Man hatte mich gewarnt, ihm gegenüber zuviel über den Fall selbst zu sprechen, denn zu diesem Zeitpunkt wußte er noch nichts über die schrecklichen Verletzungen, die seine Frau erlitten hatte. Es waren sehr schmerzliche Informationen, über die er zu diesem Zeitpunkt – gerade eine Woche nach dem Verbrechen –

noch nicht verfügte. Wir wurden eingeladen, auf dem Sofa Platz zu nehmen, und Skipper erdrückte uns geradezu mit seinem dicken kleinen Körper und heißen Küssen. Er verhielt sich wie ein Junghund, obgleich er schon acht Jahre alt und außerordentlich übergewichtig war.

Ich nahm seine genauen bisherigen Lebensdaten auf, Skipper wurde bei einem Züchter in Birmingham von Mrs. M. als Geschenk für ihren Mann gekauft. Bis zu diesem Zeitpunkt war er wohl nahezu ausschließlich mit Fleisch ernährt worden, hatte kaum irgendetwas anderes gefressen. Er liebte Spaziergänge, obgleich er anderen Hunden gegenüber immer etwas »Probleme« hatte. Mr. M. wußte um die Neigung von Staffords, in Kämpfe verwickelt zu werden. Er erlaubte Skipper nie, andere Hunde zu bedrohen, tat alles, um ihn nie zu ermutigen. Skipper war ein recht begeisterter Spaziergänger, er litt allerdings neuerdings an Arthritis, die vom Tierarzt mit Butediazole behandelt wurde. Mich interessierte seine körperliche Gesundheit, und ich schlug vor, einen kurzen Spaziergang zu machen. Dies war gleichzeitig für mich eine gute Entschuldigung, frische Luft zu schnappen, weil ich einen leichten Brechreiz hatte. Der arme Mr. M. wußte mit Sicherheit nicht die ganze Geschichte des Angriffs auf seine Frau, er wußte um die Vergewaltigung und körperliche Verletzungen, die dabei entstanden und relativ gering waren. Er erzählte uns, wie sie spät in der Nacht nach Hause kam, gegen die Tür schlug und dann in seinen Armen zusammenbrach. Er hatte etwas Blut gesehen, aber nicht weiter nachgesehen, ehe der Notarztwagen sie zum Hospital brachte. Mr. M. hatte seine Frau am selben Morgen gesehen, ehe er zur Arbeit ging. Er wußte, daß sie eine Schwäche für Alkohol hatte und vermutete, daß sie, nachdem die Pubs geschlossen waren, nachmittags mit Freunden getrunken hatte. Es passierte öfter, daß sie im Rausch einschlief und dann spät am Abend zurück kam.

Der Spaziergang mit Skipper und Mr. M. verlief ohne besondere Ereignisse, ich machte einige Fotos und Mr. M Komplimente über das Fitsein und gute Aussehen seines Hundes. Skipper ließ zwar kein Auge von jedem vorbeigehenden Hund, routinemäßig riet ich, wie solche unangenehme Eigenheit nützlicherweise eingedämmt werden könnte. Aber dies war nicht das Ziel meines Besuches, und wir kehrten nach Hause zurück, um die wichtigen Tests durchzuführen. Mein Kollege Stephen besorgte frisches Fleisch vom Metzger, das er Skipper zum Fressen anbot.

Skipper faßte die einzelnen Fleischstücke sauber, vermied dabei geschickt die Finger von Stephen. Beim nächsten Versuch hielt ich das Fleisch zwischen Finger und Daumen fest, so daß Skipper es wegziehen mußte. Er zeigte keinerlei Aggression oder Frustation, zog aber sanft und ausdauernd an dem Fleisch, bis er es aus meinen Händen genommen hatte. Als Abschlußphase des Tests hielt ich das Fleisch voll zwischen meinen Händen versteckt, ausschließlich der Blutgeruch war Auslöser seiner Bemühungen. Er bemühte sich natürlich, war aber dabei stets freundlich. Er stieß leicht gegen meine Hände, schaute mich schmelzend an. Dann versuchte er es mit freundlichem »Pföteln«, aber so vorsichtig, daß er mich dabei nicht kratzte. Schließlich knabberte er vorsichtig an meinen Händen und Fingern, wobei er aber nie kniff oder verletzte. Bei Skipper handelte es sich um einen Hund, der sehr gerne Fleisch fraß. Durch mein Verhalten gab ich ihm jeden Anlaß, nach meinen Händen zu schnappen und sich das zu holen, was ihm zugedacht war. Es war geradezu bemerkenswert, seine sensitiven Punkte an Zunge, Lefzen und Gaumen waren so empfindsam, daß er genau wußte, wie weit er gehen durfte, ohne irgendwo meine Haut zu verletzen. Einen Millimeter weiter oder etwas mehr Druck, und er hätte meine Haut durchstoßen, genau das getan, wofür man ihn in der Nacht der Vergewaltigung seiner Herrin verdächtigte. Ich war jetzt völlig sicher, daß Skipper in keiner Weise seine eigene Herrin verletzt hatte, und alle Anwesenden waren mehr als erleichtert, diese Schlußfolgerung zu hören.

Die Bedeutung dieses Tests lag darin, daß die beiden des versuchten Mordes an Mrs. M. angeklagten Männer zu ihrer Verteidigung nicht länger die Geschichte mit Skipper benutzen konnten. Zwar gab es Anlaß zu der Vermutung, daß Skipper durchaus auch ihm zugeworfene Stücke menschlichen Gewebes – seiner Herrin oder anderen Ursprungs – genommen hätte – für ihn bedeutete Fleisch ganz einfach Fleisch. Er hatte jedoch klar bewiesen, daß er keinesfalls Fleisch vom lebenden Körper gerissen hätte. Ein weiterer Bestandteil der Verteidigungsstrategie der Männer lautete, Skipper habe sich an ihren sexuellen Aktivitäten beteiligt, daß sie alle Mühe hatten, ihn davon abzuhalten. Ich war bei der Befragung von Mr. M. über Skippers sexuelle Auffälligkeiten in meiner Wortwahl sehr vorsichtig. Mr. M. antwortete, Skipper habe nie sexuelle Erregung gezeigt, sich auch nie für Hündinnen interessiert. Ich fragte ihn, ob er etwas dagegen habe, wenn ich auch diesen Punkt überprüfte. Mit seiner Genehmigung stimulierten wir den Penis von Skipper mit der Hand, jedoch ohne jede Wirkung. Dieser Hund war so übergewichtig und vorwiegend auf Fressen ausgerichtet, daß Sex einen geringen Stellenwert hatte.

Der Fall kam im Juli 1989 vor Gericht, neun Monate nach meinem Besuch. Gerichtssäle sind in aller Regel ehrfurchtgebietende Plätze, aber der Crown Court in Birmingham ist ein bemerkenswert attraktives Gebäude, das den Schrecken der Geschichten, die verhandelt werden, mildert. Am Gerichtstag kannte ich noch immer nicht die ganze Hintergrundgeschichte der zwei Männer, die vor Gericht standen, denn Gutachter wie ich werden zu der Verhandlung erst zugelassen, wenn man sie über ihre Wahrnehmungen verhört. Als ich in den Gerichtssaal und Zeugenstand gerufen wurde, bemerkte ich auf der Anklagebank zwei schmuddelig aussehende Gestalten. Schon bei vielen vorangegangenen Gelegenheiten war ich als Gutachter vor Gericht, aber die heutige Verhandlung war mit Sicherheit die erschütterndste. Nach allem war ich Teilnehmer an einem Prozeß, der die Männer viele Jahre Freiheitsentzug kosten konnte. Es war von großer Wichtigkeit, daß meine Aussage – wenn auch nur ein kleiner Teil einer größeren Geschichte – sorgfältig und ohne jegliches Vorurteil erfolgte.

Meine Vernehmung im Zeugenstand dauerte etwa eine Stunde. Hierbei erklärte ich meinen eigenen Werdegang, meine Qualifikation, was wir im einzelnen mit Skipper unternommen hatten und unsere Auslegung der erzielten Ergebnissen und so weiter. Nach einer im Grunde freundlichen weiteren Befragung durch den Staatsanwalt kamen wesentlich feindlichere Fragen durch die Verteidigung. Als erstes wurden hinsichtlich meiner fachlichen Qualifikation Fragen gestellt, dann wollte man wissen, woraus ich meinen Anspruch ableiten könne, in der Seele eines Hundes zu lesen. Man legte mir ein Foto des Unterleibs von Mrs. M. vor, welche die Verletzungen zeigten, bat mich darum, Einzelheiten dieser Verletzungen zu kommentieren. Man forderte mich auf, ganz genau hinzuschauen, einige Dutzend Fotos in blutigen Farben wurden vor mir ausgebreitet. Im Gerichtssaal herrschte Stille, während ich mir diesen Stapel entsetzlicher Fotos ansah.

Der Verteidiger befragte mich dann, ob derartige Verletzungen von einem Hund verursacht werden könnten oder nicht. Meine Antwort lautete, daß ich absolut sicher sei, daß ein Hund solche Verletzungen nicht verursachen könne, daß insbesondere die einzelnen Verletzungen des Unterleibs zu glatt verliefen. Hunde haben die Veranlagung, in die Beute hineinzubeißen, daran zu zerren, hinterlassen unsaubere, tief gehende Wunden mit stark ausgefransten Wundrändern. Die Fotos zeigten brutale von Menschen verursachte Schnittverletzungen, keinesfalls Folgen von Handlungen des chaotischen Staffordshire Bull Terrier, den ich selbst begutachtet hatte. Trotz mehr und mehr feindlich werdender Befragung zu diesem Punkt räumte ich in keiner Weise ein, daß auf irgendeine Art Skipper mit diesen Verletzungen seiner Herrin irgendetwas zu tun haben konnte. Ich gab allerdings zu, daß er möglicherweise die Wunden seiner Herrin geleckt, dabei auch Blut und etwas Gewebe aufgenommen haben konnte, wenn dies vom Körper abgetrennt war.

Ich konnte die Bedeutung dieser Fragereien nicht klar verstehen, erst später bei einem Gespräch mit einem Polizeibeamten außerhalb des Gerichtssaales wurde mir diese klar. Er erzählte mir, daß der Polizeiarzt bei der Untersuchung von Mrs. M. nach dem Angriff vermutet hatte, daß die Kratzer in der Gesäßpartie der Verletzten möglicherweise durch Hundezähne verursacht sein könnten. Ich fragte, ob der Abstand zwischen diesen Kratzern gemessen wurde. Das war geschehen und die Abstände differierten beträchtlich vom Abstand zwischen den Fangzähnen von Skipper. Die Polizei und ein Gerichtsarzt stimmten mit mir überein, daß Skipper überhaupt nichts mit den Verletzungen von Mrs. M. zu tun hatte.

Es zeigte sich, daß die Aufklärung der Rolle von Skipper in diesem Kriminalfall von großer Bedeutung war. Am nächsten Tag wurden Kuljinder Bhachu und Harbhajan Mahil der Vergewaltigung, schweren Beleidigung und vorsätzlicher schwerer Körperverletzung für schuldig befunden. Das Gericht fand sie der »verwerflichen, abscheulichen« Verbrechen für schuldig und verurteilte sie zu einer Gesamtstrafe von 31 Jahren. Eine angemessene Strafe für ein abscheuliches Verbrechen.

Vor Gericht traf ich Mr. M. wieder. Er hatte sein Leben mit seiner Frau nach und nach langsam wieder aufgebaut, als sie im März sechs Monate nach der Vergewaltigung plötzlich zusammengebrochen und gestorben war. Ihr Tod stand mit den Verletzungen, die sie in Handsworth erlitten hatte, in keinem direkten Zusammenhang. Sie waren gemeinsam zu einer Beerdigung nach Irland gefahren, hatten während der Totenwache zuviel getrunken – ihre Nieren konnten die Belastung nicht länger aushalten. Mr. M. sprach voll Liebe über Skipper, hob den Trost hervor, zu dem ihm dieser Hund während des letzten schrecklichen Jahres geworden war. Gemeindemitglieder in Handsworth – Iren, Engländer und Asiaten gleichermaßen – sie alle waren ihm gegenüber wundervoll gewesen, hatten immer wieder geholfen. Während ein einfacherer Mann ohne solche soziale Unterstützung sicherlich sehr depressiv und einsam geworden wäre, schien dieser Mann den Weg zu einem normalen Leben zurückzufinden, nahm seinen Job als Innendekorateur wieder auf, machte mit Skipper große Spaziergänge – betrat aber nie wieder eine Kneipe.

Meine Leser mögen mir vergeben, wenn ich bisher den Eindruck erweckt habe, ich vertrete nur die Sache der Polizei und der Kräfte, die für Ruhe und Ordnung sorgen. Dies ist aber vor Gericht keinesfalls immer so, und ich habe immer mein Bestes zu tun, gleich wer mich mit Aufgaben betraut.

Der Fall von Hyke, einem American Pit Bull Terrier, fand mich auf der anderen Seite, denn sein Besitzer, mein Klient Ivan Dume, war von der Polizei beschuldigt, er habe vorsätzlich durch seinen Hund einem Polizisten eine schwere Körperverletzung zugefügt. Von dem Rechtsanwalt von Mr. Dume wurde ich beauftragt, das Wesen von Hyke zu beurteilen, zu erforschen, wie sich dieser Hund verhalten würde, wenn Polizisten gewaltsam in die Wohnung seines Besitzers eindringen.

In dieser Zeit – im Jahre 1986 – waren American Pit Bull Terrier gerade zu einem festen Bestandteil der Unterwelt in South London geworden. Aus einem kurzen Telefongespräch mit den Anwälten von Mr. Dume hatte ich zunächst den Eindruck, als müsse ich hier für eine etwas zweifelhafte Angelegenheit arbeiten. Ich behielt jedoch meine Vorurteile für mich und fuhr ordnungsgemäß in das ausgedehnte Stadtgebiet von Clapham. Beim Weg über die kahlen, schäbigen Stufen bis zum vierten Stockwerk und der Wohnung von Mr. Dume wurde ich von einem etwas nervösen Anwalt begleitet.

Hyke hatte uns bereits in dem Augenblick, als wir das Gebäude betraten, kommen hören und sein Bellen hallte durch das nicht mit Teppichen ausgelegte Treppenhaus. Besucher tagsüber waren hier selten. Es war offensichtlich, daß Hyke auch für die übrigen Hausbewohner eine gewisse Schutzfunktion bot. Die Vordertüren auf der einen Seite öffneten sich einen Spalt, bei den vis-à-vis liegenden Wohnungen bewegten sich Gardinen. Auf dem vierten Stockwerk fand ich eine billige, grün angestrichene Tür aus den 50er Jahren, ziemlich zersplittert, beschädigt und ausgeflickt, wahrscheinlich eine Folge der Auseinandersetzungen mit der Polizei zwei Wochen zuvor. Als wir die letzten Stufen erreicht hatten, öffnete sich die Tür, und Ivan Dume bat uns herein, er hielt Hyke, der nach vorne zog und den Eindruck erweckte, zu wissen, was seine Aufgabe war, an der Leine. Hyke hörte auf zu bellen, fixierte uns mit seinen kleinen, runden Augen, sein Fang war weit geöffnet, er hatte eine Art keuchendes Grinsen, wedelte mit der Rute. Seine Körpersprache konnte alles bedeuten: Freundlichkeit,wie auch direkt bevorstehenden Angriff. Ich fühlte mich von dem wie versteinert wirkenden Anwalt vorwärts geschoben, er wollte das Ganze hinter sich bringen. Nach allem war ich der Experte, dies war meine Aufgabe. Ivan sagte mir, ich brauche mich in keiner Weise zu beunruhigen, Hyke möge mich, weil ich ihm als Freund vorgestellt werde. Sobald ich mich setzte und er mich abgeschnuppert habe, würden wir zwei unzertrennlich.

Die Voraussagen von Ivan Dume erwiesen sich als korrekt. Im Augenblick, da ich in einem Armsessel saß, wurde ich von Hyke überprüft. Er beschnüffelte jede Einzelheit meiner Bekleidung und leckte mir das Gesicht. Ich hatte ein paar Leckerbissen bei mir, wollte ihn dadurch zum Freund gewinnen, aber in der Erregung des Augenblicks hatte ich völlig vergessen, sie ihm anzubieten. Hyke erschnüffelte sie selbst und riß mir beinahe das Jacket auf, als er versuchte, seinen Kopf in meine Tasche zu schieben. Der Anwalt lachte erleichtert, bewunderte mein Selbstvertrauen. Die Details kannte er ja bereits. Er hatte mir bereits eine ausführliche Erklärung zugesandt, die nahezu den ganzen Vorgang spiegelte.

»Mein voller Name ist Ivanhoe Constantine Tolisford Dume, am 8. Mai 1955 wurde ich geboren. Man beschuldigt mich – wie ich annehme – der schweren Körperverletzung gegenüber einem Polizisten, auf den ich meinen Hund gehetzt haben soll. Ich erkläre mich als ›nicht schuldig‹!

Die Umstände, die zu meiner Verhaftung führten, begannen mit einem ernsthaften Streit, den ich mit meiner Frau Winifred Dume hatte. Bei dieser Gelegenheit rief man die Polizei. Es gab wohl eine Menge an Streit und Zank, der damit endete, daß meine Frau anfing, ihre Sachen und ihr Eigentum zusammenzupacken. Sie machte danach einige sarkastische Bemerkungen, welche mich in Wut versetzten. Ich begann damit, ihre Gegenstände wieder auszupacken. Zu diesem Zeitpunkt war das älteste meiner Kinder und zwei jüngere Kinder im Raum. Niemand gab mir irgendwelche Antwort, so verlor ich meine Beherrschung. Ich sagte meiner Frau, daß, wenn sie irgendetwas mitnähme, ich es in Stücke schmeiße. Wir schrieen uns gegenseitig an, im allgemeinen schreit sie lauter. Ich nahm einen Baseballschläger in die Hand, begann damit, Porzellan und Teller, welche in einer Schachtel zusammengetragen waren, zu zerschlagen. Ich bedrohte meine Frau auch mit dem Schläger, hatte aber in Wirklichkeit nicht die Absicht, sie zu schlagen. Ich beruhigte mich dann ein wenig, weil ich feststellen mußte, daß ich überhaupt nichts erreicht hatte. Ich ging durch die Vordertür und setzte mich auf den Balkon, um meine Nerven etwas zu beruhigen. Da sah ich einen Polizeiwagen vorfahren, eine Menge Polizisten kamen die Treppe herauf. Ich glaube, sie wurden durch das älteste Kind alarmiert, das die Dachrinne hinuntergerutscht war, um Hilfe zu holen. Ich kehrte in meine Wohnung zurück, verschloß die Vordertür, die ich geöffnet hatte, um auf den Balkon herauszugehen. Noch immer hielt ich den Baseballschläger in der Hand.

Die Polizei kam herauf und klopfte gegen die Tür, sie forderte mich auf, sie einzulassen. Ich sagte ihnen, sie sollten weggehen, weil ich nichts mit ihnen zu schaffen haben wollte. Ich erklärte, niemand sei verletzt, niemand habe die Polizei gerufen. Die Polizei fragte dann meine Frau, ob sie wünsche, daß sie die Tür einbrechen und hereinkämen – sie sagte nein. Sie stand direkt neben mir. Ich hörte die Polizei vor der Tür im Gespräch mit einem der Kinder, sie fragten, ob meine Frau und ich verheiratet seien oder nur so zusammen lebten und so weiter. Ich glaube, daß im weiteren Verlauf meine Frau mich tatsächlich bat, die Tür zu öffnen, ich antwortete nein!

Die Polizisten baten meine Frau, sich von der Tür zu entfernen. ›Vorsicht!‹, dann begannen sie, die Tür einzutreten. Ich glaube, ich stand mit der linken Schulter gegen die Tür, lehnte mit dem ganzen Körpergewicht dagegen und versuchte, die Tür geschlossen zu halten. Noch immer trug ich den Baseballschläger in meiner rechten Hand. Dann begann die Tür nachzugeben, ich bemerkte, daß ich sie nicht aufhalten konnte. Da sprang ich zurück, um zu vermeiden, zwischen Tür und Wand eingequetscht zu werden, ging rückwärts durch den Korridor, immer noch den Baseballschläger in der Hand. Jetzt lief Hyke, mein Hund, durch die Tür in Richtung auf die Polizei. Hyke ist ein guter Wachhund. Normalerweise wird er niemand erlauben, durch die Tür zu kommen, wenn kein Mitglied des Haushaltes dabei ist. Hyke muß hinter mir gewesen sein, während ich noch immer rückwärts ging. Ich hatte ihn nicht gesehen und erinnere mich auch nicht, ob er gebellt hat oder nicht. Es gab so viel Lärm, vielleicht habe ich auch überhaupt nicht darauf geachtet, weil Hyke häufig bellt, wenn man gegen die Tür klopft oder gar versucht, diese einzutreten.

Während ich mich weiter rückwärts bewegte, stürzte der Hund vorwärts in Richtung auf die Polizei und aus der Tür. Ich konnte nicht sehen, was passierte. Der Hund gelangte durch einen Türspalt nach draußen. Es gab eine Menge an Unruhe und Verwirrung, und ich hörte jemand rufen: ›Befreien sie ihn von dem Hund!‹ oder etwas ähnliches. Ich sagte zu dem Hund überhaupt nichts, wahrscheinlich griff er die Polizisten an. Ich ging aber wieder zur Vordertür, öffnete sie, um den Hund zurückzurufen. Die Polizei stand in einem Kreis um den Hund, schlug und trat nach ihm. Ich konnte mich überhaupt nicht bewegen. Noch immer trug ich den Baseballschläger in meiner Hand. Ich beschwor die Polizei, bat sie, den Hund in Ruhe zu lassen. Einer von ihnen schrie etwas wie: ›Bringt die Schilder herein!‹ Ich rief wieder den Hund, er konnte sich überhaupt nicht bewegen, weil bei jedem Versuch nach ihm geschlagen wurde. Dann stürzte sich die Polizei auf mich. Ich rannte in das Vorderzimmer zurück, sie folgten mit Schutzschildern und erhobenen

Gummiknüppeln. Ich erinnere mich, daß ich lief, um ein in der Ecke des Zimmers befestigtes, nur zu Dekorationszwecken aufgehängtes Schwert zu packen. Ich versuchte, es von der Wand zu nehmen, es handelt sich um kein scharfes Schwert, aber es war spitz. Es hatte keine Schneide. Als ich mich umwandt, wurde ich von zahlreichen Polizisten überwältigt. Man warf mich rückwärts quer über eine Couch, die zusammenbrach, man hielt mich am Boden fest. Über mir gab es eine große Anzahl von Polizisten. Ich hatte keinerlei Chance zu kämpfen. Das Haus war voller Polizisten. Ich hörte einen von ihnen sagen: ›Du schwarzer Bastard, ich werde es Dir zeigen, Deinen Hund auf einen Polizisten zu hetzen!‹ Und ich fühlte einen Schlag über den Kopf. Ich erinnere mich, daß mir sehr heiß wurde. Ich glaube, ich hatte einen Blackout. Ich wurde getreten und geschlagen. Der Grund, weshalb ich glaube, daß ich einen Blackout hatte, ist, weil das Letzte, an das ich mich erinnere, war, daß ich mit dem Gesicht nach unten auf dem Boden lag, die Hände hinter dem Rücken zusammengebunden. Ich wurde gegen den Körper getreten und spürte einen Tritt ins Gesicht. Man schlug mich gegen den linken Fußknöchel und gegen das Schienbein. Die Polizisten hoben mich hoch, führten mich nach draußen. Man warf mich auf den Boden des Polizeikombis. Ein Polizist setzte seinen Fuß gegen mein Rückgrat, schob mich gegen die Sitzbänke. Man brachte mich zur Clapham Police Station. Ich wurde nicht verhört, erhielt aber Besuch von meinem Anwalt.

Ich war völlig geschockt, wie sich die Dinge entwickelt hatten. Ich hatte niemandem etwas getan, obwohl ich natürlich erkenne, daß mein Verhalten Furcht ausgelöst haben kann. Ich habe nie einen der Polizisten geschlagen und mit Sicherheit meinen Hund nicht gehetzt.«

Wie man jetzt erkennen kann, mein Klient befand sich in ernsthaften Schwierigkeiten, die Anklage lautete auf vorsätzliche Körperverletzung eines Polizisten, ein schweres Vergehen, das in aller Regel mit Gefängnis bestraft wird. Hatte Hyke den Polizisten auf Befehl seines Herrn angegriffen oder war das Ganze einfach Folge seines Territorialverteidigungsverhaltens? Die Tatsache, daß wir Besucher eine verhältnismäßig harmlose erste Begegnung mit Hyke hatten, war mehr Hinweis darauf, daß die Polizei recht hatte, daß dieser Hund ein ausgebildeter Schutzhund war, der auf Kommando handelte. Es war jetzt meine Aufgabe herauszufinden, wieviel Kontrolle Ivan tatsächlich über Hyke hatte oder nicht.

Schnell stellte sich heraus, er hatte so gut wie überhaupt keine Kontrolle über den Hund. Hyke entwickelte vom ersten Augenblick an eine überwältigende Zuneigung mir gegenüber, begann meine Beine zu besteigen. Ich fühlte mich etwas unsicher, ihn einfach wegzuschieben, lachende Kommandos seines Herrn hatten überhaupt keine Auswirkung. Als Hyke mein Jacket packte, um einen besseren Halt an meinen Knien zu finden, meinte ich, nun sei es aber wirklich genug und bat nachdrücklich, der Hund möge weggenommen werden. Hyke mußte hochgehoben werden, dabei packte Ivan ihn an seinem dicken, mit Nägeln verzierten Lederhalsband und der Rute. Danach wandte Hyke seine liebevollen Aufmerksamkeiten dem sich recht unglücklich fühlenden Rechtsanwalt zu, machte recht eindeutige stoßende Bewegungen in Richtung auf seine Armbeugen. Wiederum war Ivan der Retter!

Wir gingen nach draußen, um unsere Beobachtungen fortzusetzen. Ich erfuhr, daß Hyke ursprünglich in der gesamten Nachbarschaft frei umherstromern durfte. Er war fähig, ganz alleine in dem nahe gelegenen Clapham Common die kreuzende, sehr stark befahrene A 3 zu überqueren – und er kam immer unversehrt zurück. Jedermann im Be-

Oben: Therapiestunde im Bois de Boulogne für Dick mit amüsierten Zuschauern am Rande.

Rechts: Dr. Patrick Payancé mit Strychnine: »Tu was ich Dir sage, nicht was ich selbst tue!«

Links: Konsequente Erziehung durch die Queen.
Oben: Die Windsor Corgis – sie beten eine Lady an – die sehr viel von Hundepsychologie versteht.
(Foto: Sir Geoffrey Shakerley)

Oben: Auf den Straßen von Baltimore, USA – arme Hunde, arme Kinder. In einer Welt, in der es wenig Raum für Stolz gibt, zeigten meine Freunde enormen Besitzerstolz.

Unten: Professor Joseph van Heeren, der sich den African Wild Dogs gegenüber kühl und selbstbewußt gibt.

Oben: Nach unserer gelungenen Flucht. – Die Hunde bedauern es sehr, daß heute Mugford nicht auf der Speisekarte steht.

Hunde in einem ländlichen Teil Afrikas und in einem Kohlenlager in Soweto. Diese Hunde führen ein Leben, das nicht leichter ist als das der Menschen.

Rechts: Litmus, ein Yorkie, der Bill und Ben dominiert. Ein alles überdeckender Uringeruch hat die ganze Fläche durchdrungen.

Unten: Daley und Thompson, zwei Labrador mit Platzangst, geführt von Mugford und Erica. Der Kampf ist zu Ende.

Oben: Maurice, ein Boxer mit unheilbarer Angst vor Donner. Für ihn erwiesen sich Kopfhörer als einfachste und praktischste Lösung.

Links: Bella – früher voller Furcht vor Müllabfuhrfahrzeugen – nach der Desensibilisierung.

zirk schien Hyke zu kennen – er war eine Art örtliche Berühmtheit. Kinder, denen wir beim Spaziergang begegneten, lachten uns an und sagten: »Gut gemacht!«, »Seid nett zu dem Hund!« und dergleichen. Die Geschichte um Hyke war zum Tagesgespräch in der Gemeinde geworden. Es gab keinerlei Zweifel, wem die Sympathien galten – sicherlich mehr Ivan als der Polizei. Jetzt macht Hyke dem kleinen Pudel einer Dame deutliche sexuelle Vorschläge. Ich riet, es könnte vernünftig sein, ihn zurückzurufen. Ivan rief und rief – einen anscheinend stocktauben Hund. Wir leinten den Rüden an, er zog einmal in dieser, dann in jener Richtung – offensichtlich waren Führleinen für Hyke eine vollkommen ungewohnte Erfahrung. Ich versuchte auch, ihn am Randstein zum Sitzen zu bringen – gab das Kommando, zeigte ihm dann einen Leckerbissen. Hyke sprang ganz einfach hoch, um mir das Futter aus der Hand zu nehmen!

Ich folgerte, daß Ivan in seinen Aussagen über Hyke ehrlich war – dies war ein völlig unerzogener Hund. Ich sah keinerlei Möglichkeiten, daß sein Besitzer ihn beim Angriff gegen einen Dritten, der sein Revier betrat, ermutigen oder aufhalten könnte. Über letzteren Punkt mußte ich mir noch Gewißheit verschaffen. Deshalb bat ich Ivan, Hyke an der Leine zu halten, während ich vorbei lief und einen Angriff auf seinen Herrn versuchte. Ich stürzte mich auf Ivan, stieß ihn an den Schultern, zog ihn am Arm und erweckte den Eindruck, ihn zu schlagen. Ich war überrascht, mit welcher Schnelligkeit Hyke sich anspannte, sich seine Stimmung von offensichtlich gutartiger Toleranz in Mordlust verwandelte. Glücklicherweise war ich darauf vorbereitet, sprang zur Seite anstatt rückwärts. Er flog an mir vorbei, wie ein fehlgeleitetes Geschoß, ließ mir Zeit zu stoppen und einige Leckerbissen in seine Richtung zu werfen. Bald waren wir wieder Freunde. Ivan erzählte mir dann, wie ernsthaft die von Hyke dem Polizisten zugefügten Verletzungen waren. Er war rund um die Genitalien schwer zerbissen und seine Wadenmuskeln schienen ernsthaft verletzt. Kein Wunder, daß man bei der Polizei ärgerlich war, obgleich ich nach den jetzt durchgeführten Untersuchungen sicher war, daß sie mit ihrer Anklage gegen Ivan unrecht hatten.

Ich arbeitete meinen Bericht aus, der ganz einfach beschrieb, was ich gesehen hatte, unterstrich, daß ich die Schilderung des Ereignisses, wie sie von der Polizei vorlag, nicht glaubte. Hyke war viel zu undiszipliniert, um auf Kommando anzugreifen – er war ganz einfach ein leicht erregbarer, territorial ausgerichteter American Pit Bull Terrier mit einem gewaltigen Gebiß. Ich verbarg in keiner Weise meine Mißbilligung über die Art, wie Hyke gehalten wurde, man es ihm erlaubte, in der Nachbarschaft umher zu strolchen. Ivan erzählte mir, daß nachdem er durch die Polizei verhaftet wurde, sich niemand darum kümmerte, seine Wohnung gegen Einbrecher abzusichern oder den Hund aufzuspüren. Die Polizisten gingen ganz einfach weg, ließen die Wohnung offen stehen, und Hyke war heimatlos. Ich glaubte, die Angelegenheit sei ziemlich klar, hatte keinen Zweifel, daß die Gerechtigkeit siegen werde.

Ivan's Anklage wurde sechs Monate später verhandelt und – sehr bemerkenswert – er wurde schuldig gesprochen. Man hatte mich nicht gebeten, persönlich vor Gericht ein Gutachten abzugeben, die Beteiligung von Hyke an der Angelegenheit wurde in dem Verfahren nur anhand meines zweiseitigen Berichts diskutiert. Ivan's Anwalt war überrascht und enttäuscht, weil auch er – genau wie ich – eigentlich seinen Klienten schätzen gelernt hatte, an seine Unschuld glaubte. So chaotisch er auch sein mochte, so viel Unglück er auch in seinem Leben schon erfahren hatte, Ivan war dennoch ein netter Mann, der nach einer sehr schlechten Kindheit versuchte, sein Leben in die richtige Richtung zu bringen. Ich rief Karen an, die feste Freundin von Ivan, um ihr meine Enttäuschung über Ivan's Gefängnisstrafe auszudrücken. Sie wollte ihn im Wandsworth-Gefängnis besuchen und versprach mir, ihn von meiner Unterstützung und Freundschaft zu unterrichten. Könnte ich möglicherweise in der Zwischenzeit der Familie einen Gefallen tun? Ohne Ivan wurde es allen zuviel, Hyke richtig zu versorgen. Könnte ich möglicherweise ein gutes Zuhause für ihn finden?

Ich gab diese Frage an meine Frau Vivienne weiter, die einen Blick auf unsere Töchter Ruth und Emily warf, dann ein endgültiges, aber ein begründetes »Nein!« erwiderte. »Hast Du Dich nicht selbst zu sehr in diesen Fall verstrickt?« war die Frage meiner Frau. Natürlich hatte sie recht – entgegen meinen eigenen Interessen war ich nicht nur beruflich, sondern auch seelisch in dem Fall engagiert. Mich ließ der Gedanke nicht los, daß, wenn ich als weißer Engländer in Ivan's Lage vor Gericht gestanden hätte, ich milder behandelt worden wäre. Für seine gesamten Verhältnisse mag Ivan's Auswahl dieser Hunderasse sicherlich nicht ideal gewesen sein, aber seinem Hund gegenüber war er freundlich und gut gesinnt.

Mein Rückruf bei Karen übermittelte ihr die schlechte Nachricht, versprach ihr aber, für Hyke zumindest vorübergehend ein Zuhause bei der National Canine Defence League zu finden, die Hilfe für Gefangene anbietet, deren Haustiere untergebracht werden müssen. Dies ist nur einer mehrerer wichtiger Dienste, welche diese gemeinnützige Organisation für Hunde in Not bereit hält. Ich verabredete mich mit Karen für den kommenden Montag, wir wollten dann gemeinsam Hyke zu den NCDL-Zwingeranlagen in Petersfield bringen, für lange 18 Monate, die Ivan eingesperrt sein sollte. Dabei bereitete ihm Hyke's Wohlergehen offensichtlich viele Sorgen.

Der Montagnachmittag kam, aber Karen erschien nicht. Ich rief den Rechtsanwalt an, um zu erfahren, ob es neue Probleme gäbe. Er erzählte mir, daß Ivan gerade auf Antrag gegen Bürgschaft auf freien Fuß gesetzt wurde. Dankenswerterweise wurde später das Verfahren eingestellt, das Urteil annulliert. Nach acht schweren Tagen in Wandsworth war Ivan wieder auf freiem Fuß und mit seinem Hund zusammen.

Zu Weihnachten erhielten wir mit einer neuen Adresse eine hübsche Weihnachtskarte von Ivan und Hyke. Ich besuchte sie, stellte fest, daß sie gemeinsam mit Karen und ihren Kindern umgezogen waren. Hyke sah wirklich fantastisch aus. Sein breites Lederhalsband war gegen ein messingverziertes Brustgeschirr ausgewechselt, seine Muskeln zeichneten sich deutlich unter einem leuchtendschwarzen Fell ab. Auch Ivan war in guter Form. Er hatte seinen früheren Job als Bademeister wieder aufgenommen, hatte von seiner Frau nichts mehr gesehen. Es gab viele Erinnerungen und gegenseitige Glückwünsche. Als ich nach Hause ging, war ich aber außerordentlich beeindruckt von dem Fehlen jeder Bitterkeit gegenüber der Polizei und unserem Rechtssystem. Es tat ihm leid, daß ein Polizist verletzt worden war, aber er mußte sein eigenes Leben weiterführen. Er war der Überlebende, ganz gleich, welche unglücklichen Schicksalsschläge ihn getroffen hatten.

Ziemlich häufig passiert es in England, daß nicht eine Person, sondern ein Hund vor Gericht steht. Ich bin inzwischen in sehr vielen solchen Fällen tätig geworden, sie haben immer eine eigene Faszination. Ich bin eigentlich grundsätzlich nur bereit, dann als Sachverständiger aufzutreten, wenn ich mich ganz sicher fühle, daß die gemachten Auflagen ungerecht sind, daß der Hund keine laufende Gefahr für die Gesellschaft bedeutet, daß es ihm erlaubt sein sollte, sein natürliches Leben zu führen. Dies war mit Sicherheit bei Billy Jones der Fall, einem bemerkenswerten English Bull Terrier aus Enfield, Middlesex.

Billy hatte nur einen einzigen Feind auf der ganzen Welt – den winzigen Yorkshire Terrier seines Nachbarn. Die Fehde zwischen den beiden Hunden dauerte 18 Monate, ging auf Billy's Welpenzeit zurück. Regelmäßig hatte der Yorkshire Terrier nach ihm gebellt, auch geschnappt, ihn manchmal körperlich angegriffen. Mit der Zeit wuchs Billy zu einem großen kräftigen Bull Terrier heran, begann nach dem Yorkshire zurückzubellen. Und bei einer Gelegenheit krümmte sich dann in Billy der immer wieder getretene Wurm, dies führte ihn und seinen Besitzer vor Gericht.

Wie bereits bei verschiedenen vorangegangenen Gelegenheiten war der Yorkshire Terrier von zu Hause ausgerückt und griff nun Billy, der auf der Straße an der Leine geführt wurde, an. Der kleine Hund wurde verletzt als Billy ihn mit seinem mächtigen Fang hoch hob. Aber dieses Mal erholte sich der Yorkshire ausreichend, um zu einem späteren Termin die Fehde neu aufzunehmen. Dieser Tag kam im August 1989, dieses Mal war Billy durch die Haustür auf die Straße entwischt, hier griff er den Yorkshire an und tötete ihn. Mr. und Mrs. Jones traf wirklich keine Schuld. Sie hatten sehr pflichtbewußt alles getan, um Billy zu beaufsichtigen, aber bei dieser Gelegenheit hatten Bauhandwerker die Haustüre offen stehen lassen.

Dieser Fall kam im Februar 1990 beim Enfield Magistrates Court zur Verhandlung, es blieb uns weniger als ein Monat, seine Verteidigung vorzubereiten. Ich lud Familie Jones und Billy zu einem Besuch auf unsere Farm ein, hier sollte Billy gründlich überprüft werden. Er begegnete Sam, er kam mit Jasper zusammen, alle unsere Mitarbeiter empfanden große Sympathie für ihn. Er war mit Sicherheit der sich am sozialsten verhaltende Hund, den wir seit Wochen sahen. Meine Kollegin Elisabeth, die Bull Terrier ganz besonders liebte, hätte ihn am liebsten entführt! Billy war ein Kraftpaket, aber kein boshaftes, mit der Rute wedelndes, dessen Augen gleichzeitig Gelegenheiten für Unfug suchten. Er war ein vorzüglicher Vertreter seiner Rasse, dreifarben mit einem großen Fleck über dem Auge – ein häufiger Sieger auf Hundeausstellungen. Am meisten von allem beeindruckte mich aber die Fürsorge von Mr. und Mrs. Jones gegenüber Billy, für sie war er Kind, Freund und noch viel mehr. Sie hatten keine eigenen Kinder, es gab aber eine Menge an Neffen und Nichten; auch diese lieben Billy sehr, waren niemals durch ihn gefährdet.

Ich schrieb einen – wie ich annahm – recht eindrucksvollen Bericht, schilderte die mannigfachen Tests, die wir mit Billy durchgeführt hatten, auf Katzen, Geflügel, Hunde und Menschen – wie er alle diese Tests mit fliegenden Fahnen bestanden habe. Ich unterstrich die Bedeutung von Billy für das Glück seiner Besitzer, die Freude, die er ihnen und anderen bereitete. Ich erklärte, daß speziell zwischen diesen beiden Hunden eine lange anhaltende Feindschaft bestanden hatte, und daß unglücklicherweise durch das Ungleichgewicht der Körpergröße der kleinere Hund einen Zweikampf, der sich außerhalb der möglichen Kontrolle seiner Besitzer abspielte, nicht überlebt habe. Es handelte sich um einen schrecklichen Unfall, in Zukunft werde Billy allzeit ausschließlich an der Leine geführt. Ich kam zu der Schlußfolgerung, daß wirklich keine Notwendigkeit bestand, eine Tötungsanordnung gegen diesen Hund zu erlassen.

Die Polizei dagegen tat alles, um an Billy ein Exempel zu statuieren, drängte auf die höchste Strafe – den Tod, weil dieser Fall 1989 nach dem neuen Gesetz gegen gefährliche Hunde (Dangerous dog Act) vor Gericht kam. Diese Gesetzgebung hatte gerade beachtlich die Vollmachten der Gerichte erweitert, um Probleme mit gefährlichen Hunden zu lösen. Zur gleichen Zeit gab es eine breit angelegte Pressekampagne, während der laufend schreckliche Unfälle Schlagzeilen lieferten, bei denen große Hunde Menschen und

Tiere angegriffen hatten. Billy hätte sich wirklich keinen schlechteren Zeitpunkt aussuchen können, um sich mit seinem Yorkie-Nachbarn auseinanderzusetzen.

Der 8. Februar 1990 war der erste Tag der Crufts Dog Show in London. Auf der Ausstellung hatte ich einen kleinen Hundeklinikstand zugunsten wohltätiger Zwecke, aber um 2.30 Uhr nachmittags war ich am Enfield Court geladen. Gerade noch rechtzeitig und mit vielen Schwierigkeiten bewältigte ich den Verkehr zwischen Earls Court quer durch London bis zum Gerichtssaal. Offensichtlich gab es eine Vielzahl von Verfahren. Menschenmengen an Zeugen und Verteidigern blockierten die Gänge, schließlich fand ich Familie Jones in erregter Diskussion mit ihrem Anwalt. Es schien, als ob die halbe Bevölkerung aus der Straße anwesend sei, um Billy zu unterstützen, zusammen mit Billy's engagierter Tierärztin Moira Wilson. Moira Wilson hatte als erste Familie Jones auf mich aufmerksam gemacht, sie hoffte, daß eine Charakteranalyse von mir Billy vor Gericht helfen werde. Die einzige Persönlichkeit, die bei der Verhandlung fehlte, war Billy selbst.

Wir wußten, daß etwas Seltsames vor sich ging. Es gab lebhafte Diskussionen zwischen dem polizeilichen Ankläger und dem Anwalt der Familie Jones. Der Verteidiger verlangte eine Abänderung des Verfahrens. Die Polizei hatte unter strafrechtlichen Gesichtspunkten das Gericht angerufen, in Wirklichkeit mußte es ein Zivilverfahren sein. Es bestand allgemeine Übereinstimmung, daß keine Rede davon sein könne, daß Familie Jones absichtlich ihren Hund den kleinen Yorkshire angreifen und töten ließ. Der Polizeianwalt mußte mit seiner vorgesetzten Behörde nochmals Rücksprache nehmen. Man ließ uns mehr als eine Stunde warten, die Spannung strapazierte die Nerven von Billy's verängstigten Besitzern und Freunden. Endlich kehrte der Polizeianwalt zurück und stimmte der Auffassung des Verteidigers zu. Dies war höchst bemerkenswert – Billy war ein freier Hund!

Dies war eine recht enge Entscheidung, sie beruhte allein auf der rechtlichen Formalität, daß der Fall »verjährt« war. Die Polizei hat genau sechs Monate Zeit, derartige Fälle zu verfolgen, in diesem Fall war Billy durch zwei Tage gerettet. Gesetzestechnisch gab es keine Möglichkeit, neue Anklagen vorzubringen. An diesem Tag gab es in Enfield eine große Party, Familie Jones erhielt ganze Berge lustiger Spuds-Mackenzie-Karten mit Glückwünschen. Ich telefonierte mit ihnen am nächsten Tag, nur um mich zu vergewissern, das Billy nichts Neues angestellt hatte. Natürlich war er friedlich wie immer und ist bis zum heutigen Tage gegenüber jedermann, den er trifft, ein freundlicher Hund. Mrs. Jones erwartet inzwischen ihr erstes Kind, sieht diesem Ereignis ohne jegliche Besorgnis – wie Billy darauf reagieren könnte – entgegen. Dem Hund war Gerechtigkeit widerfahren.

Die jetzige Regierung hat Vorschläge vorgelegt, die Gesetze hinsichtlich Kontrolle und Fürsorge von Hunden zu verschärfen, dies ist möglicherweise durch die augenblicklichen Umstände gerechtfertigt. Unsere Gesellschaft ist zunehmend streitsüchtig geworden, Menschen sind ihren Nachbarn gegenüber weniger tolerant, weniger bereit zu akzeptieren, daß es von Zeit zu Zeit auch einmal zu Unglücken kommen kann, in die manchmal auch ein Tier verwickelt wird. Dementsprechend bringen auch mehr Hundebesitzer andere Hundebesitzer vor Gericht, weil ihr Hund bei einer Rauferei gebissen wurde, verklagen ihren Tierarzt, weil ihr »wertvoller« Ausstellungshund beispielweise während einer traumatischen Kaiserschnittoperation unter Anästhesie gestorben ist. Oder sie zeigen den Nachbarn bei der Polizei an, weil dessen Hund morgens um 6.00 Uhr kläfft.

Ob ich mit den Antragstellern in solchen Fällen sympathisiere oder auch nicht, wenn ich gerufen werde, muß ich immer mein Bestes für sie und ihre Hunde tun. In diesen Tagen werde ich häufig zum Gutachter zugunsten eines Hundes oder auch eines Menschen bestellt, der gebissen, verletzt oder belästigt wurde. Es gibt inzwischen wöchentlich einen Gerichtsfall, und eine neue wissenschaftliche Disziplin – gerichtliche tierische Verhaltensforschung – ist in Rechtskreisen heute ziemlich gefestigt.

XII Gefahren der Rassehundezucht

Es ist gar nicht so schwer Hunde zu züchten. Über eine sehr lange Zeit haben sie ohne jegliche menschliche Hilfe ihr Sexualleben geführt. Für mich schien immer die wichtigste Aufgabe der Züchter, ihre Hunde daran zu hindern, sich zu häufig zu vermehren oder den falschen Partner zu wählen. Hunde sind in der Regel geschlechtlich so ungebunden, daß eine »erfolgreiche Paarung« eigentlich gar nicht so schwierig sein kann oder viel für das Selbstwertgefühl der Besitzer bedeutet, selbst wenn sie sich als erfahrene Züchter bezeichnen. Im Gegensatz hierzu müßten eigentlich Züchter eines seltenen Amazonas-Papageis oder eines nahezu ausgestorbenen Schmetterlings außerordentlich stolz sein, wenn sie ihre Aufgabe erfolgreich erfüllt haben. Für Hundezüchter sollte die große Faszination ganz einfach in dem Ziel liegen, in jeder Generation bessere Welpen zu züchten.

Ich habe immer größten Respekt für die Art gefunden, wie die natürliche Selektion Wildtiere ihrer Umgebung angepaßt hat. Die Entwicklung steuert stets auf eine maximale Fitness in natürlichen Umweltbedingungen. Was kann der Mensch gegenüber der altbewährten natürlichen Auswahl verbessern? Im Grunde genommen nur Gott spielen, indem er versucht, bessere Hunde zu züchten. All denen, die sich dem »Sport der Hundezucht« hingeben, ist mit Sicherheit eine enorme moralische und philosophische Verantwortung auferlegt. Ich gebrauche den Begriff »Sport«, weil er heute so verbreitet von den Hundeausstellungsenthusiasten benutzt wird – mag aber dieses Wort überhaupt nicht. Für mich erweckt es den Eindruck, Züchter züchteten Hunde sozusagen zum eigenen Vergnügen. Ihre Befriedigung ist ihnen von viel höherem Stellenwert als die Zucht lebensfähiger, gesunder Hunde, die den künftigen Besitzern diese wichtigsten Eigenschaften bieten.

Mein Hauptanliegen ist, die Stellung, die Hunde als Lebensgefährten des Menschen inne haben, zu verbessern. Mit diesem Ziel stehe ich nicht allein – die meisten Hundezüchter, mit denen ich zusammenkomme, erheben ernsthaft den Anspruch, dieses Ziel zu teilen. Sie unterstreichen, daß sie niemals vorsätzlich oder wissend körperliche oder geistige Wracks hervorbringen. Tatsache ist jedoch, daß die Funktionen der Gene außerordentlich komplex sind, die Organisation der Hundezucht und des Ausstellungswesens so chaotisch, daß es immer wieder zu Irrtümern kommt. Es gibt keine zentrale Autorität, welche die Welt der Hundezucht und der Hundeausstellungen regiert. Der englische Kennel Club sagt klar und eindeutig, daß seine Verantwortlichkeit in erster Linie darin besteht, ein umfassendes Hunderegister – ein Zuchtbuch – zu führen.

Nach meiner Auffassung sollte die Zukunft der einzelnen Hunderassen in den Händen der Mitglieder der einzelnen Spezialzuchtvereine in jedem Einzelland liegen. Die Schwierigkeit liegt darin, daß diese Clubs in der Regel auf ziemlich demokratischen Grundsätzen aufgebaut sind, daß in allen Demokratien leider nie eine Einzelperson die Macht hat, die zwingend erforderlichen harten Entscheidungen zu treffen, die eine Zucht braucht. Die offiziellen Rassestandards repräsentieren meist den niedrigsten gemeinsamen Nenner, auf den sich die Clubmitglieder einigen konnten. Die einzige körperliche Anforderung, die offensichtlich uneingeschränkt Zustimmung findet, lautet: »Rüden sollten zwei offensichtlich normal entwickelte Hoden aufweisen, die sich vollständig im Skrotum befinden.« Nur in seltenen Fällen steht bei dem Aufbau eines Zuchtprogramms ein fachkundiger Genetiker zur Seite – die Zuchtentwicklung liegt allein bei wohlmeinenden Amateuren, die als Richter ausgebildet sind und die Tiere im Ausstellungsring herausstellen, die ihnen persönlich besonders zusagen.

Ich empfinde Hundeausstellungen als immer neue Wiederholung, arm an wirklichen Geschehnissen, ohne großen Unterhaltungswert, mit Ausnahme der bizarren Gewohnheiten und Handlungen der Richter, wenn sie den Hunden in die Augen starren, Zähne zählen, den armen Tieren nach dem Hodensack greifen, um sicherzustellen, daß dieser auch die geforderte Anzahl an Hoden enthält. Bei solchen Gelegenheiten ertappe ich mich häufig bei dem Wunsch, dieser gesamte Prozeß könnte mechanisiert werden, so daß man die Hunde zu Hause lassen könnte, um fröhlich in schlammigen Teichen zu planschen oder Möwen zu jagen. Es gehört aber zu den Strafen meines Lebens, daß ich Hundeausstellungen besuchen muß. Nie fehle ich bei dem jährlichen Spitzenereignis – Crufts Dog Show – hier unterhalte ich ein Beratungszentrum für Aussteller und alle hundeliebenden Ausstellungsbesucher. Nach dem Besuch einer ganzen Reihe von Ausstellungen wurde mir klar, daß die Ehrlichen unter den Hundezüchtern bei ihren Hunden dieselben Verhaltensprobleme sehen, die ich bei Haushunden der gleichen Rasse zu behandeln habe. Gespräche mit den Züchtern meiner Patienten bestätigen aber die zynische allgemeine Auffassung: »Gutes Wesen entsteht aus guter Zucht – schlechtes Verhalten der Hunde ist alleine die Schuld falscher Besitzer.« So fragte ich mich, wie ich wirklich zur Wahrheit gelange, die aller Wahrscheinlichkeit nach irgendwo in der Mitte dieser Extreme liegt. Insbesondere wie kann ich meine Spezialkenntnisse nutzen, um damit den Richtern auf Hundausstellungen zu helfen, zugunsten besserer Wesensveranlagung zu richten.

Ich wollte einen ganz einfachen Test entwickeln, bei dem auf praktische Art alle Aspekte der hundlichen Persönlichkeit, bezogen auf das erwünschte Verhalten von Haushunden, ermittelt werden konnten. Natürlich war es mein Anliegen, solche Tests auf weitgehend wissenschaftlich fundierte Weise vorzunehmen, so daß diese Prüfungen auch auf anderen Ausstellungen und in anderen Ländern wiederholt werden konnten, um Schlußfolgerungen zu bestätigen oder zu widerlegen. Es war auf Cruft's Dog Show 1984, als ich das Glück hatte, in der jungen Psychologin Amita Senn-Gupta eine sehr fähige Assistentin zu finden.

Natürlich konnten wir nicht einfach in den Ausstellungsring marschieren, unsere Tests vornehmen. Dies hätte das Ausstellungsgeschehen gestört, gleichzeitig auch außergewöhnliche Probleme ausgelöst, die gesammelten Daten zu klassifizieren und niederzulegen. Während des Richtens im Ausstellungsring gibt es eine unterschiedlich enge Zusammenarbeit zwischen Hunden und ihren Vorführern. Es wäre weitgehend unmöglich, Vorführungen und Reaktionen in einem Ring mit denen in anderen Ausstellungsringen der Ausstellung zu vergleichen. Dementsprechend entschieden wir uns für einen ganz einfachen Blickkontakt und Berührungstest der Hunde in ihren Boxen, alleingelassen, ohne Anwesenheit der Besitzer. Im nachhinein betrachtet war es möglicherweise von uns etwas unverschämt, die Hunde zu testen, ohne die Erlaubnis der Besitzer einzuholen. Wir glaubten aber, daß es sehr wichtig sei, diese Arbeit zunächst einmal anonym durchzuführen. Alle getesteten Hunde waren entweder in ihrer Box angebunden oder in Käfigen untergebracht, keinem der Hunde geschah irgendetwas, und die Ergebnisse wurden absolut vertraulich behandelt. Heutzutage könnte ich mit Sicherheit keine solchen Versuche mehr unternehmen, in Hundekreisen bin ich hierfür zu bekannt. Ein solches Unterfangen würde viele neugierige Zuschauer anlocken, was wiederum die Ergebnisse unserer Tests beeinflussen würde.

Ich trug Aufzeichnungsformulare und Stoppuhr, die glückliche Amita war die Testperson, führte die Kontakte aus. Als erstes mußte sie sich niederhocken, dem ausgewählten Hund etwa 20 Sekunden in die Augen blicken. In der Regel schauten die Hunde freundlich zurück, wunderten sich möglicherweise, warum diese Fremde nicht näher kam, um sich ablecken zu lassen. Ein paar Hunde blickten unsicher, zogen sich zurück, während einige sich vorwärtsstürzten, versuchten, Amita in die Nase zu beißen. Ich hielt mich stets bereit, warnte sie, im kritischen Augenblick zur Seite zu weichen.

Die zweite Phase unserer Tests war für Amita mit Sicherheit gefährlicher, aber sie überstand sie völlig unverletzt. Sie mußte den Hunden die Hand hinhalten, diese wurde entweder ignoriert, beschnüffelt, beleckt oder der Hund versuchte zu beißen. Die meisten getesteten Hunde beschnüffelten ihre Hand, waren freundlich, andere schienen erschreckt, nur ein paar reagierten aggressiv. Mein Interesse konzentrierte sich besonders auf die letzteren zwei Reaktionen, weil ein solches Verhalten für einen Haushund offensichtlich unakzeptabel, ja gefährlich ist. Meine Frage lautete: War das Verhalten der Hunde auf Crufts eine Vorausschau auf die verschiedenartigen Verhaltensprobleme, denen ich eines Tages bei Haushunden der gleichen Rasse wieder begegnete?

Die meisten Hunde, die wir testeten, erwiesen sich als bemerkenswert freundlich, als wesensfest: Golden Retriever, Irish Setter, Labrador, Old English Sheepdog, Cairn, Langhaar Dachshund und English Bulldog – sie alle waren selbstbewußt und freund lich. Eine Reihe anderer Rassen verhielt sich weniger gut. Als wir bei den glatthaarigen Dachshunden auftauchten, begann eine Kakophonie (Mißklang) an lautem Gekläff. Von den 21 getesteten glatthaarigen Dachshunden waren etwa 78 % aggressiv und bellten. Für Amita bestand wenig Chance, diese Hunde zu berühren, ohne ihre Finger zu riskieren. Deshalb schrieb ich in die Testbögen »würde vermutlich beißen«, basierend auf vielen Erfahrungen mit diesen kleinen Burschen. Gerade zwei Wochen zuvor hatten wir einen glatthaarigen Zwergdackel als Patienten, nur um Haaresbreite hatte er beim Sprung nach der Kehle die Halsschlagader seines Herrn verfehlt. Wir waren von der Heftigkeit der Aggression, die diese Hunde zeigten, überrascht, wußten wir doch, daß sie gerade für ältere Menschen sehr populäre Haushunde sind. Die Dachshunde-Züchter erzählen, diese Angriffslust stamme aus ihrer Rassegeschichte, sie wurden für die Dachsjagd gezüchtet, brauchten kräftige Kiefer, um jene unglücklichen Kreaturen zu packen. Glücklicherweise sind heute Dachse durch das Gesetz gut geschützt, möglicherweise brauchen aber heute die Menschen Schutz gegen die früheren Quälgeister des alten Brock. Ein erfahrener Dachshunde-Züchter mit Insider-Kenntnissen vertraute mir später an, daß in England die Wurzel dieses Verhaltens in den 1970er Jahren gelegt wurde; damals züchtete ein sehr populärer Zwinger eine ganze Folge an Champions glatthaariger Dachshunde aus stark ingezüchteten Tieren.

Wir gingen ins Erdgeschoß zu den Deutschen Schäferhunden oder – wie die Briten diese Hunde nach dem Ersten Weltkrieg neu benannten – zu den Alsatians. Diese großen, unglücklich dreinschauenden Hunde waren in relativ kleinen Boxen unbequem eingepfercht, verhielten sich ruhig, schauten ängstlich auf vorübergehende Menschen und Hunde, hofften, daß bald ihr Besitzer zu ihnen zurückkehre. Ihre Reaktion auf das Angestarrtwerden war in der Regel ein Erstarren, Meiden des Augenkontakts, ja auch ein Sich-zurückziehen. In keinem Fall kam es zu einer freundlichen Vorwärtsbewegung wie bei den vorher getesteten Jagdhunderassen. 47 % zogen sich so weit sie konnten in ihre schmalen Boxen zurück, zeigten vor Amitas angebotener Hand Angst. Wir konnten anschließend die gleichen Hunde während des Richtens beobachten, sie mußten häufig von ihren Vorführern gestreichelt und geschmeichelt werden, um still zu stehen, sich vom Richter anfassen zu lassen. Ohne diese erzieherische Einschränkung wären diese Hunde zweifelsohne aus dem Gelände vom Earls Court hinaus auf die Straße gestürzt, hätten sich auf den Nachhauseweg gemacht. Furcht ist bei den Deutschen Schäferhunden ein sehr großes Problem, viele dieser Hunde sind Fremden gegenüber nervös. Ein sehr schwieriges hundliches Verhalten, das sich nur schwer ändern läßt, mit Ausnahme des Einsatzes psychoaktiver Medikamente. Wenn Deutsche Schäferhunde beißen, tun sie dies in der Regel aus Furcht, in Verbindung mit dem Wunsch, Territorium und Besitzer loyal zu verteidigen.

Diese wunderschönen Hunde mit ihrer außergewöhnlichen Ähnlichkeit zum Wolf, sie taten mir leid. Was für unvollkommene Tiere sie sind! Deutsche Schäferhunde haben auch in den Statistiken erblicher Hüftgelenkdisplasie, erblicher Epilepsie und Verdauungsproblemen stets einen hohen Prozentanteil. – Und sie stehen auch immer an der Spitze der »Liga menschenbeißender Hunde«. Deutsche Schäferhunde haben mehr »Professionals« angezogen als jede andere Hunderasse. Dies geht von wohlmeinenden Hundeausbildern, die diese Hunde für militärische, polizeiliche und Zivilarbeiten abrichten, über engagierte Genetiker wie Dr. Malcolm Willis (der viele genetische Vorschläge zur Verbesserung der Rasse ausgearbeitet hat) bis zu den Forschern der Veterinärmedizin, die sich darum bemühten, Heilmittel gegen die schmerzhaften degenerativen Erkrankungen, an denen diese Hunde so häufig leiden, zu finden. Das Ganze erweckt den Eindruck, je mehr der Mensch versucht, die Natur zu verbessern, um so schwerer sind seine Fehler.

Abschließend gingen wir zu den Cockerspaniels, mit denen ich in meiner Praxis bereits eine Reihe schlimmer Erfahrungen gemacht hatte. Einige unserer Beobachtungen über charakteristisches Cockerspaniel-Wesen wurden ausführlich in Tageszeitungen und der Hundespezialpresse veröffentlicht. Ich ging davon aus, auf Crufts die gleichen knurrenden, den jeweiligen Platz verteidigenden Reaktionen bei Cockern zu finden, wie ich sie unter unseren Patienten immer wieder angetroffen hatte. Wie groß war aber unsere Überraschung festzustellen, daß alle Cocker sich freundlich zeigten, kein einziger irgendwelche Anzeichen von Aggression aufwies. Diese Feststellung stimmt völlig mit den Erklärungen vieler Cocker-Besitzer überein, die sich außerordentlich erstaunt über meine Schilderungen der Probleme zeigten, welche Liebhaber-Besitzer mit ihren Hunden haben. Meine Erklärung lautet, daß die besser bekannten Cockerspaniel-Züchter im allgemeinen ihre Hunde in Meuten halten, oft auch in Zwingern außerhalb der Wohnung. Hier fällt möglicherweise schlechtes Verhalten entweder gar nicht auf oder wird in der

Meute unterdrückt. Ein im Zwinger eingesperrter Cocker kann keine Papiertaschentücher verteidigen, kein Futter stehlen, kein Familienmitglied »besitzen« oder verbotene Zonen unter Sesseln oder Tischen errichten.

An einem Samstag im Jahre 1979, kurz vor Weihnachten, wurde ich erstmals auf Wesensprobleme bei Cockerspaniels aufmerksam. Dies war der Anfang eines Kreuzzuges, der schließlich zu positiven Ergebnissen führte. Im Jahre 1979 war meine Praxis erst sechs Monate alt, tagtäglich lernte ich mehr über fremdes und exzentrisches Verhalten von Hunden. Kein Hund erschien mir seltsamer als Buzzy, ein wunderschöner achtzehn Monate alter roter Cocker im Besitz von Lord Charles und Lady Sally Setrington. Ich besuchte sie in ihrem modernen Studio nahe New Kings Road, wo Buzzy der Mittelpunkt für Kunden wie Familie war.

Buzzy war eine Schönheit, seine langen, blonden Ohren wurden von einem ihn anbetenden Fankreis laufend gestreichelt. Er wirkte wie ein Hund als Titelbild auf einem Kalender oder einer Pralinenschachtel, aber über die letzten drei bis vier Wochen begann er sich recht seltsam zu benehmen. Über einige Tage machte er einen furchtsamen und gestörten Eindruck, wollte überhaupt nicht herankommen, um von Sally gestreichelt zu werden. Bot man ihm Futter an, wurde er völlig steif, erweckte den Eindruck, als ob man ihn reize, ihm seine Futterschüssel wegnähme oder ihn strafe, während er fraß. Er hatte immer eine besondere Leidenschaft für Papiertaschentücher; bisher apportierte er sie als eine Art Spiel, um auf sich aufmerksam zu machen; jetzt wollte er sie selbst behalten, wäre bereit gewesen, sie mit dem Leben zu verteidigen.

Besonders abends veränderte sich seine Stimmung. Mit schwindendem Licht verwandelte er sich aus einem Buzzy, dem liebenswerten Dr. Jekyll, in Buzzy, den monströsen Mr. Hyde. Er versuchte, sich vor dem Licht zu verstecken, zog sich unter einen alten Lehnsessel zurück, leistete allen Versuchen, ihn herauszuholen, Widerstand. Sally wie Charles erlitten beide Bißwunden, die bewiesen, daß es aller Wahrscheinlichkeit nach das Allerbeste wäre, zu solchen Zeiten den knurrenden Cocker sich selbst zu überlassen.

Ich war recht unsicher, wie ich vorgehen sollte. Bisher verfügte ich noch über keine Erfahrungen, wie ein solcher allem Anschein nach dramatischer, wechselseitig auftretender Wahnsinn zu behandeln wäre – eine Form von hundlicher Schizophrenie (Bewußtseinsspaltung). Ich hasse solche Etiketten, aber die Parallele zu psychischen Störungen bei Menschen war offensichtlich. Zufälligerweise erwartete ich in der folgenden Woche den Besuch eines prominenten Psychiaters aus den Vereinigten Staaten mit Erfahrung in der Arbeit mit hyperkinetischen Kindern. Ich fragte Sally, ob ich ihn bei meinem nächsten Besuch mitbringen dürfte.

Professor Samuel Corson von der Universität Ohio hatte bereits früher einen Bericht über einen gestörten, hyperkinetischen Hund namens Jackson veröffentlicht. Dieser Jackson war ein schwarzer Cockerspaniel-Mischling, hatte bemerkenswert gut auf das Stimulanz D-Amphetamine (Weckamine) reagiert, war hierdurch ruhig und freundlich geworden. Die meisten Hunde werden ähnlich den meisten Menschen nach der Einnahme von Amphetaminen aktiver. Einige hyperkinetische Kinder zeigen in ihrem Verhalten ein Paradoxum, werden nach der Einnahme von Amphetaminen ruhiger. Ich stand unter dem Eindruck, Buzzy leide möglicherweise unter einer gleichen neurologischen Gehirnerkrankung. Professor Corson war sehr daran interessiert, mich auf meinen Besuchen zu begleiten, insbesondere sich Buzzy anzusehen.

Über die Woche zwischen unseren Besuchen hatte sich Buzzy nicht verändert, er zeigte das unveränderte Verhaltensschema der Verteidigung von Nahrung und Gegenständen, hatte inzwischen Sally erneut gebissen; ihr treuer Freund verwandelte sich immer mehr in einen Dämon. Der freundliche Professor der Psychiatrie mit seinem russisch-amerikanischen Akzent und seinem wohlgepflegten Ziegenbart bildete einen recht beachtlichen Kontrast gegenüber meinen modischen, jungen englischen Aristokraten, den Besitzern meines Patienten. Aber sie kamen sehr gut miteinander aus. Professor Corson studierte sorgfältig die Verhaltens-Checkliste von Buzzy, verglich sie mit der Verhaltensliste von Jackson, der bei ihm zu Hause im Forschungslabor seiner psychiatrischen Klinik gelebt hatte. Professor Corson unterstrich, daß die Ähnlichkeiten sehr auffällig seien, Buzzy damit mit Sicherheit der richtige Kandidat zur Behandlung mit Amphetaminen wäre.

Lord und Lady Setrington waren von diesen Neuigkeiten sehr angetan, sie hatten zumindest das Gefühl, daß jetzt die Probleme von Buzzy ernsthafte und fachkundige Aufmerksamkeit gefunden hatten. Mit Professor Corson hatten wir zweifelsohne zu diesem Problem den besten Fachkenner in der ganzen Welt. Der Züchter von Buzzy hatte ihnen gesagt: »Das alles liegt alleine an Ihnen, Sie behandeln den Hund viel zu weich« und ähnliches »Ich weiß alles am besten«-Geschwätz. Eine große Last an Schuldgefühl wurde durch unsere Diagnose, Buzzy leide vermutlich an einer organischen Gehirnerkrankung, von ihren Schultern genommen.

Ich kontaktierte meinen tierärztlichen Freund Kevin Sullivan, dessen Patient Buzzy war. Er stimmte zu, nahm Gespräche mit den Fachleuten auf, um eine kleine Menge von D-Amphetaminen zu erhalten, was ihm erstaunlich schnell gelang. Damals lebten wir noch immer auf unserer Farm in Devon, da Weihnachten dicht bevorstand, konnte ich erst zwei Wochen später wieder nach London kommen. Natürlich wäre ich am liebsten dabei gewesen, als dem Hund die ersten Amphetamine verabreicht wurden, so mußte ich telefonisch einer sofortigen Anwendung zustimmen. Ziemlich nervös telefonierte ich am nächsten Tag, um herauszufinden, wie Buzzy auf das Medikament reagiere – es war nicht besser, aber auch nicht schlimmer geworden, unverändert der gleiche Dämon von Hund. Professor Corson war nach Ohio zurückgekehrt, konnte über mehrere Wochen nicht erreicht werden, so bat ich darum, die Amphetamin-Behandlung über eine Woche fortzusetzen. Noch immer keine Besserung – wenn überhaupt eine Veränderung, war Buzzy eher noch aggressiver geworden.

Es gab noch die recht geringe Möglichkeit irgendeiner Lebensmittelallergie. Deshalb schlug ich Sally vor, ihm über die Weihnachtstage keinerlei Büchsenfutter zu geben, das oft Lebensmittelfarben, unverdauliche Wasserkonservierungsstoffe und andere negative Bestandteile enthielt. Ich empfahl für Buzzy eine extrem antiallergische Ernährung, der damit Weihnachten über möglicherweise besser speiste als seine Menschen. Ich rief erneut am Neujahrstag an – noch immer keine Besserung. Ich bat auch Lord und Lady Setrington, sie möchten doch Buzzy gegenüber strenger, selbstbewußter und dominanter sein. Aber völlig unabhängig von ihrem Verhalten traten die drohenden Wutanfälle auf – es war als bekäme der Hund Gehirnschläge, bliebe dabei aber bei vollem Bewußtsein. Buzzy zeigte keinerlei Anzeichen der »Grand Mal Epilepsie«, aber trotzdem schien es wert zu sein, ihn mit einem krampflösenden Medikament namens Mysoline zu behandeln. Diese Medizin hat einen allgemein beruhigenden Effekt, unterdrückt auch Anfälle.

Glücklicherweise brachte Mysoline den erhofften wohltuenden Effekt, Buzzy's Anfälle wurden erträglicher, aber er war noch immer an den Abenden kritisch. Lord und Lady Setrington hielten den Rüden über weitere fünf Jahre, bis eigene Kinder in ihr Leben traten, das Beißrisiko unausdenkbar wurde. Traurigen Herzens kamen wir zu der Übereinkunft, daß Buzzy's Lebensqualität und das Sicherheitsverlangen der Familie Setrington es notwendig machten, den Rüden in den großen Zwinger für gestörte Cocker im Himmel zu schicken. Er wurde im Dezember 1985 eingeschläfert, hinterließ viele fröhliche Erinnerungen, überschattet von Schmerz und Angst aufgrund seiner seelischen Leiden.

Der nächste Cockerspaniel, den ich behandelte, war sogar noch schwerer gestört als Buzzy. Es war ein schwarzer Rüde namens Nero, der einer Krankenschwester gehörte. Dieser Hund war so schwer gestört, daß alle Betroffenen übereinstimmten, er solle sofort eingeschläfert werden, ohne erst eine Behandlung der Verhaltensstörungen zu versuchen. Ich schlug vor, daß wir uns Nero nach seinem Tode näher ansehen sollten, ein Vorschlag, der ein unterentwickeltes Gefühlsleben vermuten ließ, der aber durch den Grad der Störungen sehr angezeigt erschien. Unsere Gespräche mit Tierärzten und Hundezüchtern deuteten darauf hin, daß es sehr viel mehr Cocker ähnlich Buzzy und Nero gab – ja die Rasse gewann schnell den schlechten Ruf exzentrischer, gestörter Hunde. Dankenswerterweise stimmte Nero's Besitzerin zu, daß sein Körper zur Überprüfung durch einen Tierarzt, der sich auf neurologischen Störungen spezialisiert hatte, an die Cambridge Universität geschickt werden sollte. Aber es wurden keinerlei Anomalien im Gehirn gefunden. Nero's Problem lag möglicherweise in irgendeiner subtilen neurotischen Störung, die nur durch eine sehr ausführliche elektronische wie chemische Untersuchung seines Gehirns hätte aufgedeckt werden können – eine sehr teure und zeitraubende Operation. Rechtfertigte dieses Problem so viele Anstrengungen?

Traurigerweise sind wir zehn Jahre und Erfahrung mit mehreren hundert befallenen Cockerspaniels später nicht klüger, was dieses Verhalten bei einigen roten oder schwarzen Vertretern der Rasse auslöst. Grundsätzlich sind die befallenen Hunde stets einfarbig, sie können aber Rüde oder Hündin, jung oder alt sein. Bei einigen entwickelt sich das Problem langsam, bei anderen bricht es plötzlich aus. Im Jahre 1984 veröffentlichte ich eine Studie auf Basis fünfzig gestörter Cocker, die bei Wissenschaftlern und Tierärzten großes Interesse fand, uns aber zur Entwicklung einer effektiven Therapie nicht weiterhalf. Der einzige Schritt vorwärts war meiner Meinung nach, die Öffentlichkeit auf die Gefahren hinzuweisen, gleichzeitig die Züchter zu ermutigen, dem in den einzelnen Blutlinien liegenden Wesen gegenüber aufgeschlossen und objektiv zu sein, sorgfältig Nachzuchten, die an Hundeliebhaber verkauft wurden, zu beobachten.

Der erste Schritt war einfach. Nach einem großen, Aufsehen erregenden Untersuchungsbericht in der »Sunday Times« wurde eine lange, manchmal recht bösartige Debatte über unsere Untersuchungsergebnisse in der Hundepresse ausgelöst. Ein prominenter Tierarzt beschuldigte mich, die Züchter zu ruinieren, die Züchter wiederum klagten mich an, ein sensationssüchtiger Selbstdarsteller zu sein. Sie konnten beide recht haben. Aber in Wirklichkeit lagen meine Motive in dem immer neuen Frust, meinen Klienten mit solch niederschmetternder Häufigkeit schlechte Nachrichten übermitteln zu müssen – denn Cockerspaniels sind so liebenswerte Welpen und meist auch Lebensgefährten, die soviel Freude vermitteln. Einen solchen Hund zu verlieren ist eine Tragödie für die Familie, die ich gesehen habe, und für viele Einzelpersonen, deren Hund für sie nahezu alles war! Cocker wurden für mich zum »cause célèbre«, zu einer ganz wichtigen Aufgabe; langsam begann ich, den Streit zu genießen.

Die öffentlichen Debatten liefen immer mehr aus dem Ruder, aber die Chance, ihr Niveau anzuheben, kam im Sommer 1984 mit der Einladung, auf einem Treffen des Cocker

Spaniel Club of Great Britain zu sprechen. Ich mußte das Podium mit einem Fachmann in Veterinär-Neurologie, Geoffrey Skerritt, teilen. Er behandelte den medizinischen Aspekt – meine Aufgabe war die Darstellung der Verhaltensstörungen. Die Überschrift dieses Treffens variierte von »Dr. Mugford von den Cocker-Züchtern zur Rechenschaft aufgefordert« bis zu dem gemäßigteren »Wesens- und Zuchtfragen bei Cockerspaniels«. Ich arbeitete wirklich sehr hart an der Vorbereitung dieses Treffens – ganz im Gegensatz zu meiner gewöhnlichen »Letzte-Minute-Panik-Strategie«. Wir hatten inzwischen 200 Ahnentafeln befallener Cocker gesammelt, die es mir ermöglichten, ihren Inzucht-Coeffizienten zu errechnen. Wir hatten drei Blutlinien identifiziert, die bei mehr als der Hälfte unserer Patienten vorlag, und unsere Rechnungen enthielten ein 70 : 30 Verhältnis zwischen Rüden und Hündinnen. Ich verfügte über genaue Aufzeichnungen über die gewöhnliche Fütterung dieser Hunde, es gab dabei eine Vielzahl von Variationen, aber einen eindeutigen Schwerpunkt in Richtung auf Büchsennahrung. Ich wußte auch das Alter, in dem das Leiden ausgebrochen war – zwischen sechs Wochen und acht Jahren – und das gewöhnliche Ergebnis der Behandlung: Keine fundamentalen Veränderungen oder Verbesserungen im Verhalten des Hundes, aber effektiveres Vermeidensverhalten gegenüber möglichen Verletzungen der Besitzer als Ergebnis unserer Beratung.

Nur zu bald kam die Sonntagnachmittags-Veranstaltung, ich befand mich auf dem Podium. Ich hatte bereits Gerüchte zu Ohren bekommen, daß einige der Anwesenden hofften, schreckliche Dinge über mich zu enthüllen, mich zum Selbstmord als Verhaltensforscher zu bringen. Andere wiederum mit einer freundlicheren Gesinnung stellten klar, daß sie über Jahre daran gearbeitet hatten, eine unbefriedigende Situation offenzulegen und zu korrigieren, ohne daß sie dabei vom Establishment der Cocker Spaniel Zucht Unterstützung fanden. Sie waren sehr erfreut, daß sie ihre einsamen Stimmen nun mit der meinen vereinigen konnten.

Ich stellte vier Fallstudien dar, die zusammengefaßt die Art des Problems aufzeigten, ging dann durch meine Einzelaufzeichnungen. Ich hatte auch eine Reihe positiver Vorschläge, ja Lösungsmöglichkeiten. Hiernach sollte der Rassehundezuchtverein ein striktes Wesenstestsystem aufbauen, bei dem von den Züchtern bereits an Privatleute verkaufte Nachzuchten überprüft wurden, und zwar im Alter von 6, 12, 24 und 36 Monaten. Es wurden für Zuchtrüden Testpaarungen verlangt, dann ähnlich wie heute in der Rinderzucht allgemein üblich eine Nachzuchtbeurteilung. Sobald Berichte vorlagen, daß einer oder mehrere Nachkommen eines Cocker Spaniels schlechtes Verhalten zeigte, sollte keinerlei Wiederholungspaarung in dieser Kombination erfolgen, möglicherweise sogar Vater wie Mutter ganz aus der Zucht genommen werden. Ich empfahl, daß ehe man einen Rüden oder eine Hündin überhaupt für die Zucht empfahl, zunächst ihre Vorfahren und Verwandten im Besitz anderer Züchter und Privatleute einem Test auf gutes Wesen unterzogen werden sollten.

Mein Plan verlangte natürlich einen sehr hohen Grad zentraler Kontrolle durch den Zuchtverein, hätte bedeutet, daß viele der im Augenblick für Zucht und Ausstellung eingesetzten Hunde disqualifiziert würden. Der präzise Erbgang dieses Fehlers mußte noch ermittelt werden – war es ein einzelnes rezessives Gen, das bei den befallenen Tieren homozygot (reinerbig) auftrat, oder wirkten eine Reihe von Genen gemeinsam, um dieses Leiden auszulösen? Grundlinie meiner Darlegungen war, daß der traditionelle, demokratische, marktwirtschaftliche Weg bei der Zucht von Cockerspaniels nicht länger toleriert werden sollte. Wie mir von einem ganz besonders engagierten Züchter nett präzisiert worden war – schon seit viktorianischen Zeit hatten die Cocker ein »iffy« (problematisches) Wesen – erinnert sei an die Probleme von Robert und Elizabeth Barrett Browning mit ihrem berühmten Cocker Flush. Die Hauptschwierigkeit, die sich aus meinen Vorschlägen ergab, war die Knappheit an Blutlinien, die frei von den wesensschädigenden Genen waren.

Das Treffen sank auf bösartige Streitgespräche der Clubmitglieder untereinander ab, unterbrochen von gelegentlichen, an mich adressierten Antworten. Ein enormer Druck wurde von mir genommen, als es in der geplanten Fragezeit zu Generalangriffen gegen den Kennel Club, Tierärzte, gegen profitsuchende Verhaltensforscher, eine einseitige Presseberichterstattung und so weiter kam. Meine Zuhörerschaft zeigte einen kollektiven »Zu-Unrecht-verfolgt-sein-Komplex«, und im Widerspruch zu meiner gefährlich exponierten Lage begann mich die Diskussion zu amüsieren. Ich wußte, daß mein Freund Geoff Skerritt mir einen guten Nachruf verfassen würde, wenn ich der durch die Oberfläche schimmernden Feindlichkeit erläge! Zum Schluß jedoch ging das ganze Treffen auseinander, ohne daß man irgendwelche gemeinsamen Entscheidungen traf. Das Problem ist noch heute ungelöst.

In den danach folgenden sechs Jahren jedoch gab es einen merklichen Abfall in der Popularität von roten und schwarzen Cocker-Welpen – der verkleinerte Markt bot Gelegenheit für sehr viel sorgfältigere genetische Auswahl. Neben der Länge der seidenen Cockerohren, neben dem Glanz ihres Fells und ihrem übermütigen Auftreten müssen heute die Züchter auch auf wichtige Verhaltensfaktoren wie Besitzergreifung, Wachsamkeit und allgemeine Wesenstabilität achten. Selbst ohne ein formales Schema, wie von mir vorgeschlagen, sind heute Züchter, wichtiger vielleicht noch die Richter, wahrscheinlich untereinander offener gegenüber den vorhandenen Problemen. Wir treffen noch immer auf ein paar gestörte Cocker, aber nicht mehr auf so viele wie früher, und ich glaube, es gibt eine allgemeine und sich fortsetzende Verbesserung. Im Rückblick erscheint es mir ein Unglück, daß dies alles so lange gedauert hat, daß so vielen meiner Hundebesitzer eine normale, zufriedenstellende Beziehung zu ihrem Hund verwehrt wurde.

Während die Haltung der Cockerspaniel-Züchter gegenüber meinen Bemühungen sich zwischen Feindschaft und kindischem Verhalten bewegte, ist die Lage in anderen Hunderassen merklich anders. Ich versuche immer den Rassen Warnungen zu geben, die mir am häufigsten in meiner Praxis begegnen. Am häufigsten treten dabei deutsche Schäferhunde auf, gefolgt von Labrador auf dem zweiten Platz; der dritte Platz wird gemeinsam mit gleichen Zahlen von Cockerspaniel und Golden Retriever besetzt.

Golden Retriever sind eine faszinierende Hunderasse, weil im allgemeinen ihr guter Ruf so hübsch durch »Goldie«, später »Bonnie«, den Stars von »Blue Peter« im BBC-Kinderfernsehen dargestellt wurde. Die traurige Wahrheit ist, daß eine Reihe der schlimmsten Attacken auf Golden Retriever zurückgehen, in der Regel das Opfer selbst ein Mitglied der eigenen Familie des Hundes ist. Es kommt bei diesen Hunden zu geradezu dramatischen Stimmungsveränderungen, ihren Opfern bleibt wenig Gelegenheit zum Ausweichen oder der Selbstverteidigung. In gewisser Hinsicht zeigen diese Hunde ähnliches Verhaltensprofil wie die Cockerspaniel, aber sie unterscheiden sich in der Wildheit ihrer Attacken, die gehäufter und über längere Zeit auftreten. Durch ihre Größe können die Verletzungen der Opfer schrecklich sein.

Die Rasse der Golden Retriever ist zahlenmäßig natürlich sehr groß. Sie sind populärer als Cockerspaniel und stehen oft im Besitz von Familien mit Kindern. Schon ehe unsere Praxis eingeführt war, bemerkte ich eine neue und recht gefährliche Entwicklung. Eine Reihe gewissenhafter Golden Retriever Züchter war an mich herangetreten, um mit mir ein ihrer Meinung nach im Südwesten Englands lokalisiertes Problem zu diskutieren. Dies war Mitte der 80er Jahre – und innerhalb von genau vier bis fünf Jahren wurde dieses Problem national, wenn nicht sogar international. Jason, einer der ersten Fälle, illustriert, was hier auf uns zukommt.

Carla brachte Jason in unsere Mittwochklinik in Bayswater, London, wo ich in einem Ärztehaus für tierärztliche Spezialisten in der Alexander Street einige Beratungszimmer benutzte. Die Tierarzthelferinnen im Vorzimmer hatten mit Jason einen Riesenspaß, weil er solch ein stolzer, gut aussehender Hund war, freundlich gegenüber jedermann. Er war zwei Jahre alt, stand in seiner Blüte und seine Herrin, eine junge geschiedene Frau, sah ebenfalls nicht übel aus. Sie hatte schon zuvor mit Jason die Alexander-Street-Tierarztpraxis besucht, um sich von einem Dermatologen beraten zu lassen. Der Rüde hatte offensichtlich unter chronisch juckenden Hautproblemen gelitten, die durch eine Kombination von Flohüberwachung, Medikamenten und Ernährungswechsel gelöst wurden. Dies lag etwa ein Jahr zurück, inzwischen bekam Jason wieder seine normale Fütterung.

Carla berichtete mir, daß Jason bereits dreimal bösartig angegriffen habe, einmal sie, zweimal ihren Freund. Der Angriff auf ihren Freund, bei dem dessen Ohr teilweise abgetrennt wurde, lag genau zwei Tage zurück. Das Ohr war von einem cleveren Mikrochirurgen erfolgreich wieder angenäht worden. Es war gerade noch gut gegangen, aber über Jason's Zukunft hing ein großes Fragezeichen. Der Unfall war passiert, als Jason zwischen Carla und ihrem Freund saß, der Freund sich niederbeugte, um den Hund zu streicheln. Für beide unsichtbar saß Jason auf einem winzigen Stück Hundekuchen – und er griff den Freund an. Zuvor hatte er eigentlich nie irgendwelche ernsthaften Anstalten gemacht, seine Nahrung zu verteidigen, allerdings hatte man ihm keine Knochen gegeben, weil er bereits als Junghund knurrte, wenn sich ihm irgend jemand näherte, um ihm seinen Knochen abzunehmen. Bei vielen vorangegangenen Gelegenheiten war der Freund in Jasons Nähe, wenn Futter herumlag, nie hatte der Hund aggressiv reagiert.

Nachdem Carla den Freund und sein Ohr auf dem schnellsten Weg ins Krankenhaus gefahren hatte, war sie in der festen Absicht, Jason einschläfern zu lassen, nach Hause zurückgekehrt. Sie weinte und weinte, weil Jason ihr in einer ganz wichtigen Lebensphase eng verbunden war, in der Zeit zwischen der Auflösung ihrer Ehe und ihrer neuen Karriere als freie Fotografin. Jason war Carla's ständiger Begleiter, in vieler Hinsicht beständiger als Männer es gewesen waren. Carla und Jason hatten viele Stunden zusammen auf der Straße und in Hotels verbracht. Ihr Tierarzt kannte die Bedeutung des Rüden für das Leben seiner Herrin, überwies sie an mich, bat, sich auf meinen Rat zu verlassen, Jason tatsächlich in den Hundehimmel zu schicken, wenn auch ich dies empfehlen würde. Einesteils war ich natürlich der festen Auffassung, Jason sollte eingeschläfert werden, während ich andererseits nur zu sehr wünschte, dieser verzweifelten jungen Frau helfen zu können.

Ich sprach mit meinem Freund, dem Hautspezialisten, der Jason früher behandelte, ging mit ihm die Krankengeschichte des Rüden durch. Mich interessierte insbesondere ein eventueller Zusammenhang zwischen Verhaltensstörungen bei Golden Retrievern und überdurchschnittlicher Veranlagung zu Hautproblemen, Durchfall, Lustlosigkeit und plötzlichen Stimmungsänderungen. Ich hatte diese Zusammenhänge sich über die vorangegangenen zwei Jahre bei solchen Hunden entwickeln sehen, Anfang der 1980er Jahre hatte allerdings die Rasse nur einen winzigen Anteil an unserer Gesamtpraxis.

Nur auf Verdacht durch eine zufällige Bemerkung eines anderen Spezialisten für Dermatologie auf einem skandinavischen Tierarztkongreß in Oslo im Jahre 1984 begann ich meine Behandlung von Golden Retrievern durch Korrektur ihrer Ernährung. Ich hatte dabei ein paar Erfolge, wollte aber herausfinden, was die Ursache war, weshalb diese Hunde sich besserten, wenn wir sie von ihrer gewohnten Ernährung mit Büchsenfutter auf eine Ernährung mit Reis und leicht gekochtem Hammelfleisch umstellten. Gerade im Hinblick auf Carla's enge Bindung zu Jason entschloß ich mich zu der Bitte, Blutproben entnehmen zu dürfen, den Hund einer gründlichen klinischen Untersuchung zu unterziehen. Nach diesen Untersuchungen wollten wir seine Ernährung ändern. Mit Ausnahme der Fütterungszeiten wurde Jason ein Maulkorb angelegt, selbst im Hause und insbesondere, wenn Carla mit ihm allein war.

Die Untersuchungen ergaben, daß Jason erhöhte Leberenzymwerte hatte, was auf eine chronische Störung der Leberfunktion hinwies. Bei einer sorgfältigen Fütterungsdiät sollte es aber möglich sein, daß Jason gesund werden konnte. Der Grund, warum seine Leber nicht richtig funktionierte, wurde nie nachgewiesen; es mochte eine falsche Blutversorgung der Leber vorliegen, es konnte eine frühere infektiöse Hepatitis gewesen sein, möglicherweise hatte Jason auch einfach zuviel »getrunken«! Was immer die Ursache sein mochte, innerhalb weniger Minuten nach der Fütterung erhöhte sich der Harnstoffspiegel deutlich, was Symptome auslösen konnte, die schweren Migräneanfällen beim Menschen ähnelten. Der Fachausdruck für eine solche Erkrankung lautet: leberbestimmte Encephalitis (hepatic encephalopathy), sie wurde experimentel bei Hunden ausgelöst und erforscht, tritt auch bei Menschen auf. Befallene Menschen berichten, daß sie sich sehr schlecht und reizbar fühlen, wenn sie auch nur selten ebenso aggressiv sind wie einige meiner Golden Retriever Patienten.

Ich hatte schon herausgefunden, daß Ernährungsumstellungen bei einigen dieser Hunde Verbesserungen brachten, jetzt hatte ich möglicherweise den Schlüssel in der Hand, um zu klären, warum solche Besserungen erfolgten. Jason schien die neue Diät zu schmecken, er wurde weniger launisch und fühlte sich über die nächsten sechs Monate recht wohl. Carla schrieb mir eine Postkarte voller Lob und Dank.

Man stelle sich meine Enttäuschung vor, als ich sechs Monate darauf einen tränenreichen Anruf bekam. Ein neuer schrecklicher Unfall, bei dem Jason ein Kind der Verwandtschaft verletzt hatte, war passiert. Als Carla und ihre Nichte gemeinsam in die Küche gingen, sah sie, daß der Mülleimer umgeworfen, der Inhalt angefressen war. Gerade ehe sie angerufen wurde, ihre Nichte vom Bahnhof abzuholen, hatte sie ihren Kühlschrank ausgewaschen, alle möglichen Nahrungsmittel in den Mülleimer geworfen. Bei ihrer Rückkehr lag Jason unter dem Küchentisch. Es ist höchst wahrscheinlich, daß er einige Zurechtweisungen von Carla erwartete. Bei dieser Gelegenheit griff er jedoch nicht Carla an, sondern ihre Nichte, die er schon vorher kannte und zu der er sonst immer freundlich war. Der Angriff dauerte zumindest eine halbe Minute, nur Carla's Fußtritte veranlaßten Jason aufzuhören. Das arme Mädchen hatte viele Bißverletzungen erlitten, die glücklicherweise keine entstellenden Narben hinterließen.

Soviel Erfolg hatten wir erreicht, aber nur ein einziges Versagen in der Kontrolle hatte zu dem Unglück geführt. Der Vorfall bestätigte mit Sicherheit, wie wichtig für Jason gerade die Diätumstellung war, aber die Situation war jetzt zu risikoreich, um fortgesetzt werden zu können. Ich sprach mit Carla streng und direkt, bat sie, den Rüden sofort zum Tierarzt zu bringen. Ich telefonierte von meiner Farm mit dem Tierarzt. Carla wurde gestattet, außerhalb der Reihe der wartenden Patienten zu kommen, so daß Jason schnell eingeschläfert werden konnte. Seitdem haben wir umfangreiche Forschungsarbeit über die klinischen Aspekte befallener Retriever geleistet, auf vorbestimmende Faktoren wie Abstammung und Aufzucht und auf den wesentlichen Einfluß der Ernährung geachtet. Wir haben gezeigt, daß einige Büchsenfutter das Verhalten der wenigen Hunde, die hiergegen empfindlich sind, dramatisch verschlechtern. Jede proteinreiche Diät kann die gleichen Wirkungen haben, insbesondere wenn die Proteinqualität selbst schlecht ist.

Unsere erste Vermutung über die Vorteile einer niedrig-allergischen Reis-Hammel-Diät war fruchtbar, aber nicht wegen unserer Auswahl von Schaffleisch als Proteinquelle, sondern weil hierdurch die Proteinqualität verbessert, gleichzeitig die Gesamtproteinaufnahme unter Aufrechterhaltung der gegebenen Ernährungsbedürfnissen gemindert wurde. Das Ganze erweckt den Eindruck, daß die Leber, Hauptkraftquelle und Aufbereitungsanlage des Körpers, nur mit einer bestimmten Proteinmenge fertig wird. Im Überfluß angeboten oder bei unausgeglichener Aminosäure kann der Körper buchstäblich vergiftet werden. Heute gibt es eine Anzahl tierärztlich verordneter Diäten, die gleichfalls eine Kombination niedrigen Proteingehaltes mit hoher Proteinqualität verbinden. Wir konzentrieren unsere Forschung zur Zeit und testen die Brauchbarkeit dieser vorgefertigten Diäten als Alternativen gegenüber selbst hergestellten Rezepturen.

Die Züchter der Golden Retriever taten alles, um uns zu helfen. Es gibt zwei Clubmitglieder, die von unseren Patienten und befallenen Hunden, welche sich vorübergehend im Hilfswerk der Rasse befinden, genetische Daten sammeln und vergleichen. Wann immer ich bei Golden-Retriever-Züchtern einen Vortrag halte, werde ich herzlich empfangen. Selbst ihr äußeres Auftreten spricht an – diese Hundefreunde sind nette, aufgeschlossene Typen, tolerant und immer bereit zum Spaß. Sie alle halten ihre große närrische Hunderasse, weil sie fest an den Wert ihrer Hunde als Lebensgefährten glauben. Es geht ihnen nicht einfach um Geld oder Prestige. In Wirklichkeit ist es immer schwierig zu erreichen, daß sich Hundezucht bezahlt macht – zuviele Ausgaben und Zusatzkosten sind nun einmal mit der Zucht verbunden. Es mag recht attraktiv klingen, acht Welpen zu je 200,– Pfund oder mehr das Stück zu verkaufen, aber wirklich engagierte Ausstellungszüchter müssen ein Vermögen für ihre Reisen zu Hundeausstellungen, für Tierarztrechnungen, für die Zuchtlizenz von der örtlichen Gemeinde ausgeben, gar nicht zu erwähnen all die Kosten für Futter und Anzeigen.

Wer heute Rottweiler züchtet, wird mit Sicherheit dabei kein Geld verdienen. Die Situation hat sich gegenüber Mitte der 1980er Jahre wesentlich verändert, zu jener Zeit stand die Rasse auf dem Höhepunkt ihrer Popularität. Rottweiler waren die Hunde der 1970er und 1980er Jahre, dies führte aber zu einer Flut von Horrorgeschichten, als ein paar Hunde kleine Kinder angriffen, in wenigen Fällen sogar töteten. Anfang der 1980er Jahre merkte ich öfters, wie freundlich und guterzogen sich die Rottweiler, die ich sah, benahmen, völlig abweichend von ihrem Image in Zeitungen, Zeitschriften und Film als »Teufelshunde« (devil dogs). Die Exemplare, die ich in Nordamerika und Deutschland traf, waren nicht so angenehm wie ihre englischen Rassegenossen. Offensichtlich haben die englischen Rottweiler, die auf einer von strikten Quarantänegesetzen geschützten Insel leben, von einer aktiven Selektion auf gutes Wesen profitiert. Unglücklicherweise hielt aber diese rosarote Betrachtungsweise des Rottweiler-Verhaltens nicht an, mehr und mehr Hunde mit einem anmaßenden und nicht berechenbaren Charakter wurden importiert. Traurigerweise kann ich heute nachweisen, daß es zu viele Rottweiler gibt, denen man nicht unbesorgt in die Augen schauen kann, weil sie keinerlei Furcht empfinden, wenn sie von einem möglichen Angreifer bedroht werden. Übertriebener Mut kann leicht zu Überheblichkeit werden. Dies ist die Ursache, weshalb einige Rottweiler-Rüden ohne vorherige Warnung oder offensichtliche Provokation plötzlich Menschen angreifen.

Die Körpersprache dieser Hunde scheint sich von dem verläßlichen Wolfssystem, das wir auch bei anderen Hunderassen kennen, stark zu unterscheiden. Weil wenig Warnung vorausgeht, erleidet das Opfer eines Rottweilerangriffs häufiger Verletzungen, hat keine Gelegenheit, rechtzeitig auszuweichen. Oft habe ich in Fernsehveranstaltungen und auch auf Züchtertreffen meine Sorgen über Rottweiler offen ausgesprochen – im allgemeinen glich die Reaktion viel mehr der, die ich von Cockerspaniel-Züchtern erlebte als der Vernunft der Golden-Retriever-Anhänger. Vor ganz kurzem wurde ich in den Granada Fernsehstudios in Manchester von etwa 20 Rottweiler-Züchtern und -Liebhabern bestürmt. Ich hatte die Forderung auf verschärfte Kontrollen von Rottweilerbesitzern unterstützt. Mein Vorschlag lautete, Rüden sollten routinemäßig kastriert, gefährliche Einzeltiere nur mit Maulkorb auf öffentlichen Straßen und Plätzen geführt werden. Es kam zu lautem Protestgeschrei, insbesondere über den Kastrationsvorschlag. Anklagende Rufe lagen auf der Linie: »Die Rasse wird aussterben!« und »Wie sind denn Ihre Vorschläge, das notwendige Zuchtmaterial zur Weiterzucht zu beschaffen?« zu diesen Fragen: No comment from Mugford!

Aufstieg und Fall der Popularität von Rottweilern sagten viel mehr über die Psychologie menschlicher Wesen aus als über Hunde. In der Vergangenheit gab es immer ein Auf und Ab in der Popularität vieler Hunderassen, stets besteht für eine Hunderasse, die auf dem Gipfel ihrer Popularität steht, das hohe Risiko, daß die Rasse genetisch geschädigt wird. Gibt es für eine bestimmte Hunderasse eine schnell wachsende Nachfrage, schwindet meist die Disziplin einer rigorosen positiven Auswahl auf Gesundheit und gutes Verhalten – die Züchter züchten immer mehr Welpen, um die Nachfrage zu befriedigen. Dies ist nicht notwendigerweise eine Kritik, die ich an alle Züchter richten möchte. Viele verantwortungsvolle Einzelpersönlichkeiten sind langfristig um ihre Lieblingsrasse bemüht, versuchen nicht, einen plötzlichen Anstieg der Popularität auszunutzen!

Ganz gleich ob wir von kommerziell ausgerichteten Welpenfarmen ausgehen oder auch von Amateurbesitzern, die mit ihrer Einzelhündin aus solcher Nachfrage Profit ziehen, wenn der British Kennel Club keine Disziplin erzwingen kann, keine Kontrolle über seine Mitglieder hat, sind es immer die Gesetze des Marktes, die das Übel auslösen. Zwischenzeitlich hat auch die Allgemeinheit ein beträchtliches Verständnis für Wissenschaftler wie mich an der Front der Verhaltensforschung entwickelt. Forschungsgruppen an unseren tierärztlichen Universitäten wenden sehr viel Zeit und Geldmittel auf, um erbliche körperliche Abnormalitäten zu behandeln.

Ein Wechsel in der Stellung einer Hunderasse kann zuweilen sehr schnell erfolgen, das wird von Golden Retrievern und Rottweilern dokumentiert. Es gibt keinen Zweifel, in Zukunft wird es noch mehr solcher schrecklichen Verhaltensabnormalitäten geben, wenn die Welt der Hunde und Hundezüchter nicht irgendwie verändert werden kann. An die Unausweichlichkeit solcher Fluktuationen im Geschick der Einzelrassen wurde ich schmerzlich durch eine wissenschaftliche Abhandlung erinnert, die ein herausragender Genetiker im Jahre 1989 bei einem Kongreß in Monaco vorlegte.

Dr. P. E. Sundgren präsentierte seine Daten über den Verwandtschaftsgrad und den Grad der Inzucht der 30 populärsten Hunderassen in Schweden. In dieser Hinsicht ähnelt Schweden dem United Kingdom, beide Länder sind von dem größeren internationalen Genpool durch die Tollwutbekämpfungsmaßnahmen mit Quarantänebestimmungen abgeschnitten. Dr. Sundgren überprüfte die Abstammung der Hunde über die letzten Generationen und fand dabei einen bemerkenswert hohen und gleichmäßigen Inzuchtgrad. Ein solcher Inzuchtgrad macht die meisten Rassen für eine schnelle Verbreitung schädlicher Merkmale verwundbar, komme sie durch Mutation oder unüberlegten Import eines befallenen Einzeltieres von außerhalb Schwedens oder aus irgendwelchen anderen Quellen.

Um die Gefahren solcher Inzucht zu meiden, errechnete Dr. Sundgren für den Idealfall eines genetischen Aufbaus, daß ungefähr 25 % aller Rüden in einer Population in der nächsten Generation Väter von Welpen sein müßten. Diese Zahl steht im krassen Widerspruch zur Wirklichkeit in der Hundezucht. Hier gibt es das »Super-Stud-System« – eine Konzentration auf ganz wenige »beste Rüden« an der Spitze der Ausstellungspyramide. Wie die Dinge heute nun einmal liegen, gibt es unvermeidlich mit dieser Inzucht verbundene Probleme. Die Konsequenz ist, daß Rassehunde vermehrt genetischen Rückschlägen ausgesetzt sind.

In der Nutztierzucht wird das Problem, daß die gesamte Zucht auf einer kleinen Minderheit ingezüchteter Einzeltiere konzentriert ist, entsprechend erkannt. Die Landwirtschaft und die Rennpferdezucht unterhalten auf Computerbasis kontrolliert ein ganz engen Regeln unterworfenes Zuchtbuch, durch das sichergestellt wird, daß ein Optimum durch gezielte Auskreuzungen erhalten bleibt. Auch der britische Kennel Club kontrolliert sein Zuchtbuch über Computer, aber er hat nicht die Macht – möglicherweise nicht die Willenskraft zu bestimmen, welcher Rüde mit welcher Hündin gepaart werden soll. Wenn wir Menschen schon wie Gott handeln, unser Wille anstelle der natürlichen Auswahl tritt, dann brauchen wir wesentlich mehr als ein allgemeines Interesse an der genetischen Wissenschaft.

Wenn man sich Dr. Sundgren's Arbeit vor Augen hält, vermag man leicht zu erkennen, wie weit wir uns von einem Optimummodell entfernt haben. In einem Zeitabschnitt der 1960er Jahre zeugte ein berühmter English Bull Terrier nahezu die Hälfte aller Würfe dieser Rasse in England. Er war der unschlagbare Champion, der »beste Bull Terrier«, den es je gab, wurde überall bewundert. In den wenigen Jahren, seit dieser Rüde solchen Ruhm erfahren hatte, ist es den Züchtern langsam klar geworden, daß er gefährliche genetische Eigenschaften aufwies. Die Rasse English Bull Terrier wurde plumper, verfällt aufgrund äußerer Einflüsse zu leicht in ein hysterisches, unkontrollierbares Verhaltensschema. Bei anderen Bull Terriern wiederum gehören zu den Veränderungen Symptome einschließlich »hinter der Rute herjagen« (tail chasing), eine Eigenschaft, die im Anfangsstadium amüsieren mag, schließlich aber für den Patienten zur Selbstzerstörung führen kann. Heute treffen wir auch zu viele jener derwirschartig herumquirlenden Bull Terrier, die alle geradezu manisch auf Aktivitäten aus sind, welche die Freisetzung von Endorphinen anregen. Wir mußten spezielles therapeutisches Spielzeug entwickeln, um ihr Verhalten mehr oder weniger auf einer ausgeglichenen Ebene zu halten. Ich möchte hiermit in keiner Weise andeuten, daß die »Spitzenzüchter« der 1960er Jahre eine solche Entwicklung beabsichtigen. Die Bull-Terrier-Züchter hielten sich ganz einfach, wie alle anderen, an ein Zuchtsystem, das fortdauernd die genetischen Erkenntnisse mißachtet.

Aber die Hundezucht ist insgesamt gesehen überhaupt nicht düster oder gar vom Untergang bedroht. Die meisten Züchter erfüllen ihre Aufgabe verantwortungsvoll, und insgesamt bedeutet der Kauf eines Rassehundes in aller Regel eine gute Anschaffung. Rasserein gezüchtete Hunde lassen sich in ihrer Entwicklung verhältnismäßig leicht voraussagen, hierdurch mindert sich das Risiko eines Mißverhältnisses oder Mißverständnisse zwischen Mensch und Hund. Mischlinge haben zwar viele liebenswerte Eigenschaften, sind häufig auch gutartig, man kann aber kaum je voraussagen, wie sich ein solcher Mischling als Erwachsener entwickelt. Von den rein gezüchteten Rassen stelle ich mit Verwunderung fest, daß wir noch nie auf Flat-coated Retriever mit Aggressionsverhalten gestoßen sind – für ein unkritisches Auge wie das meine sind Flat-coats aber nur schwarze Versionen des Golden Retriever. Ich habe noch eine lange Liste an Vorurteilen zugunsten einer Reihe weiterer Hunderassen: Norwich, Norfolk und Border Terrier, Airedale, Irish Setter (man denke an Sam), Greyhound, Deerhound, Pudel in all ihren Schlägen. Ich könnte leicht eine zusammenfassende Liste der Hunderassen aufstellen, die uns sehr selten mit Verhaltensproblemen aufsuchen. Dagegen spricht, daß wenn ich eine solche Liste wirklich veröffentlichte, dieses das Schicksal der Rassen besiegeln könnte, weil dadurch möglicherweise ein zu schnelles Wachstum in der Popularität der Rassen entstände. Wenn ich richtig informiert bin, geschieht dies zur Zeit bereits bei den Flatcoated Retrievern. Der Wert eines Edelsteins liegt in erster Linie in seiner Seltenheit.

XIII Hundeausbilder und Hundeerziehung

Man hört oft, daß Wildtiere zu Haustieren domestiziert häufig ihre Schärfe, ihre angeborene Geschicklichkeit, ihre Intelligenz verlören. Merkwürdigerweise äußern diese Theoretiker keine ähnlichen Vermutungen über die Entwicklung der Menschheit vom einfachen Jäger/Sammler bis zu dem sozialisierten, seßhaft gewordenen Geschöpf, zu dem der Mensch heute geworden ist. In Wirklichkeit widerspricht die wissenschaftliche Forschung der Auffassung, daß die Zähmung von beispielsweise Ratten, Schafen und Hunden automatisch zu einer Intelligenzminderung führe. Die meisten Haushunde können komplexe Einzelvorgänge zusammensetzen, um Lösungen für die Vielfalt ihrer Alltagsprobleme zu finden, auf genau die gleiche Art wie ihre Vorfahren in der Wildnis. Ein großer Teil der Freude an meiner Arbeit beruht auf der Entdeckung, zu welch außerordentlichen Leistungen Hunde fähig sind – und in der Beobachtung der Reaktionen ihrer Besitzer. Einige suchen dabei eine Erklärung in mystischen und unwissenschaftlichen Hinweisen über »sechste Sinne«, andere wiederum sind ganz einfach stolz auf ihre Hunde. Traurigerweise sind viel zu viele Hundebesitzer der Auffassung, ihre Hunde seien dahindämmernde Schwachköpfe. Sie tun viel zu wenig, um ihren Hunden die Entwicklung ihres gesamten geistigen Potentials zu ermöglichen.

Ich habe eine Reihe von Tagen damit verbracht, Wölfen oder afrikanischen Wildhunden nachzuspüren, sie zu beobachten. Dies überzeugte mich schnell davon, daß in dem Gehirn unserer Haushunde sehr viel mehr steckt als ihnen eine ganze Reihe von Hundeausbildern zutraut. Meine Leser sollten sich einmal vorstellen, ihr Haushund streunte laufend durch ein Gebiet von etwa tausend Quadratmeilen (1600 Quadratkilometer), manchmal auf sich allein gestellt, zu anderen Zeiten gemeinschaftlich mit Rudelgefährten – und dabei würde jeder einzelne der zwanzig vorhandenen Wohnplätze besucht. Diese Wildhunde gewinnen eine außergewöhnlich detaillierte Kenntnis ihres gesamten Territoriums, wissen genau, wo sie auf die beste Beute stoßen, in welcher Richtung sie die Herden von Antilopen und Karibous treiben müssen. Sie lernen gefährliche Beutegreifer zu meiden – beispielsweise den Menschen – und im Herbst wandern sie in die Gegenden, wo die süßesten Dattelpalmen wachsen. Wildhunde lernen alles über Lebensweise, Wohngebiet und Verwundbarkeit ihrer Beutetiere, sie entwickeln Geruchssinn, Auge und Ohr für die Jagd. Wir Menschen zu Hause klappern mit der Leine unseres Hundes und sind angenehm überrascht, wenn er mit wedelnder Rute angelaufen kommt. Wir spazieren gemeinsam durch den Park, gehen wieder nach Hause, und das ist es dann – für den ganzen Tag. Die Anforderungen des armen Haushundes auf Sozialkontakte und geistige Begegnung haben wir befriedigt – das bilden wir uns zumindest ein!

Die Lernfähigkeit von Hunden wurde mir vorzüglich vor Augen geführt, als ich im Jahre 1973 eine glückliche Woche beim Studium von wild lebenden Hunden in den Straßen von Baltimore, Maryland, in den USA verbrachte. Bazzer war eine besonders hübsche Hündin, etwa von der Größe eines kleinen Beagles, aber im übrigen ein Collie-Mischling. Die Hündin lernte ich durch Nelson kennen, einen der vielen schwarzen Eingeborenen von Baltimore. Er hatte sich meiner angenommen, mich als einen Exzentriker »adoptiert«, der Hunde in der Nachbarschaft fotografierte.

Nelson behauptete, er sei der Eigentümer von Bazzer, danach traf ich aber auf drei seiner Nachbarn, welche ebenso die Hündin als ihr Eigentum ansahen. Sie bewegte sich quer durch die Stadt, lief zumindest täglich zehn Kilometer durch die verkehrsreichen Straßen, die Alleen hinab, über Bahngleise, vom Zentraldock und der gefährlichen Stadtmitte bis hinaus in die umliegenden, zumeist von Schwarzen bewohnten Vororte.

Ich hatte große Schwierigkeiten, näher als zehn Meter an Bazzer heranzukommen, was mich sehr verwunderte, weil sie meinen örtlichen schwarzen Freunden gegenüber recht zutraulich war. Warum war sie den Einwohnern gegenüber freundlich, mir gegenüber aber nicht? Dies ließ sich leicht erklären, sie hatte zumindest drei üble Begegnungen mit den städtischen Hundefängern, die zumeist Weiße waren, hinter sich. Bei der letzten Gelegenheit, gerade etwa einen Monat ehe ich ankam, hatte es eine massive Auseinandersetzung zwischen dem Hundefänger und Nelson gegeben, für die Befreiung von Bazzer war es sogar zu einem Kampf gekommen. Nelsons Fall sollte kurz nach meinem Besuch vor Gericht kommen, deshalb gab ich ihm ein Leumundszeugnis, das mildernde Umstände befürwortete.

Mein ganz besonderes Interesse galt Bazzer, der ich über drei ganze Tage auf Schritt und Tritt folgte. Sie hatte zwei Monate zuvor einen Wurf gebracht. Alle bis auf einen Welpen wurden von den Mitgliedern des Baltimore Tierschutzvereins (SPCA) adoptiert. Dieser letzte Welpe folgte der Hündin meist durch die ganze Stadt, zu anderen Zeiten fand er Unterkunft in einem zerfallenen Gebäude, das von Landstreichern frequentiert wurde. Hier gab es besonders gute Funde, die man im Abfall eines großen Krankenhauskomplexes machen konnte, zu dem Bazzer durch ein Loch unten in der Umzäunung Zugang hatte. Meistens stürzte sie hinein, fraß von den Essensresten so viel sie konnte und kehrte zu ihrem Welpen zurück. Sie brach ihm auf sein Stoßen gegen ihren Lefzenwinkel dann das Futter vor. Was ich hier an Bazzer beobachtete, war ein eindrucksvolles Beispiel primitiven Verhaltensinventars, das man bei Haushunden nur selten beobachten kann: Übermäßiges Herunterschlingen, um Nahrung von der »Beute« zum Wurf nach Hause zu tragen. Nelson zeigte mir, wo Bazzer von dem Hundefänger mit einer Drahtschlinge eingefangen wurde, einer Schlinge, ähnlich wie sie in England zum Fangen von Kaninchen benutzt wird. Dies sind abscheuliche Instrumente, lösen schlimme Schmerzen aus, führen schnell zum Ersticken. An dieser Straßenecke traf man Bazzer nie wieder an, auch verfiel sie nie wieder den Verlockungen weißer Männer, die wie ich ihr einen Brocken Fleisch vorhielten.

An heißen Nachmittagen verschwand Bazzer völlig aus meinem Gesichtsfeld, bis ich sie unter der Kühlanlage eines Friseurladens entdeckte. Das herabtröpfelnde Wasser der Raumkühlung, zusammen mit dem Zug des Ventilators, hielten sie kühl, versorgten sie mit sauberem Trinkwasser. Bei Sonnenuntergang wurde Bazzer wieder aktiver, zog auf die Jagd. Einige Kinder erzählten mir, sie hätten sie mit ihrem Welpen am Rand einer Mülldeponie auf der Rattenjagd beobachtet. Es sind wohl nicht nur Terrier, die gerne Ratten jagen – Jagen ist bei Wildhunden wie ihren gezähmten Verwandten eine allgemeine Übung. Gerade die Zeit, in der ich Bazzer beobachtete, ließ mich über Grundprinzipien nachdenken, wie man in der Hundeausbildung zu einer verbesserten, hundegemäßeren Ansprache kommen könnte, welche die Hunde mehr motiviert.

Meine Einführung in die Hundeausbildung war sehr schlecht verlaufen. In den 70er Jahren hatte ich meinen ersten Irish Setter Bip zu einem nahe der Stadt Grantham gelegenen Ausbildungsverein gebracht. Die Übungen wurden von einem Polizeihundeführer geleitet, Donnerstag und Freitag fanden in der gleichen Halle Lehrgänge in Selbstverteidigung statt. Er war einer jener Lehrer, die ihre Technik nie verändern, gleichgültig, wen und worin sie unterweisen. Mir wurde von vornherein erklärt, ich bräuchte zunächst einmal die »richtige Ausrüstung«. Für einen Irish Setter bedeutete dies eine galvanisierte eiserne Kette mit Gliedern der gleichen Größe, wie wir sie auf der Farm meiner Eltern benutzten, um junge Stiere anzubinden. Weil ich mich den Weisungen des Ausbilders fügen wollte, kaufte ich besagte Kette und legte sie pflichbewußt meinem etwas beunruhigten irischen Freund an.

Gemeinsam mit zwanzig oder mehr anderen Hundebesitzern bildeten wir einen Kreis und lauschten einem kritischen Vortrag, wie man am besten Hunde kontrolliert, ihnen die Sitzübung beibringt. Plötzlich kam es zu einem riesigen Ausbruch des Lehrers, der alle Hunde fürchterlich erschreckte – mit Ausnahme des einen, an den diese Eruption gerichtet war. »Aus!« schrie er. Dieses Kommando galt einem chaotischen kleinen Mischling, der seiner Herrin entlaufen war, um das Hinterteil des vor ihm stehenden Hundes zu beschnüffeln; er hatte damit gegen die Regeln verstoßen!

Ich setzte mich an der Hallenwand auf einen Stuhl, gab Krankheit, Unwohlsein oder ähnliches vor. Auf jeden Fall war Bip durch den ganzen Ablauf des Unterrichts unglücklich, es bereitete ihm Schwierigkeiten, auf dem glatten polierten Boden überhaupt Halt zu finden. Im allgemeinen leiden Setter, gemeinsam mit einigen anderen Hunderassen, an zwischen den Ballen stark wachsendem Haar, das macht es für sie besonders schwierig, auf glatten Oberflächen zu stehen. Dies war mein allererster Einblick in die Hundeerziehung und er war genau so schlimm, wie ich befürchtet hatte. Dennoch vermutete ich – wie die anderen Hundebesitzer in der Klasse – daß dieser Mann wußte, was er tat, daß es möglicherweise doch im Interesse der Hunde liege, auf solche Weise behandelt zu werden.

Siebzehn Jahre danach kann ich heute feststellen, daß ich an jenem Abend mit Bip einen ziemlich typischen Einblick in die allgemeine Praxis der Hundeerziehung gewann. In der Zwischenzeit habe ich hundert oder mehr Vorträge vor Hundeerziehungsclubs und Hundeausbildern von Detroit bis New York, Romford bis Glasgow, Genua bis Utrecht gehalten. Es gab in meiner Zuhörerschaft immer Hundeausbilder des gleichen Typs wie unser englischer Polizeibeamter, die allein über den Wortschatz der Kommandos »Fuß«, »Sitz«, »Aus«, »Nein«, »Platz« und dergleichen verfügten. Hundeausbilder haben es auch an sich, stets auf der »richtigen Ausrüstung« zu beharren, was immer dies auch sein mag.

Mrs. Woodhouse bestand bei der Ausbildung eines Hundes auf einer ganz besonderen Würgekette. In Tests, die ich mit der von Barbara Woodhouse empfohlenen Würgekette durchgeführt habe, quälte und würgte diese Kette genauso widerwärtig wie jede andere Würgekettenausführung. Ein viel umstrittenes Paar Hundeausbilder in den USA – Joachim Volhard und Gail Fischer – bestehen darauf, daß von ihnen trainierte Hundebesitzer ein einfaches Muster eines weichen, industriell gefertigten Würgers und ein mit Metallnägeln ausgestattetes Stachelhalsband verwenden. Ich war erstaunt zu sehen, daß dieser vorgefertigte Würger ganz hoch rund um die Hundeohren angelegt wird. An dieser Stelle wird aufgrund der dahinterliegenden empfindlichen Knochen der schlimmste Schmerz ausgelöst! Das Stachelhalsband hat scharfe Stacheln, die den Hundehals quetschen oder sogar verletzen. Diese Autoren scheinen sich überhaupt nicht darüber im klaren zu sein, welchen seelischen und körperlichen Schaden solche Hilfsmittel anrichten können.

Vom Beginn des Aufbaus unserer Praxis an bezweifelte ich mehr und mehr die zuvor nie in Frage gestellten Glaubensbekenntnisse des Hundeerziehungsgewerbes: Sehr viel der heutigen Hundeerziehung ist auf den beim Militär entwickelten Methoden von Konrad Most aufgebaut. Konrad Most führte eine solche Erziehung mit harter Hand rund um die Welt ein, durch sein Standardbuch zum Thema, das erstmalig 1910 veröffentlicht wurde: »Die Abrichtung des Hundes, individuell und ohne Strafen« (15. völlig überarbeitete Neuauflage beim Kynos Verlag). Dieses Buch enthält Hinweise, wo und wie Hunde körperlich gezüchtigt werden sollen, über die Bedeutung der menschlichen Stimmkraft, die Theorie des Zwangs, der erzwungenen Ausführung von Kommandos und so fort.

Ein anderer Lehrer der traditionell ausgerichteten Hundeerziehung war William Koehler, ein amerikanischer Hundedresseur nach dem Zweiten Weltkrieg. Einige seiner Methoden, die auch heute noch verbreitet angewendet werden, sind bemerkenswert brutal. Zum Beispiel wird von ihm ein lebendes Hühnchen mit einem elektrischen Schockgerät verbunden. Der das flatternde Hühnchen angreifende Hund bekommt einen elektrischen Schlag, lernt so, Hühner nicht zu töten. Koehler geht bei dieser Lernmethode ziemlich unbekümmert mit dem Wohlergehen von Hühnchen wie Hunden um.

Ich war und bin fest davon überzeugt, man muß die gesamte intellektuelle wie moralische Basis der Hundeerziehung eingehend überprüfen. Nachstehend zitiere ich Most's enge Sicht der hundlichen Mentalität: »Hunde können nicht sprechen oder unsere Sprache verstehen. Sie können keine eigenen Ideen entwickeln, haben dementsprechend keine Vorstellung von Befehlen, Gehorsam, Pflicht, Schuld, Tadel und Strafe, Lob und Belohnung. Sie tun nie etwas mit irgendeiner Art von Moral oder unterscheiden zwischen gut und böse.« – Ich bitte, diese Frage doch sehr viel differenzierter zu sehen!

Wie konnte ich den weit verbreiteten Mißbrauch von Hunden bei der Ausbildung beenden, sowohl Wissen wie auch emotionale Empfindlichkeit der Hundeausbilder erweitern?

Mein erstes Ziel mußte Barbara Woodhouse sein. Anfang der 80er Jahre war sie noch immer der Liebling der Medien, die Stimme der britischen Hundeausbildung. Gemeinsam traten wir im Westen Englands bei einer Fernsehveranstaltung auf. Ich hatte Gelegenheit, während des Dinners mit ihr über »ihre Art« und ihre Gefühle zu Hunden zu sprechen. Ich hatte gerade eines ihrer Bücher gelesen, wie man bei Hunden schlechte Angewohnheiten umerziehen könne, hierbei wurde auch das allgemeine Problem des Hühnertötens behandelt. Zufälligerweise liebe ich gerade Hühner ganz besonders. Ich bin einer der Förderer der Interessengruppe »Hühnerbefreiung« (Chicken Liberation). Deshalb ist mir die Vorstellung, daß ein Hund Geflügel verletzt, besonders unangenehm. Aber die Ausbildungsmethode von Mrs. Woodhouse war so bizarr, so blutig und auch so unpraktisch, daß ich mir schon großen Zwang anlegen mußte, um meine Mißbilligung ihr gegenüber nicht in Form eines öffentlichen Protests auszudrücken. In ihrem Buch »Training Dogs My Way« rechtfertigt sie doch tatsächlich, einem lebenden Huhn den Kopf abzuschlagen, dann den Hund an Würgehalsband und langer Leine den kopflosen Vogel jagen zu lassen und ihn im psychologisch geeigneten Augenblick hart zurückzureißen, um dadurch dem Hund Furcht beizubringen. Man stelle sich einfach einmal diese Szene vor!

Aber abseits ihrer exzentrischen und manchmal grausamen Methoden fühlte ich mich von Mrs. Woodhouse angezogen, sie war eine ernsthafte und besorgte Dame. Ich glaube ganz einfach nicht, daß sie das Leiden richtig erkannt hat, das ihre »Korrekturmethoden« auslösten. Ihr ganzes Leben war durch ihren Glauben bestimmt, daß sie immer recht habe, der geborene Sieger sei. Sie sprach ganz allgemein über ihre eigenen, außergewöhnlichen Sinneswahrnehmungen, über ihr genaues Verständnis von Tieren. Sie war immer selbst davon beeindruckt, wie schnell sie jedes Tier dazu brachte, sich ihr unterzuordnen. Es schien ihr überhaupt nichts auszumachen, ob der »Erziehungsgegenstand« ein Kind, eine Milchkuh, ein Pferd, ein Schwein oder ein Hund war. Ihre Grundtechnik war immer die gleiche: Als erstes mußt Du unter Beweis stellen, daß Du der Boß bist. Danach biete eine zeitlich gut abgestimmte Mischung von Belohnung und Strafen, begleitet von Rucken am Würgehalsband und einem ganz bestimmten Tonfall.

Ich wollte unser Dinner durch Unfreundlichkeit gegen Mrs. Woodhouse nicht beeinträchtigen, brachte aber schwach zum Ausdruck, daß das Geheimnis ihres Erfolgs wohl in der Regelmäßigkeit und zeitlichen Abstimmung lag, mit der sie Belohnungen und Strafen anwand. Möglicherweise wären »Amateur-Hundeausbilder« weniger willens oder in der Lage als Mrs. Woodhouse, bei den Tieren, die sie liebten, Schmerzen auszulösen. Sie wies mich sofort zurecht und sagte: »In dieser Welt gibt es viel zu viele sanfte Menschen, die eigentlich gar nicht verdienen, einen Hund zu besitzen.« Ich lernte dabei auch, daß Hühner keinerlei Schmerz empfinden – sie zitierte Koehler, und ich wechselte den Gesprächsstoff.

Kurz nach diesem Fernsehprogramm wurde Mrs. Woodhouse durch die BBC bei einer ihrer Ausbildungsstunden gefilmt. Dabei versetzte sie einem Yorkshire Terrier einen kurzen Schlag, riß ihn mit der Würgekette vom Erdboden hoch, dies alles, nur weil er gezogen hatte, den vorangehenden Hund ankläffte. Diese grausame Darstellung löste einen sofortigen Publikumsaufschrei aus, ich hörte von den bei dieser Szene mitwirkenden Kameramännern, daß der Besitzer dieses Yorkies angeekelt das Programm verließ.

Meine Chance für eine Antwort an Mrs. Woodhouse kam kurz danach, anläßlich eines anderen Fernsehprogramms. Dabei trennte ich einen Markknochen mit einer Würgekette von Mrs. Woodhouse in zwei Hälften, in der gleichen mechanischen Art wie jemand Käse in Scheiben schneidet (Käseschlinge). Um die Sache noch zu unterstreichen, legte ich mir das Gerät selbst um den Hals, ruckte kurz daran, aber dummerweise mit zuviel Muskelkraft, was an der Stelle der mir selbst auferlegten Strafe einen recht unangenehmen roten Ring hinterließ. Wegen meiner negativen Haltung gegenüber Würgeketten wurde ich häufig kritisiert, – wo – fragten die Leute, lag die Alternative – was war die verbesserte »Mugford-Methode?« Ich habe immer betont, daß es bei Mugford keinen bestimmten Weg gibt, vielmehr eine Gesamtphilosophie, wonach man den Erfordernissen jedes Einzeltieres mit Empfindsamkeit nachgehen, geistig beweglich sein muß, wenn man Tiere erziehen und richtig betreuen möchte.

Ich war gezwungen, diese Philosophie zu verfeinern, als ich die Einladung erhielt, vor den Ausbildern der Dog Academy in Ohio einen Vortrag zu halten. Man hatte mich nahezu königlich empfangen, zeigte mir die gesamte Anlage, in welcher monatlich einhundert Hunde in Wach- und Schutzarbeit ausgebildet werden, gemeinsam mit anderen Hunden, die aufgrund der Ausbildung ganz einfach zu »besseren Hundebürgern« werden sollten. Der Mitarbeiterstab bestand aus zwanzig, meist männlichen Ausbildern mittleren Alters – alle hatten gut entwickelte Bizeps. Die Zwingeranlagen waren in einer langen, geraden Linie quer über ein Feld beidseits eines betonierten Weges aufgebaut, vielstimmiges Gekläff begrüßte mich. Ich schaute mir die Zwinger an und empfand tiefe Traurigkeit für die Insassen. Sie lagen auf nacktem Beton, die Ausläufe waren durch hohen Draht abgesichert; kein Spielzeug, keine weichen Tücher oder Lager für die Hunde. In diesen Zwingern waren die Hunde täglich 23½ Stunden eingeschlossen, dazwischen erfolgten dann jeweils Hund um Hund eine halbstündige »professionelle Ausbildung«. Diese bestand darin, am klassischen Erziehungsinstrument Würgekette herumgezogen zu werden. Gezielte Stimulanz war ein lautes Kommando, begleitet von der zusätzlichen Schmerzstimulanz des Würgers. Für den Hund war dies die Methode, das Kommando »Fuß« zu lernen, rechtzeitig zum Knie des Ausbilders zurückzukehren, um den schmerzhaften Ruck des Würgers zu vermeiden.

All dies ist ein Musterbeispiel traditionsbewußter Hundeerziehung. Sie war in den Händen dieser Amerikaner zweifellos recht effektiv, aber ich möchte gern wissen, ob die Besitzer wirklich wußten, was ihre Lieblinge hier durchmachten. Ich hatte Gelegenheit, mit einigen der Klienten dieser Dog Training Akademie zu sprechen. Dabei fand ich heraus, daß sie eigentlich nicht mehr wünschten als einen Hund, der sie vor ihren Nachbarn nicht in Verlegenheit brachte, der niemand ansprang, der – nach ihren eigenen Worten – »nicht zu viel Ärger machte«. Irgendwo hatten sie gelesen, daß ein ausgebildeter Hund automatisch ein glücklicher Hund sei – da der Ehemann seinem Beruf nachging, die Frau durch die Kinder voll ausgelastet war – warum sollten dann Berufsausbilder nicht die Arbeit für sie machen? Man hat ja auch Automobilwerkstätten, die ein Auto in Ordnung bringen, warum keinen Berufshundeausbilder, um den Hund zu erziehen?

Ich war recht überrascht, wie gut mein Vortrag am Abend ankam – dabei wandte ich meine bewährte Methode des Rollenspiels an. Ich »personifizierte« einen Hund, der nach ihrer Art ausgebildet wurde. Hierzu stellte ich in Gegensatz, was Hunde in Freiheit und natürlichen Lebensverhältnissen ausgesetzt taten. Dann unterstrich ich, daß wir bei unserer Ausbildung danach strebten, die natürlichen Reaktionen der Hunde zu mobilisieren. Das Problem lag darin, daß es ein Hundeerziehungssystem nach Dr. Mugford noch nicht übersichtlich dokumentiert gab, obwohl es sich bereits offensichtlich gegen ganz bestimmte Arten unerwünschten Verhaltens wie Aggressionen oder Autos jagen bewährt hat.

Ich habe bereits mit hunderten von Hundeausbildern und Psychologen gesprochen, ihnen meine Ideen hinsichtlich Verhaltensänderungen entwickelt, aber diese wurden erst vor kurzer Zeit einmal auf systematische Art zusammengefaßt. Eine bessere Ausbildung der Ausbilder – das ist sicherlich ein Schritt nach vorne, verbindet wissenschaftliche Theorie mit der Praxis. Dies ist der Grund, weshalb ich häufig Vorträge und Kurse für Hundeausbilder durchführe. Einige der Ausbilder ändern danach ihre Arbeit, ihre Methoden, manche sogar ihren Namen.

Ein solcher Vortrag war im Jahre 1985 beim Hammersmith Dog Training Club, danach kam John Fisher, Ihrer Majestät Ausbildungsleiter für in Gefängnissen eingesetzte Wachhunde zu mir, um zu gratulieren, daß ich auf so exzellente Art den Job konventioneller Hundeerziehung auseinandergenommen hätte. Ich fühlte mich geschmeichelt. Er schien ein netter Bursche zu sein, und ich freute mich, jemanden von rohen Ausbildungsmethoden abzubringen. John wurde ein häufiger Besucher auf unserer Farm, er war darauf aus, das, was er als die bessere Seite von Konrad Most ansah, zu lehren und zu demonstrieren, zum Beispiel den Einsatz von Wurfketten gegenüber Hunden, die sich falsch benehmen oder Kommandos ignorieren. Ich machte ihn mit dem Gebrauch von Kopfhalftern vertraut, und er wurde ein geradezu enthusiastischer Anhänger der Idee, das Gehirn anstelle von Ketten zu gebrauchen (convert from chains to brains). John hat sich inzwischen mit anderen, gleichgesinnten Hundeausbildern zusammengeschlossen, sie bezeichnen sich selbst als Verhaltensberater. Ein gutes Beispiel, welchen Eindruck meine Kritik an der Hundeerziehung vermittelt hat, sowohl in bezug auf das Bild der Hundeausbilder in der Öffentlichkeit als auch darauf, daß diese selbst neue Wege gefunden haben, sich richtig zu verkaufen.

Die Dr.-Mugford-Methode der Hundeerziehung mag bisher noch nicht in steinerne Tafeln gemeißelt sein, aber ich habe wahrscheinlich genügend gelernt, um einige Grundprinzipien aufzustellen, wie man hundliches Verhalten einfach und schnell beeinflussen kann. Zunächst möchte ich vier Schlüsselfragen stellen, gefolgt von vier Grundregeln, die Basis einer richtig aufgebauten, individuellen Methode der Hundeerziehung sein könnten; danach werde ich meine allgemeine Strategie an einer neueren Fallstudie demonstrieren.

1. Schreibe die einzelnen Verhaltensmerkmale Deines Hundes auf, die Dir am besten gefallen.

2. Schreibe die Verhaltensmerkmale Deines Hundes auf, die Du überhaupt nicht magst.

3. Beobachte sorgfältig Deinen Hund, notiere Ort, Zeit und Häufigkeit, mit der die geschätzten wie die unerwünschten Verhaltensmerkmale auftreten. Zusätzlich sollte man alle die Ereignisse notieren, die im allgemeinen dem jeweiligen Verhalten vorangehen.

4. Welche Aktivitäten liebt Dein Hund besonders, welche macht er nicht gerne? Diese Präferenzen können zur Grundlage systematischer Belohnung oder Bestrafung während der Ausbildung werden.

Grundregel 1. Erweitere auf systematische Art die Handlungen, die Du besonders magst. Hierdurch soll entweder die Dauer der Handlung oder die Häufigkeit der Handlung, all des Verhaltens, das Du schätzt, vermehrt werden. Sehr häufig bedarf es hierzu nur eines freundlichen Blicks, während, wenn der Hund etwas falsch macht, es meist ausreicht, von ihm wegzuschauen. Greifbare Belohnung kann ein Leckerbissen sein, ein Klopfen, eine einminütige Spielzeit mit einem Lieblingsspielzeug, eine Einladung, den Hund kurz auf den Schoß zu nehmen oder eine kurze Runde im Garten für einen schnellen Kontrollgang.

Grundregel 2. Wenn Du den Hund strafst, darf nichts Unangenehmes passieren, während Du ihm nahe bist. Diese Erziehung schließt automatisch die Anwendung von Würgeketten aus, weil Du es unausweichlich selbst bist, der die Leine ruckartig bewegt, den Hals des Hundes verletzt. Wenn man schon eine Form der Bestrafung braucht, sollte man in erster Linie Geräusche wählen – zum Beispiel eine leere Limonadenbüchse mit ein paar Kieselsteinen darin wird auf den Boden geworfen.

Grundregel 3. Versuche nie, den Hund in eine Stellung zu zwingen, die er auch ohne besondere Überredung auf natürliche Weise einnehmen würde. Jeder Junghund, jeder Hund wird sich von Zeit zu Zeit setzen, niederlegen, an der Seite des Menschen (bei Fuß) gehen oder herankommen. Beobachte Deinen Hund sorgfältig, insbesondere den Junghund, während er ganz von selbst diese Handlungen ausführt. Dann werden die Kommandos gleichzeitig begleitend gegeben, während der Hund von sich aus die gewünschte Stellung einnimmt. Schreie nie »Sitz«, gefolgt von Kopf und Hinterteil herunterdrücken. Warte lieber, bis er sich natürlich setzt und gib zu diesem Zeitpunkt das Kommando, wenn er gerade in die richtige Stellung kommt. Dann laß dem Kommando schnell eine Belohnung folgen, von der Du weißt, daß sie den Hund besonders anregt (zum Beispiel Leckerbissen oder Streicheln).

Grundregel 4. Verwende nie irgendeinen Ausrüstungsgegenstand für Deinen Hund, bei dem Du zögern würdest, ihn für Dich selbst oder ein Kind anzuwenden. Würdest Du je mit einem gerade das Laufen lernenden Kind durch dichten Verkehr gehen, ihm dabei eine Henkerschlinge um den Hals legen? Alles Hundezubehör besteht aus Hilfsmitteln, die laufend entsprechend den Veränderungen der gefährlichen Welt, die wir für unsere Hunde geschaffen haben, Änderungen bedürfen. Nichts ist »natürlich«. Im Idealfall sollte die verwendete Ausrüstung dem Hund nicht mehr Einschränkungen auferlegen, als notwendig ist, um Gefahren zu vermeiden. Lerne Irrtümer zu reduzieren. Dies ist der Grund, weshalb ich so gerne Rolleinen verwende, sie bilden einen perfekten Kompromiß zwischen Freiheit und Sicherheit.

Nur selten wird mir ein Hund vorgestellt, der die Möglichkeit bietet, alle diese Grundsätze der Hundeerziehung zu demonstrieren. Reagan, ein Mischling aus Rhodos, war ein solcher Hund, er besuchte uns erst vor kurzem auf unserer Farm. Er war einer jener kurzhaarigen, dunkel gefärbten Mischlinge, wie man sie so häufig in Mittelmeerländern findet. Er ist einer dieser findigen Prototypen des Hundes (proto canis), die wahrscheinlich in der alten Welt für ein Leben in menschlichen Ansiedlungen entstanden sind. Reagan war seiner Herkunft nach ein Strandköter, der von den ihm zugesteckten Futterbissen der Touristen lebte.

Sally-Anne, eine Sekretärin aus London,verlebte ihre Ferien in Griechenland, sie freundete sich mit Reagan an – eigentlich dachte sie, nur für eine Woche. Aber es stellte sich heraus, es sollte für das ganze Leben sein. Sie saß in einem Restaurant,als sie Reagan durch die Tür schleichen sah, offensichtlich hoffte er, irgendetwas von der Tafel gutherziger Engländer, Deutscher oder Skandinavier zu erbetteln oder zu stehlen. Stattdessen bekam er vom Restaurantbesitzer einen riesigen Fußtritt, weil er die Schnelligkeit und mögliche Bösartigkeit dieses Gentlemans in dem beengten Raum eines überfüllten Restaurants völlig falsch einkalkuliert hatte. Sally-Anne protestierte gegen diese widerwärtige Behandlung eines hungrigen Hundes durch den Patron, deshalb mußte sie eine lange Rede über den Schaden streunender Hunde für sein Geschäft über sich ergehen lassen. Schon seit Wochen hatte er versucht, diesen Hund einzufangen, aber immer war er zu schnell und zu clever für ihn gewesen. Jetzt endlich hatte er die Befriedigung, ihm die verdiente Lektion erteilt zu haben. –

Sally langweilte sich sehr während dieser Ferien. Sie war in Begleitung ihrer Mutter, die ausschließlich an Altersgenossen interessiert war, die ihre Leidenschaft für Archäologie teilten. Sally interessierte sich sehr viel mehr für die Natur, aber auf der Insel Rhodos hatte nicht sehr viel Natur überlebt. Reagan lebte im Glück! Er wurde von Sally-Anne adoptiert, die zwangsläufig sechs Tage später den Gedanken nicht ertragen konnte, ihn zurückzulassen. Mit British Airways reiste Reagan nach Heathrow, von da sechs Monate in einen Quarantänezwinger in Sussex.

Sally-Anne hatte bereits herausgefunden, daß Reagan auf englische Kommandos überhaupt nicht reagierte. Er war aber dem Ton ihrer Stimme und ihren Händen gegenüber sehr empfänglich. Bei ihren wöchentlichen Besuchen in den Quarantänezwingern hatte sie schon festgestellt, daß eine erhobene Hand ihn zurückweichen ließ, offene Arme oder ein Klopfen auf das Knie luden ihn zum Näherkommen ein. Aber sehr viel wichtiger als solche Feinheiten der Körpersprache von Sally-Anne war für ihn Futter. Während der ersten paar Wochen ihrer Bekanntschaft konnte man Reagan leicht dazu bringen, nahezu zwei Meter hoch zu springen, um einen Futterbrocken aus ihren Händen zu nehmen. Auch seine Tischmanieren waren nicht zu gut!

Über Reagan hörte ich durch einen gemeinsamen Freund, einen Tierarzt. Er schlug Sally-Anne vor, mit Reagan nach seiner Entlassung aus der Quarantäne für eine einstündige Erziehungssitzung zu mir zu kommen. Ich mochte diese Idee, denn Reagan's Geschichte interessierte mich, nur sehr selten wird mir ein Hund präsentiert, der so völlig unzivilisiert ist, unbeeinflußt von jeder normalen Erziehung. Sally kam mit ihrem VW-Käfer zu uns auf die Farm. Reagan hüpfte vom Vordersitz über ihre Schulter auf die kleine hintere Ablage, bellte hysterisch, als er die anderen Hunde und Farmtiere sah. Er hatte etwa die Größe eines großen, Jack Russel mit langen Läufen, war unkastriert (für einen Mittelmeerbewohner wäre Kastration schlimmer als der Tod). Der Hund war so fit wie ein Floh. Als Sally-Anne ausstieg, stürzte er sich an ihr vorbei auf eine Schar Bantam-Zwerghühner, die auf Hardwick Court lebten, und sich auf die Bäume und in die Scheune retteten.

Ich betete heimlich, daß ich Reagan einfangen könnte, ehe er die Schafe bemerkte! Dies war sein erster Atemzug in freier, britischer Luft nach sechs Monaten Eingesperrtsein in Quarantänezwingern. Ich »borgte« mir das Frühstückpaket eines Kollegen, wir setzten uns auf den Boden, raschelten mit dem Papier, aßen Butterbrote, ganz wie dies die Touristen am griechischen Strand zu tun pflegen. Alte Bettler ändern sich nie, Reagan war sofort zu unseren Füßen, bettelte »Männchen machend« auf den Hinterläufen. Ich band ihm ein Stück Schnur um den Hals und ab ging es in mein Beratungszimmer.

Mit Ausnahme des Lebens am Strand und im Restaurant wußte Sally-Anne sehr wenig über Reagan's Vergangenheit. Seine Stärken, Schwächen und Neigungen konnten wir nur durch Tests und geduldige Beobachtungen ermitteln. Auffällig am Verhalten von Reagan auf der Farm war sein ununterbrochener Bewegungsdrang – nie setzte oder legte er sich irgendwo ruhig hin, er haßte festgehalten zu werden, möglicherweise eine Nachwirkung seines Quarantäneaufenthalts. Und trotzdem würde er bei der Aussicht auf einen Futterbrocken von irgendeinem Menschen oder an irgendeiner Stelle über viele Minuten, möglicherweise bis zu einer Stunde bewegungslos verharren. Dieses dauernde in Bewegung Sein interpretierte ich als altes, umgelenktes oder frustriertes Jagdverhalten. Es ähnelte dem Verhalten eines wilden Raubtiers, das durch die Stäbe seines Käfigs ein mögliches Beutetier sehen, aber nicht fangen kann. Reagan's Käfig waren die Quarantänezwinger gewesen, seine große Versuchung heute das Geflügel von Mr. Boyde.

Ich kratzte mit einem Messer auf Glas, weckte dadurch sofort Reagan's Aufmerksamkeit. Hochtönende Laute beunruhigten ihn offensichtlich. Dadurch war klar, daß wir zur Unterbrechung unerwünschten Verhaltens ein Ultraschallgerät als Ablenkung einsetzen konnten. Von Zeit zu Zeit beugte sich Sally-Anne zu Reagan herunter, streichelte ihn. Er wollte von sich aus dabei in erster Linie ihre Hände lecken und untersuchen, dies schien ihm wichtiger als die Berührung seines Fells durch ihre Hand. Reagan war ein sehr auf alle äußeren Einflüsse reagierender Hund, der in der Vergangenheit wahrscheinlich viel weniger mit der Hand gestreichelt oder geliebelt wurde als normale Haushunde. Ich wollte herausfinden, wie er überhaupt auf Hände reagieren würde. Schnell und drohend hob ich meine Hände, voller Furcht zog sich der Hund unter den Tisch zurück. Ein langsames Anheben der Hände, insbesondere wenn man dabei Daumen und Zeigefinger so zusammendrückte, als hielten sie einen Leckerbissen, brachte ihn sofort in eine bettelnde Haltung.

Reagan kannte seinen Namen nicht, er hatte keine Vorstellung, was »Sitz«, »Bleib«, »Platz« oder »Hier« bedeutete. Jedermann außer mir weiß, daß man alten Hunden keine neuen Tricks beibringen kann; dies veranlaßte mich, dieses alte Sprichwort zu widerlegen.

Draußen im freien Gelände lief Reagan angeleint wild umher, steuerte links, dann wieder rechts, versuchte auszubrechen. Wir hatten den Eindruck, daß er möglicherweise unangenehme Erinnerungen an Menschen hegte, die sich zu ihm herunterbückten, um an seinem Halsband die Leine zu befestigen – möglicherweise waren es Hundefänger. Reagan war fest entschlossen, sich nicht wieder einfangen zu lassen. Dieses Problem bewältigten wir einfach durch, daß wir ihm ein von mir entwickeltes Spezialhalsband anlegten, das eine ausziehbare, in das Halsband eingebaute Leine enthält. Auf diese Art trägt der Hund selbst seine Leine im Halsband, die Leine ist stets verfügbar. Da Reagan überhaupt keine Vorstellung hatte, was eine angemessene Spaziergangsposition im Verhältnis zu Sally-Anne oder mir sein könnte, entschlossen wir uns, in der Erziehung ganz von vorne zu beginnen.

Wir benutzten reguläres Halsband und Leine, ich konzentrierte Reagan's Aufmerksamkeit auf einen Futterbrocken in meiner rechten Hand, dabei bewegte sich Reagan wunderschön in der Position »Fuß« zu meiner Linken. Verlangsamte ich meine Schritte auf normales Spaziergängertempo, ging er voran, versuchte weiteres Vorwärtsgehen damit abzublocken, daß er sich mir via-à-vis stellte. Ich wechselte wieder in schnelle Gangart, sagte immer dann, wenn Reagan sich in der richtigen Körperposition befand »Fuß«, bot ihm sofort darauf einen winzigen Leckerbissen. Solche Leckerbissen erhielt er aber immer nur dann, wenn sich seine Nase parallel zu meinem Knie befand. Danach übergab ich die Leine Sally-Anne, welche dieselbe Übung wiederholte. Man achte darauf, nie gab ich das Kommando »Fuß« im voraus, stets mußte er zuvor in der gewünschten Position sein; niemals erhielt er über Halsband und Leine einen Ruck, der ihn nach hinten riß. Das wäre die konventionelle Erziehungsmethode gewesen, klassische Ausbildung – wir verwandten eine bessere Methode mit minimaler, spontaner Beschränkung des Hundes. (instrumental conditioning paradigm).

Unser nächstes Ziel war, Reagan seinen eigenen Namen zu lehren. In einem eingezäunten Auslauf auf der Farm zeigte Reagan nicht das allergeringste Interesse heranzukommen und sich anfassen zu lassen. Hockte ich mich jedoch in seltsamer Haltung auf alle Viere, und gab ein quickendes Geräusch ähnlich einem verirrten Welpen, der von seiner Mutter getrennt war, von mir, war Reagan sofort an meiner Seite. Dies war eine Chance, die weitere Erziehung auf Reagan's natürlicher Neugier aufzubauen, er wurde durch Neuigkeiten unwiderstehlich angezogen, reagierte instinktiv forschend auf Welpengeräusche. Ich wiederholte sechs Mal diese Übung, kauerte mich nieder auf alle Viere, stieß wimmernde Töne aus und rief stets seinen Namen, wenn er herankam. Sein Ankommen vor oder neben mir brachte ihm immer entweder einen kleinen Leckerbissen oder ein kurzes fröhliches Spiel.

Seine Toleranz, mit der Hand angefaßt zu werden, war anfänglich sehr niedrig – noch immer fürchtete er zwei ausgestreckte Hände sehr, wer weiß warum? Es dauerte jedoch nur Minuten, bis er herausfand, daß ihm von mir neben der leichten Berührung auch Futter geboten wurde, so begann er, das Angefaßtwerden zu tolerieren; in der Verbindung mit Futter war das Anfassen für ihn langsam zweitrangig geworden. Plötzlich bewegte ich mich auf allen Vieren rückwärts weg, ähnlich den komisch wirkenden Szenen bei einem zurückgespulten Film. Jetzt brachen in Reagan Jagdspielinstinkte aus, ähnlich dem Jagdhund, der ein verletztes Wildtier oder Kaninchen verfolgt. Ich fuhr mit der Rückwärtsbewegung fort, rief Reagan beim Namen, wann immer er in meine Reichweite kam. Dann hielten wir eine fünfminütige Pause, in der ich mich von meiner geduckten Haltung erholte und wiederholten dann die Übung. Sofort gehorchte Reagan auf das Kommando »Hier« und schaute bei seinem Namen hoch.

Ich hätte jetzt weiter machen , dem Hund »Sitz« und »Platz« in der Art von Mrs. Woodhouse oder nach der Methode anderer Hundeausbilder beibringen können. Es gibt überhaupt keinen Zweifel, daß in der Praxis die Methode, einen Hund körperlich auf den Boden zu drücken, gleichzeitig das Kommando zu brüllen, funktioniert. Bald lernen die Hunde zu gehorchen, wenn auch nur, um körperlichen Schmerz zu vermeiden. Aber warum sollte man eine solche Methode der harten Hand benutzen, wenn es einen einfacheren und freundlicheren Weg gibt?

Ich stattete Reagan mit einem Kopfhalfter aus, tat überhaupt nichts mit ihm, als zu gehen und zu spielen, solange bis er sich daran gewöhnte, das Halfter zu tragen. Nach einiger Zeit hielt ich an, hob freundlich Reagan's Kopf um einige Grade über seine Rückenlinien, was ihn veranlaßte, sich mit seinem Hinterteil abwärts zu bewegen. Als seine Hinterläufe den Boden berührten, und er die klassische Sitzposition eingenommen hatte, sagte ich ruhig »Sitz« und direkt darauf folgte ein Leckerbissen. Ich wiederholte diese Übung noch dreimal, dann spielten wir über fünf Minuten. Bei der nächsten Gelegenheit, es war erst das fünfte Mal in der Ausbildungsfolge, daß ich »Sitz!« sagte, saß Reagan sofort und erhielt wiederum seinen Leckerbissen. Abschließend gingen wir weitgehend auf dieselbe Art wie bei der Sitzerziehung die Erziehungsfolgen »Platz« durch; hier mußte ich natürlich darauf warten, daß er sich wegen Erschöpfung oder durch einen bequemen Teppich verleitet hinlegte. Bei jeder Gelegenheit, wenn er sich hinlegte, sagte ich »Platz« und bot ihm einen Leckerbissen. Es brauchte sieben Wiederholungen des Kommandos, bis ich zuverlässig davon ausgehen konnte, daß Reagan sich auch allein auf das Wort hinlegte.

Es war weniger als eine Stunde angenehmen Bemühens für Sally-Anne und mich, in der sie zumindest ebenso viele der hier beschriebenen Übungen durchgeführt hatte wie ich. Dann machten wir uns erneut auf den Weg, um das Geflügel auf dem Hof munter zu machen. Die Erinnerung an seinen letzten Angriff auf die Zwerghühner waren in Reagan noch frisch, und der Rüde zog voller Erwartung voran. Wir kümmern uns sehr um unsere Zwerghühner, wir behandeln alle Lebewesen auf Mr. Boyde's Farm mit großer Fürsorge, deshalb befestigte ich eine Rolleine an Reagan's Kopfhalfter. So konnten wir dem Rüden seine Freiheit geben, trotzdem die Interessen unserer Zwerghühner wahren.

Reagan lief die vollen acht Meter der Rolleine zu Ende und fand sich plötzlich umgedreht mir gegenüber, schaute mich leicht verwirrt an. Jetzt hatte er eine Vorstellung über die Länge der Rolleine, und über den ganzen weiteren Spaziergang lief er im Radius von sechs bis sieben Metern von Sally oder mir. Ich ging mit ihm in Richtung auf die Zwerghühner – Reagan war bereit zur neuen Jagd und zum Töten. Genau in dem Augenblick, als er ungefähr einen Meter im Sprung auf ein Zwerghuhn und ihr einziges Küken war, betätigte ich das Ultraschallgerät. Zu spät, denn Reagan war schon in vollem Anflug, reagierte überhaupt nicht auf das Ultraschallgerät. Im gleichen Augenblick betätigte ich die Leinenbremse und fühlte mich als recht gemeiner Kerl, weil ich das Zwerghuhn in seiner stolzen Mutterschaft gestört hatte.

Ich suchte auf der Farm nach einer leeren Getränkebüchse, steckte ein paar Kieselsteine hinein. Wir kamen gerade um die Ecke der Schweineställe und sahen plötzlich eine Gruppe von zehn Zwerghühnern, die auf dem Misthaufen kratzten. Ab ging Reagan, und dieses Mal flog die Getränkebüchse direkt neben ihn, als er fünf Meter von mir, von den Zwerghühnern nur noch zwei Meter entfernt war. Er sprang zurück, als wäre der Boden neben ihm explodiert, obgleich ihn in Wirklichkeit die Büchse überhaupt nicht berührt hatte. Er kam schnell zu mir zurück, wurde getröstet, gelobt und erhielt einen Leckerbissen, weil er der Versuchung widerstanden hatte und auf meinen Ruf »Reagan hier« zu mir gekommen war.

Sally-Anne wurde von den Pferden angezogen, die mit ihren Köpfen aus den Stallungen schauten. Sie streichelte gerade das ihr am nächsten Stehende, als Reagan die Pferde entdeckte, die gleichen Anstalten machte wie zuvor bei den Zwerghühnern. Da dies recht lebhafte Pferde waren, die Leuten gehörten, die für das Privileg, auf der Farm zu sein, bezahlen mußten, entschied ich, sie nicht in Reagan's Therapie einzubeziehen. Stattdessen ging es hinaus auf die Koppeln, wo eine große Pferdeherde weidete. Diese Pferde waren nur selten in Gefahr, vor Kutschen gespannt oder geritten zu werden, weil die meisten von ihnen Mr. Boyde von inzwischen verstorbenen, dankbaren Klienten vermacht waren. Sie wußten, daß ihre geliebten Pferde auf der Hardwick Court Farm sich noch eines langen natürlichen Lebens erfreuen würden. Da Mr. Boyde ein Softie ist, hat er alle diese Erbschaften angenommen, deshalb ist seine Farm heute von gutartigen, alten Kleppern geradezu übervölkert.

Reagan störte dies überhaupt nicht. Für ihn war ein Pferd ein Pferd, und Mr. Boyde hatte nichts dagegen, wenn ich seinen Pferden etwas Abwechslung in ihr Leben brachte, wenn es auch schließlich nur zum Nutzen für einen griechischen Hund war. Als Reagan in den Hufbereich eines Percherons kam, klatschte erneut die Büchse neben ihm zu Boden. Wieder kam er zu mir zurück, dann zu Sally-Anne, die ihn beim Namen rief und das Kommando »Hier« gab. Nur eine einzige Stunde früher hätte der Rüde überhaupt nicht reagiert.

Es stellte sich schnell heraus, daß wir für unsere Vorstellung Zuschauer hatten – sowohl von der Farm wie auch von unserem Behaviour Centre. Schon seit langem hatte ich beschlossen, jeden willigen Mitarbeiter in die Behandlung unserer Tiere mit einzubeziehen – diese Zuschauerschaft war somit keine Ausnahme. Als erstes bat ich Stephen um Hilfe – er machte sich mit Reagan auf unseren Standardkurs quer durch die Farm, gebrauchte exakt die gleichen Kommandos wie Sally und ich sie benutzten. Als nächstes war Andrew an der Reihe, abschließend Penny, meine tierärztliche Kollegin, die erst vor kurzem in unsere Praxis eingetreten war, sich noch immer mit den Grundlagen vertraut machte.

Reagan war ein Hund, der zuvor keiner Erziehung, insbesondere keiner falschen Erziehung ausgesetzt war – so sah dies alles eigentlich zu einfach aus. Die meisten unserer Patienten kommen erst nach vorausgegangenen Fehlschlägen und falschen Verbindungen – ebenso ihre Besitzer. Es gibt Generationen an Hundeausbildern, die sich dieser oder jener ausgefeilten Methode bedienen. Vieler dieser Methoden stehen im Widerspruch zueinander, alle behaupten, sie wüßten »den richtigen Weg«. Das meiste der heutigen Hundeausbildung wurzelt in weit zurückliegenden Vorstellungen. So wird es zum Beispiel als absolut korrekt angesehen, daß jeder Hund links von seinem Besitzer geht. In Wirklichkeit hat diese Tatsache keinerlei Bedeutung für das hundliche Verhalten, geht vielmehr darauf zurück, daß ein Kavallerist sein Pferd links führte, weil er rechts seine Flinte im Arm hatte. Heutzutage gibt es unter meinen Klienten nicht viele, die eine Flinte mitschleppen, wenn sie mit ihrem Hund spazierengehen.

Über die Zukunft der Hundeausbildung und der Hundeausbilder bin ich ein völliger Optimist. Es ist jammerschade, daß gerade der Begriff »Hundeausbilder« heute noch mit der Vorstellung von Grausamkeit und Strafe verbunden ist – eine solche Vorstellung zu erwecken war nie meine Absicht. Ich hatte nur das Privileg, zur Entwicklung und Reform der Hundeausbildung einiges beizutragen, zunächst in England durch meine Angriffe auf Würgeketten, heute mehr und mehr auch in der übrigen Welt. Die notwendigen Reformen werden leichter, weil immer mehr Frauen Hundeausbilder werden. Sie sind im allgemeinen weniger muskelstark, mehr beeinflußt durch Dr. Spock als durch die Herren Most und Koehler. Möglicherweise sind Männer zu sehr um ihr eigenes Image bemüht, passen sich zu leicht an, bedürfen mehr der Kontrolle. Ich muß allerdings sagen, daß ich mit meinem Geschlecht völlig zufrieden bin und in meinem Leben solche Prioritäten nie gekannt habe.

Je mehr die Menschen in Schulen oder durch das Fernsehen über unsere natürliche Welt lernen, umso mehr wird sich die Fürsorge und Erziehung der Hunde weiter verbessern. Auch Junghunde müssen angemessenes Verhalten, richtige Reaktionen lernen, damit sie kein flegelhaftes Verhalten annehmen. Für unsere Welpenspielgruppe haben wir eigene geräuschgedämpfte Räume geschaffen. Das scheint hysterisches Gekläff zu unterbinden, das man manchmal bei Hundeausbildungsvereinen in chaotischen großen Hallen ohne Teppichboden antrifft; und reduziert auch die Notwendigkeit lauten Schreiens. In ein bis zwei Jahren werden wir wissen, ob die Mitglieder der Spielgruppe wirklich zu sozialeren, freundlicheren und angenehmeren Familienhunden herangewachsen sind. Bei der Auswertung der Fragebögen, die ich von ihren Besitzern erhalte, versuche ich, rein objektive wissenschaftliche Methoden anzulegen, aber im geheimen hoffe ich natürlich, daß sich meine Methode zu Gunsten der Früherziehung ohne Zwang nach psychologischen Methoden als der beste Weg erweist.

XIV Hunde in aller Welt

Dies war nun meine dritte Wochenendreise nach Paris zur Arbeit mit Dr. Patrick Payancé in seiner Veterinärklinik in Neuilly, nahe dem Bois de Boulogne. Bei den vorangegangenen Reisen waren Patrick und ich unsere verschiedenartige Wege der Tierverhaltenstherapie und klinischen Veterinärmedizin im einzelnen durchgegangen, hatten einige Kollegen besucht, um ihnen den Service, den wir planten, vorzustellen. Ich hatte auch mit einer Menge französischer Journalisten gesprochen, mit ihnen extreme Verhaltensmuster unserer englischen Haustiere im Vergleich mit den französischen besprochen. Wir befanden uns in Frankreich, um vier Jahre, nachdem ich meine Arbeit im United Kingdom begonnen hatte, Konzeption und Praxis der Tierverhaltenstherapie in diesem Land einzuführen. Patrick und ich waren schon seit vielen Jahren Freunde. Er teilt mein berufliches Interesse an den Feinheiten des Fütterungsverhaltens bei Tieren und an der Wichtigkeit seelischer Bindungen zwischen Haustieren und Menschen. Wir teilten aber auch das Interesse an gutem Essen und guter Gesellschaft – Patrick ist ein »bon vivant«.

Das erwähnte Wochenende begann an einem Samstag zu der unchristlichen Zeit 5.30 Uhr morgens auf dem Heathrow Airport. Ich hatte ein programmbeladenes Wochenende interessanter Fälle vor mir, acht Hunde und Katzen sollten gemeinsam mit Patrick oder anderen Pariser Tierärzten begutachtet werden. Es schien mir, als ob sich unser guter Ruf innerhalb der nächsten zwei Tage entweder durchsetzen oder gescheitert sein werde.

In Neuilly kam ich um 8.30 Uhr zur richtigen Zeit für Kaffee und Croissants an. Katharine, Patrick's Frau, konzentrierte sich bereits auf meine Wünsche zum Lunch und war sehr erleichtert, als ich ihr sagte, ich würde alles essen, was sie auf den Tisch stellte. Später ergab sich, dieses – »Alles« bestand aus einem wunderbaren Stück geröstetem Lamm, stark mit Knoblauch gewürzt – ich war sehr froh, daß ich danach nicht anglo-amerikanische Kunden zu besuchen brauchte! Ein Schluck Kaffee, ein kurzes intensives Spiel auf dem Boden mit Strychnine, dem leicht übergewichtigen, sanften Weimaraner der Familie Payancé – und wir brachen zur Arbeit auf.

Patrick ist kein durch Konventionen gebundener Mann. Seine Arbeitsräume bilden eine Kombination häuslicher Gemütlichkeit und fachgerechter Veterinärmedizin. Wie dem auch sei, für meine Arbeit war es eine gute Umgebung, die Tiere wie Besitzer leicht zusammenbrachte. Meine einzige Sorge war, ob ich mit meinen recht mangelhaften Französischkenntnissen die vor mir liegenden Aufgaben lösen könnte.

Unser erster Patient war ein achtjähriger Zwergschnauzer namens Lascar, er wurde von Madame Robert begleitet. Die Familie Robert waren außerordentlich geduldige Menschen, an jedem einzelnen Tag der vergangenen sieben Jahre hatte Lascar jede Nahrung, die man vor ihn hinstellte, wieder erbrochen. In der Regel war es Aufgabe eines lange leidenden Dienstmädchens, das Ganze wieder zu säubern. Verständlicherweise hatte sie vor kurzem ihren Dienst aufgekündigt und, oh Malheur, war dies jetzt zur Aufgabe von Madame persönlich geworden. Man erzählte mir, Lascar speise recht gut; das Fleisch wurde täglich frisch vom Metzger gekauft, gekocht, gewürzt, klein geschnitten und mit Reis gemischt, für die Abendmahlzeit fertiggemacht. In dem Bemühen, ihn zu kurieren, hatte man Lascar zu allen Experten unter den Tierärzten, Homöopathen und Hundeerziehern am Ort gebracht. Jede nur denkbare homoöpathische Medizin schien ausprobiert zu sein. Madame legte uns einen ganzen Beutel voller kleiner Flaschen vor. Die Etiketten trugen exotische Namen wie »Arnikatinktur«, »Phosphor 30«, »L'Herbe de Craint« und so weiter.

Ich arbeitete mich durch all diese Flaschen und fragte mich, was in aller Welt der logische Gedanke hinter all dem sein konnte. Bald fand ich heraus, daß bei den Franzosen Homöopathie sehr in Mode ist, sowohl für ihre Haustiere wie auch für sie selbst. Dies alles schien mir eine lange Kette von planlosen Fehlversuchen (hit-and-miss), keiner dieser Alternativ-Praktiker schien auch nur versucht zu haben, Madame Robert eine vernünftige wissenschaftliche Erklärung für sein Tun zu geben. Ihr jüngster Besuch galt einem bekannten Hundeausbilder, Michel Baron. Dieser traf die realistische Feststellung, daß er mit Lascar am Ende seines Lateins sei. Er empfahl den Besuch der Drs. Payancé und Mugford.

Ich schlug vor, zunächst durch einen Versuch die Brechsymptome auszulösen, wir öffneten eine Büchse Hundefutter namens »Canigou«. Dieser Name besagt, dieses Futter sei besonders schmackhaft. Aber Lascar rümpfte die Nase, er war an hausgemachte »haute cuisine« gewöhnt. Wir fragten Katharine, ob sie etwas Fleisch von ihrem Stück Lamm erübrigen könne, das gerade in einer Weinmarinade lag. Sie konnte sich kaum eine solche Zumutung vorstellen, schnitt uns aber dennoch ein Stückchen ab, kochte und mischte es mit Puffreis Pellets, die unter französischen Hunden so populär sind. Wir präsentierten Lascar diese Mischung, der sie, angenehm von dieser Morgenmahlzeit überrascht, herunterschlang. Er erbrach überhaupt nicht. Mein Respekt vor ihm wuchs merklich. Als ich sein mit Rheinkieseln besetztes, handgearbeitetes Lederhalsband mit Filzeinlage bewunderte, erzählte man mir, daß er am Tage zuvor mir zu Ehren zum Trimmen zur »coiffeuse« gebracht worden war. Selbst die Hunde in Frankreich sind im Vergleich zu ihren englischen Kollegen viel mehr »chic« – dachte ich für mich.

Wir befaßten uns mit allen anderen Aspekten von Lascars Leben. Von seiner Wohnung, einem im zweiten Stock gelegenen Apartment der Rue de la Pompe – in dem modischen 16. Arrondissement – wurde er einmal täglich zu einem Spaziergang in den örtlichen Park geführt. Und was gab es für ihn zu Hause zu tun, lautet meine Frage. Die Antwort ergab, Lascar's Energien wurden bestimmt nicht gefordert. Meistens trottete er einfach hin und her, bellte beim Geräusch des Lifts oder wenn Menschen über die Treppen gingen. Monsieur und Madame waren tagsüber meist außer Haus. Da das Mädchen nicht allzu begeistert war, das Ausgewürgte des Hundes zu beseitigen, wurde ihm immer gestattet, es wieder hinunterzuschlingen; so blieb dann eigentlich nur ein kleiner Fleck auf dem Fußboden, der gesäubert werden mußte. Der Hund schien nach dem Auswürgen in keiner Weise gestreßt, verzehrte sein Futter erneut mit nahezu der gleichen Begeisterung wie beim ersten Mal. Lascar war offensichtlich ein Feinschmecker mit Sinn für das Wertvolle – er hatte eine Art gastronomische »Menuewiederholung« erfunden.

Dies alles erinnert mich an Erzählungen über alte römische Gelage und Verschwendungen, besonders an die Gewohnheit der Bulimie. Hier hatten wir einen Hund, einen

Gourmet, der genau dieses alte Verhalten übernommen hatte – und es gab eine Reihe von Faktoren, die ihm diese Gewohnheit besonders leicht machten. Ausbrechen können Hunde ganz leicht, weil ihre wilden Vorfahren im allgemeinen in ihren Mägen Nahrung von der Beute wegtrugen, um ihre Welpen in der Höhle zu füttern. Das bedeutet, daß Erbrechen bei Hunden ohne alle die Unannehmlichkeiten erfolgt, die normalerweise beim Menschen auftreten. Für Lascar bestand der Lohn seines Verhaltens darin, daß die Dauer seiner Mahlzeit sich ausweitete, eine Tätigkeit, die er so sehr liebte. Der Schlüssel für die Diagnose über die Entstehung von Lascar's Problem lag in der Tatsache, daß er nur außerordentlich selten am Wochenende auf dem Landsitz der Familie Robert erbrach. Daraus schloß ich, daß wenn der Hund genügend Abwechslung im Freien hatte – z. B. Jagen – sich hieraus viel weniger die Notwendigkeit ergab, stimulierende Abwechslung im Hause zu erfinden. Wie so häufig bei Hunden – Müßiggang und Langeweile ist der schlimmste Feind guten Verhaltens, aller Laster Anfang.

Mein ganz einfacher Rat lautete, Lascar's wohlschmeckende gehaltvolle Ernährung durch funktionsgerechte Ernährung, eine faserreiche Trockenfütterung zu ersetzen. Diese wurde sorgfältig auf 450 g täglich abgestimmt, sollte entweder durch laufend freien Zugang des Hundes zur Schüssel (ad libitum Basis) oder in zehn über den ganzen Tag verteilten Minimahlzeiten angeboten werden. Meine Hoffnung war, durch diese sehr häufige Fütterung die relative Bedeutung der Einzelmahlzeit zu verringern. Der weniger schmackhafte, hohe Faseranteil der Trockendiät sollte den Prozess des Auswürgens und wieder Hinunterschlingen, schon aufgrund der klebrigen, klein gemahlenen Struktur des Futters, weniger angenehm und schwieriger machen. Ich empfahl auch dringend, Ausgebrochenes sofort aufzunehmen und zu entfernen. Lascar sollte ganz einfach nach dem Ausbrechen Hunger haben! Ich sagte Familie Robert, daß es mir leid tue, daß sie die Dienste ihres langbewährten Hausmädchens verloren hätten. – Es schien, daß Madame Robert, die es müde war, ihren eigenen Haushalt zu führen, versucht hatte, Monsieur zu überreden, einen Ersatz für das Hausmädchen anzustellen. Sicherlich tat ich ihr einen Gefallen, indem ich ihr ein überzeugendes Argument lieferte, weshalb mehr Mitarbeiter erforderlich wurden. Lascar brauchte unbedingt sehr viel mehr Auslauf, Spiel, mehr hundliche und mehr menschliche Gesellschaft.

Familie Robert berichtete Patrick, daß innerhalb von vier Tagen Lascar's exzentrische Essensgewohnheiten völlig verschwanden. Sie waren erstaunt, wie leicht und einfach es war, ihn zu heilen, wunderten sich, wie viele andere qualifizierte Fachleute medizinischen Erklärungen dieses Verhaltens nachgegangen waren, obwohl dieses so offensichtlich das Spiegelbild des Verhaltensmusters von Wildhunden ist. Auch ich war mit unseren ersten Bemühungen recht zufrieden. Lascar war genau die Art von Hund, die ich als Patient mag; insgesamt ein sich gut benehmender und richtig veranlagter Hund mit nur einem einzigen Problem, das aber seinen Besitzern viele Kopfschmerzen bereitete.

Unser nächster Patient war Sylvie, eine Dobermannhündin, gerade eineinhalbjährig. Zwei Monate vor unserem Besuch hatte sie im Auto ein recht exzentrisches Verhalten begonnen. Wie viele Pariser Bürger zogen Monsieur Spanier und seine Familie den Sommer über aufs Land, gelegentlich fuhren sie auch über das Wochenende zwischen Paris und dem Süden hin und her. Im April waren sie mit Sylvie in ihr Landhaus gefahren, das Reisen bereitete keinerlei Schwierigkeiten. Kurz danach hatten sie einen Autounfall, bei dem der Hund einen Schock erlitt, auch an den Augen leicht verletzt wurde. Es war ein kleiner chirurgischer Eingriff notwendig, der erfolgreich verlief. Aber die nächste Reise in den Süden – im August – wurde mit Sylvie eine echte Katastrophe!

Als sie immer mehr längere und für mich schwer verständliche Adjektive und Laute benutzten, um mir zu beschreiben, was Sylvie im Auto anstellte, ließ mich mein »französisch-englisch« im Stich. Hatte ich richtig gehört, daß sie von Porte Maillot, drei Kilometer von hier, gekommen waren? Ich schlug vor, daß wir gemeinsam eine kurze Autofahrt unternahmen, so daß ich mir ein eigenes Bild machen konnte.

Sie fuhren einen Citroen Safari, der über eine besonders weiche Federung verfügte, wodurch das Auto auf kurvigen Straßen stark ins Schwingen kommt. Wenn Sylvie wie wild von einer Seite zur anderen Seite sprang, erreichten wir den gleichen schwebenden Effekt, ohne überhaupt vom Bordstein loszufahren. Der Lärm, den Sylvie machte, war von dem Augenblick, da Monsieur Spanier seine Autoschlüssel aus der Tasche nahm, betäubend. Ich konnte das Problem sehr rasch sehen und hören, deshalb zogen wir uns direkt wieder in Patricks bequemen Beratungsraum zurück, um das Verhalten von Sylvie gemeinsam zu analysieren.

Sylvies Fall war interessant, sie wurde bis zum Alter von etwa einem Jahr ausschließlich aus der Hand gefüttert, hatte wenig Appetit, war verwöhnt. Plötzlich nach der ersten Hitze begann sie normal zu fressen. Sie war ein sehr liebevoller Hund, folgte ihrer Familie durchs ganze Haus, man konnte sie nie allein lassen oder sie begann Gegenstände zu zerstören. Auf Spaziergängen im Bois de Boulogne wurde sie freigelassen, aber sie blieb immer dicht bei den Menschen, spielte nie mit anderen Hunden, vor denen sie sich zu fürchten schien. Das Auto wurde für alle Ausflüge in den Park benutzt, weil es Familie Spanier wenig Spaß machte, zu gehen, und ihre Wohnung lag mehr als einen halben Kilometer vom Bois de Boulogne, deshalb hatte das Auto für Sylvies Leben schon von frühester Jugend an eine außergewöhnlich wichtige Rolle gespielt.

Sie waren bei ihrem Haustierarzt gewesen, dieser hatte Steroide (Hormone) von der Art verschrieben, wie ich sie manchmal für die Behandlung extremer Aggression von Hunden einsetze. Ich war recht verwundert, warum gerade dieses Medikament gewählt wurde, denn Sylvie war nicht kastriert, und gerade dieses Medikament ist dafür bekannt, möglicherweise Pyometra (Gebärmutterentzündung) auszulösen, den Geschlechtszyklus in Unordnung zu bringen. Ich war recht sicher, daß Sylvies Probleme nicht auf der medizinischen Seite lagen, daß sie vielmehr ein weiterer Idealfall war, um sie ausschließlich verhaltensmäßig umzustellen.

Der Rat, den ich Familie Spanier gab, war weitgehend der gleiche, den ich Besitzern autoverrückter Hunde generell gebe. Am wichtigsten ist, die Häufigkeit der Fahrten generell einzuschränken, insbesondere in Verbindung mit aufregenden Fahrten zu Spaziergängen im Park. Ich empfahl dringend, von jetzt an mit Sylvie zum Bois de Boulogne zu Fuß zu gehen. Monsieur Spanier war ein untersetzter, gut genährter Franzose, ich vermutete, auch er profitiere von zusätzlicher Bewegung! Dann empfahl ich weiter, Sylvie häufiger im Auto mitzunehmen, wenn nichts Besonderes anstand, etwa Fahrten zum Einkaufen. War ein Ausflug mit dem Auto unvermeidlich, sollte Sylvie erst grundsätzlich fünf bis zehn Minuten im Auto gelassen werden, ehe man sie für den Spaziergang heraus ließ. Ich demonstrierte, wie man sie so erziehen konnte, daß sie flach im Fußraum vor den hinteren Sitzen lag. Anfangs wurde sie so am Fußboden festgebunden, daß sie ihren Kopf nur etwa fünf Zentimeter bewegen konnte, dadurch reduzierte man ihr Gesichtsfeld auf die Welt ringsum. Hatte sich ihr Verhalten gebessert, konnte nach und nach die Leine immer um ein paar Zentimeter verlängert werden.

Dringend empfahl ich, eine unabhängigere und dominantere Beziehung mit Sylvie zu entwickeln. Ausgelöst durch die frühere Gewohnheit der Handfütterung hatten sie bei der Hündin ein Stadium von erlernter Hilflosigkeit und Abhängigkeit geschaffen. Sylvie war sicher kein zarter, übermäßig empfindlicher Dobermann, ein robusterer Lebensstil konnte ihr wirklich nichts schaden. Bei falschem Verhalten im Auto sollte ihre Strafe darin liegen, daß ihr genau die Dinge, an denen ihr am meisten gelegen war, verweigert wurden. Das bedeutete für Sylvie, sie alleine zu lassen, die Autofahrt zu verlangsamen oder gar anhalten. Monsieur Spanier bedankte sich mit vielen Worten für meinen Rat und brachte seine große Hochachtung für die Solidarität der Briten mit den Franzosen während des Krieges zum Ausdruck. Persönlich bin ich recht wenig daran interessiert, die gemeinsame Geschichte zurück bis zum Zweiten Weltkrieg zu verfolgen, aber natürlich bedankte ich mich für seine freundlichen Worte, gab Sylvie einen Klaps und gute Worte, in erster Linie um zu verhindern, daß ihr Herr zu sentimental über die Vergangenheit wurde.

Inzwischen war die Zeit für unser Lunch gekommen. Meine Reisen nach Paris stellen mir immer wieder die geradezu dramatischen Unterschiede zwischen Franzosen und Engländern vor Augen, wenn es ums Essen geht. Für mich ist Lunch ein gerade fünfminütiges »Gemisch von Sandwiches und Wasser«. Für Familie Payancé bedeutet es echte Beschäftigung – und der Knoblauch regte meinen Appetit an. Nie werde ich verstehen, warum wir Engländer so leben, wie wir leben – fanatisch bei der Arbeit – streng funktional beim Essen – wir könnten doch genauso leben wie die Franzosen! Höflich lehnte ich Wein ab, aber meine Halbherzigkeit wurde sofort von Patrick abgewiesen, der mir ganz einfach Wein eingoß.

Patrick erklärte mir, der erste Fall am Nachmittag habe seine besonderen Probleme; es handele sich um eine junge Dame, die uns zwei Monate zuvor in einer Fernsehsendung gesehen habe, sich aber für ihren Hund keine regelmäßige tierärztliche Betreuung leisten könne. Ich brachte meine Bedenken zum Ausdruck, in einem Fall ohne tierärztliche Überweisung tätig zu werden. Patrick stimmte gerade zu, daß wir hierzu weitere Erkundigungen einziehen müßten, als Monique Picet, begleitet von ihrem Freund mit Dick, ihrem aggressiven, einem Labrador ähnlichen Mischling eintraf.

Monique war eine winzige – höchstens vier Fuß große (122 cm) – zarte Frau, Mitte zwanzig, mit einem Buckel und freundlich zwinkernden Augen. Ihr Freund war ein schwarzer Bursche namens Gilbert, schien noch ein Teenager zu sein. Sie lebten in einem öffentlichen Heim, das seinen Einwohnern offensichtlich persönliche Verbindungen recht liberal gestattete. Tatsache war, sie lebten zusammen wie Mann und Frau. Gilbert war körperlich belastungsfähiger und kräftig, Monique Denker und Sprecher des Paares. Dick hatten sie vor etwa drei Jahren von den Zwingern des örtlichen Tierschutzvereins erworben. Es gab keine vorausgehenden Informationen über ihn, aber sie vermuteten, er sei etwa sechs Jahre alt. Schon vom ersten Augenblick an, als sie den Hund bekamen, war er anderen Hunden gegenüber sehr aggressiv, war aber gegenüber Monique, Gilbert und ihren Freunden immer sehr liebevoll. Tierärzten gegenüber war Dick ängstlich – er schien recht erleichtert, als Patrick seinen weißen Kittel auszog und nicht länger wie ein Tierarzt aussah.

Dick trug eine besonders abscheuliche, feingliedrige Halskette, die genauso funktionierte wie die Garotte (spanisches Halseisen) in einer Folterwerkstatt. Mein Krieg gegen die Würgeketten war im United Kingdom und den Vereinigten Staaten schon weit fortgeschritten, ich dachte, Dick biete eine gute Gelegenheit, meine Offensive jetzt auch in

Frankreich zu starten. Ich erklärte, wie sehr ein solches Halsband schmerze, demonstrierte seine Wirkung an Monique's runzligem kleinen Arm. Das Halsband hinterließ rund um ihr Handgelenk, wo es eingedrungen war, eine deutlich sichtbare rote Linie. Monique war schockiert, äußerte ihr großes Bedauern, daß Dick durch dieses Instrument möglicherweise Schaden genommen haben könne.

Wir zwängten uns alle zusammen in den schwarzen Mini von Patrick, und ab ging die Fahrt zum Park. Wir müssen im Bois de Boulogne einen ganz außergewöhnlichen Eindruck gemacht haben. – Es war Mai, so befanden sich Picknicker und Familien mit Kindern und Haustieren in großer Zahl im Bois. Dick wurde zum unumschränkten Gewaltherrscher, er grollte, stolzierte durch den Park, attackierte jeden anderen Hund, den er zu sehen bekam. Zu diesem Zeitpunkt hatte ich mein Kopfhalfter noch nicht fertig entwickelt, deshalb verwendeten wir noch immer eine langsamere, für die Sozialisierung von Hunden weniger wirksame Technik. Als erstes verbannte ich die Würgekette, ersetzte sie durch ein breites Halsband, das zumindest zwei seiner Halswirbel umspannte. An diesem Halsband befestigten wir eine Rolleine, sodaß Dick die Freiheit gewann, im Park umherzustöbern, auch mit anderen Hunden in Kontakt zu kommen. Schnell brachten wir dem Rüden das »Couche« (»Platz«) Kommando bei, setzten hierfür das drohende Klirren der überflüssig gewordenen Würgekette ein, warfen diese Kette als Wurfkette auf oder neben Dick, wenn er das Kommando nicht beachtete. Dem folgte sofort ein Leckerbissen und eine Annäherung genau zu dem vorher von ihm bedrohten Hund.

Monique und Gilbert mußte ich von der Wichtigkeit guter körperlicher Kontrolle und strengerer, dominanterer Haltung überzeugen. Das erste, was geändert werden mußte, war ihre Gewohnheit, andere Hunde möglichst zu meiden, dabei Dick im Rückzug hinter sich herzuziehen. Ich bat sie, mit Dick von mir wegzugehen, dabei immer zu versuchen, an anderen Hunden vermehrtes und positiveres Interesse zu zeigen. Selbst auf eine Entfernung von hundert Metern konnte ich einen Wechsel in Dicks Haltung erkennen – ganz offenes Erstaunen, daß sich die Regeln so verändert hatten.

Obwohl ich wußte, daß bereits ein anderer Patient wartete, hielt ich es für wichtig, die gemeinsamen Übungen fortzusetzen. Patrick erklärte sich freiwillig bereit, zur Klinik zurückzukehren, mit dem nächsten Fall bereits anzufangen, während ich bei Monique, Gilbert und Dick blieb. Die wichtigste Aufgabe, der ich mich gegenübersah, war, in Dicks Besitzern die Überzeugung aufzubauen und zu festigen, daß sie wirklich Erfolg haben konnten. Ich mußte sie überreden, ihre instinktive Reaktion zu unterdrücken, die darin bestand, immer den Hund in dem Augenblick zu streicheln, wenn er am hysterischsten und aggressivsten war. Mein französischer Sprachschatz war bei all den Versuchen, das zu erklären, was ich meinte, nahezu verbraucht. Es begann zu regnen, und wir mußten aufhören, aber ich versprach, sie bei meinem nächsten Besuch in Paris erneut zu sehen. Sie besuchten im nächsten Monat Patrick, und er berichtete mir über große Fortschritte. Er verschrieb eine Hormonbehandlung und ermutigte sie, die Therapie fortzusetzen. Später schickten wir ihnen natürlich auch ein Kopfhalfter, das erlaubte, daß die kleine Monique erstmals über Dick eine wirksame körperliche Kontrolle gewann.

Gemeinsam fuhren wir mit einem Taxi zurück in Patrick's Klinik. Er war mitten im Beratungsgespräch über die neun Jahre alte Katze Minet, die sich vor dem zwölfjährigen Sohn Stefan von Madame DuPont fürchtete. Diese Furcht hatte sich vor etwa vier Monaten plötzlich entwickelt. Kam Stefan von der Schule und zu den Wochenenden nach Hause, traute sich Minet nicht unter dem Bett von Stefan's Bruder hervor. Und Bruder

Gerard begann ziemlich ärgerlich zu werden, weil Minet bei verschiedenen Gelegenheiten dort ihr Geschäft verrichtet hatte, und Gerard's Nase war sehr empfindlich. Über die letzten paar Monate war Minet's Verhalten völlig zusammengebrochen; sie begann auch in der Küche zu koten, aber weder an ihrem Futterplatz noch in dem in dessen Nähe aufgestellten Katzenklo.

Dr. Payancé hatte bereits Blut- und Urinproben entnommen, war besorgt über vermehrt auftretende weiße Blutzellen und Kristalle im Urin. Zu dieser Zeit bekam die Katze vorwiegend Trockenkatzenfutter. Patrick befürchtete, Minet könnte an feline Urolethiasis Syndrome (FUS) erkrankt sein, einer sehr beunruhigenden Katzenharnleiterentzündung, die, wenn sie nicht sofort durch eine Kombination tierärztlicher Medikamente und Wechsel in der Fütterung behandelt wird, tödlich verlaufen kann.

Ich konnte keinen klaren Grund für Minet's völlig zusammengebrochenes Vertrauen finden; möglicherweise hatte die Katze innere Schmerzanfälle im Zusammenhang mit einer tatsächlichen FUS-Erkrankung. Und dies alles hatte man, völlig unbewiesen, Stefan zugeschrieben, nur weil er der geräuschvolle, aktive Teil der Familie war. Er war bestimmt kein böser Junge, und ich war ziemlich sicher, daß er die Furcht von Minet, die er zu allem sehr liebte, nicht auslöste. Es war ganz klar, daß alle Familienmitglieder sehr um Minet's Wohlbefinden besorgt waren.

Ich gab der Familie Minet's den Rat, auf die seltsamen Veränderungen nicht übermäßig zu reagieren, entwickelte eine konservative Strategie, die in Fällen mit etwaigen medizinischen Komplikationen in erster Linie auf zeitlichen Aufschub gerichtet ist. Man hatte über Medikamente oder homöopathische Behandlung diskutiert, ich sprach mich gegen beides aus. Dagegen empfahl ich, Minet's Interesse an der Gesellschaft von Stefan neu aufzubauen, gewisse offensichtlich positive Ereignisse dann eintreten zu lassen, wenn Stefan zugegen war. Als nächstliegendes sollte Stefan die Katze füttern und zwar fünf- bis sechsmal täglich, also doppelt so häufig wie gewohnt. Sie sollte mäßig hungrig gehalten werden, nur ungefähr vier Fünftel der bisher üblichen täglichen Futtermenge bekommen. Als Kontrastprogramm wurden Stefan's Mutter und Bruder Gerard gebeten, sich so wenig als möglich mit Minet zu befassen.

Ich war ziemlich sicher, daß die Verschmutzung des Hauses nicht einfach nur eine Reaktion auf Streß war, sondern auch mit der Nähe von Katzenklo und Futterplatzposition zusammenhing. Reinliche Katzen genau wie Minet zögern immer, ihre Geschäftchen in der Nähe ihres Futterplatzes zu verrichten. Gerade die Platzierung von Futter nahe dem Katzenklo ist wahrscheinlich der häufigste Fehler, der von Katzenbesitzern begangen wird. Ich bat sie, das Katzenklo in Badezimmer und Toilette aufzustellen. In der Regel gehören solche Dinge dorthin. Weiter schlug ich vor, Minet sollte ab und zu neben anderen Stellen rings im Haus genau dort unter Gerard's Bett, wo sie in jüngerer Zeit häufiger gekotet hatte, gefüttert werden. Dann gab es da das Problem der Reinigung. Es stand fest, Madame DuPont war eine besonders gute Hausfrau. Trotzdem erläuterte ich ihr die Wohltaten gerade biologischer, auf Enzymen aufgebauter Reinigungsmittel. Abschließend bat ich alle, sofort damit aufzuhören, sich so übertrieben um Minet zu kümmern, sich zu entspannen und zu versuchen, ihr Vertrauen wieder aufzubauen. Patrick war angenehm überrascht, als die Blut- und Urinwerte wieder normal wurden. Keinerlei Krankheitssymptome, deshalb war er zuversichtlich, daß Minet's Probleme nicht medizinisch begründet waren. Ich erhielt einen herzhaften Kuß auf die Wange, nicht nur einen, sondern drei — und war überzeugt, daß eine weitere nützliche Beratung hinter uns lag.

Es war ein wunderbarer Tag. Die Konzeption der Pariser Verhaltensklinik erwies sich für uns alle als vorteilhaft. Mir vermittelte sie Einblick in eine von meiner eigenen völlig unterschiedliche Kundschaft, Patrick bot sie eine vorzügliche Erfahrungsgrundlage, auf der er selbst seine eigene Verhaltenstherapie aufbauen konnte. Wir waren jetzt beide rechtschaffen müde, mußten aber zunächst unsere Berichte abfassen, weil ich genau wußte, hier würden wichtige Details vergessen, wenn ich damit wartete, bis ich nach England zurückgekehrt war.

Während des Dinners diskutierten Patrick, Katherine und ich nationale Vorurteile, mit denen Franzosen wie Engländer es liebten, jeweils die andere Seite abzuwerten. Der erste Eindruck meiner französischen Kundschaft war, daß sie wesentlich aufgeklärter waren, offensichtlich mehr bürgerlich ausgerichtet als die britischen Tierfreunde, die mich besuchten. Ihre Tierärzte waren erfahrener als ihre englischen Kollegen und mehr daran gewöhnt, die Meinung von Spezialisten einzuholen; sie bedienten sich häufig der Ergebnisse detaillierter klinischer Tests, die ihnen zur verläßlicheren Diagnose verhalfen. Natürlich spielt auch die Ernährung eine sehr wichtige Rolle. Französische Hunde und Katzen erhalten viel häufiger eine zuhause selbst zusammengestellte Nahrung als ihre britischen oder amerikanischen Kollegen. Die Behandlung von Haustieren in einem bestimmten Land öffnet ein interessantes soziologisches Fenster auf menschliche Gewohnheiten – und es gab keinen Zweifel, daß die Bewohner von Paris, denen ich begegnet war, ihre Haustiere sehr verwöhnten.

Der nächste Tag begann mit einer morgendlichen Beratung eines ruhigen Dozenten der Biochemie, Professor V, der an der Alfort Veterinary School in Paris lehrte. Er stellte uns Papyrus, einen schwarzen Zwergpudel vor. Seine Frau und seine 13jährige Tochter hatte er nicht im Schlaf stören wollen und zu Hause gelassen. Nur Akademiker und Verhaltenstherapeuten sind an einem Sonntagmorgen um 9.00 Uhr in Paris bereits aus den Federn. Während des ersten Teils der Beratung saß Papyrus auf den Knien von Professor V – und so oft ich ihn bat, den Hund auf den Boden zu setzen, schien dieser verunsichert und sprang sofort wieder zurück. Dies war offensichtlich auch zu Hause sein normales Verhalten.

Papyrus gehörte Tochter Dorothée, für die er von ganz besonderer Wichtigkeit war – gewissermaßen Brudersatz, denn sie war Einzelkind. Die Zwei lebten praktisch unzertrennlich mit der Ausnahme, wenn Familie V Papyrus doch zu Hause lassen mußte; bei solchen Gelegenheiten zeigte der Pudel alle Anzeichen der Trennungsangst, die sich besonders in Kläffen äußerte. Da er von Hause aus Kliniker, nicht Zoologe war, hatte Professor V sich des Problems zunächst medizinisch angenommen. Drei Medikamente hatte er ausprobiert – Imipramine, Trioxaline und Megestrol Acetate (Pruritex). Die ersten zwei Medikamente werden häufig eingesetzt, um Menschen zu beruhigen, Depressionen zu mildern; das letztere ist ein Steroid mit breiterem Anwendungsbereich, das wir manchmal zur Behandlung aggressiver Tiere verwenden. Ich konnte nicht verstehen, warum diese Medikamente überhaupt bei Papyrus ausprobiert wurden, seine Probleme entstanden doch ganz einfach aus einem Überfluß an Liebe.

Alle medikamentösen Behandlungen wurden ausgeschlossen, und ich empfahl, die Familie möchte Papyrus gegenüber eine mehr auf Abstand bedachte, unabhängigere Beziehung aufbauen – exakt auf der gleichen Linie, wie ich diese für unsere vielen anderen hundlichen Patienten verordnet hatte, die in zu enger Bindung zu ihren Besitzern standen. Als wir unser Beratungsgespräch abgeschlossen hatten, äußerte Professor V sein Erstaunen, daß er die Angelegenheit nicht selbst logisch durchdacht, statt dessen - natürlich erfolglos – versucht hatte, ganz einfach die Symptome zu unterdrücken. Er gab zu, daß es Tochter Dorothée wahrscheinlich am schwersten fallen werde, alle die geforderten Veränderungen in der Beziehung mitzumachen, da sie selbst von dem Pudel sehr abhängig geworden war. Professor V mußte nach Hause zurückkehren, ein ernsthaftes Vater-Tochter-Gespräch führen. Ich scherzte noch, in dieser Aufgabe sei er wahrscheinlich besser als ich. Durch unsere Konsultation hatten wir Professor V völlig neue Kenntnisse vermittelt, die er nunmehr selbst seinen Veterinärstudenten hinsichtlich Verhaltenstherapie bei Tieren weitergeben konnte. Dieses Thema steht heute immer auf seinem Vorlesungsprogramm.

Unser nächster Fall war Charles, ein Kater mittleren Alters, der auf die Idee verfallen war, Monsieur und Madame Georges – seine Besitzer – anzugreifen. Seine Lebensgeschichte war faszinierend. Ähnlich Sylvie reiste er an den Wochenenden durchs Land, hatte sich dabei immer gut verhalten. In der Ferienwohnung zog Charles auf Jagd nach Mäusen, Vögeln und Kaninchen, wurde eigentlich nur selten gesehen, bis er – auf wundersame Art – genau zu dem Zeitpunkt zurückkehrte, wenn man mit dem Auto die Rückfahrt nach Paris antrat. In Paris war sein Leben völlig anders, er wohnte in einem Apartement ohne Garten, nichts gab es zu tun, als dreimal täglich klein geschnittenes, rohes Fleisch zu fressen.

In Paris befielen Charles jeden Tag seltsame Launen. Er begann, bösartige Angriffe auf Menschen zu unternehmen, dabei waren Hände und Fußknöchel seine Hauptziele, aber bei einem schlimmen Angriff wurde auch das Gesicht von Monsieur Georges zerkratzt. Zuerst sah man in seinen Angriffen eine Art Scherz, jetzt kam es aber immer häufiger durch Zähne und Krallen zu ernsthafteren Verletzungen – dies alles mußte ein Ende haben! Im Haushalt von Familie Georges lebten keine Kinder oder ältere Verwandte, anderenfalls hätte ich höchstwahrscheinlich empfohlen, Charles einschläfern zu lassen.

Meine Diagnose lautete, daß der Kater auf das Unterbinden seiner normalen Beuteinstinkten recht ungewöhnlich reagierte. Auf Katzen wie Charles stoßen wir nur sehr selten – die meisten passen sich bemerkenswert gut dem geschützten Leben im Haus an. Mein Rat war kurz und einfach. Charles sollte im Spiel seine Jagdinstinkte ausleben, hierfür brauchte er besonderes, mit Katzenminze attraktiv gemachtes Spielzeug. Katzenminze löst bei ganz wenigen Katzen geradezu bizarre Aggressionen aus, dies ist aber eine nur selten auftretende Nebenwirkung. Wir mußten ganz einfach Charles testen und dann weitersehen. Insgesamt sollte das Leben für ihn wesentlich interessanter, anregender gemacht werden. Ich schlug vor, daß dem Kater beigebracht werde, auf einen kleinen Tisch zu springen, dort sein Futter zu fressen – und zwar auf Distanz zu Monsieur und Madame. Die Erziehung sollte mit einem Händeklatschen beginnen, dies war das Signal, alle Mordgedanken gegenüber Herrchen und Frauchen aufzugeben, stattdessen über das Futter nachzudenken. In der Zusammensetzung der Fütterung wurde rohes Fleisch durch Büchsenkomplettfütterung mit niedrigem Proteingehalt ersetzt. Abschließend empfahl ich Charles beim nächsten Angriff dadurch zu strafen, daß er mit kaltem Wasser bespritzt würde. Charles wurde mit Sicherheit dadurch nicht über Nacht zum Pazifisten, aber zumindest waren seine Besitzer zufrieden, daß sie den neuen biologischen Hintergrund dieses Problems erkannt hatten, dadurch jetzt auch den Kater in gewissem Umfang wieder unter Kontrolle bekamen.

Die Annehmlichkeiten von Paris außerhalb der Klinikräume von Patrick begannen uns wieder anzuziehen – wir waren schon viel zu lange im Haus! Ich wollte hinaus, mir ein eigenes Bild machen, was die Franzosen so mit ihren Haustieren unternehmen. Diese Gelegenheit ergab sich nach dem Lunch durch einen Hausbesuch bei Baron de W., der mit seinen zwei sich immer wieder streitenden Dachshunden Probleme hatte; Toffee war dreizehn Jahre, William gerade acht Monate geworden. Sicherlich würden sie sich gut betragen, wenn man sie zu uns in die Klinik brächte, wären wir deshalb so freundlich, Baron de W. zu Hause zu besuchen? Unsere Vertrauenswürdigkeit wurde durch die Concièrge des Wohnblocks kritisch geprüft. Baron de W. wohnte in den Außenbereichen von Montparnasse nahe der Avenue du Leclerc. Etwas echt Zeitloses ist um die auf die Regierungszeit König Edwards zurückgehenden Pariser Apartements, keine Konzessionen an ein farbenreiches Dekor, auch keine Teppiche oder gar moderne Lifts! Stattdessen gebeiztes Holz, rasselnde Seilzuglifts mit blanken Messingsteuerungsgeräten, an denen ein Flugpilot seine helle Freude hätte. Glücklicherweise konnte Patrick herausfinden, in welches Stockwerk wir uns anheben ließen.

Der Baron hatte ein ruhiges Zuhause. Wenn man die Teppichfläche ansah, über welche die Hunde sich verbreiten konnten, hätten wir uns genau so gut auf einer Farm befinden können. Die Hunde verbreiteten sich wirklich, bespritzten jede Ecke und jedes Möbelstück mit Urin. Alles war reiner Frieden und Harmonie gewesen bis William hinzu kam; und drei Monate später, mit seiner sexuellen Reife – wurden die Dinge immer schlimmer.

Der Baron war eine Persönlichkeit, welche die Welt nur in rosaroten Farben sah. Nach meinem Eindruck war er durch seine übergroße Langmut stark gefährdet. – Er bestellte Kaffee und Kuchen und zeigte uns mit aller gebotenen Rücksicht den »Grande Salle« (Wohnraum). Dann hatte die Baronin ihren großen Auftritt, und wir machten es uns gemütlich, um die Hunde zu beobachten. Der alte Toffee machte es sich auf dem Schoß der Baronin gemütlich, William sprang auf die Knie des Barons. Diese Paarbildung erfolgte nicht zufällig. Der Baron liebte die Furchtlosigkeit des jungen William, der jedermann gegenüber freundlich war, nichts mehr liebte, als auf dem kleinen Besitztum in der Provence auf Kaninchen- oder Rattenjagd zu ziehen. Toffee war zarter, liebte allen Komfort und ganz besonders seine Herrin. Bei den Zweikämpfen erging es ihm schlecht, obgleich die Kampfnarben nicht besonders ernst aussahen. Die Baronin und der Baron waren aber durch ihren Tierarzt gewarnt, beim nächsten Zweikampf könnte möglicherweise der alte Toffee nicht überleben. Toffee zeigte auch schon gewisse Persönlichkeitsveränderungen, ja sogar Haarausfall, was der Tierarzt auf chronischen Streß zurückführte.

Um uns das Problem besser zu demonstrieren, wurden beide Hunde auf den Boden gesetzt, worauf William plötzlich erstarrte, drohend auf Toffee blickte. Toffee bemühte sich, so schnell wie möglich wieder auf den Schoß der Baronin zu kommen, und als die Baronin auf meine Bitte ihm das Aufspringen verwehrte, nahm er Zuflucht unter dem Sessel. Langsam stolzierte William in Richtung Toffee, in diesem Augenblick drückte ich auf meinen Ultraschallalarm, weil ich fürchtete, der Kampf könnte jederzeit ausbrechen. Sofort trennten sich die Hunde. Aber die Baronin zitterte wie Espenlaub, was mich von da ab veranlaßte, meine Klienten immer im voraus zu warnen, wenn irgendeine Wahrscheinlichkeit bestand, daß ich dieses Alarmgerät eventuell benutzen mußte.

Kaffee, Kuchen, Früchte, ein Fotoalbum über Hunde und viele andere wurden dann von dem pflichtbewußten Hausmädchen herbeigefahren, das sofort wieder hinausgeschickt wurde. Unsere Augen trafen sich, und ich glaubte, eine stille Verwunderung zu entdecken, daß sie aus unserem Gespräch ausgeschlossen wurde, das nach allem sie ebenso viel betraf wie ihre Arbeitgeber. Bei den bisherigen sieben Beratungsgesprächen in Frankreich war ich mit drei Familien zusammengekommen, die Dienstpersonal beschäftigten. Alle diese Angestellten wurden auf eine Art behandelt, die heute in England nicht länger toleriert würde. Zeit für eine neue Revolution – dachte ich.

Wir wandten uns wieder Toffee und William zu. Natürlich traten durch die Notwendigkeit, den Rangstatus der Hunde zu verändern, insbesondere hinsichtlich der Unterordnung des älteren Hundes Komplikationen auf. Die Baronin konnte nur sehr schwer davon überzeugt werden, daß ihr geliebter Toffee in wichtigen Lebensangelegenheiten als Zweiter behandelt werden sollte, unter keinen Umständen durfte er gar kastriert werden. Nachdem aber ein Sherry sie etwas aufgewärmt hatte, gab sie doch meinem Vorschlag nach, räumte ein, daß es langfristig doch wohl im Interesse aller sein könnte.

Der Baron stimmte begeistert zu, war sich vollbewußt, daß diese Strategie voll in seinem und dem Interesse seines Lieblings William lag. Viel weniger gefiel ihm mein nächster Vorschlag, William sollte eine Hormonspritze bekommen, um dadurch seinen dominierenden Status möglichst wieder so zu wandeln, wie er bis zur Pubertät war. Käme William dann überhaupt noch für die Zucht in Frage, was im nächsten Jahr oder so ernsthaft geplant war? Ich antwortete, daß ich sicher sei, daß bis dahin alles wieder in Ordnung wäre, nachdem diese Injektion abgebaut sei.

Wir besprachen alle Einzelheiten, die beiden Besitzern mehr Kontrolle über beide Hunde sicherten. Ich unterstrich die Notwendigkeit, keinesfalls Eifersucht auszulösen, keiner der Hunde durfte in Anwesenheit des andern übertrieben gelobt oder gestreichelt werden. Wie die anderen Klienten, die ich an diesem Wochenende traf, hatte auch die Baronin beide Hunde zu »alternativen Therapeuten« gebracht einschließlich »Mesotherapie«, eine Form von Akupunktur in Verbindung mit Homöopathie. Ich geriet leicht in Verlegenheit, weil Patrick im falschen Augenblick in lautes Gelächter ausbrach, als der Baron und die Baronin uns die Theorie der Mesotherapie erklärten. Höflich brachte ich mein Interesse zu diesem Thema zum Ausdruck, zeigte mich enttäuscht, daß ich über keinerlei persönliche Erfahrung darin verfügte. Der Baron versprach, mir alle Details zuzusenden, auch Informationen, wo ich Kurse besuchen könnte, um auf diese Art als Erster bei den Tieren in England auch Mesotherapie einsetzen zu können.

Recht zufrieden mit den Ergebnissen unseres Wochenendes kehrten Patrick und ich nach Hause zurück, hatten viel Freude an einer Familienparty, die auch mir zu Ehren veranstaltet wurde. Dann ging es hinaus auf den Charles de Gaulle Airport mit seinem techno-futuristischen, materialistischen Erscheinungsbild. Dies war die andere Seite von Frankreich, die große Liebe zu modernen und mechanischen Dingen. Über die nächsten drei Jahre folgten viele Pariser Wochenenden, die »Clinique Comportementale« wurde zu einer regelmäßigen monatlichen Veranstaltung. Gleichzeitig erhielt ich aber immer mehr Arbeitsverpflichtungen in den USA. Wie meine Frau Vivienne völlig vernünftig darlegte – konnte ich nicht überall gleichzeitig sein. Bis dahin hatte aber Patrick genügend Erfahrungen gesammelt, um kompetent alleine diese Veranstaltungen fortzusetzen, brauchte meinen Rat nur noch in ganz besonders schwierigen Fällen.

So kam es, daß ich über die nächsten zwei Jahre meine Aufmerksamkeit stärker nach den USA ausrichten konnte. Häufig wohnte ich bei meinen Freunden Doug und Bardy McLennan in Westport, Connecticut. Zu anderen Zeiten durchquerte ich auch die volle Länge und Breite der Vereinigten Staaten, hielt Vorträge auf Veterinär-Symposien, bei

Tierschutzvereinen, vor im Zoofachhandel beschäftigten Mitarbeitern und trat häufiger auch bei Radio- und Fernsehveranstaltungen auf.

Mein erster Patient in den USA war ein Dobermann in Detroit. Nacho haßte das Reisen im Auto, hatte angefangen, auf Hundeausstellungen wie welkes Laub zu zittern. Zuvor hatte er gemeinsam mit seiner Herrin Katie Bonner Ausstellungen geliebt. Alles war in Ordnung – wenn sie zu Fuß zur Ausstellung gingen. Da sie aber zehn Meilen außerhalb des ausgedehnten Zentrums von Detroit wohnten, gab es kaum eine Gelegenheit dazu. Katie lebte mit ihrer Mutter auf einem großen Besitz, der in seinem überwiegenden Teil den Erfordernissen der vier Dobermänner angepaßt war. Beide gaben zu, daß sie in diese Hunderasse geradezu vernarrt waren. Nacho's Furcht vor Autos berührte natürlich nicht nur seinen Besuch von Hundeausstellungen – seine gesamte Lebensqualität begann darunter zu leiden. So entschloß ich mich, dieses Problem anzugehen, indem ich eine langsame, sorgfältige Desensibilisierungstechnik einleitete. Ich begann mit meiner Arbeit im Garten der Familie Bonner und benutzte einen Buick Kombi als Ausbildungsfahrzeug.

Als erstes warfen wir den drei anderen Hunden zum Nachjagen ein Spielzeug in die offene Heckklappe des Kombis. Nacho hielt sich beiseite, beobachtete das verrückte Trio, das normalerweise auf das Heck des Fahrzeugs beschränkt war. Jetzt verteilten sie sich über das ganze gepflegte Wageninnere. Ich zog an der Leine, versuchte Nacho zu überreden, vorwärts zu gehen. Aber fünf Meter vor dem Fahrzeug hielt er an, man hätte ihn nur mit Gewalt näherbringen können. Ich fuhr jetzt den schwarz-glänzenden Jeep, den meine Gastgeber in Detroit, Rosie und David Welch, mir für meine Zeit in dieser hübschen Stadt ausgeborgt hatten, auf den Hof. Vielleicht entsprach ein Jeep im Vergleich zu einem einfachen Kombi mehr Nacho's Neigungen – und es erwies sich tatsächlich als leichter, ihn zum Heck dieses Fahrzeugs zu führen und hineinzuheben. Ich ließ ihn wieder herausspringen und gab ihm eine Belohnung. Wir montierten die Hintersitze des Jeeps heraus, stellten sie auf den Boden, so daß Nacho sich darauf legen konnte. Dann erfanden wir ein neues Spiel; er mußte einen Ball einfangen, ihn uns zurückbringen, sich dann auf die Sitze setzten und warten. Bald hatte er es begriffen, kam gut damit zurecht, rutschte über die trockenen Herbstblätter und ruinierte die Polsterung der Sitze im Jeep meiner Freunde. (Vor meiner Heimkehr zu Rosie und David besorgte ich mir Trockenreinigungspulver!)

Nach den ersten Fortschritten mit Nacho bewegten wir die Sitze immer näher an den Jeep. Schließlich bauten wir sie wieder ein und veränderten das Spiel so, daß er in und aus dem Jeep sprang. Dann konzentrierten wir unsere Aufmerksamkeit mit gleicher Zielsetzung auf den Buick. In der Zwischenzeit begann ich den wahren Hintergrund des insgesamt größeren Problems von Nacho zu verstehen. Er war zweifelsohne Katie's Favorit, sie liebkoste und tröstete ihn, wann immer er Furcht zeigte. Als einige laute, halb betrunkene Nachbarn auf der Straße erschienen, sah ich die andere Seite von Nacho. Er konnte bei solchen Gelegenheiten auch zum seinen Besitz schützenden Tyrannen werden, der Besucher erfolgreich in die Flucht schlug. Aber wie die meisten Dobermänner bellte er mehr als er biß. Wir brachten Nacho in den Buick, unternahmen eine kurze Fahrt, während der ich seinen Herzschlag prüfte. Sein Herzschlag lag deutlich über normal – 150 bis 160 Schläge je Minute gegenüber 100 im Ruhezustand. Ich versprach, mich mit dem Tierarzt kurz zu schließen, um ein Beruhigungsmedikament zu empfehlen – einen Beta-Blocker, der den Herzschlag verlangsamte. Nach einer Kombinationstherapie von verhaltensformender Erziehungstechnik, Änderungen der persönlich emotionalen Haltung von Katie und Einsatz von Medikamenten gewann Nacho auf der Sommer-Championship-Show sein CC (Anwartschaft zum Championat). Dieser Erfolg beeindruckte seine Besitzer sogar noch mehr als mich.

Nach New York zurückgekommen begleitete ich meinen guten Freund und Kollegen in Tierpsychologie Dr. Peter Borschelt auf einen Hausbesuch in ein Appartement im 13. Stock. Hier erwartete uns ein Shih Tzu, der nicht alleine bleiben wollte. Ließ man Leila alleine zurück, geriet sie ganz einfach in Panik. Wie viele andere Hundebesitzer, die ich in der ganzen Welt angetroffen habe, neigt auch Mrs. Schindler dazu, ihre Liebe im falschen Augenblick weiterzugeben. Zum Beispiel liebelte sie ihn ab, direkt ehe sie das Haus verließ – und strafte ihren Hund, wenn er es am wenigsten verdiente – etwa bei der Rückkehr, wenn sie den angerichteten Schaden entdeckte oder die Beschwerden der Nachbarn über einen laut jaulenden Hund hörte. Es gelang mir »Fliege an der Wand zu spielen«, mich überhaupt nicht um Leila zu kümmern, als Peter und ihre Herrin das Appartement verließen. Wir hatten beobachtet, daß es Leila in keiner Weise beunruhigte, wenn ihre Herrin in Pantoffeln in den Keller oder einen Vorratsraum ging. Zog sie sich aber an, um auszugehen, überfiel den Hund nackte Angst.

Wir näherten uns dem Schlüsselereignis, das in Leila Verzweiflung auslöste, es bestand im Umgang von Mrs. Schindler mit Schlüssel und Türschloß. Schloß sie den Schlüssel nur einmal um, blieb Leila entspannt; drehte sie ihn zwei- oder gar dreimal, fingerte herum, um den Einbruchsalarm einzustellen, überfiel Leila Panik. Dies ist ein Syndrom, das ich seither immer wieder feststellen konnte – eine vorausschaubare Verhaltensfolge des weggehenden Besitzers löst bei seinem Hund Panik aus.

Die nächsten paar Tage verbrachte ich mit Peter, wir durchwanderten das Manhatten der Hochhäuser und die überfüllte Bronx. Ein Gang über die Straßen erschien wie eine endlose Kette von Gefahren, Chaos und Schmutz. Dies stand in seltsamen Kontrast zu der geordneten Existenz der im Überfluß lebenden Bewohner, zu denen Hochgeschwindigkeitslifts uns straßenmüde Therapeuten transportierten. Für meinen Freund Peter gibt es keinen Segen grüner Felder und sicherer Parks, um seine Arbeit auszuführen. Viele seiner Kunden haben überhaupt kein natürliches Verhältnis zu Tieren, das wir doch im allgemeinen bei englischen und europäischen Tierbesitzern finden. Mrs. Schindler war genau so wie viele unserer amerikanischen Klienten, denen wir helfen konnten, völlig unabhängig davon, ob sie gerade in den USA lebten oder auch über kürzere Zeitabschnitte in England. Diese Amerikaner haben jede Verbindung zur Natur verloren, ihre Hunde werden wie kleine Menschen behandelt, verwöhnt und bewundert, solange sie den unrealistischen Vorstellungen der ihnen zugedachten Rolle entsprechen – als Liebhaber, Kind, Polizist oder Gemahl. Die Idee, Hunde hätten ein völlig anderes Gefühls- und Denkvermögen als Menschen, kommt wie eine völlig neue Enthüllung über solche Tierbesitzer. Glücklicherweise machen nicht alle Amerikaner diesen Fehler, insbesondere, wenn sie etwas abseits von den Zentren in einer kleinen Stadt in den USA leben.

Ich war zur Teilnahme an einem Veterinärkongreß in Los Angeles, auch um alte Freunde aus meiner Zeit auf der Devon Farm zu besuchen, die nach Südkalifornien ausgewandert waren. Ehe ich England verließ, bat mich die Leiterin der Tierabteilung bei Harrod's, doch nach einem Paar Jack Russels zu sehen, die sie an Sam Bowman, den Manager von Rod Stewart, verkauft hatte. Ich hatte bereits in London Besuch von Sam, als Rod Stewart im Wembley Stadion auftrat, Zik und Zak kannte ich aber nur von Fotos, die er mir gezeigt hatte. Zik, etwa dreijährig, war der ältere; Zak der auf einer weiteren London-Reise als Gesellschafter für Zik gekauft wurde, war ein Jahr jünger. Die Hunde lebten immer in Gesellschaft des im Haus wohnenden Mädchens Maria, deren Hauptaufgabe die Betreuung der Hunde war.

Das Schicksal war zu Zik und Zak freundlich gewesen, wenn man davon absieht, daß ihr Besitzer Sam über lange Zeit mit Rod Stewart auf Reisen war. Sie konnten sich darauf verlassen, von »Dad« regelmäßige Postkarten und bei seiner Rückkehr erstaunliche Geschenke zu bekommen. Sie verließen nie den Besitz von Sam, der einige Acres Umland und innerhalb des Hauses große Flächen mit Teppichen und Kacheln umfaßte. Die Hunde konnten in Sam's Bett hinein und heraus, wie immer es ihnen einfiel, sie konnten gekühltes Wasser aus einem Vorratsbehälter in der Küche trinken, von Maria leckeres Futter erbetteln und sich dann in der Hitze des Tages auf den honigfarbenen Kacheln abkühlen, die einen riesigen, im Haus gelegenen Swimming Pool umgaben. Einem Jack Russell, der gewöhnlich auf Bauernhöfen lebt, der gezüchtet wurde, um Kaninchen zu jagen, mußte dies als ein nahezu paradiesisches Leben erscheinen. Trotzdem gab es ein wichtiges Verhaltensproblem – eine Art Zwang, Löcher in die Teppiche zu graben.

Sam gehörte zu jenen freundlichen Hundebesitzern, die nicht einmal im Traum daran denken, ihre Hunde zu bestrafen – und ganz bestimmt nicht, weil sie eben ein paar Teppiche angekaut oder zerkratzt haben. Trotzdem waren beide, er wie Maria zunehmend beunruhigt über den Ärger und die Kosten, die durch die Reparatur der vielen Flecken, die in den dicken Teppichen wie Maulwurflöcher wirkten, entstanden. Es war kein System oder Grund zu entdecken, warum die Hunde gerade an der Stelle, nicht an einer anderen ihre Löcher gruben. Zik – so hatte man festgestellt – war der Hauptschuldige, und er grub auch nur, wenn Sam unterwegs war. Natürlich war das Leben, wenn Sam zu Hause war, für alle Beteiligten viel aufregender. Dies führte mich zu dem Schluß, daß es ganz alleine Langeweile war, die das Grabeverhalten auslöste. Meine Erfahrungen mit zahllosen Jack Russells in ihrer natürlichen Umgebung – zumeist auf schmutzigen englischen Äckern, verliehen mir die Autorität zur Feststellung, Zik und Zak äußerten nur ihr ererbtes Verhalten, das sie veranlaßt zu graben, um interessanten Dingen unter der Erde nachzugehen.

Meine Aufgabe war es, Zik und Zak von ihren teuren, terroristischen Abenteuern abzubringen, ihnen gleichzeitig aber alle die angenehmen Vorteile ihres zivilisierten Hollywood-Lebensstils zu erhalten. Dementsprechend entwickelte ich ein Programm, das den Hunden gerade etwas mehr Unabhängigkeit brachte, insbesondere ein bis zwei Tage, ehe Sam zu einer Reise aufbrach. Ich trat für mehr Spaziergänge der Hunde auf den Hollywood-Hügeln ein; diese waren zwar trocken und sandig, mit vielen feindlichen, stachligen Pflanzen, bildeten dennoch eine angemessene Kompensation dafür, nicht mehr im regnerischen England zu sein. Der Gärtner wurde zu regelmäßigen Spaziergängen mit Zik und Zak angewiesen, da Sam nicht viel Begeisterung zeigte, selbst mit seinen Hunden zu gehen.

Wie aber das Graben abgewöhnen? Ich empfahl, Sam sollte einen großen, tiefen Sandkasten anlegen – genau von dem Typ, in dem meine Kinder nur zu gerne spielen würden.; in diesem Sandkasten sollten jeden Tag ein oder zwei Knochen, eigens hierfür von dem Metzger auf dem Wilshire Boulevard besorgt, versteckt werden. Mir gefiel auch überhaupt nicht, daß es keinerlei gezieltes gemeinschaftliches Spiel für die Hunde gab, deshalb schlug ich vor, den Hunden therapeutisches Gummispielzeug zu beschaffen, dem sie nachjagen durften – ganz genau so, als würden sie in ihrer alten Heimat auf Rattenjagd gehen.

Was sollte mit den Teppichen geschehen? Ich überprüfte sie sorgfältig auf Anzeichen irgendwelcher Lebewesen und erwartungsgemäß entdeckte ich Silberfische, kleine Insekten. Es stellte sich heraus, daß die Jack Russell in Sam's Teppichen winzigen Lebewesen nachjagten – Ersatz für fehlende Jagdmöglichkeiten auf größere, wild lebende Beutetiere. Sam wurde ein guter Freund und zum nächsten Konzert von Rod Stewart in London schickte er uns vier Freikarten. Das zum Ertauben bringende Grab, in welches sich das Wembley Stadion während eines Rockkonzertes verwandelt, schien weit entfernt von dem eigenartigen Lebensstil, den Zik und Zak in Hollywood genossen.

Hauptziel meines jüngsten Besuches in Südafrika war eine Vorlesungsreise vor Tierärzten, aber sie gab mir auch die Gelegenheit, soziale und kulturelle Überlieferungen vieler ethnischer Gruppen in diesem Land kennenzulernen. Wenn schon das Leben für die Menschen, die in einem Vorort wie Soweto leben müssen, hart ist, – was war dann erst mit ihren Tieren? Hatte die traditionelle Haltung der schwarzen afrikanischen Bevölkerung den Tieren gegenüber den Prozeß der Urbanisation und den Einfluß der Weißen überlebt? Ich war sehr glücklich, diese Frage selbst erforschen zu können.

Der erste Teil meiner Reise führte mich vorwiegend vor weiße Zuhörerschaften, Tierärzte wie auch Persönlichkeiten des Öffentlichen Lebens. Meine Vorträge waren außergewöhnlich gut besucht, ich war überrascht, daß so viele Menschen in Südafrika schon etwas über unsere Arbeit gehört hatten. Diskussionsrunden erbrachten einen ähnlichen Querschnitt an Verhaltensproblemen von Tieren, wie ich auch in anderen Ländern gewohnt war, die Diskussionen hielten mich immer nach dem Ende meiner Vorlesungen noch einige Stunden fest. Bei den südafrikanischen Fragestellern gab es aber ein völlig ungewöhnliches, immer wieder auftretendes Thema – das Verhalten der Hunde von weißen Besitzern gegenüber Schwarzen.

Eine Dame beschrieb einen charakteristischen Fall, der das Problem gut umreißt. Sie besaß eine Kerry-Blue-Terrier-Hündin, die nach ihren Worten alle Schwarzen angriff – mit Ausnahme ihres Dienstmädchens, dem die Hündin gestattete, das Haus zur Arbeit zu betreten. Die Hündin erlaubte aber dem Mädchen niemals, die Küche zu verlassen, wenn die Besitzer außer Haus waren – so wurde die arme Frau zur Gefangenen in der Küche ihrer Arbeitgeber. Auf der anderen Seite wurde der Gärtner von der Hündin abgelehnt, ganz gleich, ob die weiße Familie anwesend war oder nicht. Bei einem schrecklichen Unfall vor kurzem hatte er im Garten gearbeitet, als der Hund plötzlich aus dem Haus stürzte. Der Gärtner versuchte, über den Stacheldraht, der den Besitz umgab, zu entkommen, wurde dabei vom Hund am Gesäß festgehalten.

»Was kann man tun, um diese Abneigung des Hundes gegen Schwarze unter den heutigen Umständen im neuen Südafrika zu verändern?« Diese Frage enthielt geradezu tragikomische Elemente, auf die ich – um die Lacher auf meiner Seite zu haben – leicht hätte ausweichen können, ich tat es aber nicht. Ich hatte bereits von ähnlichen Situationen gehört, denen sich andere Hundebesitzer in Südafrika gegenüber sahen, die im großen und ganzen nach meinen Vorstellungen in ihrer Haltung durchaus keine widerlichen Rassisten waren. Die meisten schienen echt den Wunsch zu haben, die Haltung ihrer Hunde zu ändern. Ich erklärte, daß Wildhunde vielerlei Schlüsselreize und Signale wahrnehmen, um zu bestimmen, wer Mitglied ihrer sozialen Gruppe ist und wer nicht. In der Natur bestehen diese Signale aus einer Kombination visueller und stimmlicher

Zeichen, möglicherweise gibt es auch einen Gruppengeruch oder einen Duft, der sich aus gemeinsamer Umwelt und gemeinsamer Ernährung ergibt.

Unter den verschiedenen Rassegruppen in Südafrika gibt es beachtliche Unterschiede in Ernährung, Kleidung und allgemeinem Lebensstil, die Haushunde unschwer unterscheiden können, hinzu kommen die offensichtlichen Unterschiede der Farbe. Der rote Faden meiner Analyse war, daß Hunde, die Weißen gehören, im allgemeinen andere Weiße als weniger fremd ansehen, möglicherweise gar als Mitglieder des gleichen Rudels, während sie Schwarze als Außenseiter behandeln.

Ich bat um Gelegenheit, die Fragestellerin persönlich zu besuchen, ihrer Einladung folgte ich am nächsten Tag und kam in eine außerordentlich schöne Vorstadt von Johannesburg. Für mich bedeutete dies ein interessantes Lernerlebnis, traurig mußte ich am Ende meines Besuches aber das Gefühl mitnehmen, daß das Problem gerade dieses Hundes wahrscheinlich nie sicher gelöst werden kann. Der Haß der Hündin gegenüber dem Gärtner und gegenüber jedem anderen schwarzen Besucher war total. Da sie ein Terrier ist, wäre es unwahrscheinlich, daß sie auf unsere sanftmütigen Techniken (gently-gently techniques) einer Verhaltensänderung ansprach. Natürlich wollte ich die Dame keinesfalls in Verzweiflung zurücklassen, vielmehr ihren Wunsch – unabhängig von den Rassen –, allen Menschen gegenüber tolerant zu sein, nachhaltig unterstützen. Wir statteten deshalb Tequila, die Terrier-Hündin, mit einem Beißkorb aus, baten N'Guli, den Gärtner, sie auf einen Spaziergang auszuführen. Der Gärtner schien wegen einer solchen Bitte sehr verlegen, gab aber letztendlich doch meinen ermunternden Worten nach. Ich lachte wohl für alle so ansteckend, daß das Ganze zu einer Art Party wurde. Als die beiden zurückkamen, ließen wir Tequila von der Leine und beobachteten ihre Reaktionen auf N'Guli. Die Hündin war wiederum recht eklig, der Gärtner erschrak sehr, obwohl der Hund einen Maulkorb trug. Ich bat, die Spaziergänge auch künftig fortzusetzen, später sollte der Gärtner auch versuchen, die Hündin zu füttern. Tequila's Besitzerin unterstrich, daß völlig außer Frage stehe, daß kein Familienmitglied je mit oder ohne Absicht den Hund ermutigt hätte, schwarze Menschen anzugreifen; sie gab aber zu, daß dies möglicherweise früher, ehe sie die Hündin erwarb, der Fall gewesen sein könnte.

Ich hatte gute Gelegenheit, auch das andere Gesicht Südafrikas kennen zu lernen, als ich einen Arbeitstag mit den Tierärzten und Mitarbeitern vom Tierschutzverein (SPCA) in Johannesburg verbrachte. Eine Gruppe in Soweto unter der Führung von Dr. Lesley Lunn leistet fantastische Arbeit. Sie kümmern sich um viele Pferde, Rinder und andere Tiere, die von den Schwarzen entweder zur menschlichen Ernährung oder – häufiger – als Lasttiere gehalten werden. Innerhalb der schwarzen Bevölkerung in Soweto liegt die Kriminalitätsrate verhältnismäßig hoch, Hunde werden zum Schutz des Eigentums – manchmal auch des Lebens – gehalten. Auf diese Art haben sie die gleiche Aufgabe wie die Hunde im Besitz der glücklichen Weißen in ihren geräumigen Vorstädten.

Neben den tierärztlichen Mitarbeitern des Hospitals in Soweto und ein paar Polizisten besuchen nur recht wenige weiße Südafrikaner je Soweto. Mir wurde von meinem schwarzen SPCA-Führer Enos Mofakate versichert, daß es für mich wenige Monate zuvor ziemlich gefährlich gewesen wäre, durch diese Stadt zu fahren und das fremde Leben zu beobachten. Nie hatte ich während meines Besuches das Gefühl, irgendwie in Gefahr zu sein – alles was ich empfing waren Freundschaft und Gastlichkeit.

Enos Mofakate nahm mich auf einen Besuch bei einem Kohlenhändler in Soweto mit, der billige Kohle verkaufte, welche zwar die Leute warm hielt, aber die Luft verpestete.

Auf dem Kohlenhof rastete ein schwarzer Schäferhundmischling aus, prallte gegen die Seite unseres Wagens, auf der ich saß, nicht Enos Mofakate. Es war völlig klar, hierbei handelte es sich um einen ganz gezielten Angriff gegen mich – wahrscheinlich aufgrund der Hautfarbe, denn die Fenster des Wagens waren geschlossen.

Der Hund wurde angekettet, so konnte ich mir Pferde, Rinder und Hunde ansehen, zuhören, welche praktischen Ratschläge Enos über Tierpflege, Parasitenkontrolle und Ernährung gab. Diese afrikanischen Hilfstierärzte, aus denen sich die Mehrheit des Mitarbeiterstabs der SPCA zusammensetzt, arbeiten ähnlich wie die chinesischen barfüßigen Ärzte. Ihnen stehen nur wenige Mittel zur Verfügung, auch nur eine bescheidene Ausbildung in der Wissenschaft der Veterinärmedizin. Aber durch ihren Enthusiasmus, ihre Neugier und ihre Hingabe an den Tierschutz haben sie enorme Erfolge.

Ich möchte hinzusetzen, mit der Durchschnittsqualität der Fürsorge, mit der die Tiere in Soweto betreut werden, war ich recht zufrieden. Gelegentliche Beispiele von Grausamkeit oder Vernachlässigung sind meist durch fehlendes Wissen, fehlende Mittel und ungeeignetes Futter ursächlich bedingt. Ich traf in den landwirtschaftlichen Gebieten von Südafrika auf die gleiche Situation – hier sind Haushunde oft fester Bestandteil des Haushalts, teilen weitgehend Lebensverhältnisse und Probleme ihrer menschlichen Gefährten. Sie dienen auch vielen gleichen Aufgaben wie die europäischen Haushunde. Die Hunde finden Einsatz bei der Jagd, man ist stolz auf ihr Äußeres, sie verbellen Eindringlinge, sind auch durchaus bereit zu beißen, wenn es eng wird. Hier muß ich hinzusetzen, diese Hunde erfüllen unverändert eine lebensnotwendige Funktion, die Hunde schon über Jahrhunderte im ländlichen Afrika ausfüllten, auch in vielen anderen Orten, wo es kein funktionierendes Abfallversorgungssystem gibt. Sie beseitigen Abfall und menschliche Fäkalien, recyclen diese in harmlosen Hundedreck.

Im extremen Kontrast zu meinen Erfahrungen in Afrika steht mein Besuch in Montreux an den Ufern des Genfer Sees in der Schweiz, wo ich vor kurzem eine im Ruhestand lebende Dame mit ihrem Pudel besuchte. Madame war eine Lady von eindrucksvollen Proportionen in ihren späten fünfziger Jahren, ihr leidenschaftliches Interesse galt der Sammlung von Kunst und Schmuckornamenten. Ihr Ehemann war ein international berühmter Dirigent, der sich bei meinem Besuch gerade auf Konzertreise befand. Madame erzählte mir, ihr Gatte habe für Hunde wenig Sympathie, könne ihre Liebe zu der kleinen Hündin Minty nicht wirklich verstehen.

Die Hauptbeschwerde über Minty war, daß sie im Haus urinierte – richtiger an den falschen Stellen innerhalb des Hauses. Die Minty zugewiesene Toilette war die Duschtasse, die in Madame's Studio installiert war. Minty zog es aber vor, sich andere Stellen zu suchen, etwa unter dem Flügel, im Schlafzimmer, in den Ecken der Empfangshalle und in vielen anderen Winkeln und Ecken rings im Haus. Wann eigentlich – frug ich naiv – erledigte Minty ihre Geschäftchen draußen? Wir befanden uns gerade in einem Appartement im dritten Stockwerk, und ich sah nirgends einen Hinweis, wie man der Hündin leichten Zugang zum Park ermöglichte, so daß sie auch im Garten frei laufen konnte. Nur einen Steinwurf entfernt lag das einladende Ufer des Genfer Sees, und ich hoffte, daß hier genügend Platz sei, daß sich Minty außerhalb des Hauses lösen konnte.

Madame erklärte mir, daß sie früher einmal in London gelebt habe, dort seien alle Straßen offensichtlich so schmutzig und voller Krankheitskeime, daß diese für Minty viele Gefahren mit sich brächten. Damals in London war Minty noch ein Junghund, ein Tierarzt hatte empfohlen, die Hündin im Haus zu halten, bis die Schutzimpfungen gegen die Alltagserkrankungen der Hunde wirksam waren. Es war Madame angenehm, daß sich Minty so schnell daran gewöhnte, ihre Geschäftchen auf Zeitungspapier zu erledigen, dadurch gab es überhaupt keine Notwendigkeit mehr, sie spazieren zu führen. Nebenbei, würde man sie ausführen, könnte sie nicht nur mit Hundekrankheiten angesteckt werden, sondern auch Schmutz an ihren Pfötchen hereinschleppen und über das ganze Appartement verteilen. Während Madame mir dies alles erklärte, lag sie in einem japanischen Kimono auf dem Boden. Natürlich brachte ich zum Ausdruck, daß ich für ihren Abscheu, auf Teppichen mit Hundeschmutz zu liegen, volles Verständnis habe. Aber ich frug sie, ob eigentlich der Schmutz von draußen lebenden Hunden auf irgendeine Art weniger angenehm sei als der von Minty selbst, der auch während unseres Gesprächs rings im Appartement verteilt lag. Madame versicherte mir, daß Mintys Schmutz absolut o. k. sei. »Zumindest kann sie keine jener so unangenehmen Erkrankungen einschleppen, die bei Kindern Blindheit auslösen!« Sicher ist es in diesem Zusammenhang erwähnenswert, daß Mütter gegenüber den schmutzigen Windeln ihrer eigenen Babys immer eine viel höhere Toleranz haben als bei den Windeln anderer Leute Kinder!

Über dem Garderobenständer befand sich ein kleiner Fink, in einem gläsernen Käfig. Dieser Vogel war in völlig realistisch aussehende Vegetation eingebaut, aber offensichtlich ein Präparat. Das Tier sah in seinem Tod recht abgetragen aus, es fehlten Federn und seine Beine waren geschrumpft. Aus Neugier frug ich die Besitzerin von Minty, wo sie den Vogel her habe. Madame erklärte mir, dies sei ihre Mimi gewesen, sie sei mit ihr auf Konzertreisen durch die ganze Welt gereist, selbst bis nach Afrika – »wo – wie sie sicher wissen werden – Dr. Moogiford – hinsichtlich Import von wilden Tieren ganz strikte Gesetze herrschen.« »Aber wie brachten Sie den Vogel an den Beamten der Landwirtschaftsabteilung auf dem Flughafen vorbei?« Ich frug ganz unschuldig, wußte genau, daß die Importvorschriften Amerikas für Tiere – insbesondere freilebende Tiere – so streng wie überall in der Welt sind. Madame erzählte mir, daß sie in kritischen Augenblicken Mimi ganz einfach zwischen ihre Brüste gesteckt habe, wo der Vogel ruhig, zufrieden und sicher vor Entdeckung über die paar Minuten gelegen habe, die sie brauchten, um den Zoll zu passieren.

Jetzt erkannte ich genau, daß ich es mit einer ganz eigenen menschlichen Persönlichkeit zu tun hatte, die Tiere ganz anders sah als ich selbst. Ich schaute auf die Gemälde, welche sie geschaffen hatte – die meisten befaßten sich mit der Natur. Bei näherer Prüfung jedoch stieß ich auf von Menschen bestimmte Themen: ein Blumenarrangement, eine geschnittene Rose, einen Tiger im Zoo. Das Grundthema war immer das gleiche – Inbesitznahme und Kontrolle durch den Menschen. Die arme Minty saß im gleichen Boot, und ich bezweifelte meine Fähigkeiten, die strengen Glaubensgrundsätze dieser Dame über die alles bestimmende Hygiene oder die Rechte von Tieren auf ein mäßig freies Leben ändern zu können. In solchen Augenblicken muß ich Konzessionen machen, und meine war, daß man täglich mit Minty in die Hügel von Vaudoise fahren solle, zu einem freien Auslauf in den Weinbergen, wo nicht so viele andere Hunde spazieren geführt wurden. Auf diesen Spaziergängen konnte Minty wie ihre Herrin notfalls Überschuhe tragen – erklärte ich näher – wenn tatsächlich immer Furcht bestehe, man könnte dabei irgendeine unangenehme Kontakterkrankung einschleppen.

Ich vermittelte Madame die goldenen Regeln über Erziehung von Hunden zur Stubenreinheit mit nachdrücklicher Betonung der Belohnung, wenn Minty's Herrin ihr gutes Verhalten beobachten konnte. Außerdem empfahl ich eine Ernährungsumstellung und so weiter. Es hätte mir eigentlich viel Vergnügen bereiten müssen, bei meiner Schweizer Klientin zu sein, aber wie bei einigen anderen in diesem Land bin ich oft durch ihren übertriebenen Ordnungssinn, Reinlichkeit und Kontrollen depremiert. Selbst von in der Schweiz lebenden Hunden kann man nur erwarten, daß sie ihr natürliches Verhalten ein wenig unterdrücken, um den Überforderungen ihrer Besitzer gefällig zu sein. Nach meiner Vorstellung ist es gerade die Offenheit, Unschuld und Natürlichkeit von Hunden, die einen gesunden Gegenpol zu den seltsamen Vorstellungen bieten, unter denen die in der Stadt lebenden Menschen überall leiden.

XV Exotika

Meinen ersten Zoo besuchte ich im Alter von sieben Jahren. Dies war der alleraufregendste Tag meines ganzen jungen Lebens, und mit großen Augen voller Staunen beobachtete ich die Tiere, die ich selbst in Büchern nie zuvor gesehen hatte (wir hatten zu Hause keinen Fernseher). Wenn ich heutzutage einen Zoo besuche, verlasse ich ihn immer zutiefst bedrückt. Diese Stimmungsänderung ist nicht allein Sache meines Alters – bei dem allgemeinen Nachdenken über Recht oder Unrecht, wilde Tiere in Gefangenschaft zu halten – ist es zu einer fundamentalen Veränderung gekommen. In meiner Haltung werde ich noch durch die Tatsache bestärkt, daß meine eigenen Kinder im Vorschulalter bei Zoobesuchen offensichtlich die Tiere vergleichsweise weniger interessant fanden als die Spielplätze, Souvenirläden und andere Unterhaltungen, wie sie heute allgemein in Zoos installiert sind.

Ich besuche sehr viele Zoos – oft auf Einladung der Direktion, um bei der Behandlung bestimmter Tiere zu helfen, und heute besonders häufig in meiner Eigenschaft als Berater der gemeinnützigen Hilfsorganisation »Zoo Check«. Diese Einrichtung wurde geschaffen, um angemessene, höhere Anforderungen für das Wohlergehen der Tiere in Zoos durchzusetzen.

Leidenschaftlich trete ich für das Recht wilder Tiere ein, ihr Leben frei von menschlichen Eingriffen leben zu dürfen. Ich argumentiere stets gegen den Handel mit wilden Tieren, völlig unabhängig davon, ob sie an Zoos geliefert, in Leder, Pelz, Fleisch oder Horn »umgewandelt« werden, oder ob die Tiere zur Unterhaltung oder Bequemlichkeit von Menschen in Wohnungen gehalten werden. Es ist eine seltsame Anomalie, daß die europäischen und nordamerikanischen Länder ihre eigenen Wildtiere sehr viel besser schützen als exotische Wildtiere, die aus tropischen Ländern importiert werden. In England war es beispielsweise recht populär, Lurche, Singdrosseln, Eichhörnchen und dergleichen in Gefangenschaft zu halten. Heutzutage sind unsere Vögel durch das Gesetz voll geschützt, dürfen weder gefangen, gehandelt, noch in Käfigen gehalten werden. Ausländische Wildtiere haben weder nach britischen noch amerikanischen Gesetzen solche Rechte, deshalb können Papageien, Finken, indische Mynah-Vögel nach unserem Gesetz ebenso leicht wie seltene Fische, Amphibien und Reptilien frei gehandelt werden. Ich habe keinen Zweifel, daß Wildtiere größere Rechte haben als Haustiere, obwohl Haustiere verletzlicher sind, voll von den Menschen abhängig, die sie halten. Domestizierte Gesellschaftstiere wie der Hund geben uns interessante Einblicke in eine natürliche Welt. Dieses Argument versagt aber völlig, wenn wir ein Wildtier in einen Käfig sperren, an eine Kette legen oder durch einen Wassergraben abtrennen. Zumindest unsere Haushunde, Hauskatzen und Pferde sind halb in Freiheit, können sich fast natürlich verhalten, während ein eingesperrtes Wildtier durch seine falsche Umgebung zum Krüppel wird. Heute muß es absolute Priorität sein, alle ökonomisch möglichen Veränderungen beim Einsatz vieler Zoogebäude und Käfige durchzuführen – ich hoffe, sie alle werden im kommenden Jahrzehnt weitgehend von Wildtieren geleert werden.

Die Organisation Zoo Check wurde von Virginia McKenna, ihrem Ehemann Bill Travers und ihrem Sohn William gegründet. Im Jahre 1988 luden sie mich ein, der Gesellschaft beizutreten. Es war ihnen völlig klar, daß die Verhältnisse, unter denen viele Wildtiere in Zoos gehalten werden, zu schweren Verhaltensstörungen führen müssen, die Behandlung erfordern. Das am verbreitetsten auftretende Symptom im Bereich der Fleischfresser, Primaten (Affen) und Elefanten sind die Bewegungsstereotypien (starr festgelegte Bewegungsabläufe), ruckartige Bewegungen von Kopf und Körper – als Zwangshandlungen in der Regel im Gleichklang zur Schrittfolge. Solch gestörtes Verhalten interessiert mich besonders auch bei Hunden und Pferden, und ich nehme das Verdienst für mich in Anspruch, eine mäßig erfolgreiche erste Therapie für solche Tiere geschaffen zu haben. Wenn sich dies bei Haustieren bewährt, warum sollte es dann jenen armen eingesperrten Bären, Affen und Elefanten nicht helfen?

In die düsteren Seiten der in britischen Zoos lebenden Wildtiere wurde ich von Virginia McKenna und William Travers eingeführt, als sie mich auf eine Reise zum städtischen Zoo in Dudley nahe Birmingham mitnahmen, um uns dessen Eisbären und einen afrikanischen Elefanten anzusehen. Es war schrecklich! Wir beobachteten eine einsame Elefantenkuh, ausgerechnet »Flossy« genannt; ausdauernd und unbeirrt schritt sie über am Boden liegendes Heu und ihre eigenen Ausscheidungen – dies waren auch die einzigen körperlichen Gegenstände, die dem armen Tier zur Verfügung standen, um sie mit seinem empfindsamen Rüssel zu berühren und zu bewegen. Flossy's einzige Aktivität bestand darin, herumliegende Dinge über sich selbst und die Besucher zu schleudern. Ihre Lebensverhältnisse hatten sich durch den Tod ihres Lebensgefährten vor sechs Monaten dramatisch verschlechtert. Die arme Flossy war jetzt völlig unleidlich geworden, sie lebte unter unbeschreiblichen Verhältnissen, und es schien auch kein Wärter zur Hand zu sein, der ihr als Ersatz ihres Gefährten Gesellschaft leistete. Nie kam jemand in ihren Stall. Dieser war dunkel und schmutzig, immer kalt, die Gitter verrostet und scharf.

Wir gingen hinüber zu den Eisbären, die in einer tiefen Grube lebten. Ein bescheidener Schwimmgraben war mit schmutzigem Wasser gefüllt, die übrige Umgebung bestand aus blankem Beton. Der männliche Eisbär Pipiluk schien körperlich in kraftvoller Kondition zu sein, aber er schritt und zog unermüdlich seine immer gleichen Bahnen. Seine Gefährtin Mosa führte einen beeindruckenden Wechseltanzschritt auf, der mich durch seine Präzision faszinierte. Nicht einmal eine Gruppe Elstern, die unter ihren Nasen Futterreste stahlen, lenkte beide Tiere von ihrem unaufhörlichen Tanz ab. Es ging ihnen wie dem Elefanten, es gab nichts anderes zu tun als einen so verrückten Tango aufzuführen. Ich befand mich in Dudley nicht etwa auf Einladung, sondern mehr zu einer Art Einführung über den Grad des Mißbrauchs von Tieren, worüber ich zuvor nicht genügend nachgedacht hatte.

In strömendem Regen, der ganz zu meiner Stimmung paßte – fuhren Virginia, William und ich dann zu einem kleinen Privatzoo. Es war, als betrete man ein Leichenhaus, Stücke toter Tiere lagen hier und dort, nicht gefressene Knochen und Gerippe waren überall verstreut. Löwen wateten durch einen See von gelbem Schlamm. Die Käfige waren winzig, boten nicht einmal Gelegenheit, sich voll auszustrecken, ganz geschweige von natürlichen Bewegungen. Ein Lemur (Halbaffe) lebte in einem Käfig, der teilweise aus einer Teekiste zusammengebaut war, mit einem losen Dach aus galvanisiertem Eisen, das im Wind klapperte. Gerade als wir uns Notizen machten, bedrückt von all diesen Schreckensbildern, die wir entdeckt hatten, kamen ein paar untersetzte, kräftige Gentlemen auf uns zu. Ihnen waren Virginia und William als »Geißel« der Zoodirektionen nur zu bekannt. Man forderte uns auf, das Gelände zu verlassen. Dies war ihr Recht – es handelte sich um einen Privatzoo. Obwohl wir unser Eintrittsgeld bezahlt hatten, gab uns das nicht automatisch Recht, hier zu sein.

Auf der Rückreise war ich abwechselnd wütend, dann wieder zutiefst niedergeschlagen über all das, was wir gesehen hatten, insbesondere, als man mir sagte, dies alles sei nur die Spitze eines Eisberges des Mißbrauchs der Tiere, der sich auf alle Zoos dieser Welt erstreckte – einschließlich dem ganzen übrigen England. Ich wußte, daß auch in der Vergangenheit Einzeltiere ausgestellt wurden, so zum Beispiel Guy, der einsame Gorilla im Regent's Park. Das Ausstellen von ein oder zwei Exemplaren jeder großen Tierart war das sehr unvollkommene Erbe eines Zookonzepts aus viktorianischen Zeiten. Aber sicherlich hatte sich doch in unserem durch mehr Wissen erleuchteten Jahrhundert einiges verändert? Offensichtlich nicht!

Meine berufliche Verbindung zu Zoo Check begann kurz danach, als in Zusammenarbeit mit der Gesellschaft das armselige Schicksal der zwei Eisbären im Zoo von Bristol durch die »Mail on Sunday« aufgedeckt wurde. Ich las viel über die Naturgeschichte von Eisbären und bereitete mich auf eine Zusammenkunft mit Nina und Misha in Bristol vor, die in Anwesenheit von Direktor Geoffrey Greed erfolgen sollte.

In Bristol kam ich wie ein Biologe auf Safari an, im Gepäck Notizblocks, Stoppuhren, Kameras und dergleichen. Ich brauchte mich nicht zu bemühen, weil die Verhaltensmuster, die ich hier antraf, mit wenigen, einfachen Sätzen zusammengefaßt werden konnten. Sie wiederholten, wiederholten und wiederholten sich. Bei unserer Ankunft stand die Fütterungszeit kurz bevor, der Wärter sagte uns, hierbei seien die Bären immer »am schlimmsten«. Misha bewegte sich auf der oberen Ebene, schritt von links nach rechts, rechts nach links. Sein Kopf schnellte immer in dem Augenblick nach oben, wenn sein linker Vorderfuß den Boden berührte. Nina hatte einen anderen Bewegungsablauf im hinteren Bereich ihrer Höhle, eine Art »Vorwärts-Rückwärts-Shuffle«. Über die nächsten eineinhalb Jahre lernte ich Nina und Misha ziemlich gut kennen, stellte dabei Veränderungen dieser Bewegungsabläufe fest, wobei sie auch manchmal die Rolle tauschten. Aber an jedem einzelnen Tag blieben im allgemeinen ihre Vorstellungen weitgehend konstant.

Die Bärengrube in Bristol zwingt die menschlichen Besucher, auf die Tiere herunter zu schauen. Die Bären zeigten wenig Interesse, bemerkten mich möglicherweise gar nicht, als ich oben über ihnen erschien. Später fand ich jedoch heraus, daß sich die Bären nach Ende der Besucherzeit um fünf Uhr Nachmittags, wenn der Zoo verlassen war, auch für Dinge außerhalb ihres Gefängnisses aus Beton und Wasser interessierten. Es war ein echtes Gefängnis, die Bären konnten sich nur in eine dunkle Höhle zurückziehen, dort etwas Ruhe voneinander und von der Welt ringsum finden.

Plötzlich regnete ihr tägliches Futter von oben auf sie herab – getrocknete Hundefutter Pellets, mit Sicherheit nicht gerade das, was man für einen Seehundejäger wohl erwartet. Die webenden Schritte hörten auf, wurden ersetzt durch ein erniedrigendes Herumsuchen nach dem Hundefutter. Dies war für sie das Hauptereignis des Tages, für mich aber spiegelten sich darin einfach alle versäumten Gelegenheiten. Alles war abnorm! Nichts in ihrem Umfeld war beweglich, alles nur fest und hart. Das Wasser sah schmutzig aus, wurde auch wahrscheinlich nicht zum Schwimmen benutzt. Obgleich dies Tiere sind, die normalerweise auf arktischen Eisschollen leben, wo immer ein ferner Horizont zu sehen ist, gab es in dem Zoo in Bristol keinerlei horizontale Aussicht, mit Ausnahme gegen eine strukturlose Wand. Aber am allerwichtigsten erschien mir die Futterfrage. Natürlich ist es keine politische Forderung, Tiere sollten für ihr Futter auch »arbeiten«. Vielmehr ist es ganz einfach Tatsache, daß komplizierte Fleischfresser wie Eisbären tagtäglich Stunden mit Jagen, Auflauern und Einhergehen verbringen – alles in Vorbereitung des riesigen Sprungs auf ein glückloses Beutetier. Will man solche Tiere in der Gefangenschaft zufrieden halten, muß man sich Gedanken machen, wie man ihren Grundinstinkten Betätigung bietet. Alle Literatur über das Wildleben unterstreicht gerade die Verspieltheit von Eisbären, sowohl untereinander wie auch mit Gegenständen in ihrer Umgebung. Diese Tiere bedürfen immer neuer Anregung, ganz genauso wie andere komplizierte Tiere, die auf solche Art ihre Jagdgeschicklichkeiten schärfen und erhalten. Die arme Nina und der arme Misha hatten überhaupt nichts, womit sie spielen konnten.

Ich wurde in das Büro von Mr. Greed gebeten, fand in ihm einen angenehmen und interessierten Zuhörer meiner einleitenden Analyse über das Verhaltens von Eisbären. Eine Erklärung, die ich zu hören wünschte, kam von ihm recht schnell, nämlich daß dies die letzten Eisbären seien, welche der Zoo in Bristol je halten werde. Mr. Greed und ich kamen schnell auf einen gemeinsamen Nenner, und ich akzeptierte, daß hier ein Mann in der Verantwortung stand, der eine sehr schwierige Situation aus einer früheren Zeit »geerbt« hatte. Damals wurde allgemein akzeptiert, daß man Tiere einfach ausstellte, ohne Sorge dafür zu tragen, daß sie ihre natürlichen Instinkte ausübten, ohne Rücksicht auf die für ein natürliches Verhalten zwingenden Anforderungen.

Ich begann ihm meine Vorstellung genau darzulegen, wie ich dies auch gegenüber Besitzern meiner Hundepatienten mache. Meine Vorschläge enthielten eine bunte Mischung von Veränderungen der Tierhaltung, Ernährung, Ausbildung, Umgestaltung der Umgebung, soziale Umgruppierung, medikamentöse Therapie, Gesundheitsvorsorge und anderes mehr. Selbst ohne eigene Grundlagenforschung um diese bemerkenswerte Tierart war es offensichtlich, daß grundlegende Veränderungen notwendig waren. Insbesondere schlug ich vor, daß die Bären künftig für ihr Futter arbeiten sollten. Beispielsweise durch Einfrieren von Fischen in große Eisblöcke, dann konnten die Bären mit dem Eis spielen, es nach und nach zerschlagen, um an die Köstlichkeit im Eis zu kommen. Dann brauchten die Tiere Spielzeug – Gegenstände, die auf dem Wasser schwimmen, vom Boden abfedern, klappern und sich zusammendrücken ließen. Ich schenkte Nina und Misha Hundespielzeug, das sich schon als bemerkenswert hilfreich bei gestörten Bullterriern und Rottweilern erwiesen hatte. Würde dieses Spielzeug den Zerstörungen kraftvoller Bärenpranken standhalten? Es war einen Versuch wert – alles Denkbare war es wert, ausprobiert zu werden.

Die Ernährungsfrage ist für die Zoos immer besonders schwierig. Weitgehend beruhten die Fütterungsregeln noch auf Vorstellungen aus viktorianischen Zeiten, was damals für diese Tiere als gut angesehen wurde. Vieles davon steht im Widerspruch zu modernen wissenschaftlichen Erkenntnissen. Hundefutter ergänzt durch einige Fleischbrocken, dies wurde an Nina und Misha verfüttert – so etwas hatte man immer Bären gefüttert und überhaupt, lebten Bären in der Wildnis nicht gänzlich von Seehundefleisch? Ich stellte klar, daß Seehundekörper zumindest 30 % Fettgehalt haben, und daß es sich dabei noch um eine ganz besondere Art Fett handelt. Wenn man der Behauptung »man ist, was man ißt!« Glauben schenkt, wäre zu beachten, daß Seehunde recht ölhaltigen Fisch fressen, z. B. Heringe oder Makrelen. Diese enthalten niedrig siedende Fette, hohe Vitaminbestandteile A und E; dies ist etwas ganz anderes als Fette mit hohem Schmelzpunkt, wie man sie bei Rindern, Schafen und anderen Weidetieren antrifft. Dann führte ich an, daß man häufig an Sommertagen Polarbären dabei beobachtet habe, daß sie alles verfügbare Grünzeug aufnahmen. Haben sie die Möglichkeit, fressen sie arktisches Weideholz, Baumflechte, nehmen auch Seetang auf, der durch Stürme hochgewirbelt wird. Im Zoo mußte Gelegenheit geschaffen werden, die Bären mit einer Vielfalt an Futterstoffen zu versorgen. Meine frühere wissenschaftliche Forschung über Fütterungsverhalten hatte gezeigt, daß eine derartige Vielfalt der Schlüssel zum Freßvergnügen ist.

Die Reise nach Bristol erwies sich als erfolgreich, war keine vergeudete Zeit; bald hörte ich, daß die meisten meiner Empfehlungen befolgt oder in Kürze angewendet würden. Der Gedanke, daß Nina und Misha jetzt für den Rest ihres Lebens unter wesentlich verbesserten und interessanteren Lebensbedingungen gehalten würden, freute mich sehr. So groß war die Publizität rund um ihren Fall, daß 10 000 Pfund für Verbesserungen der Haltungsverhältnisse von vierzehn Eisbären in sechs anderen Zoos in England aufgebracht wurden.

In Wirklichkeit wurde der Großteil dieser Spenden für eine akademische Studie über gestörtes Verhalten von Bären ausgegeben, anstatt für praktische Verbesserungen ihrer Haltungsverhältnisse. Zu meiner großen Enttäuschung veröffentlichte im Herbst 1990 die University Federation of Animal Welfare (UFAW) einen Bericht, der hervorhob, daß zwar noch immer alle in England lebenden Eisbären gestört seien, man könne sie aber weiter aufgrund ihres erzieherischen und unterhaltenden Wertes in Zoos halten. Ich stehe in krassem Widerspruch zu diesen Feststellungen, und in der Zwischenzeit müssen die Eisbären weiter leiden.

Bei meinem letzten Besuch im Zoo von Bristol im September 1990 fand ich Nina apathisch, mit ihren eigenen Exkrementen bedeckt, herumliegen. Sie hatte allen Willen zum Leben aufgegeben, und ich konnte sie verstehen. Misha fuhr fort, seine Tischpolka zu tanzen, nur unterbrochen von wildem Viertakt-Quickstep in der Dunkelheit seiner Höhle. Spielzeug, meist Wegwerfplastikabfall, wurde nicht regelmäßig ausgewechelt; es gab einen alten Eichenbalken für die Bären zum Kauen, das Wasser war erneut schmutzig, und in der Ernährung war man auf Hundefutter rückfällig geworden! Es war, als wären alle die Bemühungen über die letzten zwei Jahre völlig vergeudet. Trotzdem haben wir die Eisbären nicht aufgegeben.

Meine Bemühungen um Eisbären vertieften sich in Häufigkeit wie Intensität, heute sehe ich mich praktisch gezwungen, jeden Zoo mit Einrichtungen für diese armen Geschöpfe zu besuchen. Die Situation der meisten dieser Tiere ist erschreckend ähnlich – stereotypes »Weben« ist der »normale Teil« ihres Zoorepertoires, viele leiden an Zahnproblemen durch abgenutzte, gesplitterte oder infizierte Zähne, andere haben sich selbst verstümmelt, und sind bedeckt von unbehandelten Wunden. Die tierärztliche Betreuung eines armseligen Eisbären ist von der Behandlung eines armen Pudels recht verschieden – jedesmal, wenn diese Tiere ein Medikament oder Behandlung brauchen, müssen sie eingefangen, ruhig gestellt werden, jede Narkotisierung bringt immer das Risiko des Todes mit sich.

Mein schlimmster und dennoch interessantester Zoobesuch fand im September 1990 statt. Ich war beauftragt, der Auswanderung von Mosa und Pipiluk zu folgen, dem Eisbärenpaar, das ich zuletzt im Dudley Zoo und danach noch im Regent's Park beobachtet hatte. Man hatte sie nach Kattowitz in Polen übersiedelt, wo Pipiluk vor kurzem an einer zufälligen Vergiftung gestorben war. Mosa lebte in Polen unter Verhältnissen, welche zurückkehrende englische Touristen als Hölle auf Erden beschrieben. Ich schickte dem Direktor ein Telex, kündigte an, daß ich bereits abgereist sei, ihm meinen Rat anbiete, verbunden mit finanzieller Hilfe durch Zoo Check, um das Schicksal von Mosa zu verbessern.

Kattowitz ist eine rauhe Bergarbeiterstadt im Süden von Polen, voller Umweltverschmutzung, seit 1920 wurden wenige neue Gebäude errichtet. Alles ist zerfallen und grau, die Menschen zeigen die gleichen Anzeichen von Ausbeutung und Zerfall wie die Gebäude. Selbst das Wetter hatte sich verschworen, trug zur trüben Stimmung bei – es scheint eigentlich immer zu regnen, wenn ich Zoos besuche. Man stelle sich meine Überraschung vor, als ich von dem Direktor und seinen Zootierärzten, Dr. Zielinski und Lander, als Besucher willkommen geheißen wurde. Zunächst war die Atmosphäre zwar noch etwas angespannt, aber als sie verstanden, daß ich ausschließlich am Wohlergehen ihrer Tiere interessiert war, erwärmten sie sich sofort für meine Mission. Über die nächsten zwei Tage gewährte man mir jede erdenkliche Hilfe, jede Tür stand mir offen. Kein Zweifel an ihrer Aufrichtigkeit!

Dr. Lander fuhr mich zu den Eisbärenkäfigen. Noch immer regnete es, und ich konnte die erlesene Schönheit des Silesian Country Parks nicht sehen, der den Zoo umgibt. Sofort erkannte ich Mosa wieder, obgleich sie sich unserer zwei kurzen Treffen in Dudley und im Regent's Park sicher nicht erinnerte, wo sie und Pipiluk über zwei elende Jahrzehnte gelebt hatten. Die Bärin hatte Gewicht angesetzt – ja sie sah sogar aus, als könnte sie tragend sein. Ihr Fell war in bester Herbstkondition, die Bärin war sauber, ihre Umgebung makellos. Aber ihr Umfeld war räumlich sehr beengt, gerade 75 m^2, aufgeteilt in zwei kleine Höhlen mit einem diese untereinander verbindenden Fluchtweg. Nichts in ihrem Leben war weich oder bewegte sich, alles widersprach dem Wissen und den Ratschlägen, die ich für die Anreicherung der Umwelt dieser majestätischen, komplizierten Lebewesen erarbeitet hatte.

Man brachte mich dann zu dem abgegrenzten Lager, darin lag eine zweite verdrießlich und depremiert schauende Eisbärin namens Margaret. Margaret hatte über ihre vierundzwanzig Lebensjahre zwölf gesunde kleine Eisbären geboren, bemerkenswerter Weise waren alle männlich. Ich glaube nicht, daß das Fehlen von Töchtern Margaret beunruhigte, da die Kleinen ihr immer direkt nach der Geburt weggenommen wurden. Zumindest hatte sie aber mehr kleine Eisbären geboren als die englische Mosa, die in ihrer Zeit im Regent's Park sechs Schwangerschaften hatte. Alle endeten mit Totgeburten, Infektionen oder mütterlicher Vernachlässigung. Dies sind klassische Anzeichen von tierischem Streß! Meine polnischen Gastgeber waren über meinen Wunsch, im Regen weiter bei den Tieren zu bleiben, erstaunt, ich wollte ganz einfach beobachten, filmen und die näheren Lebensumstände dieser zwei Bären niederschreiben.

Rund um die Eisbärenkäfige kam es zu einer ganzen Ansammlung von Wärtern – alles wohlmeinende Herren und eine Lady, deren ganzes Glück von dem Fortbestand des Zoos abhing, die diesen Tieren alle Gefühle des Mitleids entgegenbrachte. Pflanzenfressende Tiere wie Tapire, Kamele und Bison wurden genauso wie Haustiere auf Farmen und kleinen Bauernhöfen in diesem Teil von Polen behandelt. Sie alle waren in guter Verfassung, möglicherweise in besserer als eine ganze Reihe von Tieren, die ich in England besucht hatte. Aber Raubtiere sind schon ihrer Definition nach gefährliche Tiere – in öffentlichen Zoos braucht man ganz einfach komplizierte Sicherheitsmaßnahmen, Betonhöhlen und feste Gitterzäune.

Ein so armes Land wie Polen kann es sich schwerlich leisten, solche Sicherheitsmaßnahmen hinter den in Augenhöhe errichteten hübschen Wassergräben mit verborgenen Elektrozäunen, Spikes auf dem Fußboden und all den anderen Tricks des Zoogeschäftes zu verstecken. Für Margaret und Mosa blieb flacher, nackter Beton, eine Wassermulde und direkter Augenkontakt zu den Besuchern auf einen Abstand von nur ein bis zwei Metern. Für diese Bären gab es kein Versteck, weder voreinander, noch vor Menschen oder Kamelen und anderen Pflanzenfressern, die in peinigend kurzer Distanz auf den Wiesen weideten. Die Bären hatten auch keinen bequemen Ruheplatz, keine Möglichkeit zum jagdlichen Spiel, keinen Schutz vor Wintertemperaturen bis herab zu Minus 30 Grad Celsius oder sommerlicher Hitze bis zu 40 Grad Celsius; sie verfügten nicht einmal über ein Dach, das sie gegen Regen, Schnee und dergleichen schützte.

Ich war erstaunt, daß diese Tiere durch den Londoner Zoo, der noch immer offizieller Besitzer von Mosa und von Pipiluk bis zu dessen Tod war, nach Kattowitz geschickt wurden. Sicherlich mußten die Verantwortlichen in London irgendeine Vorstellung über die vorgesehene Unterbringung gehabt haben? Gab es zum Beispiel einen Brief oder einen vorgedruckten Fragebogen, um sich zu vergewissern, daß alles in Ordnung war? Man brachte mich ins Büro zurück, erlaubte mir freien Einblick in die Londoner Zooakte über Mosa und Pipiluk. Ich fand nur einen einzigen Brief, indem der Londoner Zoodirektor Dr. David Jones seine Freude äußerte, daß Kattowitz die Eisbären aufnahm.

Den ganzen nächsten Tag verbrachte ich mit der Beobachtung der Bären im Sonnenschein, machte kritische Notizen hinsichtlich der Abmessungen der Käfige und stellte einen Kostenvoranschlag für notwendige Änderungen auf. In Kattowitz gab es keinerlei alternative Unterbringungsmöglichkeit für die Bären, jede Höhle, jeder Auslauf und Käfig war bereits voll besetzt. Wir mußten das Bestmöglichste für diese Bären tun, wo sie nun einmal waren, – konnten sie mit Sicherheit nicht nach England zurücktransportieren, wo auch der Zoo in London keine bessere Unterbringungsmöglichkeit hatte.

Innerhalb weniger Tage nach meiner Rückkehr nach England verfaßte ich meinen Bericht in englischer wie polnischer Sprache, beschrieb die Notwendigkeit, für die Bären eine überdachte Höhle oder ein anderes Versteck mit teilweisem Schutz gegen die Witterung zu schaffen. Die Bären brauchten in ihrer Ernährung Pflanzenzusätze, Bäume und Balken, um damit zu spielen, bequeme Flächen, auf denen sie liegen konnten, einen passenden Schwimmbereich, abwechslungsreiche Nahrung, Spielzeug und tierärztliche Betreuung für bei Eisbären unvermeidliche Zahnschäden.

Meine Empfehlungen wurden zunächst von Mosas und Pipiluks früheren Wärtern im Londoner Zoo belächelt, aber in einem Treffen zwischen Zoodirektor Dr. Jones, William Travers und mir wurde eine wesentlich positivere Haltung erzielt. Mein Bericht wurde in seiner Gesamtheit anerkannt, notwendige Änderungen der Anlage im Zoo von Kattowitz wurden gemeinsam von der Zoological Society of London und Zoo Check finanziert. Bei diesem Treffen freute mich besonders, mit Dr. Jones, einem Tierarzt, darin übereinzustimmen, daß sich Eisbären zur Haltung in Zoos überhaupt nicht eignen. Er versprach sich darum zu bemühen, auch andere der britischen, möglicherweise europäischen Zoodirektoren zu dieser Haltung zu bekehren. Ich selbst hatte die Aufgabe, die UFAW (University Federation of Animal Welfare) von der Richtigkeit dieses Arguments zu überzeugen, indem ich nachwies, daß es nach allen Untersuchungen keinerlei wertvolle, wissenschaftliche, erzieherischen oder der Erhaltung der Tiere dienenden Vorteile brachte, nach dem Ende der natürlichen Lebenszeit der heutigen Insassen auch künftig weiter Eisbären in Zoos zu halten.

Die Situation, die man bei Tieren in Zoos antrifft, ist oft nicht schlechter als in der Gegenüberstellung vieler anderer Tiere auf Farmen, in Forschungslaboratorien und in Sammlungen exotischer Haustiere. Ich habe die Eisbärenhaltung deshalb zu meinem besonderen Anliegen (cause celébrè) gemacht, weil sie die menschlichen Schwächen in der Haltung gegenüber Zoos besonders demonstriert – Heuchelei und Scheinheiligkeit! Die Zoos werden heute von Männern (und ein paar Frauen) geführt, die den Anspruch erheben, Wissenschaftler mit ernsthaftem Interesse am Wohlergehen von Tieren und an der Erhaltung des Wildlebens zu sein. Aber wo immer man hinblickt, sieht man Einsparungen, Kompromisse und offene Vernachlässigung, was die Glaubwürdigkeit all derer, die daran beteiligt sind, ernsthaft untergräbt. Dies gilt mit Sicherheit auch für überflüssige experimentelle Chirurgie oder Vivisektion (Eingriff an narkotisierten lebenden Tieren zu wissenschaftlichen Zwecken). Vor kurzem machte ich im Institute of Zoology at Regent's Park eine Entdeckung, Wissenschaftler hatten den Geruchssinn von Seidenäffchen zerstört – nicht etwa zum Wohle der Seidenäffchen, sondern um die menschliche Neugierde zu befriedigen!

Zumindest kann ich behaupten, daß die Haustierhalter insgesamt eine sehr wohlmeinende, wenn auch manchmal falsch informierte Gruppe der Gesellschaft sind, deren Fehler bei der Fürsorge für die Tiere in der Regel recht schnell korrigiert werden, wenn man ihnen erst einmal die Lebensnotwendigkeiten ihrer Tiere richtig erklärt hat. Ich bedauere sehr, daß die Betreiber von Zoos auf meinen Rat bei weitem nicht so schnell eingehen. Die Wahrheit ist, daß ich es einfach hasse, Tiere hinter Gittern sehen zu müssen!

XVI Haustiere – Botschafter der Natur

Die menschliche Entwicklungsgeschichte ist noch verhältnismäßig jung – es sind möglicherweise erst 200 000 Jahre, seit der Homo sapiens in neolithischen Zeiten entstand (Jungsteinzeit). Seit damals sind wir ein Teil – später ein außerordentlich zerstörerischer Teil der natürlichen Welt geworden. Früher einmal standen wir zur Natur in einem sehr viel engerem Verhältnis als heute, verwerteten ihre Pflanzen; ihre Tiere dienten uns als Nahrung, Schutz und Gesellschafter. Einige zeitgenössische Anthropologen haben ihr Erstaunen darüber ausgedrückt, auf welche Art wir heute unsere Häuser mit unproduktiven Pflanzen und Büschen ausstatten, damit uns selbst Wohnräume schaffen, die an das Leben im Dschungel und in den Ebenen Afrikas erinnern. Die Lieblingstheorie lautet, daß wir versuchen, uns auf die neolithischen Wurzeln zu besinnen. Der Anthropologe R. Ulrich behauptet, daß gleiche altmodische Erinnerungen unsere Beziehungen zu Tieren bestimmen. Wir bringen die Tiere in unsere Häuser, ja sogar in unsere Betten, weil sie ein so wichtiger, integraler Bestandteil unserer eigenen Entwicklungsgeschichte sind.

Die Wölfe wurden von uns Menschen unter allen anderen Wettbewerbern zur Zähmung als unsere Gesellschaftstiere ausgewählt, sicherlich auch aufgrund ihrer eigenen, festen Sozialordnung, die der unsrigen so ähnlich ist. Hundemeuten werden nach weitgehend ähnlichen Grundsätzen geführt wie die früheren Stämme der Jäger und Sammler. Die Domestikation war möglicherweise gar kein besonders schwieriger Prozeß – ein paar in der Wildnis gefangene Wolfswelpen sozialisierten sich zu ganz brauchbaren »Hunden«. So bedurfte es keiner gezielten Zucht. Dem ist entgegenzuhalten – die überwiegende Mehrheit aller Wölfe läßt sich nicht zu zufriedenstellenden, hundeähnlichen Lebensgefährten machen. Das ist der Grund, weshalb ich niemals Menschen ermutige, Wölfe als Haustiere zu halten. Das wäre auch für die Wölfe schlecht!

An jedem einzelnen Tag in unserer Praxis tierischer Verhaltenstherapie stoße ich bei Hunden wie bei anderen Tieren auf ganz bemerkenswerte Fähigkeiten. Da gab es einen deutschen Schäferhund, der genau wußte, wenn sich sein Herr im Auto auf dem Heimweg befand, obwohl er noch fünf Kilometer entfernt war. Da war ein anderer deutscher Schäferhund, der genau zwischen Gold und anderen Metallen unterscheiden konnte, er brauchte nur das Material zu beschnüffeln oder zu lecken, erkannte sofort den Unterschied zur äußeren Nachahmung. Da war eine Katze, die regelmäßig zwischen ihrem augenblicklichen und früheren Zuhause Verbindung hielt, dabei vierzig Meilen, einen trennenden Fluß, Autobahn und andere Gefahren überwand. Ein Border Collie verfügte über einen laufenden »Wortschatz« von zu mindest neunzig verschiedenen Gegenständen. Man konnte ihn losschicken, eine quietschende Banane, einen springenden Ball oder die Hausschuhe seiner Herrin zu apportieren. Jeder im Lande lebende Hund lernt schnell, das Auto seines Besitzers zu erkennen, er »liest« die Signale, noch ehe die Menschen zur Arbeit gehen oder für den Urlaub zusammenpacken. Wie immer man dies sieht – es sind ganz bemerkenswerte Leistungen, und ich gebe überhaupt nicht vor, immer zu wissen, wie sie zustande gekommen sind.

Freude und Anregung, welche die Partnerschaft mit Tieren ihren Besitzern bieten, können niemals überbetont werden, waren zu andern Zeiten Quellen des Stolzes ihrer Besitzer. Aus streng psychologischen Forschungen wissen wir, daß der einfache Prozeß der Fürsorge und der Ernährung von Tieren wichtige Sehnsüchte und Wünsche der Menschen erfüllt. Es ist eine Übung in Großherzigkeit, in Altruismus (auf das Wohl des Mitgeschöpfes bedachtes Verhalten), ein kollektives Verhalten, das unsere Gesellschaft erst richtig funktionieren läßt. Für unsere Liebe schenken uns auf uns ausgerichtete Tiere wie der Hund uneingeschränkte, bedingungslose Liebe. Dies hat auf unser Selbstgefühl einen gewichtigen Einfluß. Es geht so weit, daß Menschen, die Hunde haben, einen viel größeren Freundeskreis gewinnen, ihr eigenes Glücklichsein als außergewöhnlich empfinden und daran glauben, daß ihr Leben lebenswerter ist als das all jener, die ohne Hund leben. Großen Einfluß hat das Wissen, daß unsere Hunde stets für gemeinsame Erlebnisse verfügbar sind. Unser menschliches Sozialverhalten wird durch die Neigung zu Gruppenbildung beherrscht. Menschen möchten mit anderen kooperieren – und die gleichen Möglichkeiten erschließen sich aus der Beziehung zu Hunden.

Die Bedeutung der Hunde geht weit über direkte persönliche Dankbarkeit hinaus, die ich oben dargestellt habe. Hunde, ja alle Gesellschaftstiere, bereiten ihren Besitzern einen privilegierten Platz, von dem aus sie Natur und Welt betrachten können. Durch einfaches Beobachten der Hunde im Park können wir alle Arten von Dingen lernen, von Genetik, Temperaturanpassung, Futterpräferenzen, Duftsignalen, Beziehungen Jäger zur Beute bis zum Einfluß der Tiere auf die Vegetation; und als allerwichtigstes von allem über die laufende Anpassungsfähigkeit von Einzeltieren an wechselnde Verhältnisse. Dies alles sind wichtige Lernerlebnisse, möglicherweise stimulieren sie das menschliche Verhalten, das erforderlich ist, um die Menschheit empfindsamer und wissender zu machen, wenn es darum geht, unseren Planeten Erde zu schützen.

Manche Menschen mögen überrascht sein, wenn ich hier in der Hundehaltung »grüne Elemente« herausarbeite. Viele Menschen haben sich daran gewöhnt, an Hunde nur als Kreaturen zu denken, die Fußwege und Parks mit Kot verschmutzen, Kinder jagen oder alte Damen umwerfen. Um derartige negative Dinge muß man sich kümmern, sie lassen sich aber leicht korrigieren! Keinesfalls darf man aber zulassen, daß hierdurch von den viel wichtigeren Vorzügen einer Hundehaltung abgelenkt wird.

Vor kurzem besuchten mich ein paar isländische Hundebesitzer auf der Farm. Sie schilderten mir die heutige Haltung der Isländer gegenüber Hunden, wo es ihnen endlich wieder gestattet ist, Hunde zu halten. Ehe vor kurzem ein neues Gesetz erlassen wurde, das die Möglichkeit der Hundehaltung liberalisierte, bedeutete in Island die Haltung eines Haushundes etwas ähnliches wie der Besitz von Schmuggelware. Die Menschen versteckten ihre Hunde im Haus, ja sogar in kleinen Dachstuben, wie erschrockene Flüchtlinge vor der Geheimpolizei. Als sie endlich »befreit« wurden, sah man die Hundebesitzer wieder draußen auf den Klippen. Sie genossen die Natur und die Szenerie, die es auf Island in solchem Überfluß gibt. In Kontrast hierzu blieben die traditionell hundelosen Isländer über die langen harten Winter zu Hause, sie wußten überhaupt nichts mehr über die natürliche Welt draußen vor der Tür. Es gibt auf Island nur ein paar einheimische Säugetiere, das Vieh auf den Farmen wird in der Regel in Intensivhaltung innerhalb der Stallungen aufgezogen, unsichtbar für die große städtische Bevölkerung von Reykjavik und anderswo. Es gibt eine Fülle an Leben von Vögeln und Fischen, das ist ganz in Ordnung, aber auch die Isländer brauchen die Berührung warmer, bepelzter Geschöpfe, ganz genau dringend wie alle anderen Nationen – und Hunde können solche Sehnsucht erfüllen.

Der Hund verdient das hohe Ansehen, das er in England erworben hat, und ich kämpfe nachhaltig, um alle jene zu unterstützen, die ihm diese Stellung ungeschmälert erhalten wollen. Wenn wir glücklich sind, unsere Hunde zu besitzen, haben unsere Hunde umgekehrt das Glück, mit uns leben zu dürfen. Die meisten Hunde, denen ich begegne, führen in den Ländern Europas, Asiens und Amerika, überall, wohin ich reise, ein recht verwöhntes Leben. Für mich ist ein Tierleben so wichtig wie jedes andere. Vielleicht habe ich sogar eine besondere Neigung zum Wildtier, geschunden, wie dieses nun einmal ist, durch die Fortentwicklung der Natur. Ich halte es für richtig, in unseren Haustieren die Botschafter der Natur zu sehen, die unsere Empfindsamkeit für alle Maßnahmen zu Erhaltung der Tierarten, die dringend die Hilfe brauchen, schärfen. Es sind alles Tiere, denen wir in der Vergangenheit zu häufig den Rücken zugewandt haben. Ich bin ein begeisterter Förderer der immer effektiver werdenden, intellektuell gut fundierten Gruppierungen, die sich für die Rechte der Tiere einsetzen, die Front machen gegen unnötige und unsere Welt ausplündernde Industrien wie Pelztierfarmen, blutige Stierkämpfe, Vivisektionen und biomedizinische Forschungsprogramme, aber auch gegen den Mißbrauch von Tieren zur Unterhaltung in Zirkussen und Zoos. Heuchelei, Scheinheiligkeit, Konfliktemessen mit zweierlei Maß, aber auch echte Probleme findet man überall in der Welt der Tiere. Einzelwesen wie Du und ich können immer nur unser Bestes tun, die vielen Irrtümer gerade zu richten, wo immer wir auf sie stoßen. Trotz all der Fortschritte ringsum erwarte ich nicht, daß es mir in den vor uns liegenden Jahren an Stoff für meine Aufzeichnungen schwieriger Fälle fehlen wird.

KYNOS-ATLAS
HUNDERASSEN DER WELT
BONNIE WILCOX, DVM,
— und —
CHRIS WALKOWICZ
ÜBER 1.100
FARBFOTOS
Redaktion
deutschsprachige
Fassung:
DR. DIETER FLEIG
Der umfassendste
fachkundige
Hundeführer
der ganzen Welt